博雅

21世纪经济与管理应用型规划教材

金融学系列

国际金融

基于宏观视角的分析框架

International Finance

管同伟 编著

北京大学出版社
PEKING UNIVERSITY PRESS

图书在版编目(CIP)数据

国际金融:基于宏观视角的分析框架/管同伟编著. —北京:北京大学出版社,2015. 8
(21世纪经济与管理应用型规划教材·金融学系列)
ISBN 978-7-301-25940-5

Ⅰ. ①国… Ⅱ. ①管… Ⅲ. ①国际金融—高等学校—教材 Ⅳ. ①F831

中国版本图书馆 CIP 数据核字(2015)第127885号

书　　名	国际金融:基于宏观视角的分析框架
著作责任者	管同伟　编著
策划编辑	李　娟
责任编辑	黄炜婷
标准书号	ISBN 978-7-301-25940-5
出版发行	北京大学出版社
地　　址	北京市海淀区成府路205号　100871
网　　址	http://www.pup.cn
电子信箱	em@pup.cn　QQ:552063295
新浪微博	@北京大学出版社　@北京大学出版社经管图书
电　　话	邮购部62752015　发行部62750672　编辑部62752926
印 刷 者	北京富生印刷厂
经 销 者	新华书店
	787毫米×1092毫米　16开本　18.5印张　462千字
	2015年8月第1版　2015年8月第1次印刷
定　　价	38.00元

丛书出版前言

《国家中长期教育改革和发展规划纲要(2010—2020年)》指出,目前我国高等教育还不能完全适应国家经济社会发展的要求,学生适应社会和就业创业能力不强,创新型、实用型、复合型人才紧缺。所以,在此背景下,北京大学出版社响应教育部号召,在整合和优化课程、推进课程精品化与网络化的基础上,积极构建与实践接轨、与研究生教育接轨、与国际接轨的教材体系,特策划出版"21世纪经济与管理应用型规划教材"。

"21世纪经济与管理应用型规划教材"注重系统性与综合性,注重加强学生分析能力、人文素养及应用性技能的培养。本系列包含三类课程教材:通识课程教材,如《大学生创业指导》等,着重于提高学生的全面素质;基础课程教材,如《经济学原理》《管理学基础》等,着重于培养学生建立宽厚的学科知识基础;专业课程教材,如《组织行为学》《市场营销学》等,着重于培养学生扎实的学科专业知识以及动手能力和创新意识。

本系列教材在编写中注重增加相关内容以支持教师在课堂中使用先进的教学手段和多元化的教学方法,如用课堂讨论资料帮助教师进行启发式教学,增加案例及相关资料引发学生的学习兴趣等;并坚持用精品课程建设的标准来要求各门课程教材的编写,力求配套多元的教辅资料,如电子课件、习题答案和案例分析要点等。

为使本系列教材具有持续的生命力,我们每隔三年左右会对教材进行一次修订。我们欢迎所有使用本系列教材的师生给我们提出宝贵的意见和建议(我们的电子邮箱是 em@ pup. cn),您的关注就是我们不断进取的动力。

在此,感谢所有参与编写和为我们出谋划策、提供帮助的专家学者,以及广大使用本系列教材的师生,希望本系列教材能够为我国高等院校经管专业的教育贡献绵薄之力。

北京大学出版社
经济与管理图书事业部

前　言

本教材围绕开放经济体对外部门的经济活动——国际收支的单一分析主线展开，包括六个部分，结构如下图所示：

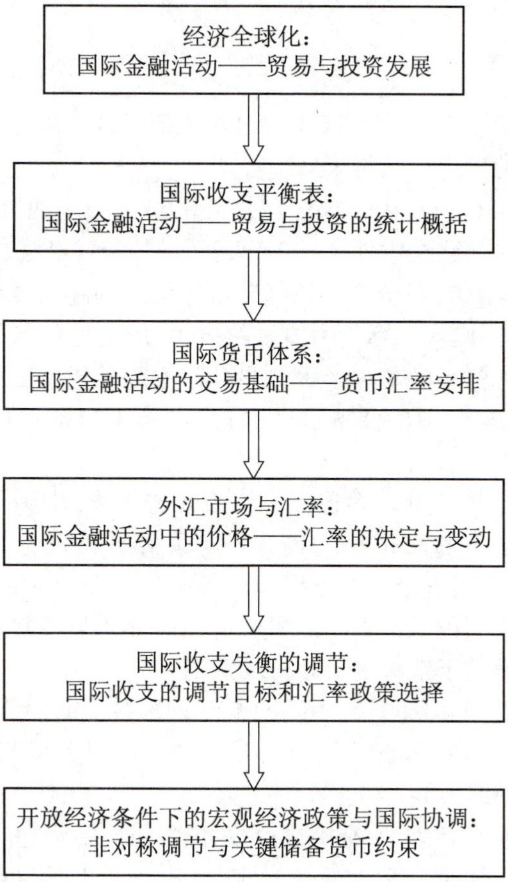

本教材主要考虑应用型本科院校的教学需要，系笔者在广东金融学院多年的教学经验积累而成。由于在教学中深感一本深浅得当、繁简合适的教材难得，故拟提供一本简明易懂、线索单纯、分析结构统一的课本，以便学生能够掌握国际金融这门复杂动态学科的核心内容。

本教材从宏观分析的视角，考虑内容结构和分析框架的安排，即把国际金融与从属国际经济学的传统切割开来，把国际间的货币金融关系作为专门的对象进行论述，由此突出国际金融相对独立的特点。笔者认为，如此安排不仅可以更集中地讨论国际间货币资本运动的内在规律及其对资源国际配置的影响和政策，也更符合国际金融作为一门相对独立学科发展的内在要求。

在撰写方式上贯彻以下原则：(1)反映国际金融理论和实践的重大前沿发展；(2)对国际金融现象的分析坚持历史、逻辑、实证相一致的原则；(3)在表述上力求做到基本事实、基本理论、基本数据的有机统一；(4)理论分析部分侧重经济解释，主要借助文字进行阐述并辅以图表说明,尽量避免复杂的数理模型推演。

在内容取舍与结构安排上,本教材未采用理论与实务并重的传统编排方式,而是以国际收支为单一主线依次展开,舍弃了与国际经济流量分析无关的微观国际金融实务内容;涉及国际金融历史演变、国际金融安排协定等繁琐细节的历史,由叙事法改为逻辑演绎法进行总括阐述,以突出其共同发生作用的基本要素和内在联系;对当代形式繁多的国际金融理论和经济模型不作一般性的罗列介绍,而是重点突出汇率决定与变动的外汇供求分析以及储蓄投资变化对国际收支调节的关系分析;对于国际金融组织、国际货币合作、债务危机和货币危机等内容仅作一般性的扼要介绍,因为这些问题更适合作为国际金融的专题研究或在研究生阶段进行深入讨论。

本教材分六个部分。

(1)经济全球化。该部分从一个经济体的内外两部门划分来定义国际经济联系的本质内涵,进而阐述经济全球化的发展现状与未来趋势。

(2)国际收支。该部分讨论一个开放经济体外部经济交易的总量记录,为下一步的内外部均衡提供分析对象和依据,建立内外部经济部门活动的宏观经济总量关系。

(3)国际货币体系与国际储备资产。该部分首先阐述国际金融活动赖以进行的基础性条件——国际货币秩序安排。阐释国际货币体系的概念、历史地位与作用及其未来的改革方向与政策目标;后布雷顿森林体系的基本矛盾与非对称的国际货币安排。然后讨论国际储备资产。重点讨论新兴经济体与中国的储备资产管理,以及中国资本项目开放与人民币国际化问题。

(4)外汇市场与汇率。该部分内容包括外汇市场与汇率;中国外汇市场与人民币汇率自由化;外汇供求定律、汇率与商品市场均衡——购买力平价理论,以及汇率与资产市场均衡——利率平价理论。教材没有沿用将汇率理论进行集中介绍的传统处理方法,而是根据国际收支分析的目的,直接将两种最基本的汇率决定理论分别与经常账户和金融账户的交易联系起来,使汇率理论不再游离于教材主干分析线索之外。

(5)国际收支调节。论述国际收支的汇率调节、国际收支的调节目标和政策选择。

(6)开放经济条件下的宏观经济政策与国际协调。该部分强调非对称调节的概念,突出关键货币国家的调节义务和货币约束问题。

在表达形式上,各章前有导语,后有摘要;每章包含引导案例、专栏、例证,以及大量的图表分析。笔者相信,这样安排能契合学生的认知实际,更有利于学生掌握要点、接受自然、理解充分。

为方便教学,每章后附复习思考题、课后习题(配部分参考答案);并提供教学大纲、讲义教案、演示文稿。

本教材参考了若干教材、专著和文献资料,在此特向有关作者表示诚挚感谢。另外,教材中的定义一般被经济学界广为接受,为节省篇幅,除个别定义外,一般不援引出处。

管同伟
谨识于羊城居所
2015 年 5 月 29 日

作者简介

管同伟，经济学博士、广东金融学院教授、资本市场研究所所长。曾在《金融研究》《国际金融研究》《中国证券报》等报刊发表论文 70 余篇。具有十多年的金融从业经历，曾先后供职于中国人民银行广东省分行、国家外汇管理局广东省分局、广发证券股份有限公司，从事银行、外汇监管、证券管理与宏观经济研究工作。曾兼职广东省证券业协会副秘书长、广东省理财协会副会长；现主要从事国际金融理论与政策的教学与研究工作。

目录 Contents

第一部分 引言

◆ 第一章 经济全球化 / 3

第一节 经济全球化概述 / 4
第二节 经济全球化的驱动力量 / 9
第三节 发展中经济体与中国在经济全球化中的发展 / 15
第四节 经济全球化面临的新挑战 / 17

第二部分 国际收支

◆ 第二章 国际收支的概念及其账户构成 / 23

第一节 国际收支的基本概念 / 24
第二节 国际收支平衡表账户构成 / 25
第三节 国际收支平衡表的会计编制原则 / 29

◆ 第三章 国际收支账户平衡关系 / 33

第一节 国际收支平衡与基本账户差额 / 34
第二节 国际收支平衡表的初步分析 / 40
第三节 国际投资头寸及其与国际收支平衡表的关系 / 44
第四节 国际投资头寸分析 / 47

◆ 第四章 国际收支账户与国民经济账户的关系 / 53

第一节 开放经济条件下的宏观经济恒等式 / 54
第二节 储蓄、投资与国际收支流量的关系 / 56
第三节 中美贸易失衡的储蓄投资分析 / 62

◆ **第五章　国际收支失衡的类型与分析方法** / 68

第一节　国际收支失衡的成因类型、测度指标及其经济影响 / 69
第二节　国际收支失衡的基本分析方法 / 72
第三节　中国国际收支失衡分析示例 / 74

第三部分　国际货币体系与国际储备资产

◆ **第六章　国际货币体系概述及其演变** / 85

第一节　国际货币体系概述 / 86
第二节　国际金本位制 / 89
第三节　布雷顿森林货币体系 / 94
第四节　当代货币体系 / 98

◆ **第七章　区域性货币体系:欧洲货币体系** / 106

第一节　欧洲货币体系概述 / 107
第二节　第一阶段欧洲货币体系:欧洲汇率机制 / 108
第三节　欧洲货币体系的高级阶段:欧元体系 / 112
第四节　欧元设立的理论基础:最优货币区理论 / 116
第五节　欧元体系评价 / 118

◆ **第八章　国际货币体系改革与未来展望** / 121

第一节　国际货币体系改革 / 122
第二节　国际货币体系的未来展望 / 127

◆ **第九章　国际储备资产管理** / 131

第一节　国际储备资产的概念与构成 / 132
第二节　国际储备资产的规模结构管理与运营原则 / 135
第三节　新兴经济体与中国的储备资产管理 / 140
第四节　人民币国际化与资本项目开放 / 143

第四部分　外汇市场与汇率

◆ **第十章　外汇市场与汇率** / 151

第一节　外汇的概念与作用 / 153
第二节　外汇市场 / 153

第三节 汇率的概念与种类 / 156
第四节 中国外汇市场与人民币汇率 / 160

◆ **第十一章 汇率的决定与变动** / 168

第一节 外汇的供给与需求 / 169
第二节 外汇供求定律 / 172

◆ **第十二章 汇率与商品市场均衡:购买力平价** / 182

第一节 购买力平价概述 / 183
第二节 购买力平价的基本内容 / 184
第三节 对购买力平价理论的评价 / 195

◆ **第十三章 汇率与资产市场均衡:利率平价理论** / 199

第一节 利率平价理论概述 / 200
第二节 利率平价的基本内容 / 203
第三节 利率平价与资产市场均衡 / 206
第四节 对利率平价理论的简要评价 / 214

第五部分 国际收支失衡的调节

◆ **第十四章 国际收支失衡的调节:机制、理论与方法** / 221

第一节 国际收支失衡的调节机制 / 223
第二节 国际收支调节的基本理论与方法 / 225

◆ **第十五章 全球国际收支失衡的新发展** / 233

第一节 经常项目失衡的发展 / 234
第二节 国际资本流动与资本账户失衡 / 239
第三节 国际资本流动对发展中经济体国际收支的影响 / 245
第四节 中国国际收支失衡的调节 / 248

第六部分 开放经济条件下的宏观经济政策及其国际协调

◆ **第十六章 开放经济条件下的宏观经济政策** / 257

第一节 开放经济条件下的政策目标:内外部均衡 / 258

第二节　内外部均衡的政策工具选择 / 260
附　录　IS - LM 模型 / 271

◆ **第十七章　宏观经济政策的国际合作与协调** / 274

第一节　宏观经济政策国际协调概述 / 275
第二节　国际宏观经济政策协调:非对称调节 / 278

第一部分

引　言

该部分从一个经济体的两部门划分来定义国际经济联系的本质内涵,进而介绍经济全球化的概念与发展现状,阐明国际金融活动得以产生和发展的经济背景框架,国际金融与国际经贸活动的相互关系以及国际金融活动自身的目的和意义。

第一章

经济全球化①

经济全球化是世界不同经济体之间的贸易与投资在技术进步支持下而不断发展的动态过程。在技术进步和经济组织活动的推动下,近几十年的经济全球化得到全方位发展;但国际金融危机的发生极大地影响了经济全球化的进程。后危机时代,经济全球化将面临新的机遇和挑战。

主要内容

本章首先讨论全球化的概念与发展现状;然后介绍经济全球化的测度指标和驱动力量;最后讨论中国与广大发展中经济体在全球化中的位置及其前景。

知识与技能目标

通过本章的学习,掌握经济全球化的基本概念、主要测度指标及其驱动力量;了解经济全球化的基本状况及其新环境;能够运用经济全球化的主要测度指标对全球经济贸易投资活动和国别经济活动进行数量刻画及简要的文字逻辑分析。

引导案例

联想集团的成长之路

案例导读: 大型跨国公司是经济全球化的最重要组织载体,经济全球化的实质就是企业生产销售从国内走向国际的过程。伴随公司的全球生产、全球销售和全球布局,企业的融资方式也需要从国内走向国际,由此带动传统意义上不同国别金融的国际化。联想集团从小到大、从国内到国际、从境内融资到境外上市,以及兼并收购的历程,正是中国企业国际化发展的一个典型缩影。一方面,联想集团既是经济全球化中中国经济改革开放的产物;另一方面,联想的跨国发展也对推进经济全球化做出了自己的贡献。

联想集团公司成立于1984年,由中科院计算所投资20万元人民币和11名科技人员创

---

① 本章数据图表得益于陈瑞贤同学的协助整理和制作,特此感谢。

办,现有员工42 000人(含国际员工7 000人),已发展成为一家在信息产业内多元化发展的大型企业集团。

在公司发展的过程中,联想勇于创新,实现了许多重大技术突破,其中包括了研制成功可将英文操作系统翻译成中文的联想式汉卡,开发出可一键上网的个人电脑,等等。2003年,推出完全创新的关联应用技术,从而确立了联想在3C时代的重要地位。联想集团的产品包括Think品牌商用个人电脑、Idea品牌消费个人电脑、ThinkServer品牌服务器等。凭借这些技术领先的个人电脑产品,联想登上了中国IT业的顶峰。自1997年起,联想电脑一直蝉联中国国内市场销量第一,占中国个人电脑市场的份额超过30%。

1994年,联想在香港联合交易所上市,迈上发展的新台阶。2003年4月,联想集团在北京正式对外宣布启用集团新标识"Lenovo",并在全球范围注册。2004年,联想成为国际奥委会全球合作伙伴中的第一家中国企业。

2005年5月,联想完成对IBM个人电脑事业部的收购,迈出了国际化最重要的一步。为适应公司业务的国际化发展,新联想在中国北京和美国纽约分设两个行政总部;在中国北京和美国北卡罗来纳州的罗利市分设两个主要运营中心,通过自己的销售机构、业务合作伙伴以及与IBM的联盟,新联想的销售网络遍及全世界。截止到2013年,联想集团分别在美国北卡罗来纳州罗利市三角研究园总部、中国北京和新加坡三处设立总部。2014年1月,联想宣布收购IBM低端服务器业务;同月,以29.10亿美元的价格收购摩托罗拉移动,公司业务实现国际多元化发展。

2008年,联想实现年收入167.88亿美元,首次进入全球企业500强,排名第499位;2011年年营业额296.00亿美元;2012年实现年收入295.74亿美元、利润4.73亿美元,在全球500强企业中排名上升至第370位;2013年排名上升至第329位。

今天的联想秉承全球公民的理念,不断改善经营,完善服务,致力于与员工和当地社会一道改善人们的工作和生活质量,为进一步树立和完善中国企业的国际形象而不断努力。

资料来源:百度百科;联想集团网页。

第一节　经济全球化概述

一、经济全球化的基本概念

经济全球化出现于20世纪80年代中期,目前尚无统一概念。本教材采用国际货币基金组织(IMF)的定义,即经济全球化是指跨国商品与服务贸易及资本的流动规模和形式的增加,以及技术的广泛迅速传播使世界各国经济的相互依赖性得以增强。我们可以借助国际经济学的经济体概念来帮助理解IMF的经济全球化定义。所谓经济体有狭义广义之分。广义经济体可以是指某一地区的共同经济体,如欧盟、东盟等;也可以是指某一类具有共同特征的国家(含地区)群体,如发达经济体、新兴经济体等。狭义经济体是指一个具有相对独立的行政司法体系并编制国民经济账户的经济主体,如中国的台湾地区、香港特别行政区等,一个独立的主权国家自然是一个经济体。此处采用狭义经济体的概念,这可以带来统计上和经济分析上的便利。任一经济体可以划分为实体经济和金融两个部门。实体经济部门是指为社会提供商品和服务的部门;金融部门是指为社会提供金融产品和服务的部门。这样,当一个经济体与另一个经济体发生经济交往时,便形成了经济资源的跨境流动。实体经济部门间的交往构成商品和服务的跨境流动，即贸易往来；金融部门间的交往构成金融资产与负债的跨境流动，即投资往来。不同经济体间的经济交往不是一个静态过程，而是一个相互依赖性不断增强的动态过程。因此，经济全球化可以被视为在技术进步的支持下，经济体间的贸易和投资往来的不断发展、扩大、深化的过程，其关系如图 1-1 所示。

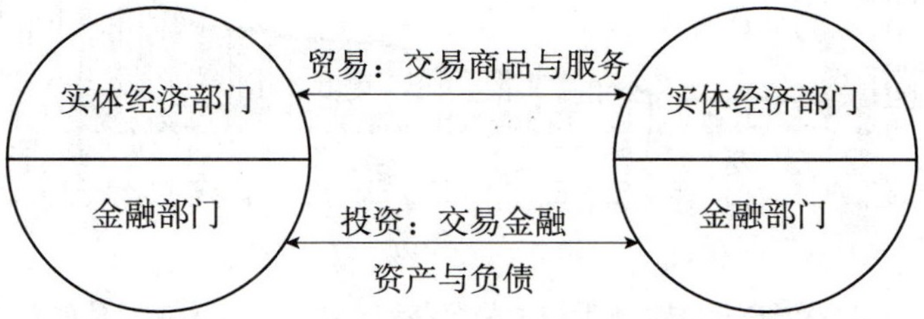

图 1-1 经济全球化：经济实体间的经济联系

伴随经济全球化的纵深发展，各经济体内部经济规则的差异不断缩小，国际经济协调机制得到不同程度的强化，各种多边或区域组织对世界经济的协调和约束作用也越来越强。总之，经济全球化就是在市场经济的统一竞争规则下，通过商品和要素的自由流动，深化各经济体间的国际分工与协作并相互融合的过程。在经济全球化的背景下，国别资源如何通过贸易投资与汇率政策的变化来实现更有效的国际配置，正是学习与研究国际金融的基本任务。

根据对经济全球化的上述理解，下面通过经济全球化的主要指标来展示经济全球化的动态发展。

二、经济全球化的发展状况

经济全球化的发展状况可以通过经济全球化的主要测度指标来进行描述。与上述经济全球化的定义和解释相匹配，经济全球化的主要测度指标有三个，即全球贸易量、全球投资量和全球外汇交易量。

1. 全球贸易量

全球贸易量指标分绝对指标与相对指标两类。绝对指标是指以货币（美元）计算的贸易金额；相对指标可以是贸易额的逐年增长率，或是贸易额与国内生产总值（GDP）的比率；还有一类是结构指标，可用于国别地区间贸易增长量的对比。

图 1-2—图 1-6 展示了近几十年世界贸易的增长变化状况。从中可以看出，全球贸易量的增长具有如下特征：

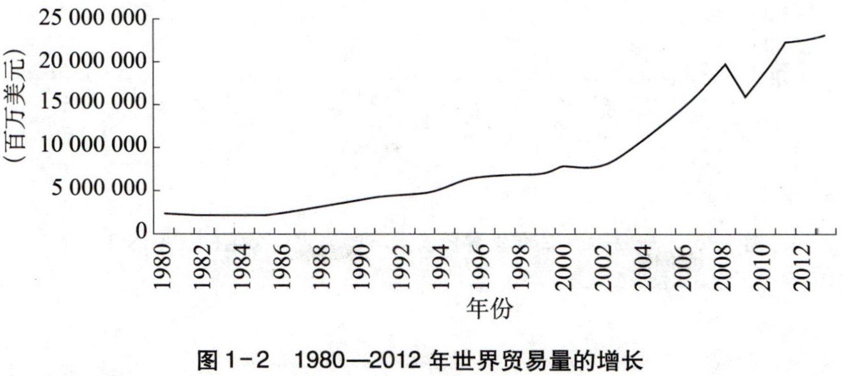

图 1-2 1980—2012 年世界贸易量的增长

资料来源：联合国贸易和发展会议（UNCTAD）。

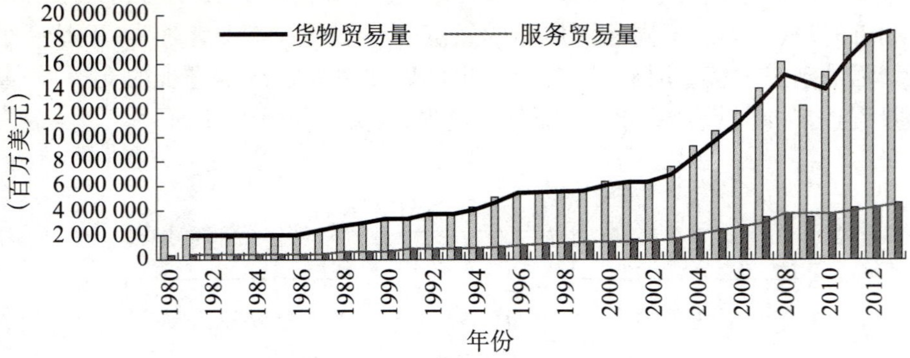

图 1-3　1980—2012 年世界货物贸易和世界服务贸易增长量的对比

资料来源:世界贸易组织。

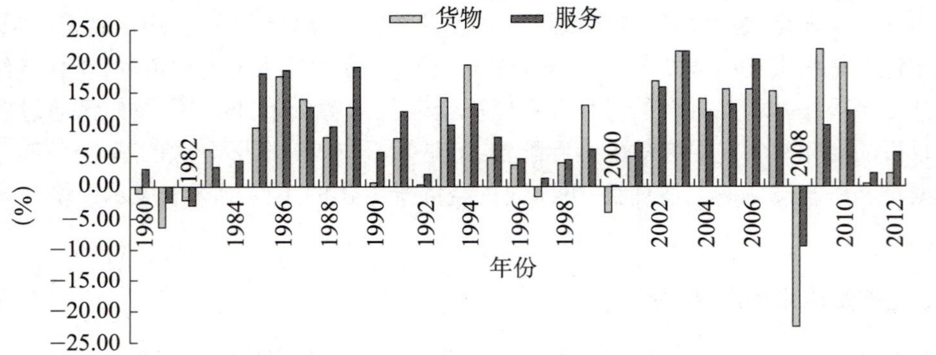

图 1-4　1980—2012 年世界货物和服务贸易增长率比较

资料来源:世界贸易组织。

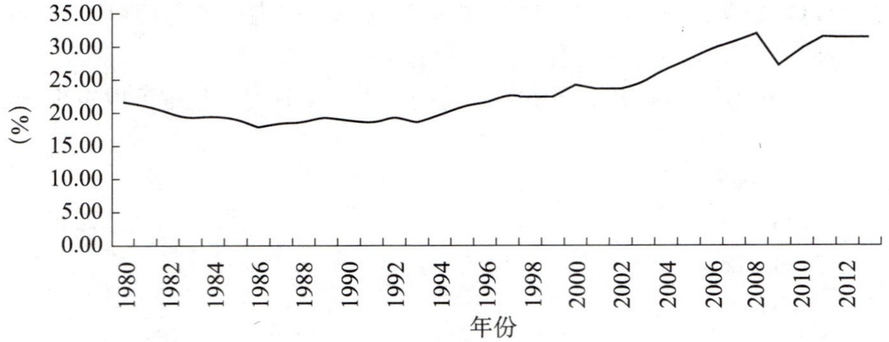

图 1-5　1980—2012 年世界贸易量与国内生产总值的比率的变化

资料来源:IMF;联合国贸易和发展会议。

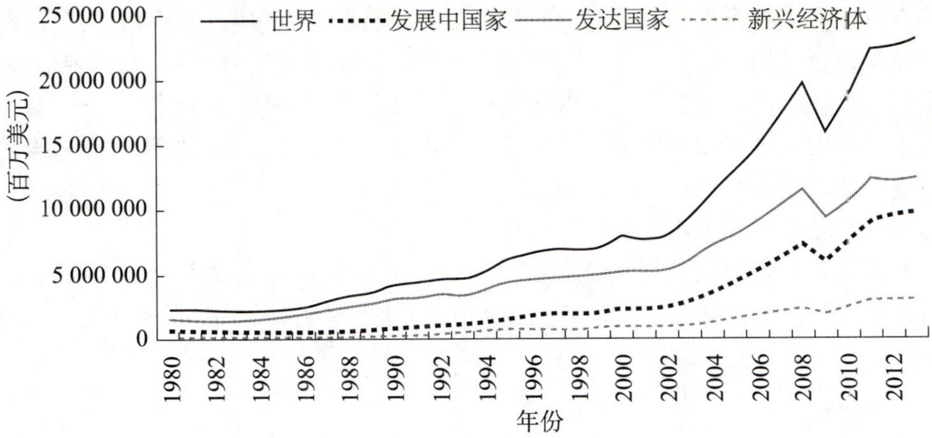

图 1-6　1980—2012 年国别地区间贸易增长量的对比

资料来源：联合国贸易和发展会议。

第一，2008 年全球金融危机之前的二三十年，世界贸易增长迅速（见图 1-2），大大超过同期 GDP 的增长幅度。1980—2008 年，世界贸易量从 2.38 万亿美元增加到 19.80 万亿美元，增长 8.35 倍，比同期 GDP 增速（5.65 倍）高出 48.00%，年均增速（8.14%）比同期 GDP 年均增速（6.50%）高出 25.00%。在货物贸易方面（见图 1-3 和图 1-4），同期的世界货物贸易量从 2.04 万亿美元增加到 16.20 万亿美元，增长 7.94 倍，年平均增长率为 7.41%。按购买力平价（PPP）计算，世界货物贸易占全球 GDP 的比重已从 1989 年的 22.30% 提高到目前的 30.00% 左右。

第二，服务贸易迅速发展（见图 1-3 和图 1-4）。世界服务贸易总额从 1980 年的 0.37 万亿美元增长到 2008 年的 3.84 万亿美元，增长 10.38 倍，年平均增长率为 8.22%；服务贸易总额占货物贸易总额的比重也从 1980 年的 18.00% 上升到 2008 年的 24.00%，服务贸易年平均增速超过货物贸易年平均增速 0.81%。2013 年，服务贸易量达到 4.60 万亿美元，在 1980—2013 年的 33 年间，世界服务贸易额占全球贸易总额的比重保持了 18.73% 的平均增速。

第三，世界贸易量与 GDP 的比率呈现长期稳定的增长关系（见图 1-5）。1994 年，世界贸易量与 GDP 的比率突破 20.00% 之后持续上升，至 2008 年全球金融危机前达到 32.00%；危机中，该增速明显下降，但 2010 年重归 30.00% 以上。

第四，全球金融危机对世界贸易带来巨大冲击（见图 1-2）。2009 年，世界货物贸易量下降 12.10%，即所谓的贸易大崩溃。

第五，世界贸易增长格局发生变化（见图 1-6）。近几七年，发达国家的贸易增速相对缓慢，新兴和发展中经济体已经逐步上升为世界贸易增长的主要来源。

综合而论，近几十年的世界贸易总体上保持了持续增长，世界贸易的增长使各国贸易的依存度加大、开放度不断提高。虽然近两年贸易增速放缓，但长期来看，全球贸易总的增长趋势不可改变。

2. 全球投资量

与全球贸易量指标类似，全球投资量指标亦分绝对指标与相对指标两类，可用来刻画全球直接投资与间接投资的发展。直接投资是指外国企业为获得利益而在东道国进行经济投资，外商投资要拥有公司治理权,投资比例须达公司普通股份的10%以上;间接投资是指购买股票债券等有价证券的投资形式,亦称证券投资或组合投资。与直接投资相比,间接投资无权干预投资对象的资金运用和经营管理。由于间接投资的波动幅度较大、很不平稳,数据来源也受到很大限制、缺乏权威性的统一口径;就与实体经济的相关度而言,直接投资与一国经济特别是对新兴市场与发展中国家经济增长的关系尤为密切。下面采用直接投资指标来描述近几十年全球投资的增长变化状况。

全球投资增长在近几十年具有如下特征:

第一,2008年全球金融危机之前的二三十年,全球直接投资增长迅速(见图1-7),由1980年的540.69亿美元增长到2007年的峰值2.00万亿美元,保持了年平均14.00%的增长速度。

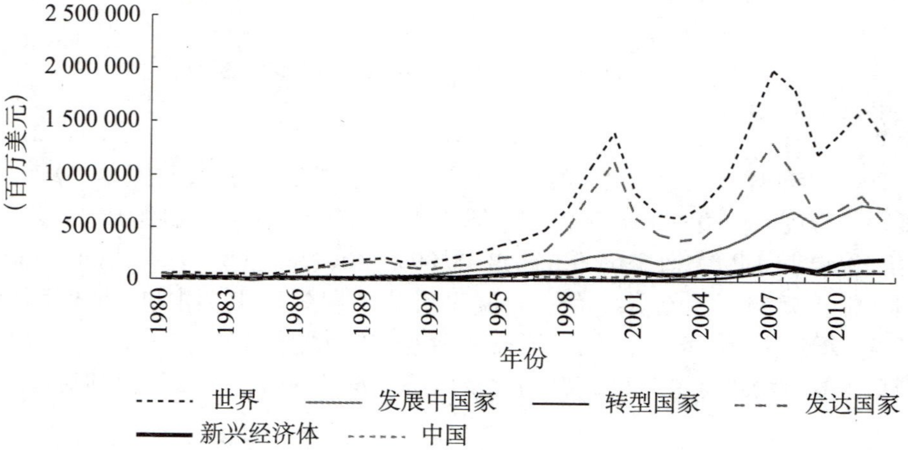

图1-7 1980—2011年世界直接投资流量增长及国别地区对比

资料来源:联合国贸易和发展会议。

第二,全球直接投资流量的格局出现重大变化(见表1-1、表1-2和表1-3)。其中,新兴与发展中经济体吸收的直接外资的增长速度大大超过发达经济体;同时,发展中和转型经济体的直接投资流出量也出现强势增长,重要性持续上升。2012年,发展中经济体对外投资占全球近1/3,全球二十大对外投资来源国中有七个是发展中国家;中国有史以来首次成为全球第三大对外投资国,仅次于美国和日本。

表1-1 1980—2011年世界直接投资流量增长与国别地区对比 单位:百万美元

经济体 \ 年份	1980	1991	2000	2003	2007	2009	2011
世界	54 069	153 794	1 413 169	601 246	2 002 695	1 216 475	1 651 511
发展中国家	7 469	39 557	264 542	193 751	589 430	530 289	735 212
转型国家	24	204	7 038	19 995	93 371	72 750	96 290
发达国家	46 576	114 034	1 141 588	387 501	1 319 893	613 436	820 008
新兴经济体	7 458	22 548	104 074	64 862	714 156	108 857	213 397
中国	57	4 366	40 715	53 505	83 521	95 000	123 985

资料来源:联合国贸易和发展会议。

表 1-2 1980—2011 年世界与国别地区直接投资量的增长速度 单位:%

经济体＼年份	1980	1991	2000	2003	2007	2009	2011
世界	0.29	-25.83	29.47	-3.97	35.26	-33.03	17.25
发展中国家	221.36	13.79	14.49	14.50	36.41	-20.67	15.41
转型国家	-46.61	170.64	-18.23	77.37	49.19	-40.09	28.29
发达国家	-2.28	-33.90	34.02	-13.04	33.88	-40.24	17.75
新兴经济体	0.40	18.43	-12.04	1.51	40.14	-27.20	14.74
中国	364.91	25.21	0.98	1.44	14.86	-12.29	8.06

资料来源:联合国贸易和发展会议。

表 1-3 1980—2011 年国别地区直接投资流量占世界的比重 单位:%

经济体＼年份	1980	1991	2000	2003	2007	2009	2011
发展中国家	13.81	25.72	18.72	32.22	29.43	43.59	44.52
转型国家	0.04	0.13	0.50	3.33	4.66	5.98	5.83
发达国家	86.14	74.15	80.78	64.45	65.91	50.42	49.65
新兴经济体	0.11	14.66	7.36	10.79	8.70	8.95	12.92
中国	0.11	2.84	2.88	8.90	4.17	7.81	7.51

资料来源:联合国贸易和发展会议。

第三,金融危机对直接投资的影响巨大(见表 1-1 和表 1-2)。全球外国直接投资流量在 2009 年下半年跌至 1.22 万亿美元低谷;2010 年全年回升 15.00%,金额达到 1.41 万亿美元,但仍比危机前的均值低 15.00% 左右,比 2007 年的最高值减少近 29.00%。

3. 全球外汇交易量

国际清算银行(BIS)的数据显示,近几十年,外汇交易量迅速上升,2014 年,外汇日均交易量从 1998 年的 1.50 万亿美元增长到 2013 年的 5.00 万亿美元,增长了 3 倍,远远高于世界贸易量的增长。一方面,世界贸易和跨国投资的发展带动了外汇交易量的增长;另一方面,金融自由化所带来的投资与投机需求更刺激了外汇交易量的急剧上升,使得外汇交易量大大超过世界贸易量的增长。

以上是用贸易量、投资量与外汇交易量三大指标描述的经济全球化的发展概况。总之,经济全球化就是一个不同经济体间贸易与投资不断扩大、相互依存度不断加深和丰富的过程。

第二节 经济全球化的驱动力量

经济全球化的发展依赖全球政治、经济、文化等多方面因素的共同推动,但最基本的决定因素有两个,一是生产力因素,二是组织因素。

一、生产力因素:通信与装储、运输技术进步

20 世纪 90 年代以来,以信息技术革命为中心的高新技术迅猛发展,从时间和空间上缩小了各国之间的距离,实现了生产要素的跨国流动,促使世界贸易结构发生了巨大变化。它不仅

对生产超越国界提出了内在要求,也为全球化生产准备了条件,是推动经济全球化的根本动力。

科学的发展与技术的应用使得企业在全球扩张、全球运作有了真正的硬件支撑和技术保障。因为技术的运用可以极大地降低企业生产、销售、运输、储存及管理的成本,同时也降低了企业人力资本和信息搜集的成本。

集装箱远洋与陆路运输及大型航空运输的发展,使得远程大量物资的装储运输变得极为便利,同时也极大地降低了国际贸易的成本和时间。近十多年全球集装箱远洋运输海运量的发展状况如表 1-4 与图 1-8 所示。

表 1-4　2004—2013 年全球集装箱海运量的增长状况

年份	全球集装箱海运量(百万 TEU)	同比增长(%)
2004	96	14.29
2005	106	10.42
2006	117	10.38
2007	131	11.97
2008	137	4.58
2009	125	-8.76
2010	141	12.80
2011	151	7.09
2012	155	2.65
2013	163	5.16

资料来源:中国航运数据库。

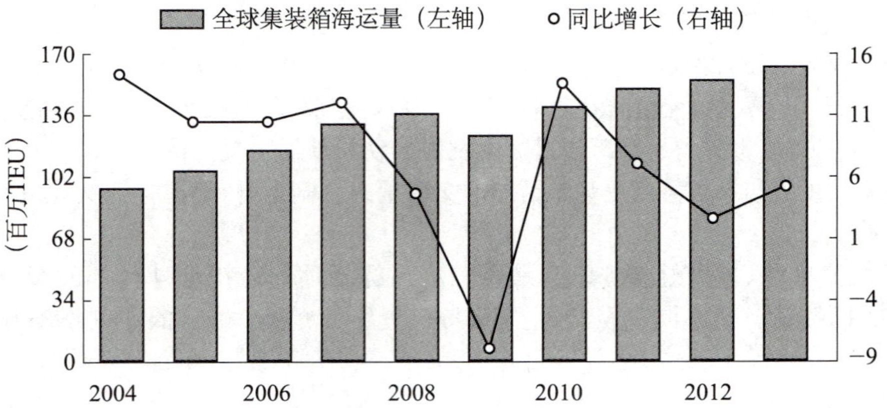

图 1-8　2004—2013 年全球集装箱海运量的增长状况

资料来源:中国航运数据库。

信息技术的应用使得企业获取、加工、应用、反馈信息的成本降低,改进管理技术也降低了管理成本。互联网通信技术的发展实现了全球信息的全天候交换,使企业可以实时了解供求信息、观察国际市场变化、掌握生产进度、组织加工生产,这一切无疑将推动企业跨国生产、跨国销售的进一步扩大。

专栏1-1

技术进步为跨国公司的全球生产提供条件
——波音787的全球化生产

当今民用飞机制造商国际合作已成为世界民用飞机研制生产的发展趋势。民用飞机工业逐渐形成以特大型企业为核心,主系统承包商与分系统承包商和部件供应商关系更为紧凑的产业体系。该产业组织结构的特点如下:整机制造企业是集中度高的寡头垄断;发动机等直接为整机配套的系统供应商相对集中;零部件配套企业相对分散。

美国波音公司是世界上最大的航空航天公司,波音787亦称梦幻客机(Dreamliner),是波音公司最新型号的大型客机。波音787燃油效率高,使用复合材料建造,承载了航空新技术的梦想。787飞机的建造最明显的特征就是全球化生产,可以说,波音787是波音公司在全世界外包生产程度最高的机型。在波音787飞机的设计和制造上,波音与其全球伙伴达成了史无前例的协同,因而这是波音历史上完工最快、造价最低的一次。据统计,在波音787的开发过程中,波音公司缩短了33%的进入市场的时间,节省了50%的研发费用。按价值计算,在波音787的400万个零部件中,波音公司本身只负责生产大约10%——尾翼和最后组装,其余的生产由全球40多家合作伙伴完成。例如,机翼由日本生产,碳复合材料机身在意大利和美国其他地方生产,起落架由法国生产,方向舵等则由中国生产。波音787从发明、定型、转化到融资几乎都通过全球网络实现。波音787的设计由美国、日本、俄罗斯和意大利共同完成;波音787的制造和研发涉及美国、日本、法国、英国、意大利、瑞典、加拿大、韩国、澳大利亚、中国等多个国家和地区的顶级供应商。飞机组件的一级供应商超过50个,分布在全球135个地方。其中,中国供应商包括天津波音复合材料有限公司、成都飞机工业集团有限公司、哈飞航空工业有限公司、沈阳飞机工业集团有限公司。波音787梦幻客机的显著特征就是全球化。

波音787的全球生产,要求生产国企业必须具备一定的条件。第一,生产技术分工细密。飞机组件、零部件生产的技术分工必须细密精确;否则,分散生产的零部件无法进行无缝组装对接。第二,运输成本必须降低。如果运输成本高企不下,那么分散生产、集中组装就不具成本优势。第三,实时灵敏的全球信息通信网络。否则,无法及时掌控生产进程,适时调度,安排生产、运输、组装等活动。

资料来源:http://www.istis.sh.cn/list/list.aspx?id=4416

二、组织因素:跨国公司与全球经济组织

国际贸易与投资必须经由一定的组织形式才能进行,在经济全球化过程中,跨国公司是最重要的微观组织载体,而全球经济组织则担负着全球贸易与投资规则的制定与协调作用。

(一)跨国公司

作为一种现代企业形式,跨国公司以追求最优成本效益为目标,在全球范围内利用各地的优势组织生产,大大促进了各种生产要素在全球的流动和分工,并由此极大地推动了经济全球化进程。

(1)全球生产与贸易的主角。目前全世界大约有5万家跨国公司,再加上它的数十万家子公司,形成了一个全球生产销售的巨大平台。据联合国贸易和发展会议(简称“贸发会议”)统计,2013年跨国公司的海外销售总额高达5.5万亿美元,为世界出口总额的1.38倍;贸易

额占世界贸易额的50%,由跨国公司主导的全球价值链约占全球贸易的80%;控制工业研究与开发的80%、生产技术的90%、世界技术转让的75%,以及发展中国家技术贸易的90%;全球90%的国际技术贸易为跨国公司所垄断,知识产权和经营服务出口额约占世界服务出口额的50%。

(2)国际投资的主角。在当代国际资本流动中,跨国公司一直是对外投资的重要驱动力量。一般地,跨国公司的跨国投资活动是通过在东道国设立子公司的方式进行的,跨国公司的母子公司关系的组织架构如图1-9所示。图形中的竖线左边为报告经济体,右边为其他经济体。跨国公司的活动涉及报告经济体与其他经济体。跨国公司的国内活动通过其国内子公司进行,而在其他经济体的活动则是通过其国外子公司进行。

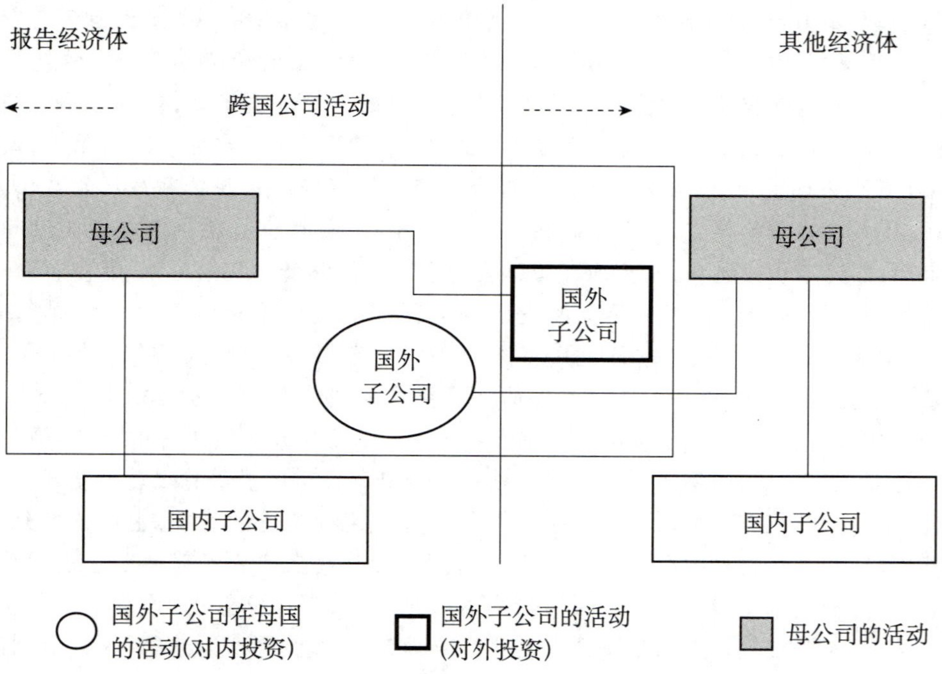

图1-9　跨国公司的母子公司关系与投资的组织架构

资料来源:世界贸易与发展会议。

贸发会议估计,截至2013年年底,跨国公司通过国外直接投资控制世界对外直接投资累计总额的90%,其资产总额占世界总产值的40%。

跨国公司拥有巨额的资本、庞大的生产规模、先进的科学技术、全球的经营战略、现代化的管理手段,以及世界性的销售网络,其触角遍及全球各个市场,成为世界经济增长的引擎,对全球及地区经济的发展起着重大的推动作用。

(二)国际经济组织

不同经济体间的贸易投资往来必然需要规则的约束与争端的协调,经济全球化越往纵深发展,国际经济协调的作用就越显重要。国际经济组织——世界贸易组织(WTO)、国际货币基金组织(IMF)和世界银行(WB)便是顺应这种需要而产生的,它们一起被称为世界经济发展的三大支柱。其中,WTO是关于全球贸易规则与秩序的国际权威组织,而后两者则分别是关于国际金融货币秩序与汇率安排和国际贷款援助安排的组织。

1. 世界贸易组织

WTO 成立于 1994 年 4 月 15 日,1995 年 1 月 1 日正式开始运作,负责管理世界经济和贸易秩序,总部设在瑞士日内瓦。其基本目标是通过实施市场开放、非歧视和公平贸易等原则,实现世界贸易自由化。1996 年 1 月 1 日,WTO 正式取代 1947 年设立的关税与贸易总协定(GATT)。WTO 不依赖于联合国,具有独立法人地位,在调解成员争端方面具有更高的权威性。WTO 的目标是建立一个完整的、更具有活力的和永久性的多边贸易体制。与关税与贸易总协定相比,WTO 涵盖货物贸易、服务贸易及知识产权贸易,而关税与贸易总协定只适用于商品货物贸易。

目前超过 150 个国家和地区成为 WTO 的成员。WTO 的建立有完整的法律文件和协议,包括各种多边贸易协定与协议。另外,WTO 有着明确的职责定位,拥有完整的组织结构,并且定期举行成员会晤和谈判,能够使得多边贸易体制更为完善。WTO 有完善的争端解决与审议机制,其作用是保护贸易协议所规定的权利和义务。非歧视原则是 WTO 的基石,非歧视原则通过最惠国待遇和国民待遇原则加以体现。

2013 年 12 月 7 日,WTO 第九届部长级会议在印尼巴厘岛圆满闭幕,会议产生 WTO 成立 18 年来首个全球性贸易协定——巴厘一揽子协定。该协定共包括 10 份文件,涵盖简化海关及口岸通关程序、允许发展中国家在粮食安全上有更多选择权、协助最不发达国家发展贸易等内容。

2001 年 12 月 11 日,中国正式加入 WTO,标志着中国的产业对外开放进入一个全新的阶段。2014 年 7 月,WTO 顺利结束对中国第五次贸易政策的审议。审议认为,中国已经成为全球贸易大国,中国经济发展为全球贸易和世界经济复苏做出了重大贡献。中国将继续深化改革,坚持贸易自由化,在多边贸易体制中发挥更重要的作用。

2. 国际货币基金组织

IMF 成立于 1946 年 3 月,1947 年 3 月 1 日正式开始运作,总部设在美国首都华盛顿。IMF 职责是监察货币汇率和各国贸易情况、提供技术和资金协助,确保全球金融制度运作正常。

IMF 的宗旨是促进国际货币合作,稳定国际汇率,消除妨碍世界贸易的外汇管制,促进国际货币合作,并通过提供短期贷款解决成员国国际收支暂时逆差的外汇资金需要。IMF 的主要职能包括制定成员国间的汇率政策和经常项目的支付以及货币兑换性方面的规则,并进行监督;在必要时,对发生国际收支困难的成员国提供紧急资金融通,避免其他国家受其影响;为成员国提供有关国际货币合作与协商等会议场所;促进国际间金融与货币领域的合作;促进国际经济一体化的步伐;维护国际间的汇率秩序;协助成员国之间建立经常性多边支付体系;等等。

IMF 资金主要来自各成员国认缴的份额(以美元或黄金认缴)。截至 2007 年 1 月,IMF 有成员国(含地区,下同)185 个,成员国享有一定的权利和义务。成员国的主要权利是享有提款权,即有权按照所缴份额的一定比例借用外汇,因此成员国认缴的份额又称普通提款权。1969 年,IMF 创设“特别提款权”,特别提款权根据成员国的份额按比例分配,作为国际流通手段的一个补充。成员国有义务提供经济数据资料,并在外汇政策和管理方面接受 IMF 的监督。

IMF 的最高权力机构是理事会,由各成员国派正、副理事各一名组成。中国是 IMF 创始国之一,1980 年 4 月 17 日,中国代表权得以恢复。中国从 1996 年 12 月 1 日开始实行经常项目下的人民币可兑换,即不再适用 IMF 第十四条第二款的过渡性安排,而履行第八款的义务。

基金份额决定成员国在 IMF 的话语权。基金建立时共有资本 88 亿美元,美国占 27.00% 的份额,拥有一票否决权。目前,IMF 中的发达国家所占份额大约为 60.00%,而新兴市场国家和发展中国家加起来大约占到 40.00%。2010 年 11 月 6 日,IMF 通过新的份额改革方案,超过 6.00% 的投票权将从发达国家转向新兴经济体和发展中国家。成员国份额改革之后,中国所持有的份额将从目前的不足 4.00% 升至 6.19%,超过德国、法国和英国。这一变革意味着中国在 IMF 中的份额升至第三位,仅次于美国和日本;而中国、印度、俄罗斯和巴西“金砖四国”加起来的总份额将升至 14.18%,不过这一数字仍未超过美国目前所持的 17.67% 的份额,美国仍是唯一拥有否决权的 IMF 成员国。改革方案实施后,发达国家份额整体将降至 57.70%,发展中国家升至 42.30%,发达国家向新兴市场和发展中国家整体转移份额 2.80 个百分点。在 IMF 中,中国等新兴市场国家终于有了更多的话语权。

多年来,IMF 为促进全球金融合作,加强金融稳定,推动世界贸易,协助成员国提高就业率和可持续发展而进行了长期的努力,对于第二次世界大战后全球经济秩序与货币体系的重建以及经济的恢复与增长发挥了相当的作用。但是,随着全球经济格局的巨大变化,IMF 的局限也日益明显,亟须进行重大改革。当前改革的要点是份额改革,并通过份额改革提高发展中国家整体的代表性和发言权。作为最大的发展中国家和最大的份额低估国,中国在 IMF 中的份额和发言权应得到大幅提升。

3. 世界银行

世界银行是世界银行集团的俗称,成立于 1945 年 12 月 27 日,1946 年 6 月开始营业,总部设在美国首都华盛顿。凡是参加世界银行的国家必须首先是 IMF 的成员国。世界银行最初的使命是帮助在第二次世界大战中被破坏的国家重建,当今的任务是资助贫穷国家克服穷困。世界银行向全世界发展中国家提供低息贷款、无息信贷和赠款,各机构在减轻贫困和提高生活水平的使命中发挥着独特的作用。

世界银行的宗旨:对用于生产的投资提供便利,以协助成员国的复兴与开发,鼓励较不发达国家生产与开发资源;利用担保或参与私人贷款和投资的方式,促进成员国的对外投资;通过鼓励国际投资、开发成员国的生产资源,促进国际贸易的发展,维持国际收支平衡;在提供贷款保证时,同其他方面的国际贷款配合。

当前,世界银行的主要帮助对象是发展中国家,帮助发展中国家建设教育、农业和工业设施。世界银行向成员国提供优惠贷款,同时也向受贷国提出一定的要求,如减少贪污或建立民主等。

世界银行主要通过三种方式实施援助计划,即投资贷款、技术援助贷款和赠款,并提供分析报告、政策咨询、研讨会和培训等非金融服务,根据需要以一种或多种方式相结合来实现具体的目标。

世界银行按股份公司的原则建立。成立初期,世界银行的法定资本为 100 亿美元,全部股本为 10 万股,每股 10 万美元。凡是成员国均要认购银行的股份,认购额由申请国与世界银行协商并经世界银行董事会批准。一般来说,一国认购股份的多少根据该国的经济实力,同时参照该国在 IMF 缴纳的份额大小而定。成员国认购股份的缴纳有两种方法:

(1)成员国先缴 20% 的认购股份,其中 2% 要用黄金或美元缴纳,18% 用成员国本国货币缴纳。

(2)其余 80% 的认购股份,当世界银行催缴时,用黄金、美元或世界银行需要的货币缴付。

世界银行的重要事项须经成员国投票决定，投票权的大小与成员国认购的股本成正比，与IMF的有关投票权的规定相同。

迄今为止，世界银行资助了许多贫穷国家的政府发展计划，对征服贫穷、战胜疾病、应对环境变化做出了一定的贡献，但世界银行的贷款附加条件、自由主义的指导原则等仍有许多值得检讨修正之处。

中国是世界银行的创始国之一，于1980年恢复世界银行的成员国地位，次年接受了世界银行的第一笔贷款。此后，中国与世界银行的合作逐步展开、扩大。世界银行通过提供期限较长的项目贷款，推动了中国交通运输、行业改造、能源、农业等国家重点建设项目以及金融、文卫、环保等事业的发展；同时还通过本身的培训机构，为中国培训了大批了解世界银行业务、熟悉专业知识的管理人才。

第三节 发展中经济体与中国在经济全球化中的发展

一、发展中国家与新兴经济体在经济全球化中的发展

发展中国家与新兴经济体在经济全球化中的发展，可以用贸易、投资与官方储备(Official Reserve)三大指标进行描述。官方储备被视为一个经济体对外经济交易的金融净结果①，直接代表着一国经济承受外部冲击的能力大小，对发展中国家的影响尤为重大。

发展中国家与新兴经济体贸易与外商直接投资的增长变化一如前述(见图1-7、表1-1、表1-2和表1-3)，不过在利用外资方面，私人资本已经替代官方资本成为发展中国家资本流入的主要来源。据IMF统计，在21世纪初期的十年之内流入新兴市场的私人资本净值已超过国际金融机构及政府投资的4倍以上。

官方储备的增长如图1-10所示。图中显示，近几十年发展中国家与新兴经济体的官方储备一直保持较强的增长态势，在1997年亚洲金融危机后增长提速，2001年后开始

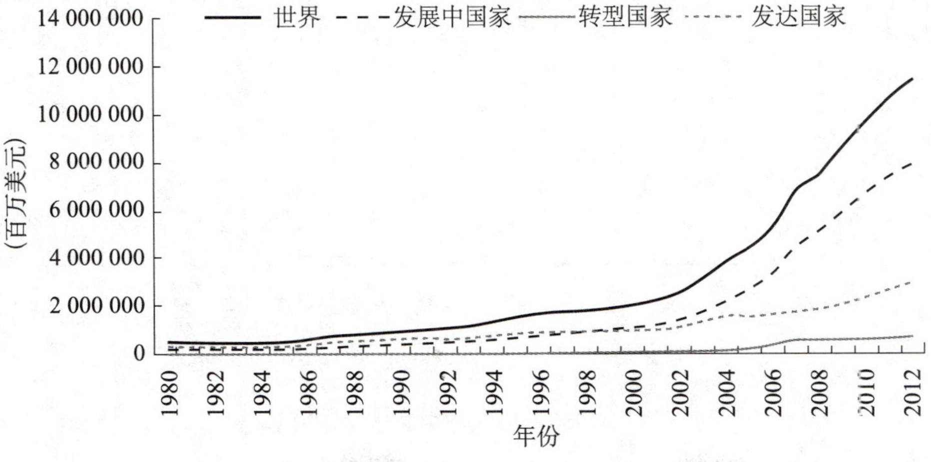

图1-10 世界与国别地区官方储备增长

资料来源：联合国贸易和发展会议。

① 参见第二章国际收支相关部分的解释。

迅猛增长,增速远远超过发达经济体。这在相当程度上突出反映了二十多年来发展中国家与转型经济体经济贸易的开放,在利用外资方面所进行的努力以及融入全球经济进程的进步。

二、全球化进程中的中国发展

(一) 对外贸易

商务部数据显示,过去二十多年,中国贸易增速保持了两位数的增长。2013 年,中国全年进出口总值突破 4 万亿美元,在全球贸易中占比 11.50%,占 GDP 的 47.00%。无论贸易总规模还是贸易占比都超越头号贸易大国美国,成为真正的贸易大国。就未来趋势来看,尽管中国的贸易增速有所放缓,但仍将高于发达经济体的贸易增速,中国仍将在世界贸易中保持领导地位。

(二) 利用外资与对外直接投资

近三十多年,中国吸引外资长期保持了世界的领先增速;现在,中国仍是全球最具投资吸引力的目的地之一;同时,中国吸引外资的质量进一步提高,高端制造业和高附加值服务业吸引外资的比重持续上升。

最近几年,中国对外投资也进入高速增长阶段。世界贸易与发展会议发布的《世界投资报告》的数据显示,截至 2007 年 5 月,中国对外直接投资额仅 730 亿美元;而截至 2013 年年底,中国对外投资存量已达 6136 亿美元。2013 年,中国对外投资仅位居美国、日本之后,成为全球第三大对外投资国。2014 年,中国对外投资超过吸引外资,成为净对外投资国。对外投资将成为中国产业升级和经济增长的重要动力。

(三) 外汇储备

近二十年来,由于国际收支顺差的不断积累,中国外汇储备迅速增长(见图 1-11)。以 2000 年为拐点,外汇储备强劲增长。截至 2014 年 3 月底,国家外汇储备余额为 3.95 万亿美元,占全世界外储总量的 1/3,遥居世界第一。

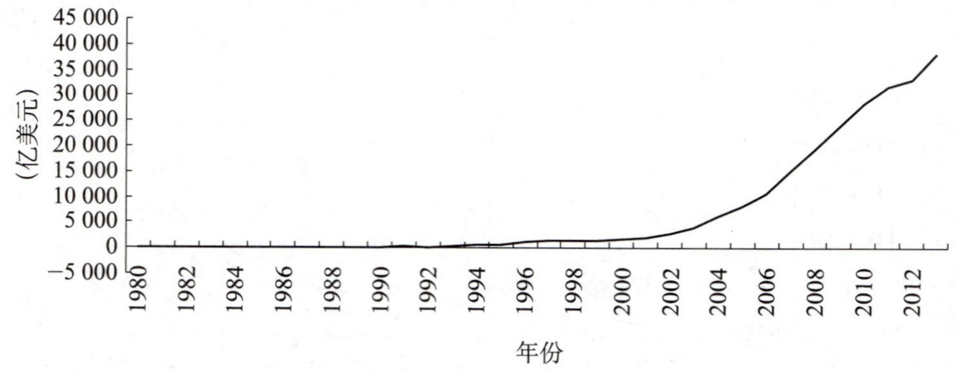

图 1-11 1980—2012 年中国外汇储备的增长

资料来源:国家外汇管理局。

第四节　经济全球化面临的新挑战

经济全球化是一柄双刃剑。讨论经济全球化，在肯定其促进全球经济增长的积极作用的同时，也要清醒地认识到经济全球化可能带来的风险。下面简要讨论后危机时代经济全球化所面临的新环境和潜在风险。

2008 年 9 月，美国次贷危机[①]最终演变成一场百年一遇的金融风暴。全球金融危机的爆发不仅使各国、各地区的经济受到严重影响，经济全球化也遭到严重挫折。全球经济增速从危机前的 4.00% 下跌至 2009 年危机高峰期的 -8.00%，下跌幅度达 12.00%。伴随经济增速下滑，全球贸易与投资量锐减。2009 年世界货物贸易量下降 12.10%；全球直接投资流量跌幅达 20.00%，比 2007 年的最高值下降 50.00%。此后，随着各国大规模实行经济刺激政策，全球经济出现了由收缩向缓慢复苏的转变，贸易投资形势也出现好转。然而，迄今为止，全球经济复苏远未摆脱困难，经济全球化的未来也将不得不面对更多意想不到的困难和挑战。

1. 系统总量风险

一是主要发达经济体的财政风险和金融风险加大，新兴经济体增长放缓。发达经济体及部分新兴经济体公共支出无法填补个人收入下降带来的支出缺口，使得应对传统危机的需求管理政策失效；全球地缘政治摩擦加剧所致的供给因素扰动，以及发达经济体扩张性货币政策带来的流动性泛滥滋生着巨大的滞胀风险。二是国际金融市场波动加剧，全球性主权债务风险挥之不去，以各种形式出现的新贸易保护主义大行其道，导致严重的贸易摩擦，国际贸易环境恶化。所有这些都增加了国际贸易与投资的困难，使得全球经济与经济全球化的未来充满了系统不确定性风险。

2. 非对称结构调节风险

全球金融危机的发生，不仅改变了全球经济增长的长期趋势，也深刻地改变着全球经济发展的未来格局。一方面，伴随再工业化进程的展开，发达经济体产业结构将向资本有机构成较高的产业结构转换，商品进口和资本输出都将呈现下降趋势；另一方面，新兴经济体和广大发展中国家不得不改变原来的产业升级路线。双边结构调整的加深将使发展中国家原来依靠外商投资和出口导向的增长模式难以为继。这种新情况不仅给新兴经济体带来了全新的挑战，也是对中国发展的严峻考验。

（1）国际资本流向改变。发展中国家的经济发展本质上是全球资本运动的一环。冷战结束后，众多新兴国家被自动纳入国际资本的循环轨道。各国在竞相引进外资发展本国经济的同时，也为国际资本的全球逐利提供了空前的便利；与此同时，西方国家出于自身安全利益考量，也乐意通过向新兴经济体提供部分市场，以非先进的成熟技术、产业资本输出的形式鼓励这些国家的经济发展。由此形成资本和货币流往东方，商品和利润流往西方的循环。然而，全球金融危机的爆发，宣告了这种国际经济循环方式的终结。现在，迫于主权债务危机压力，发达经济体一方面竞相通过货币贬值的方式向新兴经济体转嫁债务负担；另一方面凭借储备货币地位，通过主权债务融资方式吸引资本回流，导致新兴经济体资本的集体外流。全球金融危机以来，以“金砖四国”为代表的新兴市场分别于 2008 年第四季度、2010 年第二季度、2011 年下半年发生过 3 次比较集中的资本外流。世界银行的报告显示，2012 年，资本外流趋势进一

① 次贷危机是指由美国低信用房屋信贷违约剧增、信用紧缩问题于 2007 年夏季开始引发的危机。

步凸显,同年 5 月,发展中国家及新兴经济体的资本流入总量收缩将近 50.00%。从未来趋势来看,中长期内,由于发达国家主权债务危机旷日持久、全球经济再平衡进程的持续推进,以及新兴市场资本回报率降低等因素,新兴经济体长期大规模的资本净流入变为资本外流的趋势性改变将进一步发展。

(2)贸易流向与结构改变。对应资本流向的逆转,影响国际贸易流量的主要因素也发生趋势性改变。一方面,以美国为首的发达经济体近年来普遍提升了对新兴市场出口的限制。以关税上调、出口限制以及不公正的监管调整等保护主义措施不断增多且呈现长期化趋势。另一方面,欧盟及美国再工业化进程使得发达国家对新兴市场的进口,需求不断萎缩。两方面因素的叠加,使得以中国为代表的新兴市场出口大幅缩减。伴随美欧再工业化进程的展开,传统上依靠加工贸易出口的新兴经济体将不得不经历前所未有的结构性调整的困难。

3. 贸易区域化快速发展

受各方面因素的影响,多边贸易体制发展停滞,多哈回合谈判徘徊不前,贸易投资保护主义升温,经贸摩擦政治化倾向抬头;同时,区域经济合作迅猛发展,各类自由贸易协定大量涌现,成为经济全球化的新趋势。截至 2014 年 7 月,向 WTO 通报并仍然有效的区域贸易安排共 249 个,70.00% 左右是近 10 年出现的。目前,WTO 159 个成员中只有 1 个没有参与区域贸易安排。跨太平洋伙伴关系协定(TPP)、跨大西洋贸易与投资伙伴关系协定(TTIP)等具有区域集团性质的超大自由贸易区正在孕育形成,这将对经济全球化的走向产生深远影响。

当今世界,经济全球化深入发展的总趋势没有改变。然而,面对全球金融危机后经济全球化的新环境,国际社会如何应对全球经济再度失衡的风险,根据经济全球化新的利益诉求对现有不合理的国际货币安排进行治理改革,改革磋商与政策协调平台,维护国际贸易投资流量的稳定平衡增长;以及新兴经济体携手应对后危机时代发达国家的产业振兴,促进新一轮产业转移,带动新的国际分工的新挑战,推动多边贸易体制向前发展,却已成为经济全球化需要应对的长期课题。

本章小结

1. 经济全球化是指世界不同经济体之间的贸易与投资在技术进步支持下不断发展的动态过程。
2. 经济全球化的测度指标包括全球贸易量、全球投资量与全球外汇交易量。
3. 经济全球化的驱动力量主要包括技术进步和组织力量。
4. 全球金融危机后,经济全球化面临系统不确定性风险与结构调整风险。

关键概念

经济全球化

经济体

实体经济部门

金融经济部门

全球贸易量

全球投资量

全球外汇交易量

直接投资

间接投资

外汇储备

跨国公司

国际经济组织

非对称结构调整

复习思考题

1. 请以经济体概念解释经济全球化的基本内涵。
2. 为什么说技术进步是经济全球化的基础性条件？
3. 经济全球化最重要的组织载体是什么？为什么？
4. 中国经济是否过度依赖贸易？
5. 中美贸易失衡严重吗？有何解决办法？

课后习题

登录雅虎财经，收集近十年来世界500强企业的变化资料，列表显示500强企业历年的销售总额与世界GDP的对比，并与中国、俄罗斯、印度、巴西、南非的经济总量进行对比，简要说明您的结论。

资料链接

1. 世界贸易组织：http://www.wto.org/
2. 国际货币基金组织：http://www.imf.org/external/index.htm
3. 世界银行：http://data.worldbank.org/
4. 国际清算银行：http://www.bis.org/
5. 中华人民共和国国家统计局：http://www.stats.gov.cn/
6. 中国国家外汇管理局：http://www.safe.gov.cn/

延伸阅读

1. 张汉林等．世界贸易组织发展报告2012. 北京：高等教育出版社，2013.
2. IMF. 全球金融稳定报告：市场发展与问题．北京：中国金融出版社，2007.
3. 杜平．中国与世界经济发展报告．北京：社会科学文献出版社，2012.
4. World Bank. The Little Data Book on Financial Development. 2013.

下节提示

国际经济活动中经济体间交易的总量记录——国际收支

第二部分

国际收支

国际收支是一个开放经济体外部经济活动的全面反映，具有基础性政策分析意义。一个开放经济体的国际收支状况如何，不仅直接影响该经济体对外部门的均衡状态，也对其内部经济部门产生巨大的影响。一国经济运行的理想状态唯有在内外部同时均衡时才能取得。一个经济体如何同时实现内外均衡正是国际金融研究的主要任务，因此国际收支既是学习国际金融的逻辑起点，也是其逻辑终点。

该部分首先讨论一个开放经济体外部经济交易的总量记录——国际收支，为下一步的内外部均衡提供分析对象和依据。内容主要包括国际收支的基本概念、国际收支平衡表及其账户构成；国际收支的会计编制原理与会计分录；国际收支平衡表账户间的平衡关系以及金融账户余额与国际投资头寸的关系。其次，建立内外部经济部门活动的宏观经济总量关系，即储蓄投资与国际收支流量的关系，并讨论经常账户余额、储蓄、投资对开放经济体的宏观经济政策含义。最后，提供一个关于国际收支失衡的性质、成因及其主要调节方式的初步讨论。

第二章

国际收支的概念及其账户构成

国际收支记录一国居民与非居民间的一定时期内的经济交易;其基本账户由经常账户、资本账户和金融账户组成;它的会计规则与普通会计方法相同,采用复式记账法.记账难点在于找到匹配的科目。

主要内容

本章讨论国际收支的定义,以及国际收支平衡表的账户构成与会计规则。内容包括国际收支的基本概念、国际收支平衡表及其账户构成;国际收支平衡表会计编制原理、国际经济交易的会计分录。

知识与技能目标

通过本章的学习,掌握国际收支、国际收支平衡表的基本概念及其账户构成;能够运用居民与非居民的概念界定一个经济体国际经济往来的国际收支归属,并对居民与非居民之间的交易内容按账户类型归类。

引导案例

中国72亿美元购60架波音飞机

案例导读: 中国航空公司向美国波音公司购进60架波音飞机。随着协议的签署与执行,中国航空公司与美国波音公司之间将发生一系列的交易往来关系。中国航空公司作为进口方,承担到期付款的义务;美国波音公司作为出口方,享有收取设备价款的权利。由此引起一笔货币资金从中国流向美国,从而得以清偿中国航空公司与美国波音公司之间的债权债务。这种中国居民与美国居民之间的商品交易及由此引发的货币收付活动分别归属国际收支的经常账户与金融账户下的交易。

据中新社2005年1月29日的报道,中国民航史上最大的一笔订单于2005年1月26日在华盛顿签订,中国6家航空公司将进口价值72亿美元的60架最新型波音飞机。

根据双方在美国商务部签署的框架协议,中国国航、东航、南航、海南航空、厦门航空、上海航空将从波音公司订购60架波音7E7飞机,按照平均目录价格计算,此协议总价值72亿美元。这批飞机将从2008年开始陆续交付使用。

同日,波音公司正式将波音7E7飞机定名为"波音787梦幻客机"。波音787可载客200—300人,航程6 500—16 000公里,油耗比现有同级别飞机低20%,货运收益能力提高45%,飞行速度加快,舒适度提高。

中国航空公司引进这样的飞机有利于增强竞争力,提高运营效益;对美国航空制造业拓展全球市场,扩大就业也起到积极作用。协议的签署说明,中国政府和企业对中美经贸合作的重视以及扩大两国企业间互利、互惠合作的愿望。

今后10年,中国航空市场将以每年12%—15%的速度增长,市场前景非常广阔。据波音公司预测,中国民航市场未来20年将需要2 300架喷气式飞机,价值高达1 830亿美元。

中国与波音公司合作至今30年,中国民航目前运营的784架飞机中2/3属于波音系列,中国公司参与了3 500架波音飞机零部件的制造,波音公司为中国民航培训了27 000多名员工。

资料来源:中新网2005年1月29日。

第一节　国际收支的基本概念

国际收支(Balance of Payments,BOP)是不同经济体间的经济往来,根据IMF《国际收支手册》(第6版)的定义,国际收支是指在一定时期内不同经济体的居民(通常指一个国家或者地区)与非居民之间发生的全部经济交易的统计记录。

定义要点包括经济交易、居民与非居民、一定时期、统计记录。

1. 经济交易

在内涵上,根据IMF的定义,所谓经济交易是指不同经济体之间依据合同或者法律执行所发生的价值的交换或转移。交易的分类根据交易双方提供的经济价值的性质所决定。作为价值的交换,一项交易由两个经济流量组成,每个方向一个流量。

在外延上,国际收支定义中的经济交易既包括国际贸易,也包括国际投资,还包括其他国际经济交往。具体指商品与服务及金融资产或负债的交易。一个经济体在一定时期内对外所发生的全部经济交易活动,构成该经济体国际收支的基本内容。

2. 居民与非居民

居民的划分标准不是国籍而是居住地与居留时间。按照IMF的解释,居民是指在某个国家或地区居住期限达1年以上者,否则即为非居民。居民分居民自然人和居民法人两类:居民自然人是指那些在本国连续居住时间长达1年以上的个人,但留学生、就医人员、官方外交使节、驻外军事人员除外;居民法人是指在本国从事经济活动的各级政府机构、企业和非营利团体,但是国际性机构(如联合国、IMF等组织)是任何国家的非居民。

根据上述界定,只有发生在居民和非居民之间的经济交易才是国际经济交易,居民之间的交易不计入国际收支。例如,中国银行伦敦分行是英国的居民、中国的非居民,因而中国银行伦敦分行与总行的业务往来构成中国和英国的国际收支内容;相反,中国银行总行与在华的各外国公司之间的资金往来只构成中国的国内收支内容。居民与非居民也是外汇管制法规中区别外汇持有者身份的基本分类。一般而言,由于居民的外汇收支涉及居住国的国际收支问题,管汇当局对之管制较严;反之,由于非居民的外汇收支不涉及居住国的国际收支问题,管汇当局对之管制较松。

中国国际收支统计规定[①],中国居民是指:①在中国境内居留1年以上的自然人,外国及香港、澳门、台湾地区在境内的留学生、就医人员、外国驻华使馆领馆外籍工作人员及其家属除外;②中国短期出国人员(在境外居留时间不满1年)、在境外留学人员、就医人员及中国驻外使馆领馆工作人员及其家属;③在中国境内依法成立的企业事业法人(含外商投资企业及外资金融机构)及境外法人的驻华机构(不含国际组织驻华机构、外国驻华使馆领馆);④中国国家机关(含中国驻外使馆领馆)、团体、部队。除此以外的自然人或法人应视为非中国居民。

3. 一定时期

国际收支是对特定期间内居民与非居民经济交易的记录,这里的特定期间通常为1年。因此,国际收支是个与期间相关的流量(Flow),一个与存量(Stock)——某一时点上的量相对的概念。[②]

4. 统计记录

这里的统计记录是指对交易的货币结果的会计记录。由于每一笔经济交易都会引起交易双方货币资金的流进或流出(一方是流出,另一方就是流入;反之亦然),因此每一笔经济交易都须以特定的货币记录;并且,因为每一笔交易都会引起交易双方资产负债的增减、资产的增减或负债的增减,所以每一笔交易的货币结果都须按照复式记账规则,同时分录贷方和借方,金额相等、方向相反。由此记录的国际收支平衡表是国际收支按特定账户分类和复式记账原则表示出来的报表,它反映了这些经济交易的规模、结构等状况。

第二节　国际收支平衡表账户构成

一、账户样式

根据IMF《国际收支手册》(第6版)[③],国际收支平衡表由四大账户构成,分别是经常账户(Current Account,CA),资本账户(Capital Account,KA),金融账户(Financial Account,FA)[④⑤]和净误差与遗漏账户(Errors and Omissions Account,EO)(见表2-1)。账户亦称项目,两者可交替使用,以下如不加说明则两者具有相同的含义。例如,经常账户可称经常项目,资本账户可称资本项目,等等。

---

① 参见2014年1月1日起施行的、修改后的《国际收支统计申报办法》。《国际收支统计申报办法》于1995年8月30日经国务院批准,1995年9月14日中国人民银行发布,自1996年1月1日起施行。2013年11月9日,根据中华人民共和国国务院令第642号《国务院关于修改〈国际收支统计申报办法〉的决定》修订。

② 国际投资头寸就是个存量概念,可以通过国际投资期初头寸与期末头寸的变化把流量与存量联系起来。

③ 第二次世界大战后,IMF负责收集并公布各成员国国际收支平衡表。为此,IMF制定了编制国际收支平衡表的方法和内容。作为各国编制国际收支统计报表通用标准的IMF《国际收支和国际投资头寸手册》于2008年发布了第6版,在统计原则、经常项目、资本和金融项目等方面作了多处修订,对国际收支统计数据和方法进行了新的规范。以下如无特别说明,所涉概念规则等均以此为依据。

④ IMF《国际收支手册》(第5版)改变了此前国际收支分为经常项目与资本项目两大基本项目的设置,将资本项目分为资本和金融两个项目;《国际收支手册》(第6版)沿用了第5版的这一办法,未予改动。由于原来资本账户下的大量交易体现在新的金融账户下,因此改变后的资本项目交易种类及金额都很少。因为资本账户金额很小,在国际收支分析中,为简便计可以把资本和金融账户视同传统的资本账户。

⑤ 金融账户有狭义广义之分,在IMF的定义中,金融账户指广义金融账户,包括官方储备资产项目;与IMF定义的广义金融账户相比较,狭义金融账户不含官方储备资产一项。在中国的国际收支分析中,习惯采用狭义金融账户定义,狭义金融账户与资本账户也合称为资本和金融账户,而把官方储备资产项目单列,和净误差与遗漏合称为平衡项目。

表 2-1　IMF 国际收支平衡表——账户构成示例 1

	贷方	借方
1. 经常账户		
(1) 货物和服务		
(2) 收益		
主要收益:投资收益		
次要收益:经常转移		
2. 资本账户		
(1) 资本转移		
(2) 非生产、非金融资产的收买与放弃		
3. 金融账户		
(1) 直接投资		
(2) 证券投资		
(3) 金融衍生产品与股票期权		
(4) 其他投资		
(5) 储备资产		
4. 净误差与遗漏账户		

二、账户结构

(一) 经常账户

经常账户用以记录不同经济体进行经济交易而经常发生的项目,主要反映一国与他国之间实际资源的转移。这是国际收支平衡表中最基本、最重要的项目,因为它集中反映了一个经济体实体经济部门的国际竞争力与国际投资水平的优劣。经常项目包括货物和服务(Goods and Service)、收益(Income)、经常转移(Current Transfer),其中货物和服务是最主要的内容。

1. 货物

即货物贸易或商品进出口。货物主要包括一般商品、用于加工的货物、货物修理、各种运输工具在港口购买的货物和非货币性黄金;货物的进出口应在货物的所有权在居民与非居民之间转移时记录下来,一般使用离岸价(Free on Board,FOB)计价。

2. 服务

即服务贸易或服务进出口。由于主要涉及的是看不见实物的“服务”,因此又称无形贸易(Invisible Trade)。服务包括运输、旅游、通信、建筑、保险、金融服务、计算机和信息服务、专有权使用费和特许费、各种商业服务、个人文化娱乐服务以及政府服务,等等。

3. 收益

分为主要收益(Primary Income,PI)与次要收益(Secondary Income,SI)两类,前者反映收益的初次分配,后者反映收益的再分配。主要收益项包括职工报酬和投资收益两项内容。职工报酬为居民或非居民因工作而获得的现金或实物形式的工资、薪金和福利;投资收益为居民或非居民境外投资所获取的利润、股息和利息等,包括直接投资收益、证券投资收益和其他投资收益。次要收益项为经常性转移(Current Transfer),亦称单方或单边转移(Unilateral Transfer)。单方转移是资金或货物在国际间的单向转移,不产生归还或偿还问题,具体包括个人转移和政府转移。前者指个人之间的无偿赠予或赔偿等,后者指政府之间的军事、经济援助、赔款、赠予等。

（二）资本账户

资本项目包括资本转移和非生产、非金融资产的购买或出售。前者主要是投资捐赠、债务减免及移民资产转移；后者主要是版权、专利、商标或自然资源开采权的收买或出售。

（三）金融账户

金融账户包括直接投资、证券投资、金融衍生产品与员工股票期权、其他投资和储备资产五个部分：

1. 直接投资（Direct Investment）

直接投资可以采取在国外直接建立分支企业的形式，也可以采取购买国外企业一定比例以上股份的形式。投资者拥有公司治理权，投资比例须达公司普通股份的10%以上。①

2. 证券投资（Portfolio Investment）

证券投资的主要对象是股本证券（Equity Securities）和债务证券（Debt Securities），后者又可以进一步细分为期限在1年以上的中长期债券、货币市场工具和其他衍生金融工具。证券投资又称间接投资，投资者不拥有公司治理权。

3. 金融衍生产品（Financial Derivatives）与员工股票期权（Employee Stock Options，ESOs）

金融衍生产品是指其价值依赖基础资产价值变动的合约，这种合约可以是标准化的，也可以是非标准化的。标准化合约是指其标的物（基础资产）的交易价格、交易时间、资产特征、交易方式等都是事先标准化的，因此此类合约大多在交易所上市交易，比如期货。非标准化合约是指其标的物的交易价格、交易时间、资产特征、交易方式等由交易双方自行约定，因此具有很强的灵活性，比如远期协议。员工股票期权是公司授予员工在某段时间里，按照授权日股票的公平市场价格（即固定的期权价格）购买一定份额的公司股票的权利。

4. 其他投资（Other Investment）

其他投资是指所有直接投资、证券投资、金融衍生产品与员工股票期权或储备资产未包括的金融交易，诸如不可在市场出售的长期和短期贷款、存款、金融租赁、贸易信贷项目（包括货物进出口应收、应付款和预收、预付款）、货币及其他负债等。

5. 储备资产（Reserve Assets）

储备资产是指一国货币当局为弥补国际收支赤字和维持汇率稳定而持有的在国际间可以被普遍接受的流动资产，包括货币性黄金、特别提款权、在IMF的储备头寸、外汇资产和其他债权等。

资本和金融账户用以记录直接影响一国财富与债务的交易。资本和金融账户的记录是测度跨境资本流动状况的主要依据。

（四）净误差与遗漏账户

国际收支平衡表采用复式记账法，每笔交易都由两笔价值相等的账目表示，分别记录在借方和贷方。原则上讲，有借必有贷，借贷必相等，表中的全部账目净余额为零。但在实际编制时，由于统计口径和数据来源以及其他技术原因②，当把所有的账目加总之后，不可避免地会出现借方或贷方余额。例如，进出口的数据主要来自海关，而相应的进

① 参见第一章。

② 虽然净误差与遗漏一般是统计技术因素造成的，但有时也有人为因素。一般净误差与遗漏项目规模不超过商品项目借贷方总计（即贸易额）的5%，数额过大会影响国际收支分析的准确性。当一国国际收支账户持续出现同方向、较大规模的净误差与遗漏时，常是人为因素造成的，需要具体分析有无资本的不正常流动，如资本的大规模外逃或热钱的涌入套利等。

出口收入与支出的数据则主要来自银行,有的数据甚至需要进行估算,造成国际收支平衡表各个项目的借方余额与贷方余额经常不相等。因此,国际收支平衡表单独设立了一个平衡项目,即净误差与遗漏,其数额与上面所说的余额相等,但符号相反。当贷方总计大于借方总计时,差额数列在“净误差与遗漏”的借方;当借方总计大于贷方总计时,差额数则列在“净误差与遗漏”的贷方。

这样,补充了净误差与遗漏账户后,便可以取得国际收支平衡表账户形式上的平衡,使得表上全部贷方余额与借方余额之和相等。但须指出,这种平衡仅仅是账户会计意义上的平衡,并非国际收支经济意义上的平衡,经济意义上的平衡是指经常账户、资本和金融账户各自的平衡,这两个部分才是国际收支分析的重点所在。

出自经济分析的目的,国际收支平衡表也可以表述为由经常账户、资本和金融账户、平衡账户三大账户构成。平衡账户的作用在于抵消资本和金融账户的统计误差或经常项目与资本和金融项目的收支差额。净误差与遗漏抵消的是统计误差,由于经常项目与资本项目收支总量经常是不平衡的,而这部分由交易本身引起而非统计误差导致的差额需要通过增减国家储备来求得平衡,因此撇除净误差与遗漏后的平衡项目又称官方储备项目。IMF 的平衡项目即官方储备项目,而中国的平衡项目则不仅包括官方储备还包括净误差与遗漏。除非净误差与遗漏为零,否则两者是不相等的。两者的异同如表 2 -2 和表 2 -3 所示。

表 2 -2　IMF 国际收支平衡表

	贷方	借方
1. 经常账户		
(1) 货物和服务		
(2) 收益		
主要收益:投资收益		
次要收益:经常转移		
2. 资本和金融账户		
(1) 资本账户		
资本转移		
非生产、非金融资产的收买与放弃		
(2)金融账户		
直接投资		
证券投资		
其他投资		
3. 净误差与遗漏账户		
4. 储备资产及相关项目(平衡项目)		

表 2 -3　中国国际收支平衡表

	贷方	借方
1. 经常账户		
(1) 货物和服务		
(2) 收益		
主要收益:投资收益		
次要收益:经常转移		
2. 资本和金融账户		
(1)资本账户		
资本转移		
非生产、非金融资产的收买与放弃		
(2)金融账户		
直接投资		
证券投资		
其他投资		
3. 储备资产及相关项目(平衡项目)		
4. 净误差与遗漏账户(平衡项目)		

第三节 国际收支平衡表的会计编制原则

一、基本原则

国际收支平衡表的记账原则与普通的复式记账法并无二异，遵循“有借必有贷、借贷必相等”的会计记账原则。每笔交易都由两笔价值相等的账目表示，分别记录在国际收支平衡表匹配账户的借方和贷方。凡引起负债增加、资产减少的项目都列示贷方（用＋号表示，一般省略），称为贷方项目或正号项目；凡引起负债减少、资产增加的项目都列示借方（用－号表示），称为借方项目或负号项目。例如，货物出口收汇在国际收支平衡表中贷记货物贸易、借记银行存款；外商直接投资现汇流入在国际收支平衡表中贷记直接投资、借记银行存款；等等。在记录时间上，国际收支交易采用权责发生制确定流量的记录时间。即以所有权变更确定记录时间。一旦所有权发生变更，债权债务就随之出现；一旦经济价值产生、改变、交换、转移或消失，交易就被记录下来。① 在计价原则上，国际收支交易主要采用市场价格计价，但债务工具大多按面值来记录；国际投资头寸表也是按年末市场价格确定外部金融资产和负债的价值。另外，国际收支平衡表的记账顺序是先贷记后借记；记账的难点在于找到与同一笔交易相匹配的贷方和借方科目。

二、记账规则

（一）经常账户

1. 货物和服务

（1）出口——贷记：经常账户下的货物或服务（分析：出口，实物或无形资产减少，贷记）；
借记：金融账户货币资金②（分析：出口收汇，货币资产增加，借记）。

（2）进口——贷记：金融账户货币资金（分析：进口付汇，货币资产减少，贷记）；
借记：经常账户下的货物或服务（分析：进口，实物或无形资产增加，借记）。

2. 收益

1）主要收益——雇员薪酬与投资收益

（1）收到收益——贷记：经常项下收益账户（分析：权益资产减少，贷记）；
借记：金融账户货币资金（分析：金融资产增加，借记）。

（2）支付收益——贷记：金融账户货币资金（分析：金融资产减少，贷记）；
借记：经常项下收益账户（分析：金融负债减少，借记）。

2）次要收益——经常转移

（1）对外转移

① 对外物质援助——贷记：经常项下出口（分析：对外物质援助类同出口，实物资产减少，贷记）；
借记：经常项下经常转移（分析：对外物质援助无收汇行为发生，

① 例如，在货物已出口但未收回货款的情况下，应借记其他投资项下的贸易信贷和贷记货物出口。这是因为货物已经离岸，发生了所有权的转移，实际资源——实物资产减少，贷记；与此同时对外债权——金融资产增加，借记。

② 收汇、付汇记录为货币资金而未归入具体的科目，以突出匹配规则要点而避免不必要的细节讨论。

借记经常转移抵消贷记金额)。

② 对外汇款[①]——贷记:金融账户货币资金(分析:对外付汇,金融资产减少,贷记);
借记:经常项下经常转移(分析:对外汇款属单边交易,借记经常转移对冲贷记金额)。

(2)对内转移

① 得到国外物质援助——贷记:经常项下经常转移(分析:得到援助无付汇行为发生,贷记经常转移对冲借记金额);
借记:经常项下货物贸易(分析:得到国外物质援助类似进口,借记)。

② 对内汇款——贷记:经常转移(分析:对内汇款属单方交易,贷记经常转移对冲借记金额);
借记:金融账户货币资金(分析:收到汇款,金融资产增加,借记)。

(二)资本账户

1. 资本转移

(1)资本对外转移——贷记:金融账户(分析:资本对外转移,金融资产减少,贷记);
借记:资本账户资本转移(分析:资本对外转移属单方无偿还交易,借记资本转移对冲金融账户贷记金额)。

(2)资本对内转移——贷记:资本账户资本转移(分析:资本对内转移属单方无偿还交易,贷记资本转移对冲金融账户借记金额);
借记:金融账户(分析:资本对内转移,金融资产增加,借记)。

2. 非生产、非金融资产的收买与放弃

(1)非生产、非金融资产的收买——贷记:金融账户(分析:对外付汇,金融资产减少,贷记);
借记:资本账户资产收买(分析:土地无形资产增加,借记)。

(2)非生产、非金融资产的放弃——贷记:资本账户资产放弃(分析:非生产、非金融资产减少,贷记);
借记:金融账户(分析:对外收汇,金融资产增加,借记)。

(三)金融账户

1. 本国对外投资(包括直接投资、间接投资、金融衍生产品、其他投资等形式)

贷记:金融账户货币资金(分析:购汇投资,储备资产减少,贷记);
借记:金融账户其他金融资产(分析:海外其他金融资产增加,借记)。

2. 外国对本国投资(包括直接投资、间接投资、金融衍生产品、其他投资等形式)

贷记:金融账户货币负债(分析:外资流入,对外负债增加,贷记);
借记:金融账户货币资金(分析:外资流入,储备资产增加,借记)。

---

① 汇款含个人汇款(主要为个人工资汇款)与社会福利汇款(如社会爱心基金汇款等),下同。

3. 官方储备资产[①](外汇储备)

(1) 官方储备资产增加——贷记:中央银行负债(分析:央行买进外汇付出本币,负债增加,贷记);

借记:央行外汇储备(分析:央行获得外汇,外汇资产增加,借记)。

(2) 官方储备资产减少——贷记:央行外汇储备(分析:央行卖出外汇,外汇资产减少,贷记);

借记:中央银行负债(分析:央行卖出外汇收回本币,负债减少,借记)。

为方便查对,以上示例中的会计规则以中英文对照概括如表2-4。

表2-4 国际收支平衡表会计规则摘要

贷记(credit)	借记(debit)
货物和服务的出口 (Exports of Goods and Services)	货物和服务的进口 (Imports of Goods and Services)
收到来自国外的收益 (Income Receivable from Abroad)	支付给国外的收益 (Income Payable Abroad)
国外向国内转移 (Transfers from Abroad)	国内向国外转移 (Transfers to Abroad)
对外负债的增加 (Increases in External Liabilities)	对外负债的减少 (Decreases in External Liabilities)
外部资产的减少 (Decreases in External Assets)	外部资产的增加 (Increases in External Assets)

本章小结

1. 国际收支是一国居民与非居民间一定时期内经济交易的系统记录。

2. 国际收支的基本账户由经常账户、资本账户和金融账户组成。

3. 国际收支的会计规则是复式记账法,有借必有贷,借贷必相等,记账难点在于找到匹配的科目。

关键概念

国际收支	国际收支平衡表
国际收支平衡表的账户构成	国际收支的会计规则
经常账户	资本和金融账户
净误差与遗漏	

① 官方储备资产主要指外汇储备,因货币黄金、IMF储备头寸、特别提款权并非经常发生的交易,故省略。

复习思考题

1. 什么是国际收支?
2. 什么是国际收支的基本账户?
3. 什么是经常账户?
4. 什么是资本账户、金融账户?
5. 什么是净误差与遗漏,其作用何在?

课后习题

1. 试就以下中国居民对外经济交易作会计分录,并据以编制简要中国国际收支平衡表:

(1) 中国企业出口价值 100 万美元的设备,所得收入存入银行;

(2) 中国居民到外国旅游花销 1 万美元,用信用卡支付,并在回国后用自己的外汇存款偿还;

(3) 外商以价值 1000 万美元的设备投入中国,兴办合资企业;

(4) 中国政府动用外汇库存 40 万美元向外国提供无偿援助,另提供相当于 60 万美元的粮食药品援助;

(5) 中国某企业在海外投资获得利润 150 万美元,其中 75 万美元直接用于当地的再投资,75 万美元调回国内向中央银行结售。换得本币后,将相当于 25 万美元的本币用于股东分红,将相当于 50 万美元的本币用于购买国产设备后重新投资于国外企业;

(6) 中国居民动用外汇存款 40 万美元购买外国某公司的股票;

(7) 中国居民通过劳务输出取得收入 5 万美元,并将收入汇到国内,存入银行;

(8) 中国某公司在海外上市,获得 100 万美元的资金,中国公司将融资所得现金结算成本币。

提示:货物出口收汇在国际收支平衡表中贷记货物贸易、借记银行存款(金融账户其他投资项下);外商直接投资现汇流入在国际收支平衡表中贷记直接投资、借记银行存款;外商直接投资设备入股视同进口,借记货物进口、贷记外商直接投资。

2. 试述最近 10 年来中美贸易差额状况,并分析其对两国经济的影响。

资料链接

1. 国家外汇管理局:http://www.safe.gov.cn/wps/portal/shenzhenfj
2. IMF:http://www.imf.org/external/pubs/ft/bop/2007/bopman6.htm

延伸阅读

1. 中国国家外汇管理局. 国际收支和国际投资头寸手册第 6 版实施系列宣传之一至三. 2014.
2. IMF. 国际收支和国际投资头寸手册(第 6 版). 2009.
3. IMF. FAQs on Conversion from BPM5 to BPM6.

下节提示

国际收支账户平衡关系

第三章

国际收支账户平衡关系

国际收支平衡具有两种不同的含义,一种是会计账户形式上的平衡,再一种是经济意义上的平衡(即各个项目的平衡)。国际收支分析的重点在于经济意义上的平衡,具体包括分析各个项目局部差额及综合差额的形成原因及其平衡的方法和途径。国际投资头寸反映特定时点上一个经济体对外金融资产和负债的状况。国际投资头寸表与国际收支平衡表共同构成一个经济体的完整的国际账户体系。分析开放经济体的全部对外经济活动需要分析国际收支流量与国际投资存量两者之间的关系。

主要内容

本章首先讨论国际收支基本账户的概念,其次讨论国际收支平衡表基本账户差额及其差额间的关系,最后讨论国际投资头寸及国际收支平衡表与国际投资头寸的关系。内容包括国际收支账户平衡关系,国际收支形式平衡与经济意义平衡;国际收支差额与国际收支失衡及平衡的关系;国际投资头寸及国际收支平衡表与国际投资头寸的关系。

知识与技能目标

通过本章的学习,掌握并理解国际收支平衡表会计意义上的平衡与经济意义上的平衡之间的联系与区别;掌握国际收支局部差额、局部差额的产生原因、局部差额的相互关系、国际收支失衡、自主性交易与补偿性交易、国际收支平衡等内容。

引导案例

国际收支"大账单"如何平衡

案例导读: 国际收支的平衡关系不是简单的"经常项目余额 + 资本和金融项目余额 = 0"的账户平衡关系,而是指国际收支三大基本账户各自及相互间的平衡关系。本案例描述了中国国际收支失衡的事实,介绍了德国和日本应对贸易失衡的一些措施,对我们理解本章内容有所帮助。

王成华是广州天海贸易有限公司财务经理。在他的“账单”里,公司对外贸易的收支数据已经精确到“天”。在外贸行业,像王成华这样的财务经理成千上万,他们在常规工作中随时打交道的这些数据是外贸对应的收支,是企业进、销、存,乃至对外投资结汇、售汇的情况。在一张财务报表上,凡是带来外汇收入的项目记入贷方;引起外汇支出的项目记入借方。日复一日,王成华们的这些对外贸易涉及的外汇资产变化其实已经汇总到中国国际收支平衡表的“大账单”里。

这张“大账单”统计了一定时期内中国与其他国家全部经济往来的收支流量,包括对贸易、非贸易、资本往来,以及储备资产的实际动态所作的系统记录。

通过国际收支平衡表所反映的数据,可以了解中国国际收支是否平衡,还可以了解国际收支结构及储备资产的增减变动情况;而且,这些信息也是中国制定或调整相关的经济政策和对外贸易政策的重要依据。

怎么才算是达到国际收支平衡了呢?

理论上来讲,“经常项目余额+资本和金融项目余额=0”才算是达到完全的国际收支平衡。但业内人士普遍认为,这只是一种理想状态,或是一种发展趋向。

近年来,中国国际收支长期呈“双顺差”(指贸易是出口大于进口,资本也是流入大于流出的国际收支状况)的格局。这一方面反映了中国外向型经济和对外贸易快速发展的现状,另一方面也增加了贸易纠纷和摩擦,加大了人民币升值的压力。

在目前的双顺差情况下,中国怎样进一步走向国际收支平衡呢?中国应学习借鉴其他国家实现国际收支平衡的“技巧”。

比如德国的“顺差+逆差”模式。2002—2004 年,德国每年的贸易顺差额都突破 1 000 亿美元,是同期中国贸易顺差的 2—3 倍,2005 年更是创纪录地达到 1 892 亿美元。但德国大量对外投资(包括直接投资、证券投资等),形成资本和金融账户逆差;而大量的对外投资收益流回本国,又形成经常项目顺差。从而使得经常项目和资本金融项目良性互动,使经常账户顺差与资本和金融账户逆差实现平衡。

再如日本。1965—2011 年,日本的国际收支有 40 年为顺差、6 年为逆差。在解决顺差的问题上,日本并没有限制出口,而是通过调整进口税制、完善进口信贷等政策,把重点放在扩大进口方面。此外,日本倡导“藏汇于民”,放开了居民和企业使用外汇的一些限制。

资料来源:《经济日报》2012 年 5 月 26 日。

第一节　国际收支平衡与基本账户差额

一、国际收支平衡的概念

一国国际收支不是平衡就是不平衡,二者必居其一。正确理解国际收支的平衡与不平衡,有必要区分国际收支平衡的两种不同含义,即会计形式平衡与经济意义平衡。经济交易的会计记录加上净误差与遗漏账户后,国际收支平衡表可以实现会计意义上的平衡,即贷方总额等于借方总额,或者说经常账户余额之和加上资本和金融账户余额之和正好等于净误差与遗漏账户余额。不过,这种借贷两方总额相等的关系,仅仅是会计账户形式上的平衡,并非意味着国际收支平衡表各个项目的借方余额与贷方余额始终是相等的。事实上,国际收支每个项目的借方总额与贷方总额往往并不相等。这是因为一国商品和服务的进出口、资本的输出输入都不可能做到完全相等,所以每个项目的借方与贷方难以收支相抵,总会出现差额(Balance)。所谓差额,即每一交易项目的贷方金额与借方金额之差。国际收支核算中的主要差额项目包括贸易收支差额、经常项目差额、资本和金融项目差额,这些差额统称为局部差额。各局部差额的合计构成国际收支综合差额(Overall Balance of Payments)。当这一差额为零时,称为国际收支平衡,即经济意义平衡;当这一差额为正时,称为国际收支顺差;当这一差额为负时,称为国际收支逆差。后两者统称为国际收支不平衡。因此,国际收支分析中的国际收支平衡不是指平衡表上借贷总计的平衡,而是指国际收支经济意义上的平衡,或者说各个项目差额的基本平衡。

国际收支平衡的概念还可以借助交易类型的性质来帮助理解。国际收支平衡表上的交易可以划分为事前(Ex ante)交易与事后(Ex post)交易两种。事前交易又称自主性交易(Autonomous Transaction),事后交易又称调节性交易或弥补性交易(Accommodating Transaction)。贸易项目一般是自主性交易。在自主性交易中如发生差额,只能动用官方储备或借入短期资本弥补,这属于事后的调节性交易。自主性交易的国际收支如果能基本相抵,则调节性交易就不必占重要位置。在这种情况下,国际收支就基本上达到平衡;如果情况相反,则国际收支就不平衡。

总之,只有当一国国际收支获得经济意义平衡(即各个项目差额的基本平衡)时,一国国际收支才是真正意义上的平衡;否则,就是国际收支的不平衡。一国国际收支不平衡的程度取决于国际收支差额的规模,若出现持续的大幅度差额则称之为国际收支失衡。国际收支平衡表各项目的借贷差额在差额栏里反映,顺差用“+”号表示,逆差用“-”号表示。下面分别就这些差额以及这些差额之间的关系进行讨论。

二、基本账户差额及其平衡关系

(一)经常账户差额及其经济意义

经常项目主要反映一国与他国之间实际资源的转移,是国际收支中最重要的项目。因为经常项目差额包括了贸易差额,通常占一国国际收支的最大份额。经常项目顺差表示该国为净贷款人,经常项目逆差表示该国为净借款人。经常项目包括货物贸易、服务贸易、收益和单方面转移四个项目,其中货物和服务贸易是一国国际收支的最主要部分,下面先讨论贸易差额,再讨论经常账户差额。

1. 贸易收支差额

贸易收支差额是指包括货物和服务在内的进出口贸易之间的差额。因为贸易项目分为货物和服务两个子项目,所以它们之间具有如下关系:

贸易收支差额 = 货物贸易差额 + 服务贸易差额

= 货物出口额 - 货物进口额 + 服务出口额 - 服务进口额　　(3-1)

为简便计,(3-1)式也可用英文缩写表示为:

$$\mathrm{BOT} = X - M \tag{3-2}$$

(3-2)式中,BOT 代表贸易收支差额,为 Balance of Trade 的缩写;X 代表货物和服务的出口，M 代表货物和服务的进口。如果 $X > M$，即 $X - M > 0$，这一差额为正，代表贸易顺差；如果 $X < M$，即 $X - M < 0$，这一差额为负，代表贸易逆差；如果 $X = M$，即 $X - M = 0$，这一差额为零，代表贸易收支平衡。贸易收支差额的变化受其子项目差额的影响，子项目及其内部结构的变化都将直接影响贸易收支差额的变化。

在分析一个经济体的国际收支状况时，贸易收支差额具有突出的重要性。这是因为：第一，对许多经济体来说，由于贸易收支在全部国际收支中所占的比重较大，贸易差额的变动直接影响和制约着其他账户差额的变化；第二，贸易收支差额体现了一个经济体自我创汇的能力，反映一国或地区经济的产品和服务的国际竞争力及其在国际分工中的地位，是一国（含地区，下同）对外经济交往的基础。此外，贸易收支尤其是货物进出口数据易于通过海关及时收集，因此贸易差额能够比较快地反映出一个经济体对外经济交往的情况。

2. 经常项目差额

经常项目差额是经常项目贷方与借方的差额。由于经常项目下面又分为两个子项目——货物和服务项目（贸易项目）与收益项目，因此它们之间又有如下关系：

$$\text{经常项目差额} = \text{贸易差额} + \text{收益差额} \tag{3-3}$$

（3－3）式也可用英文缩写表示为：

$$CAB = TB + IB \tag{3-4}$$

（3－4）式中，CAB 表示经常项目差额，为 Current Account Balance 的缩写；TB 为 Trade Balance 的缩写，代表一国的贸易差额；IB 为 Income Balance 的缩写，代表收益差额。若 $CAB > 0$，即该差额为正时，称作经常项目顺差或盈余；若 $CAB < 0$，即该差额为负时，称作经常项目逆差或赤字；若 $CAB = 0$，即该差额为零时，称作经常项目平衡。经常账户差额的变化受其子项目差额的影响，子项目及其内部结构的变化都将直接影响经常账户差额的变化。

经常项目差额是国际收支分析中最重要的项目。如果经常项目顺差，则意味着一国经常项下外汇收入大于外汇支出；反之，如果经常项目逆差，则意味着该国经常项下外汇收入小于外汇支出。经常项目无论顺差还是逆差都需要采取平衡措施才能保持收支平衡。顺差国需要通过对外放款实现收支平衡，逆差国则需要通过对外借款弥补逆差。如果一国经常项目顺差，意味着该国的国外财产净额增加，该国为对外净贷款国；反之，如果出现经常项目逆差，则意味着由于有货物、服务、收入和经常转移的借方净额，该国的国外负债增加，该国为对外净借款国。因此，经常项目差额累积等同一国的国外金融资产负债净额，又被视为一国国际信用地位的重要判别依据。

（二）资本和金融项目差额

资本和金融项目差额由资本项目差额与金融项目差额构成，计算公式如下：

$$\text{资本和金融项目差额} = \text{资本项目差额} + \text{金融项目差额} \tag{3-5}$$

（3－5）式也可用英文缩写表示为：

$$KFB = KAB + FAB \tag{3-6}$$

（3－6）式中，KFB 表示资本和金融项目差额，为 The Balance of Capital Account and Financial Account 的缩写；KAB 为 The Balance of Capital Account 的缩写，代表一国的资本项目差额；FAB 为 The Balance of Financial Account 的缩写，代表一国的金融项目差额。另外，

(3－5)式中,资本账户差额＝资本转移差额＋资产买卖差额[1];金融账户差额[2]＝直接投资差额＋证券投资差额＋金融衍生产品与股票期权＋其他投资差额。自然,式中各子项目差额的变动也都会引起资本和金融项目差额的变动。

根据(3－6)式,若 KFB＞0,即该差额为正时,称作资本和金融项目顺差或盈余,表示在对外金融交易中资金净流入;若 KFB＜0,即该差额为负时,称作资本和金融项目逆差或赤字,表示在对外金融交易中资金净流出;若 KFB＝0,即该差额为零时,称作资本和金融项目平衡,表示在对外金融交易中资金流入流出相等。

(三) 经常账户差额与资本和金融账户差额的关系

从前述的国际收支复式记账规则的示例中可见,国际收支中的一笔贸易流量通常对应一笔金融流量。根据复式记账规则,如不考虑净误差与遗漏,经常账户差额与资本和金融账户差额的关系可表示如下:

$$CAB + KFB = 0 \text{ 或 } CAB = -KFB \tag{3-7}$$

(3－7)式中,CAB 表示经常账户差额,KFB 表示资本和金融项目差额。

根据(3－7)式,当经常账户顺差时,资本和金融账户必为等额的逆差,资本流出,该国外部净资产增加;反之,当经常账户逆差时,资本和金融账户为等额的顺差,资本流入,该国对外资产减少或负债增加。[3] 前一情形,反映了一国经常账户通过资本和金融账户对外投资的能力;而后一情形,则反映了一国资本和金融账户提供给经常账户的融资能力。因此,就两者关系来看,一方面,经常账户流量决定资本和金融账户流量,或者说实体部门的交易决定和制约着金融部门的交易,货物和贸易的流动决定资本的流动;也就是说,经常账户的差额越大,资本和金融账户的差额也就越大;反之就越小。另一方面,资本和金融账户差额也反映一国通过国际资本市场管理经常账户差额的能力;也就是说,当经常账户出现逆差时,该差额越大,代表一国为经常账户提供融资的能力越强;当经常账户出现顺差时,该差额越大,代表一国对外投资的能力越强。

不过需要指出的是,资本和金融账户差额与经常账户差额之间并非简单的被动对应关系。随着经济和金融全球化的不断发展,资本和金融账户不再单纯局限于为经常账户提供投融资的范围,或者说国际资本流动逐步摆脱了相对国际贸易的从属地位,而表现出相对独立的运动模式。因此,资本和金融账户差额不仅反映了经常账户的投融资需求,也反映了金融市场的成熟和开放程度,以及这种相对独立的资本流动规律。另外,一国主权货币地位的强弱也在很大程度上决定着资本和金融账户的投融资能力。例如,一个持续贬值的货币,其资本和金融账户的投融资能力也会不断减弱。

(四) 国际收支综合差额[4]

国际收支综合差额简称综合差额(Overall Balance),包含除官方储备以外的国际收支局部差额,是全面衡量一国国际收支状况的综合指标。如果差额为正,则称该国国际收支存在顺差;如果差额为负,则称该国国际收支存在逆差;如果差额为零,则称该国国际收支平衡。通常

---

① 此处的资产买卖差额代表非生产、非金融资产的收买与放弃。

② 此处的金融项目不含储备资产项目。

③ 经常账户与资本账户一般具有上述因果关系,但也存在相反的情况。例如,一国可能因资产具有吸引力而导致资本大量流入推高汇率,引起经常账户出现逆差,因此在讨论时要根据各国具体情况加以区别。

④ 国际收支综合差额不等于中国国际收支分析中的国际收支总差额,中国的国际收支总差额为经常项目与资本及不含储备资产的金融项目之和,不包括净误差与遗漏项目。

所说的国际收支差额即指综合差额。综合差额的计算公式如下:

综合差额 = 经常账户差额 + 资本和金融账户差额 + 净误差与遗漏账户差额 (3-8)

(3-8)式也可用英文缩写表示为:

$$OB = CAB + KAB + FAB + EO \quad (3-9)$$

(3-9)式中,FAB 不含储备资产项目,OB 代表综合差额,CAB、KAB、FAB、EO 分别代表经常项目、资本项目、金融项目、净误差与遗漏项目的差额。

为了充分说明综合差额的作用,需要引入两类不同交易——线上交易(Above the Line)与线下交易(Below the Line)的概念。IMF 将国际收支的全部交易划分为线上交易与线下交易两大类型。线上交易项目又称自主性交易项目,也称事前交易项目;线下交易项目又称调节性交易或弥补性交易项目,也称事后交易项目。前者指那些基于交易者自身的利益或其他的考虑而独立发生的不受一国国际收支总体状态影响的交易;后者指为弥补自主性交易所造成的收支不平衡而进行的非独立的事后融通性交易。判断一国国际收支是否平衡,主要看其自主性交易是否平衡。如果一国国际收支中自主性交易收支不能相抵,而必须以调节性交易来弥补,则这种平衡只是形式上的平衡;如果一国在国际经济交易中的自主性交易能够大体相等,不需要依靠调节性交易来弥补,则说明该国的国际收支是真正平衡的。因此,国际收支经济意义上的平衡从交易动机来看也就是自主交易的平衡,国际收支差额分析的主要任务就是解释自主交易失衡,研究自主交易平衡的途径和手段。

根据 IMF 的划分,综合差额以上为线上交易项目,包括经常项目、资本与不含储备资产的金融项目及净误差与遗漏;与之相对应,综合差额为线下交易项目,主要包括官方储备及相关项目的变动,用以衡量一国须动用官方储备弥补的国际收支差额。当综合差额为盈余或赤字时,就要通过增加或减少官方储备来平衡。因此,综合差额代表储备资产交易净额的变化,反映一国货币当局可直接控制的对外金融资产和负债交易的净结果。当差额为正时,表明国际收支报告国货币当局可直接控制的对外金融债权的净减少或金融负债的净增加,国际储备余额下降;当差额为负时,表明报告国货币当局可直接控制的对外金融债权的净增加或金融负债的净减少,国际储备余额上升。

综合差额具有十分重要的宏观经济政策分析意义。因为一国汇率水平的稳定性会受到综合差额状况的直接影响;而动用官方储备弥补国际收支差额、维持汇率稳定的措施又会影响一国的货币发行量;所以综合差额可以用于分析一国外汇储备的变动情况以及货币汇率的未来走势。如果综合差额为正,该国外汇储备下降,本国货币将面临贬值的压力;如果综合差额为负,该国外汇储备上升,本国货币将面临升值的压力。中央银行可以据以判断是否需要对外汇市场进行干预,政府也可以据以考虑是否应该进行相应的经济政策调整。

综合以上所述,可以把国际收支平衡表基本账户平衡关系简要总结如下:

(1)国际收支平衡表基本账户平衡(会计形式平衡):

经常账户 + 资本和金融账户 = 净误差与遗漏账户(统计误差平衡项目)

(2)基本账户差额平衡(经济意义平衡)

经常项目差额 = 贸易差额 + 收益差额

资本和金融项目差额 = 资本项目差额 + 金融项目差额

综合差额(收支失衡或平衡项目) = 经常账户差额 + 资本和金融账户差额 + 净误差与遗漏账户差额

两种平衡关系还可列表比较(见表3-1和表3-2):

表3-1 国际收支平衡表基本账户平衡
(会计形式平衡)

1.	经常账户
+	
2.	资本账户
+	
3.	金融账户 (1)直接投资 (2)证券投资 (3)金融衍生产品与股票期权 (4)其他投资 (5)储备资产
=	
4.	净误差与遗漏账户

表3-2 国际收支平衡表基本账户平衡
(经济意义平衡)

1.	经常账户
+	
2.	资本和金融(不包括储备资产)账户
+	
3.	净误差与遗漏账户
=	
4.	综合差额

为进一步帮助理解国际收支平衡表账户间的差额关系,我们列出英国、中国香港特别行政区与中国内地国际收支平衡简表进行比较:

由表3-3可见,英国国际收支平衡表的项目平衡关系就是账户形式平衡(经常项目+资本和金融项目+平衡项目=0),其中的平衡项目即净误差与遗漏,从这种项目差额关系中看不出官方储备的差额变化。

表3-3 英国2010年国际收支平衡表差额关系 单位:亿英镑

Current Account (经常项目)	+	Capital Account and Financial Account (资本和金融项目)			+	Balancing Item (平衡项目)	=0
-36.7	+	3.7	+	41.5	+	(-8.5)	=0
Current Account Balance (经常项目差额)	+	Capital Account Balance (资本项目差额)	+	Financial Account Balance (金融项目差额)	+	Balancing Item (平衡项目)	=0

资料来源:Bank of England。

表3-4是中国香港特别行政区国际收支平衡表各项目的差额关系。

表3-4 中国香港特别行政区国际收支平衡表差额关系 单位:十亿港元

项目	2005年	2008年	2009年
经常账户余额	156.9	229.5	139.6
货物贸易差额	-59.3	-189.1	-208.2
服务贸易差额	231.2	352.1	329.5
收益账户差额	1.6	83.3	42.9
经常转移差额	-16.5	-25.9	-24.6
资本和金融账户余额	-182.4	-231.2	-155.4
资本转移	-4.9	16.4	36.2
非生产、非金融资产交易	-166.8	16.3	357.7

（续表）

项目	2005 年	2008 年	2009 年
直接投资	50.0	70.4	-89.9
证券投资	-245.0	-295.1	-332.4
金融衍生产品	30.5	63.3	24.6
其他投资	-2.3	177.7	755.4
储备资产变化净额	-10.7	-263.9	-549.3

资料来源:香港特别行政区政府统计处。

以 2005 年数据为例计算如下:

经常项目	+	资本和金融项目	-	净误差与遗漏	=	0		
156.9	+	(-182.4)	-	(-25.5)	=	0		
经常项目	+	资本和金融项目	-	储备资产	-	净误差与遗漏	=	综合差额
156.9	+	(-182.4)	-	(-10.7)	-	(-25.5)	=	10.7

中国内地国际收支平衡表差额关系如表 3-5 所示并根据表中数据计算如下:

经常项目	+	资本和金融项目	=	储备资产	+	净误差与遗漏
1 828	+	3 262	=	-(-4 314)	+	-(-776)

表 3-5　2013 年中国内地国际收支平衡表　　单位:亿美元

项目	差额	贷方	借方
经常项目	1 828	26 637	24 809
资本和金融项目	3 262	17 271	14 009
储备资产	-4 313	13	4 327
净误差与遗漏	-776	0	776

资料来源:国家外汇管理局。

从以上示例可见,各个经济体国际收支平衡表的编制与差额关系不尽相同,这与各个经济体的传统习惯及分析与解释目的相关。因此,无论是阅读还是分析不同经济体的国际收支平衡表时都应予以注意,金融项目与平衡项目的口径都必须清晰界定。

第二节　国际收支平衡表的初步分析

掌握国际收支平衡表的账户构成及账户差额的平衡关系后,便可以对一个经济体的国际收支平衡表进行经济分析,包括各项目差额的经济意义、差额来源及其对总差额的贡献等。下面利用 IMF 的国际收支平衡表范本及中国国际收支平衡表作一简单分析。

一、IMF 国际收支平衡表范本的分析

IMF 的国际收支平衡表范本如表 3-6 所示。

表3-6 IMF国际收支平衡表概览 单位:亿美元

国际收支平衡表	贷方	借方	差额
货物和服务账户	540	499	41
货物	462	392	70
服务	78	107	-29
主要收益	50	40	10
次要收益	17	55	-38
经常账户差额			13
资本账户			
资产收买与放弃	0	0	
资本转移	1	4	-3
资本账户差额(+)净放贷/(-)净借款			10

金融账户(功能分类)	金融资产	金融负债
直接投资	8	11
证券投资	18	14
金融衍生产品	3	0
其他投资	20	22
储备资产	8	
资产负债变化总额	57	47
金融账户(+)净放贷/(-)净借款		10
净误差与遗漏		0

资料来源:IMF,《国际收支和国际投资头寸手册》(第6版)。

(一)经常账户

第一,货物和服务贸易的贷方余额540亿美元、借方余额499亿美元,差额41亿美元,为贷方余额,表示该经济体货物和服务的出口大于进口,顺差41亿美元。就结构来看,货物贸易出口462亿美元、进口392亿美元,出口大于进口,顺差70亿美元;服务项下贷方余额78亿美元、借方余额107亿美元,服务贸易的进口大于出口,为借方差额,逆差29亿美元。货物和服务贸易顺逆差相抵后的净差额41亿美元,说明该经济体的贸易收支顺差主要来自货物贸易,服务贸易还有提高余地,使货物贸易与服务贸易得到均衡发展。

第二,收益项下,主要收益即投资收益,贷方余额50亿美元、借方余额40亿美元,贷方净差额10亿美元,对外投资收益大于对外支付的投资收益,投资收益项下顺差10亿美元;次要收益即经常转移,贷方余额17亿美元、借方余额55亿美元,借方净差额38亿美元,次要收益逆差38亿美元;主要收益与次要收益两项净差额合计28亿美元。由于经常转移项下主要为个人工资汇款,表明该经济体外来劳工可能较多,导致单方转移较大。

第三,贸易项下与收益项下差额两者相加得到经常账户差额13(41+10-38)亿美元,表明该经济体经常项下顺差13亿美元,即外汇收入大于外汇支出13亿美元。

(二)资本账户

第一,非生产、非金融资产的交易发生额为零,交易净额也为零;第二,资本转移贷方余额1亿美元、借方余额4亿美元,资本转移为借方净差额,逆差3亿美元。资本项目差额合计为3亿美元。

(三) 金融账户

金融账户的记录不同于资本与经常账户对每个项目记录差额,而是按资产负债分类合计后再求净差额。在金融资产项下,分别是外商直接投资 8 亿美元、证券投资 18 亿美元、金融衍生产品 3 亿美元、其他投资 20 亿美元、储备资产 8 亿美元,金融资产合计 57 亿美元;在金融负债项下,分别是外商直接投资 11 亿美元、证券投资 14 亿美元、金融衍生产品 0 亿美元、其他投资 22 亿美元,金融负债合计 47 亿美元。因此,资产负债合计为金融资产净差额 10 亿美元。

(四) 净误差与遗漏

由于表 3-6 中经常账户差额加上资本账户差额正好等于金融账户差额 10(13+(-3))亿美元,表明经常账户、资本和金融账户的统计误差为零,因此净误差与遗漏项差额亦为零。

金融项下净差额(10 亿美元)正好等于经常账户差额(13 亿美元)与资本账户差额(-3 亿美元)之和。这一交易结果表明该国的 13 亿美元经常账户顺差不仅弥补了资本账户的 3 亿美元逆差,还通过金融账户对外投资 10 亿美元,使得该国的海外净资产增加 10 亿美元。这是经常项下为顺差带来的交易结果;反之,如果经常项下为逆差,该国则会通过金融账户向海外融资 10 亿美元,将使得该国的海外净负债增加 10 亿美元。

二、中国国际收支平衡表的初步分析

这里选用国家外汇管理局公布的 2012—2013 年国际收支报告数据作一简要分析,主要是说明中国国际收支差额关系及中国国际收支平衡的基本状况,至于更全面的结构分析及横向与纵向比较分析则留待以后的相关章节进行讨论。

表 3-7 数据显示,2013 年全年,中国经常项目顺差 1 828 亿美元,其中货物贸易顺差 3 599 亿美元、服务贸易逆差 1 245 亿美元、收益逆差 438 亿美元、经常转移逆差 87 亿美元;资本和金融项目顺差 3 262 亿美元,其中直接投资净流入 1 850 亿美元、证券投资净流入 605 亿美元、其他投资净流入 776 亿美元;国际储备资产增加 4 314 亿美元,其中外汇储备资产增加 4 327 亿美元。

表 3-7 2012—2013 年中国国际收支平衡表[①] 单位:亿美元

项目	行次	2012 年差额	2013 年差额	贷方	借方
1. 经常项目	1	2 154	1 828	26 637	24 809
(1)货物和服务	2	2 318	2 354	24 250	21 896
货物	3	3 216	3 599	22 190	18 591
服务	4	-897	-1 245	2 060	3 305
(2)收益	18	-199	-438	1 855	2 293
职工报酬	19	153	161	178	17
投资收益	20	-352	-599	1 677	2 276
(3)经常转移	21	34	-87	532	619
各级政府	22	-31	-31	11	42
其他部门	23	65	-56	520	577

① 中国国际收支平衡表采用人民币和美元计价,本教材选用美元计价,以便于国际比较;本表略去部分 3 级科目以突出主要项目。

（续表）

项　目	行次	2012 年差额	2013 年差额	贷　方	借　方
2. 资本和金融项目	24	-318	3 262	17 271	14 009
（1）资本项目	25	43	31	45	14
（2）金融项目	26	-360	3 232	17 226	13 995
直接投资	27	1 763	1 850	3 478	1 629
中国在外直接投资	28	-650	-732	364	1 096
外国在华直接投资	29	2 412	2 582	3 114	532
证券投资	30	478	605	1 041	436
其他投资	41	-2 601	776	12 707	11 930
3. 储备资产	64	-966	-4 314	13	4 327
货币黄金	65	0	0	0	0
特别提款权	66	5	2	2	0
在 IMF 的储备头寸	67	16	11	11	0
外汇	68	-987	-4 327	0	4 327
其他债权	69	0	0	0	0
4. 净误差与遗漏	70	-871	-776	0	776

注：本表计数采用四舍五入原则；由 2013 年 4 个季度平衡表的美元值累加而成。
资料来源：国家外汇管理局。

各项目差额中，经常项目顺差全部来自货物贸易，经常项下服务贸易与投资收益均为逆差，延续了此前的趋势，并在规模上各增长 348 亿美元和 239 亿美元，分别增长 41.0% 和 120.0%，说明中国的对外贸易与投资结构的失衡仍然偏大，投资效率低下，需要着力改善；经常项目下的转移项目，政府部门的逆差 31 亿美元与 2012 年持平，但其他部门则从 2012 年的 65 亿美元的顺差变为 56 亿美元的逆差，净增 121 亿美元，增幅达 186.0%，逆差原因需要单独解释。资本和金融项目从 2012 年 318 亿美元的逆差转为 3 262 亿美元的顺差，净增 3 580 亿美元，增长 11.3 倍，变动幅度太大，凸显中国资本和金融账户受国际资本市场变化的影响和左右；2013 年外资流入持续增长，外国来华直接投资 2 582 亿美元，比 2012 年增加 170 亿美元，同比增长 7.0%；中国对外直接投资 732 亿美元，比 2012 年增加 82 亿美元，增幅 12.6%，两相比较，中国对外投资的增速较快；2013 年，外来证券投资 605 亿美元，比 2012 年增加 127 亿美元，增长 26.6%；其他外来投资 776 亿美元，比 2012 年净增 3 377 亿美元，增幅达 30.0%。这些数据说明，来华外资正在改变以直接投资为主的格局，证券投资和其他投资已成为中国外来投资的主要来源，需要引起高度关注。2013 年，国际储备资产增加 4 314 亿美元，其中外汇储备资产增加 4 327 亿美元，较 2012 年增加 3 340 亿美元，增速高达 335.0%，是一个很不寻常的增速。

2012 年中国初步呈现“经常项目顺差、资本和金融项目逆差”的国际收支平衡格局，与此相比较，2013 年中国国际收支重返延续多年的双顺差格局。国际收支总顺差 5 090 亿美元，较 2012 年增长 1.8 倍。2013 年年末，中国外汇储备余额为 38 213 亿美元，较 2012 年年末增加 5 097 亿美元。其中，经常项目顺差较 2012 年下降 15.0%；经常项目顺差与 GDP 之比为 2.0%，较 2012 年下降 0.6%，仍处于国际认可的 4.0% 的合理水平；但资本和金融项目顺差增长的波动幅度太大。总体上，虽然经常项目顺差继续改善，但目前中国国际收支总体不平衡问题依然突出,仍在增长的巨额外汇储备对中国有效管理储备资产带来越来越大的困难,亟须积极构建市场化的国际收支平衡机制。

第三节　国际投资头寸及其与国际收支平衡表的关系

一、国际投资头寸的概念

国际投资头寸(International Investment Position,IIP)是一国对外债权债务在某个时点上的状况,国际投资头寸表则是国际投资头寸的统计记录。根据IMF《国际收支手册》(第6版)的定义,国际投资头寸表是反映特定时点上一个国家或地区对世界其他国家或地区金融资产和负债存量的统计报表,用于记录特定时点一个国家的对外资产负债状况,以及特定时期内由于交易、价格变动、汇率变动和其他因素所引起的对外资产负债的变动。根据IMF的标准,国际投资头寸表的项目按资产和负债设置。资产细分为对外直接投资、证券投资、其他投资和储备资产四部分;负债细分为外国直接投资、证券投资、其他投资三部分。国际投资头寸表在计价、记账单位和折算等核算原则上均与国际收支平衡表保持一致,并与国际收支平衡表共同构成一个国家或地区的完整的国际账户体系。

国际投资头寸表包含一国国际收支的金融流量及其他外部资产与负债的综合变动结果,因而可以为一个国家或地区衡量自身的涉外经济风险提供基础信息,对于开放经济体的宏观经济分析和政府决策具有重要意义。

二、净国际投资头寸与国际投资头寸表结构

(一) 净国际投资头寸

国际投资头寸表所反映的是资产和负债的存量,也就是截至某一时点的余额。对外金融资产和负债相抵后的差额就是净国际投资头寸(Net International Investment Position ,NIIP),简称净头寸。净头寸可以为负也可以为正,国际投资头寸表中用“+”号表示净资产,“-”号表示净负债。如果对外资产大于对外负债,即表现为净资产,则该国或地区是对外净债权国;反之,则为净债务国。净国际投资头寸的计算公式如下:

$$净国际投资头寸=外部金融资产-外部金融负债 \qquad (3-10)$$

(3-10)式也可用英文缩写表示为:

$$NIIP=EFA-EFL \qquad (3-11)$$

(3-11)式中,NIIP代表净国际投资头寸;EFA为External Financial Assets的缩写,代表外部金融资产;EFL为External Financial Liabilities的缩写,代表外部金融负债。

(二) 国际投资头寸表的结构与平衡关系

1. 国际投资头寸表的基本结构

IMF提供的国际投资头寸表的基本结构见表3-8。如表3-8第一列所示,国际投资头寸表的项目按资产和负债设置,资产负债的类别与国际收支平衡表金融项目的类别相同,分为对外资产与对外负债两大类。其中,对外资产包括直接投资、证券投资、其他投资、储备资产;对外负债包括直接投资、证券投资、其他投资。表3-8第一行分别为期初(第二列)、期末(第六列)对外资产负债存量(头寸);各种交易(第三列)和非交易因素(第四、第五列)包括价格变

动、汇率变动、其他调整引起的头寸变动。

表 3-8　国际投资头寸表

国际投资头寸 (International Investment Position)	期初头寸 (Opening Position)	金融账户交易 (Transactions) (Fin. Acc.)	其他调整 (Other Changes in Volume)	估值变化 (Revaluation)	期末头寸 (Closing Position)
资产(功能分类)		资产			
直接投资		直接投资			
证券投资		证券投资			
金融衍生产品		金融衍生产品			
其他投资		其他投资			
储备资产		储备资产			
总资产		总资产			
负债(功能分类)		负债			
直接投资		直接投资			
证券投资		证券投资			
金融衍生产品		金融衍生产品			
其他投资		其他投资			
总负债		总负债			
净头寸		净资产			

资料来源:IMF,《国际收支和国际投资头寸手册》(第 6 版)。

2. 国际投资头寸表的平衡关系

国际投资头寸表的平衡关系分纵向与横向两种。表 3-8 各列即为纵向关系,均按对外资产与对外负债关系排列,依次为各类对外资产、总资产,各类对外负债、总负债。但各列所代表的统计内容不同:第一列反映总对外资产与负债的平衡关系,该列底部为对外资产与对外负债的差额,即为净头寸或净资产;第二列为期初资产负债的平衡关系,该列底部为期初净头寸;第三列反映资产与负债的期间交易结果,结果为期间交易的资产净值;第四列为各类资产负债的其他调整;第五列为期间资产负债的估值变化;第六列为期末头寸,反映期间交易因素与非交易因素引起的国际投资头寸的期间变化结果。

三、国际投资头寸与国际收支平衡表的关系

国际投资头寸和国际收支密切相关。国际收支记录一定期间一国居民与非居民的金融和非金融交易,国际投资头寸显示某一特定时点(通常是年底,现在 IMF 提倡提供季度数据),一国居民与非居民过去的金融交易的结果。国际收支平衡表和国际投资头寸表分别从流量和存量两个角度反映一国国际收支状况。两者的关系是相互的,一方面,国际收支中的金融交易流量是引起国际投资头寸变化的主要原因;另一方面,对外资产负债会引起投资收益的发生及其在国际间的流动,形成对外支付的投资收益和从国外获得的投资收益,反映在国际收支平衡表的经常账户之中,再反映到金融账户的差额上。因此,投资头寸不仅成为决定经常账户投资收益的主要因素,也是影响国际收支金融流量的重要因素。

国际投资头寸是个时点概念,通常表示为某一时期开始时的价值(期初值)或某一时期终

止时的价值(期末值)。国际投资头寸的变动是由特定时期内的国际收支交易、价格变化、汇率变化和其他调整引起的。国际收支平衡表的金融账户以及外部金融资产与负债的其他变化表现为金融资产与负债期初存量与期末存量的差额。因此,国际投资期末头寸等于期初头寸加上期间变动值,即交易、价格与汇率变化所引起的变动值。计算公式如下:

期末头寸 = 期初头寸 + 期间变动值

= 期初头寸 + (交易的变动 + 估值的变动 + 其他调整) (3-12)

(3-12)式也可用英文缩写表示为:

$$IIP_e = IIP_o + (FAB + RV + OCB) \qquad (3-13)$$

(3-13)式中,IIP_e 为期末国际投资头寸,下标 e 为 Ending 的缩写;IIP_o 为期初国际投资头寸,下标 o 为 Opening 的缩写;FAB 为金融账户交易净额,即期间交易;RV 代表估值变动;OCB 代表其他调整。所谓交易是指国际收支平衡表中金融账户的交易;估值的变动来自资产与负债在统计期间因价格或汇率变化[①]而引起的重估值的变动。

如前所述,国际收支是与时期相联系的量,是个流量。国际投资头寸的变动通过期初头寸与期末头寸的关系,把期间的流量变化与特定时点的存量联系起来。这样,通过国际投资期初头寸与期末头寸的比较,我们不仅可以知道一国外部金融资产负债在某一特定时点的状况,还可以知道期末头寸中有多少来自国际收支流量的贡献以及其他资产负债变化所占的比重。

如表 3-8 所示,在有关期间内发生的变化来自金融交易、价格和汇率变动以及其他调整,导致头寸变化的金融交易来自国际收支金融账户的交易结果。

下面,我们以 IMF 提供的国际收支平衡表与国际投资头寸表的范本为例,进一步说明国际投资头寸的相关计算及其与国际收支平衡表的关系。表 3-9 由表 3-6 中金融账户交易部分与国际投资头寸表综合而成。表的上半部分为表 3-6 中的金融交易部分,金额没有任何变动;表的下半部分是国际投资头寸表。国际投资头寸表从左到右依次是期初头寸、金融账户交易、其他调整、估值变动以及期末头寸。它们之间的关系是:期初头寸 + 金融账户交易 + 其他调整 + 估值变动 = 期末头寸,这与公式(3-12)相同但变换了顺序。其中,第二列为期初头寸,包含资产总额、负债总额与净头寸的期初值,分别是 1 274、805 与 469 个货币单位(1 274 - 805);第三列为交易变动,交易变动的数据全部来自表 3-6 金融账户的资产与负债交易,其中金融账户期间发生的资产交易总额为 57 个货币单位、负债交易总额为 47 个货币单位,交易的净结果为 10 个货币单位(57 - 47),正号代表为净资产;第四列为其他调整,其他调整的期间变化值为零;第五列是估值变动,其中总资产的估值变动为 15 个货币单位、负债的估值变动为 7 个货币单位,估值变动净额为 8 个货币单位(15 - 7);第六列为期末头寸,期末总资产为 1 346 个货币单位,期末总资产大于期初 72 个货币单位(1 346 - 1 274),分别来自期间金融账户资产的交易额 57 个货币单位与估值变动 15 个货币单位的贡献;期末总负债 869 个货币单位,期末负债头寸大于期初 54 个货币单位(859 - 805),分别来自期间金融账户负债的交易额 47 个货币单位与估值变动 7 个货币单位的贡献;期末净国际投资头寸为 487 个货币单位(469 + 10 + 0 + 8)[②],比期初头寸增加 18 个货币单位(487 - 469),分别来自国际收支平衡表金融账户的金融流量净额 10 个货币单位以及期间资产负债估值变动 8 个货币单位的贡献。该例

① 价格变化是指资产负债价格在期间发生的变化,如持有的外国政府债券价格的变化;汇率变化是指不同货币间相对价格的变化,如人民币对美元价格的变化。

② 期末净国际投资头寸也可以用期末总资产减去总负债得到,即 1 346 - 859 = 487。

证分析显示，国际投资头寸的变动首先来自国际收支金融流量的变动，其次来自估值的变动。①

表3-9　国际收支平衡表与国际投资头寸的关系

国际收支平衡表

金融账户(功能分类)	金融资产	金融负债
直接投资	8	11
证券投资	18	14
金融衍生产品	3	0
其他投资	20	22
储备资产	8	
资产负债变动总额	57	47
金融账户(+)净放贷/(-)净借款		10
净误差与遗漏		0

国际投资头寸表

项目	期初头寸	金融账户交易	其他调整	估值变动	期末头寸
资产(功能分类)					
直接投资	78	8	0	1	87
证券投资	190	18	0	2	210
金融衍生产品	7	3	0	0	10
其他投资	166	20	0	0	186
储备资产	833	8	0	12	853
总资产	1 274	57	0	15	1 346
负债(功能分类)					
直接投资	210	11	0	2	223
证券投资	300	14	0	75	319
金融衍生产品	0	0	0	0	0
其他投资	295	22	0	0	317
总负债	805	47	0	7	859
净头寸(Net IIP)	469	10	0	8	487

资料来源：IMF,《国际收支和国际投资头寸手册》(第6版)。

第四节　国际投资头寸分析

国际投资头寸的分析主要可从以下几个方面入手：(1)对外净头寸分析；(2)储备资产规模、构成及变动分析；(3)汇率变动对储备资产的影响分析；(4)利用外国直接投资和对外直接投资的状况分析；(5)国际证券投资分析；(6)国际商业信用与贷款情况分析。下面我们以中国国际投资头寸表为例作一简要分析说明。

① 当然，这种情况也非绝对，特别是在全球金融危机之后，国际资产价格波动剧烈，估值的变化也能超过金融流量的变化，因此还得根据情况具体分析。

一、中国国际投资头寸表格式

中国国际投资头寸表是反映特定时点上中国(不含香港、澳门和台湾地区,下同)对世界其他国家或地区金融资产和负债存量的统计报表。中国从2004年起编制国际投资头寸表。2005年年末,中国国家外汇管理局首次公布国际投资头寸统计数据,此后逐年编制并对外发布国际投资头寸表。中国国际投资头寸表与IMF的标准一致,表内项目同样按资产负债功能列示。其中,资产细分为中国对外直接投资、证券投资、其他投资和储备资产四部分;负债细分为外国来华直接投资、证券投资、其他投资三部分。净头寸是指对外资产减去对外负债。中国国际投资头寸表执行IMF的标准,不同之处在于表中的其他变化包括价格与汇率变动,即估值变动与其他调整项;另外,净头寸列在表头而IMF是列在表的底部一行。中国国际投资头寸表范本格式如表3-10所示。

表3-10　中国国际投资头寸表　　单位:亿美元

项　目	期　初	交　易	其他变动	期　末
一、净头寸				
二、资产				
(一)中国对外直接投资				
1. 股本和再投资收益				
2. 其他资本				
(二)证券投资				
1. 股本证券				
2. 债务证券				
(三)其他投资				
1. 贸易信贷				
2. 贷款				
3. 货币和存款				
4. 其他资产				
(四)储备资产				
1. 货币黄金				
2. 特别提款权				
3. 在IMF中的储备头寸				
4. 外汇				
5. 其他债权				
三、负债				
(一)外国来华直接投资				
1. 股本和再投资收益				
2. 其他资本				
(二)证券投资				
1. 股本证券				
2. 债务证券				
(三)其他投资				
1. 贸易信贷				
2. 贷款				
3. 货币和存款				
4. 其他负债				

资料来源:国家外汇管理局。

二、中国国际投资头寸表分析示例

利用国际投资头寸数据,可以分析一国持有的国外资产与负债的规模、结构以及头寸变动的原因。全球金融危机以来,国际社会对中国国际投资头寸的关注日益增强,国际投资头寸分析有利于政策当局和国际社会正确理解中国外部金融资产负债的流动性和风险状况。中国2005年以来的国际投资头寸如表3-11所示。

表3-11 2005—2013年中国国际投资头寸表　　单位:亿美元

项目	2005年	2006年	2007年	2008年	2009年	2010年	2011年	2012年	2013年
一、净资产	4 077	6 402	11 881	14 938	14 905	16 880	16 884	18 665	19 716
二、资产	12 233	16 905	24 162	29 567	34 369	41 189	47 345	52 132	59 368
(一)中国对外直接投资	645	906	1 160	1 857	2 458	3 172	4 248	5 319	6 091
(二)证券投资	1 167	2 652	2 846	2 525	2 428	2 571	2 044	2 406	2 585
1. 股本证券	0	15	196	214	546	630	864	1 298	1 530
2. 债务证券	1 167	2 637	2 650	2 311	1 882	1 941	1 180	1 108	1 055
(三)其他投资	2 164	2 539	4 683	5 523	4 952	6 304	8 495	10 527	11 888
1. 贸易信贷	661	922	1 160	1 102	1 444	2 060	2 769	3 387	3 990
2. 贷款	719	670	888	1 071	974	1 174	2 232	2 778	3 089
3. 货币和存款	675	736	1 380	1 529	1 310	2 051	2 942	3 906	3 772
4. 其他资产	109	210	1 255	1 821	1 224	1 018	552	457	1 038
(四)储备资产	8 257	10 808	15 473	19 662	24 532	29 142	32 558	33 879	38 804
1. 货币黄金	42	123	170	169	371	481	530	567	408
2. 特别提款权	12	11	12	12	125	123	119	114	112
3. 在IMF中的储备头寸	14	11	8	20	44	64	98	82	71
4. 外汇	8 189	10 663	15 282	19 460	23 992	28 473	31 811	33 116	38 213
三、负债	8 156	10 503	12 281	14 629	19 464	24 308	30 461	33 467	39 652
(一)外国来华直接投资	4 715	6 144	7 037	9 155	13 148	15 696	19 069	20 680	23 475
(二)证券投资	766	1 207	1 466	1 677	1 900	2 239	2 485	3 361	3 868
1. 股本证券	636	1 065	1 290	1 505	1 748	2 061	2 114	2 619	2 980
2. 债务证券	130	142	176	172	152	178	371	742	889
(三)其他投资	2 675	3 152	3 778	3 796	4 416	6 373	8 907	9 426	12 309
1. 贸易信贷	1 063	1 196	1 487	1 296	1 617	2 112	2 492	2 915	3 365
2. 贷款	870	985	1 033	1 030	1 636	2 389	3 724	3 680	5 642
3. 货币和存款	484	595	791	918	937	1650	2 477	2 446	3 051
4. 其他负债	257	377	467	552	227	222	214	384	252

资料来源:国家外汇管理局。

表 3 - 11 数据显示,2005—2013 年中国国际投资头寸呈现如下特征:

1. 对外资产负债规模与净金融资产不断扩大

2005—2013 年,中国对外金融资产(简称“对外资产”)和对外金融负债①(简称“对外负债”)均有较大增加,国际投资头寸呈现对外金融净资产(简称“对外净资产”或“对外净债权”)的不断增长。2005—2013 年,中国对外资产年均增速达 26.0%,资产规模从 12 233 亿美元增长至 59 368 亿美元的逆差,增长了 4.9 倍;对外负债持续扩张,从 8 195 亿美元增长至 39 652 亿美元,年均增长 24.0%,略低于对外资产增速。2013 年年末中国对外资产 59 368 亿美元,对外负债 39 652 亿美元,对外净资产 19 716 亿美元。

2. 资产构成以外汇储备为主

中国对外投资以储备资产的运用为主,主要是外汇储备。2013 年年末,储备资产 38 804 亿美元,占总资产的 65.0%。2005—2013 年新增对外投资中,储备资产贡献大约 70%。2013 年年末,在对外金融资产中,中国对外直接投资 6 091 亿美元、证券投资 2 585 亿美元、其他投资 11 888 亿美元、储备资产 38 804 亿美元,分别占对外金融资产的 10.0%、4.0%、20.0%、65.0%,显示中国对外投资的多元化取得新进展。

3. 对外负债以来华直接投资为主

2005—2013 年新增外来投资中,外来直接投资贡献了 60.0%。2013 年外国来华直接投资 23 475 亿美元、证券投资 3 868 亿美元、其他投资 12 309 亿美元,分别占对外负债的 59.0%、10.0%、31.0%,显示非传统形式的证券投资和其他投资已成为中国外来投资的重要来源。

总体上,近 10 年来,中国对外资产和对外负债保持增长态势。近 60 000 亿美元的对外资产和近 20 000 亿美元的对外净资产,显示了中国在对外经济和金融往来中的强大地位。短短 10 年间,中国的对外净资产已经从 2005 年的 4 077 亿美元飙升到 2013 年年末的 19 716 亿美元,增长了 5 倍之多。目前,中国已经连续 7 年成为全球第二大净债权国家②,为人民币国际化提供了强大的金融支持。

在看到中国国际金融地位提升的同时,也要清醒地认识到中国国际投资头寸存在的问题。

其一,外汇资源使用效率有待进一步提高。中国外来投资主要是来华直接投资,而对外投资主要是储备资产。前者主要是股权投资,后者主要是债权投资。股权投资回报通常高于债权投资,由此造成中国投资收益长期低下甚至亏损。用进口商品购买力衡量,过去 10 年中国外汇储备真实收益率不到 1.0%;结合国际收支平衡表投资收益项目可以发现,2009—2013 年中国投资收益差额分别为 -157 亿美元、-381 亿美元、-853 亿美元、-352 亿美元、-599 亿美元,对外投资是负收益,5 年间投资亏损达 2 342 亿美元。但是负债方面,据测算,2005—2013 年中国外来投资综合回报率高出对外投资综合回报率约 3 个百分点,来华直接投资回报率平均高达两位数,甚至高达 30.0%。

其二,对外资产和负债结构亟待优化。中国对外金融资产主要集中在政府部门,以外汇储备为主;对外金融负债主要集中在私人部门,以直接投资为主。这样,尽管国家整体上表现为对外净资产,但民间部门还是对外净负债,企业大量的对外负债并没有相应的对外资产相匹配。这会导致市场出于偿债负担增加的担忧而对汇率预期变化反应过度,引发金融市场的波动。

---

① 这里的对外负债不仅包括一般意义上具有契约性偿还义务的外债,还包括来华直接投资和证券投资中的股权性负债。

② 据 IMF 数据,2013 年日本排位第一,德国第三。

本章小结

1. 国际收支的会计平衡为形式平衡,经济意义平衡为各个项目的平衡。

2. 国际收支差额分为局部差额与综合差额,各个局部差额之和构成综合差额;局部差额包括经常账户差额、资本和金融账户差额。

3. 线上交易称为自主性交易,包括经常账户、资本和金融账户的交易;而综合差额为线下交易,亦称补偿性交易。

4. 国际投资头寸反映特定时点上一个经济体对外金融资产和负债的状况。国际投资头寸表与国际收支平衡表共同构成一个经济体完整的国际账户体系。

关键概念

国际收支形式平衡　　国际收支经济意义平衡
国际收支失衡　　国际收支差额
贸易差额　　经常账户差额
资本和金融账户差额　　自主性交易
补偿性交易　　综合差额
国际投资头寸　　净国际投资头寸
期间变动

复习思考题

1. 什么是国际收支的基本账户?
2. 什么是经常账户差额?
3. 什么是贸易差额? 其经济意义何在?
4. 资本和金融账户差额包括哪些项目?
5. 什么是综合差额? 其分析意义何在?
6. 什么是国际投资头寸? 什么是净国际投资头寸?
7. 如何计算期末国际投资头寸?

课后习题

1. 登录国家外汇管理局网站,收集 2005 年以来中国贸易收支的数据,并据以分析中国贸易结构的变化及其对国际收支的影响。

2. 登录美国商务部网站,收集 1945 年以来美国国际投资的数据,并据以简要分析美国国际投资地位的变化。

3. 利用数据图表,简要对比分析 1980 年以来中美两国贸易差额的变化以及资本和金融账户差额的变化。

资料链接

1. 中国国家外汇管理局:http://www.safe.gov.cn/wps/portal
2. IMF:http://www.imf.org/external/pubs/ft/bop/2007/bopman6.htm

延伸阅读

1. 国家外汇管理局. 中国国际收支报告.(2005 年以来各期)
2. 国家外汇管理局. 中国国际投资头寸表.(2005 年以来各期)
3. 中国国家外汇管理局. 国际收支和国际投资头寸手册(第 6 版). 2014.
4. IMF. 国际收支和国际投资头寸手册(第 6 版). 2009.
5. 裴平等. 国际金融学(第 3 版). 南京:南京大学出版社,2006.

下节提示

国际收支账户与其他国民经济账户的关系

第四章

国际收支账户与国民经济账户的关系

储蓄减去投资等于经常账户差额，这一开放经济条件下的宏观经济恒等式具有极为重要的政策分析意义。理解并掌握开放经济体的储蓄、投资与经常账户差额三者之间的关系有利于我们正确地认识和分析当今国际经济失衡以及中美贸易失衡。

主要内容

本章讨论国际收支账户与国民经济账户的关系，为国际收支失衡提供宏观经济分析框架，目的是把国际收支作为开放经济条件下的一个主要部门放在整个国民经济体系中来考察，研究国际收支与其他宏观经济变量之间的基本关系和相互影响。内容包括开放经济条件下的宏观经济恒等式；国民可支配收入与经常账户差额的关系；储蓄投资与国际收支流量的关系；储蓄、投资与经常账户差额对开放经济体的宏观经济政策含义；以及国际收支失衡的初步分析。

知识与技能目标

通过本章的学习，掌握国际收支账户与国民经济账户的关系，国民可支配收入与经常账户差额的关系，储蓄投资与国际收支流量的关系；能够对一国的国际收支平衡进行初步的综合分析。

引导案例

过度消费时代的终结

案例导读：中美之间贸易不平衡的问题由来已久，中美贸易失衡成因复杂，但最深刻的根源在于双方国内经济的失衡。一个开放经济体的贸易差额实际上是国内储蓄与投资的差额，若国内储蓄小于投资，将出现贸易逆差；反之则为顺差。本案例道出中美贸易失衡的真相：中国出口、美国进口，中国储蓄、美国消费，中国借出资金、美国借入资金。由此形成中美贸易差额、储蓄与投资循环的相互依赖关系。

2008 年，世界停止了——对于过度消费的时代而言，这是一个彻底的终结。后知后觉的各国政府纷纷采取异乎寻常的激进手段,期望拯救深陷危机的经济体系。

哈佛大学的尼尔·弗格森教授在《货币崛起》中的分析比较到位。弗格森创造了一个词语"Chimerica(中美国)"。弗格森认为,中美国是一个处于全球系统核心的、运作良好的共同体,在这个共同体中,中国出口、美国进口,中国储蓄、美国消费,中国借出资金、美国借入资金。在这种你情我愿的合作中,中美携手走过了几十年。

但是目前,这种合作难以再延续,走到了劳燕分飞之时。为何美国人的生活方式得变变了?试看一组数据:2007 年,美国的消费占 GDP 的比例达到令人瞠目结舌的 72.0%,是美国历史最高纪录,同时也是现代历史上所有主要经济体的最高纪录。这一峰值,比"泡沫前"的 25 年(即 1975—2000 年)的平均比例 67.0% 高出整整 5 个百分点。重要的是,这一消费狂潮并没得到收入创造能力的支撑。2008 年下半年,劳动者从当前生产中获得的收入降至 8 000 多亿美元的水平,低于上一轮周期的水平。

由于缺少国内储蓄,美国不得不从国外输入盈余储蓄来维持增长;为了吸引资本,还不得不维持巨大的经常账户和贸易赤字。这正好与亚洲以出口为主导的发展中国家的宏观失衡相匹配。2007 年,这些国家的出口超过地区 GDP 的 45.0%,创下历史最高纪录,比 10 年前亚洲金融危机时期高出整整 10 个百分点。中国一马当先,仅在过去 7 年间,其出口占 GDP 的比例就从 20.0% 增加至 40.0%。亚洲发展中国家以出口为主导的增长,完全可以被视为一个"二次泡沫"——实际上,它就是美国消费泡沫的一个衍生物。

中国也未能幸免于难。中国的广东、浙江等几个沿海大省的经济增速都因为出口影响而大受挫折。中国以及西欧、日本等世界大经济体都没有脱离对美国市场的过度依赖。当世界最大的消费国——美国经济超常繁荣时,各主要出口国会同样繁荣;但是,当美国的繁荣开始衰落时,全球以出口为导向的经济体就会陷入严重的问题。这正是日本、亚洲、德国等国目前经济陷入痛苦调整的本质。所有这些以出口为导向的经济体,要么骤然减速,要么完全陷入衰退。

此时,只有中国引领着一条再循环的道路:将其巨大的外汇储备中的很大一部分用于购买美元资产。中国的低劳动力价格和低价商品都减缓了美国的通货膨胀预期,同时也使中国的货币具有很强的竞争力,防止了美国利率的上升,从而使"泡沫"依赖型的美国消费者"奇迹"般地继续维持下去。实际上,这个世界的各种"泡沫"是互生互长的。

游戏结束了。"泡沫"破裂后的世界将顶着凛冽的逆风前行,世界缺少了消费的强大发动机。这是一幅当前全球经济衰退后缓慢恢复的画面。

资料来源:《证券时报》2009 年 5 月 16 日。

第一节　开放经济条件下的宏观经济恒等式

我们在第一章讨论经济全球化时借助经济体两部门划分的方法来解释经济全球化的本质联系;同样,为了说明开放经济条件下一个经济体外部经济活动如何与国内经济活动相联系,也可以借助两部门划分法。与把任意一个经济体划分为实体经济部门与金融经济部门两部门相类似,我们可以把任意一个经济体划分为内部经济部门(Internal Sector)和外部经济部门(External Sector)两个部分。这样,一个经济体的全部经济活动就等于内部经济部门的活动与外部经济部门的活动之和,用公式表示为:

$$EA = ISA + ESA \tag{4-1}$$

(4-1)式中,EA为The Economic Activities of an Economy的缩写,代表一个经济体的一定时期(一般为1年)的全部经济活动;ISA为Economic Activities of the Internal Sector的缩写,代表一个经济体内部经济部门一定时期的经济活动;ESA为Economic Activities of the External Sector的缩写,代表一个经济体外部经济部门一定时期的经济活动。一个经济体的全部经济活动也就是它的全部产出,即国内生产总值(Gross Domestic Product, GDP);从计算GDP的支出法角度来看,内部经济部门的经济活动包括私人部门的消费(Consumption, C)、投资(Private Investment, I),以及公共部门(即政府部门)的支出(Government Expenditures ,G)三项;外部经济部门的经济活动则包括商品与服务的出口(Export, X)与进口(Import, M)。EA等于GDP, ISA等于C、I与G之和,ESA等于X与M的净差额,于是(4-1)式也可以表示为:

$$\begin{array}{ccccc} EA & = & ISA & + & ESA \\ \downarrow & & \downarrow & & \downarrow \\ GDP & = & (C + I + G) & + & (X - M) \end{array} \tag{4-2}$$

(4-2)式中,GDP代表国内生产总值;C、I、G分别代表消费、投资、政府支出(或政府购买);X、M分别代表出口、进口。这样,一个经济体对外部门的活动就可以通过开放经济条件下宏观经济恒等式与对内部门的活动有机地联系起来。由于外部经济部门的活动不仅限于对外贸易,还包括投资,而投资活动的净结果是投资收益,因此(4-2)式还须纳入国际收支的收益项目。这可以借助国民可支配总收入(GNDY)与经常项目差额(CAB)的概念对(4-2)式进行补充和展开。

根据定义,国民可支配总收入是指GDP(国内创造的收入)加上来自国外的收入(投资收益),包括初次收入和二次收入净额,于是(4-2)式可拓展为:

$$GDP + BPI + BSI = C + I + G + X - M + BPI + BSI$$

$$GNDY = C + I + G + X - M + BPI + BSI \tag{4-3}$$

(4-3)式中,BPI为初次收入差额(Balance of Primary Income),BSI为二次收入差额(经常转移净额)(Balance of Secondary Income)。

经常账户差额(CAB)的计算公式为:

$$CAB = X - M + BPI + BSI \tag{4-4}$$

根据(4-3)式和(4-4)式,也可以视经常账户差额为可支配收入与支出之间的差额:

$$CAB = GNDY - C - G - I \tag{4-5}$$

根据国民经济核算中的储蓄定义,总储蓄(S)为国民总收入扣除个人消费与政府购买的差额,故有:

$$S = GNDY - C - G \tag{4-6}$$

将(4-3)式代入(4-6)式,可得:

$$CAB = S - I \tag{4-7}$$

至此,我们得到一个极为重要的开放经济条件下宏观经济恒等式,即一个经济体外部经济部门的活动结果(经常账户差额)等于该经济体内部经济部门活动的两个最重要的宏观经济变量(储蓄和投资)的差额。

第二节　储蓄、投资与国际收支流量的关系

一、储蓄、投资与经常账户差额

根据(4-7)式,经常项目差额取决于储蓄投资缺口。若储蓄投资缺口为零,即国内储蓄等于国内投资,则经常项目收支平衡;若储蓄投资缺口为负,即国内储蓄小于国内投资,则经常项目逆差;若储蓄投资缺口为正,即国内储蓄大于国内投资,则经常项目顺差。因此,经常账户差额反映了一个经济体内部的储蓄与投资行为。例如,相对投资而言储蓄减少,与相对储蓄而言投资增加一样,在短期内对经常账户会产生类似的影响;虽然储蓄投资的变化对经济体外部头寸的长期影响可能会完全不同。从这个角度来看,决定经常账户状况的主要因素是各国储蓄与投资之间的差异,各国商品与服务的进出口情况则是对这一差异的反映。

类似地,同样根据(4-7)式,储蓄与投资的缺口也取决于经常账户差额。若经常账户差额为零,则有国内储蓄等于国内投资;若经常账户差额为顺差,则有国内储蓄大于国内投资;若经常账户差额为逆差,则有国内储蓄小于国内投资。经常账户差额的任何变动(如顺差扩大或逆差减小)必定等同相对投资而言的储蓄增加,这意味着经常账户差额的改变也将影响储蓄和投资行为。

应当注意的是,上述公式仅仅为会计恒等式,而非表示因果关系的行为方程式。恒等式本身无法全面分析经常账户变动的决定因素。例如,经常账户差额的变化可以是由消费倾向发生变化引起,而与储蓄本身的变化无关。显然,居民的消费倾向也是分析国际收支的重要因素。因此,储蓄投资与经常账户差额的变化取决于一系列的结构性因素,发生变化的原因还须结合具体情况具体分析,不宜简单地推断。

为了进一步说明经常账户差额与储蓄和投资的相互关系,还可以按行为主体把一国经济划分为私人部门(Private Sector)与政府部门(Government Sector);与之相对应,则有私人储蓄(Sp)和私人投资(Ip)以及政府储蓄(Sg)和政府投资(Ig)。于是,储蓄与投资之差可以表示为,私人部门储蓄与政府部门储蓄之和减去私人投资与政府投资之和。

$$S-I=(\mathrm{Sp}+\mathrm{Sg})-(\mathrm{Ip}+\mathrm{Ig})$$

$$S-I=(\mathrm{Sp}-\mathrm{Ip})+(\mathrm{Sg}-\mathrm{Ig}) \tag{4-8}$$

根据(4-7)式,则有:

$$\mathrm{CAB}=(\mathrm{Sp}-\mathrm{Ip})+(\mathrm{Sg}-\mathrm{Ig})$$

$$\mathrm{CAB}=(\mathrm{Sp}-\mathrm{Ip})+(T-G) \tag{4-9}$$

(4-9)中,T代表政府税收(扣除转移支付),G代表政府支出。

(4-9)式表明,经常账户差额等于私人部门净储蓄与政府部门净储蓄之和。如果政府部门净储蓄小于零($\mathrm{Sg}-\mathrm{Ig}<0$),政府净储蓄($\mathrm{Sg}-\mathrm{Ig}$)为负,无法通过私人部门的净储蓄予以抵消,则经常账户将呈逆差状态;或者说政府部门预算差额(即财政赤字,$\mathrm{Sg}-\mathrm{Ig}=T-G$)会对经常账户差额产生重要影响,若$T-G<0$,政府部门赤字将反映为经常账户逆差。如私人部门的投资储蓄行为比较稳定,则经常账户反映政府的财政收支行为,即反映了经常账户与财政政策之间的密切关系。短期内,随着政府财政赤字发挥作用,若私人投资与私人储蓄缺口的减少不足以抵消政府财政赤字的增加,则经常项目逆差将进一步扩大。从长期来说,一国经常项目逆差终归要减少,但是储蓄投资缺口和财政赤字的

增加必然导致经常项目逆差的扩大。

同样要注意的是,从私人与政府部门投资储蓄角度分析国际收支的变化,不应单独使用(4-9)式,因为等式右边的变量可以相互影响。例如,虽然增税可以增加政府储蓄从而有助于改善经常账户差额,但与此同时,增税也会影响私人储蓄和投资。增加税收对私人投资的影响有正有负,这要视是对消费征税还是对投资回报征税而定。消费税将导致可支配收入减少、私人储蓄下降;同样,利率上升会减少私人消费和投资,同时还带来汇率上行压力,从而对进出口以及本外币债务的偿付产生影响。因此,(4-9)式可以作为分析储蓄、投资决策和国际收支关系的基础,但分析不同政策措施对经常账户的可能影响,还应考虑影响私人和政府部门储蓄投资行为的其他因素。

二、经常账户差额对储蓄投资的影响

经常账户差额既反映一国储蓄与投资之间的关系,也会对储蓄投资产生影响。为了更好地理解经常账户差额与储蓄投资的关系,需要进一步剖析经常账户差额与资本和金融账户差额的关系。

如前所述,国际收支平衡表采用复式记账法,有借必有贷,借贷必相等,所以原则上全部国际经济交易(包括经常交易、资本和金融项目交易)的贷方余额与借方余额合计应为零。由于每一笔经常账户与资本账户的交易通常都对应着一笔金融账户交易(单方转移除外),即经济体每一笔对外实际资源的转移都对应着对外金融资产与负债的变化。因此,金融账户差额的变化反映了经常账户和资本账户差额的融资方式。例如,居民进口货物可以使用卖方信贷[①],贷款到期时,居民进口商再向非居民出口商付款,使进口增长与金融流入相匹配。金融项目交易的会计分录和其他项目交易的会计分录之间的差额可以表述为:

$$NLB = CAB + KAB = NFA \qquad (4-10)$$

(4-10)式中,NLB 代表净贷款或净借款,KAB 代表资本账户差额,NFA 代表金融账户差额。

(4-10)式表明,一个经济体的对外净贷款(或净借款)等于经常账户差额和资本账户差额之和,在概念上等于来自金融账户的净贷款或净借款。

另外,经常账户差额也可以表示为资本和金融账户差额与储备资产之和。

$$CAB = NKF + RT \qquad (4-11)$$

(4-11)式中,NKF 代表不包括储备资产在内的资本和金融账户交易净额,RT 代表储备资产交易净额。

(4-11)式表明,由经常账户差额反映的本国与他国经常交易的净额变化必定同本国与他国金融交易的净额变动相一致。

因此,根据(4-10)和(4-11)式,在定义上,经常账户和资本账户差额所表示的对外提供的资源净额(或来自外部的资源净额)必定与对外净债权的变化相匹配。一方面,储备资产增加总是对应着经常账户和金融账户上的等额顺差;反之亦然。另一方面,经常账户的净差额要通过储备资产的减少(或增加)或其他金融账户的对外净借入来平衡。例如,经常账户和资本

---

① 卖方信贷是出口信贷的一种形式,是出口方银行向本国出口商提供的商业贷款。出口商(卖方)以此贷款为垫付资金,允许进口商(买方)赊购产品和设备。卖方信贷是银行直接资助本国出口商向外国进口商提供延期付款,以促进商品出口的一种方式。

账户顺差反映为净债权的增加,其形式可以是货币当局储备资产增加(RT↑)或对非居民的其他官方或私人债权增加(NKF↑);反之,经常账户和资本账户逆差则表明,从外部净获得资源必须通过减少国外资产(RT↓)或增加对外负债(NKF↓)进行支付。从这一角度来看,(4-11)式构成了整个经济体的财政预算约束。

基于上述对经常账户与金融账户关系的新认识,现在我们知道,(4-9)式作为国内经济部门储蓄投资差额的融资意义。

根据经济学原理,在封闭经济条件下,储蓄等于投资是经济均衡的必要条件。但(4-7)式表明,在开放经济条件下,宏观经济均衡并不要求(至少在短期内)一国投资与储蓄必然相等。若 $S-I<0$,即国内储蓄不足以支持国内投资时,可以通过对外部门的交易使 CAB<0(即经常账户赤字方法),以产品的净进口来满足国内投资需求,促使资本形成。正如(4-10)式所示,一个经济体经常账户逆差表现为金融账户净借款,由净借款形成的对外债务,实际上就是利用国外资本来弥补本国的储蓄缺口。若 $S-I>0$,即国内储蓄超过国内投资需求时,则可以通过净出口带来的资本流出而形成外部资产。同样如(4-10)式所示,一个经济体经常账户顺差表现为金融账户净贷款,由此形成一国的对外债权。因此,一国经常账户盈余,实际上意味着资本从经常账户盈余国家流入赤字国家,为后者国内资本存量的增加提供融资。

上面,我们通过国民经济账户之间的联系讨论了经常账户差额与一国储蓄投资的关系,在宏观经济分析意义上,还可以借助国内吸收的概念进一步讨论经常账户差额与国民收支的关系。依照定义,私人消费、私人投资、政府支出构成国内居民的总支出,称为国内吸收(Domestic Absorption),以 A 表示,即:

$$A=C+I+G \tag{4-12}$$

(4-12)式中,A 代表总支出,C 代表私人消费,I 代表私人投资,G 代表政府支出。

因此,经常账户差额是国民收入与国内吸收之差,即:

$$\mathrm{CAB}=Y-A \tag{4-13}$$

(4-13)式中,CAB 代表经常账户差额,Y 代表国民收入,A 代表总支出。

(4-13)式表明,在开放经济条件下,一国的国民收入与国内支出可以不必相等。当一国的支出超出其产品与服务总值时,可以通过进口外国产品与服务来填补支出缺口。因此,经常账户顺差表明国民收入大于国内支出,经常账户逆差表明国民收入小于国内支出。不难看出,用所谓国内吸收的概念讨论经常账户与国民总收支的关系,推导结果等同(4-5)式。(4-13)式与(4-7)式相比,前者的含义较为一般,分析的针对性更为概括,而后者的含义较为具体,分析的针对性更加直接。

三、储蓄、投资与经常账户差额的宏观经济政策含义

根据(4-7)式,决定经常账户状况的主要因素是各国储蓄、投资状况之间的差异,各国商品与服务的进出口情况则是对这一差异的反映;同时,经常账户差额的变化反过来也影响国内储蓄投资差额的变动。这一简单的会计恒等式,包含了丰富的宏观经济政策选择内容,事实上,一个开放经济体的宏观经济政策选择都离不开这一基本的关系式。例如,就经常项目逆差而言,如何保证外部支付的可持续性,应当考虑哪些可能的调整措施,财政货币政策及汇率变动在国际收支调整中可以发挥何种作用,均可以依据(4-7)式进行相关分析。限于目前掌握的分析工具不足,以及汇率决定及其变化、汇率与财政货币政策的关系、国际收支的调节机制

等内容尚未涉及,这里仅介绍政策梗概,国际收支失衡与宏观经济内外部失衡的较全面的分析留待后面相关章节进行讨论。

(一) 储蓄、投资与经常项目逆差的政策选择

1. 融资政策

根据(4－7)式,设 $S<I$,即 CAB <0,则需要为经常账户逆差或国内投资储蓄缺口融资。为了分析经常账户逆差支付的可持续性,需要了解经常账户逆差的偿付资金来源。我们已经知道,经常账户包含三项内容,即货物和服务的进出口,收益(工资与投资收益),经常转移(经济援助、捐赠、退休金等),把经常账户的项目构成代入(4－7)式,改写为:

$$S-I=\mathrm{BTG}+\mathrm{BTS}+\mathrm{BPI}+\mathrm{BSI} \qquad (4-14)$$

(4－14)式中,BTG 代表货物贸易差额,BTS 代表服务贸易差额,BPI 代表初次收入差额,BSI 代表二次收入差额。

所谓外部支付的可持续性意味着,货物、服务和收入逆差可以通过私人和官方转移、私人资本流入以及部分依靠储备和其他金融资产进行融资。根据(4－14)式,必要的国际收支调整幅度在一定程度上取决于经常账户差额的要素构成。例如,某经济体的货物贸易项下可能是长期逆差,其反映债务利息支付的初次收入差额也可能是逆差,部分通过向私人和官方借款获得融资。这样,货物、服务和初次收入的逆差可能部分被二次收入顺差(即官方和私人经常转移)抵消。如果经常转移流入长期可靠,并可用以弥补经常账户其他项目的逆差,则国际收支调整就无太大必要;不过,即便调整幅度不大,贸易逆差形成的外债仍然是硬约束。因此,经济体的分期偿债计划是判断特定国际收支状况可持续性的重要因素。如果近期分期支付款项到期金额较大,预期资金流入不足偿付到期款项,则需预先采取调整措施,以免引发偿付危机。

同样根据(4－14)式,若不考虑经常转移,则经常账户与贸易账户之差等于收益账户差额。由于收益账户主要反映的是金融账户交易的直接投资或间接投资收益,因此收益账户差额取决于一国的国外资产负债净额。在此条件下假定经常账户差额为零,则外部净资产越大,海外投资收益也就越多,相应地贸易账户赤字也可能越大;反之,外部净负债额越大,对外支付的收益也就越多,贸易账户则需要更多的盈余才能实现经常账户平衡。

根据(4－11)式,可以通过资本和金融账户交易及改变储备资产交易净额来融资。当不存在自发性金融资产的净流入或净流入不足时,利用储备资产为经常账户赤字融资不失为一种办法;尤其是为外汇收支的季节性变化提供融资,或为由国内暂时性的供给冲击造成的超过收入水平的支出提供融资,这种办法可以起到很好的缓冲作用。所以,动用外汇储备或临时性向外借款来改变外汇市场的供求关系和调节国际收支的政策措施,亦称外汇缓冲政策。但由于一国储备资产的存量有限,因此使用储备资产为经常账户赤字融资也有局限性。在此情形下,就需要采取吸引外资的政策或调整国际收支的措施。

综上所述,经常账户逆差与平衡表项目差额构成密切相关,不同的项目构成具有不同的差额弥补方式。但无论采取何种方式为经常账户赤字融资,都须认真分析经常账户赤字的原因何在,确定是总供给方面的冲击造成的还是总需求方面的压力引起的。如果是结构因素造成的,则须针对具体引起赤字的项目采取措施。

2. 汇率政策

汇率政策指政府通过影响汇率来调节国际收支,它取决于经济体的汇率制度。在固定汇率制下,政府可以对本国货币法定贬值或法定升值来调整汇率;在浮动汇率制下,政府可以通

过干预外汇市场,增加或减少外汇储备,使汇率达到期望值。

实行固定汇率或管制汇率的经济体,若经常账户逆差不可持续,可以考虑本币贬值。本币贬值可以抵消通货膨胀对贸易部门的影响,因为通货膨胀抑制出口鼓励进口,使货物贸易差额状况恶化。贬值提高了可贸易货物和服务相对非贸易货物和服务的价格,可促进国内产品对进口产品的替代,并刺激国外对国内产品的需求。但是,针对进口货物和服务成本的增加以及对出口和本国生产的进口替代品的需求的增长,贬值通常会伴随国内价格的上升,可能部分或全部抵消贬值带来的国际竞争力的增强。因此,汇率贬值形式的支出转换政策通常必须以支出削减政策予以支持;汇率调整要与相应的货币财政政策相配合。

3. 货币政策与财政政策

财政政策主要通过改变税率和政府支出来影响总需求。货币政策主要通过改变再贴现率、调整法定准备金率和公开市场业务来调整货币供应量和影响总需求。从(4-7)式可见,经常账户逆差的改善须与储蓄和投资差额的改变相匹配。汇率贬值可能带来期望的变化,特别是当货币政策无变化时,贬值带来的需求增加将增加货币需求。如果货币供应保持不变,货币需求越大,名义利率和实际国内利率也会越高。这样,利息敏感性支出将会受到影响,并对储蓄产生正影响。然而,仅仅是储蓄和投资之间的缺口所带来的影响并不足以改善经常账户,特别是当经济处于充分就业状态时。因此,在调整汇率的同时,需要更加紧缩的货币和财政政策以降低国内支出水平,引导资源配置倾向出口和进口替代行业。

前面对(4-9)式的讨论指出,财政赤字是经常项目失衡的重要影响因素。因此,在汇率贬值不足以缩小储蓄投资差额的情形下,需要调节政府收支,以缩小储蓄投资缺口。不过,制定财政政策措施需要综合权衡、趋利避害。例如,压缩基础设施投资对国际收支会产生短期效应,但是削减基础设施投资会对经济体的供给潜力和用于缓解瓶颈的能源生产供给造成长期的不利影响,尤其是在此类支出削减是针对交通或电力等领域的情况下;而且,压缩基础设施投资会导致极高的边际税率,或者对投资收益的相关税收措施具有一定的副作用,造成私人储蓄相应减少及私人投资积极性下降。私人投资积极性下降,可以通过实施旨在减少或取消补助的财政举措,以及减少由私人部门实施效果会更好的政府活动来加以避免。

货币政策在国际收支调整中起着重要作用。经常项目失衡作为国内投资超出储蓄的反映,往往是过度扩张货币政策的结果。若此,就需要调整货币政策,使实际利率为正以激励储蓄,维持国内经济条件足够稳定以鼓励投资。从总供给和总需求的角度而言,(4-13)式表明,货币政策应确保国内支出水平符合经济体的生产能力。因此,根据国际收支进行分析,货币财政政策的目标是将国内支出限制在国内资源和国外融资能力的范围之内。

货币政策在国际收支调整中的一个重要方面是储备资产与国内货币供求状况之间的联系。储备资产下降可能与扩张性货币政策引起的经常账户逆差或金融净流出相关。储备资产下降会导致基础货币减少,使货币政策态势趋紧。紧缩性货币政策往往通过提高利率来抑制国内需求并提升国内资产的吸引力,从而纠正外部支付失衡。但是,如果货币当局通过公开市场操作来扩大基础货币供给,以抵消储备资产损失对于基础货币的影响,结果会阻碍利率上升,使得国际收支逆差持续。

4. 贸易政策与直接管制

如果一个经济体的收入与经常转移比较小,相对贸易账户可以忽略不计,则(4-7)式可以近似地变形为:

$$S - I = X - M \tag{4-15}$$

再由(4－6)式可得：

$$GNDY-(C+G+I)=X-M \tag{4-16}$$

因收入与经常转移可以忽略不计，故 GNDY 可近似用 GDP 代替，由此整理可得：

$$I+C+G-GDP=M-X \tag{4-17}$$

从(4－17)式可以看出，即便在 I、C、G 增加或不变的情况下，一国仍然可以通过某种方法使进口减少($M\downarrow$)、出口增加($X\uparrow$)，使贸易逆差减少。在 I、C、G 给定的情况下，贸易逆差减少意味着 GDP 的增加，而 GDP 的增加意味着储蓄的增加。值得注意的是，这种情况下的储蓄增加不是靠减少消费而是靠增加 GDP 而实现的。由此可见，在通过奖出限入的贸易政策促进出口、限制进口来减少经常项目逆差的同时，也可以缩小一国国内的储蓄投资缺口。

缩小经常项目逆差也可以借助直接管制。直接管制指政府直接干预国际经济交易的政策措施，包括外汇管制和贸易管制。外汇管制指政府对外汇买卖、国际结算、资本国际流动所规定的一系列限制性措施。贸易管制指政府直接干预进出口所采取的各项政策措施，包括关税政策和进口配额，进口许可证制，一系列技术、卫生、包装等标准构成的非关税壁垒，出口补贴、出口信贷政策、出口退税和外汇留成制等鼓励出口的政策。直接管制可以在短期内获得增加外汇流入、限制外汇流出的结果，但性质上有违市场配置资源的原则且容易遭到贸易伙伴的压力与反制。因此，除非经济上绝对必要，一般情况下应当谨慎使用。

（二）储蓄、投资与经常账户顺差的政策选择

以上重点讨论了国际收支逆差与储蓄投资差额的调节关系，在国际收支顺差的情形下，尽管政策工具的选择范围与之大致相似，但顺差或储蓄投资的调节也有其自身的特殊性。顺差通常不会给国家造成危机，但顺差过大也会给一国经济带来严重问题，如储备资产的汇率风险、通货膨胀与资产泡沫及产业结构扭曲等。

从(4－11)式可以看出，经常账户顺差反映了私人部门或政府持有的对非居民净债权(NKF)的增加或官方储备资产(RT)的增长，或两者兼而有之。然而，国外资产净头寸的变化可能源自对外债务的减少，而非债权总量的增加。如果一国过去累积的外债负担过重，则外债减少代表国际收支的良性发展。对于外债负担沉重的经济体而言，经常账户顺差有利于实现国际收支的可持续发展。

如果一个经济体经常账户持续顺差，对外私人债权总量呈上升态势，则表明该经济体的总储蓄超过国内总投资，私人部门的超额储蓄投资于国外资产而导致对外债权上升。私人部门境外投资的增加意味着国外资产回报率比国内投资更具吸引力。总的来看，如果国外净债权的增长源自市场投资行为而非政府政策行为所致，那么对外投资有助于国内储蓄的有效利用。因此，分析持续顺差经济体的国际收支，政府政策是需要考虑的关键因素，要判断经常账户顺差是否来自政府政策对国内储蓄和投资决策行为的扭曲。例如，在贸易政策方面，是否存在限制进口的关税和配额、向国外付款的限制、给予国内生产者优惠待遇的出口补贴和政府采购政策，等等。在金融市场方面，是否存在外汇市场的人为干预政策以维持币值低估。在金融账户管理方面，是否存在限制国外购买国内资产的措施，使金融账户偏离为净流出，从而使经常账户呈顺差状态。

在储蓄和投资的基本决定性因素未改变的情况下，针对具体国际收支构成项目的政策措施随着时间的推移，将使所获顺差与其他构成项目差额相互抵消，因而经常账户顺差可能不会

继续上升。不过,如果此类扭曲性政策措施导致经常账户的结构性顺差,则须调整政策减少并最终消除扭曲因素。政策调整后仍然存在持续性顺差,则对外净债权的积累可能反映了一国经济的储蓄投资模式。如果顺差仍然过大,则须确定是私人储蓄或政府储蓄过高,还是国内投资过低。

即使经常账户顺差完全来自市场行为,也可能带来经济难题。例如,具有“资源诅咒”[①]的经济体进行自然资源开发,或者该自然资源部门的贸易条件得到显著改善(该部门的扩张或贸易条件的改善能使经常账户状况得到改善并促使汇率升值),但往往导致经济体其他部门的收缩及国际竞争力的下降,加重经济的结构性失衡。

经常账户顺差还会给一国经济带来其他难题,如与大量和快速货币信贷扩张相关的货币政策和金融脆弱性增加等问题。当经常账户顺差导致储备资产增长,国内货币总量和信贷扩张随之发生。如果信贷扩张规模太大,则可能产生经济过热,通货膨胀压力上升;尤其是存在监管缺陷时,将会推升资产泡沫,金融部门可能出现脆弱性。虽然一国货币当局可以对储备积累进行对冲,出售政府证券来抵消货币增发的影响将有助于减轻这种效应,但对冲操作并非总是有效的,而且通常成本巨大,这是因为用于对冲操作的国内证券利率要高于货币当局储备资产的收益。[②] 况且,倘若今后货币升值,由于相对用于对冲操作的国内证券,低收益储备资产的价值将下滑,货币当局还面临资本净值下降的风险。

储备资产累积可以限制货币升值程度,阻碍国际收支平衡的自我调整机制的正常运行。因此,对具有持续经常账户顺差的经济体进行国际收支分析时,需要对货币当局持有的储备资产水平进行评估。如果经常账户顺差表现为官方储备资产的积累、而非私人部门持有的国外净资产的增长,则说明政府采取了相关政策措施对外汇市场进行了干预。干预行为包括出售本国货币换取外汇,以将本国货币汇率维持在目标水平上。如果储备资产大幅超过需要用于弥补未来可能出现的短期逆差额度,则表明储备资产累积过多。在此情形下,经济体的资源如果用于国内消费或资本形成而非出口,那么资源的利用率将更高。如果国内投资率已经较高,难以通过追加投资来增加国内资产的形成,停止储备资产的累积,可以增加国内吸收投资或增加对外投资。相对累积储备而言,无论是增加国内消费还是扩大对外投资于该经济体的资源配置都更加有效。

与经常账户逆差经济体相似,货币、财政和汇率政策对于顺差经济体的调整同样至关重要。原则上,实行支出扩张政策或使消费从国内产品转向国外产品的支出转移政策,可以扩大进口减少出口,缩减顺差。两相比较,支出扩张的财政和货币扩张政策可能导致过度的信贷扩张,增加通货膨胀压力和信贷风险;而支出转移的货币升值政策可增强消费者对国外产品的购买力,抑制新的货币创造,从而缓和信贷扩张。但因为货币升值也会降低本国产品的国际竞争力,所以货币升值也须逐步进行,以保证经常账户的平稳调整。

第三节　中美贸易失衡的储蓄投资分析

贸易失衡是指贸易逆差或贸易顺差过大的现象。中美之间贸易不平衡的问题由来已久,国际金融危机后,中美两国经常账户失衡问题再次成为国际社会关注的焦点。中美贸易失衡

---

① 资源诅咒是指丰富的自然资源可能是经济发展的诅咒而不是祝福,大多数自然资源丰富的国家比那些自然资源稀缺的国家增长得更慢,这是由对某种相对丰富的资源的过分依赖所导致。

② 因为储备资产首先追求的是安全性与流动性而非投资回报,故收益通常较低。

的发展如图4-1所示。1999年,中美贸易逆差为674亿美元;2013年,中美贸易逆差已发展到2 933亿美元,占比逾中美双边贸易总值的50.0%以上。

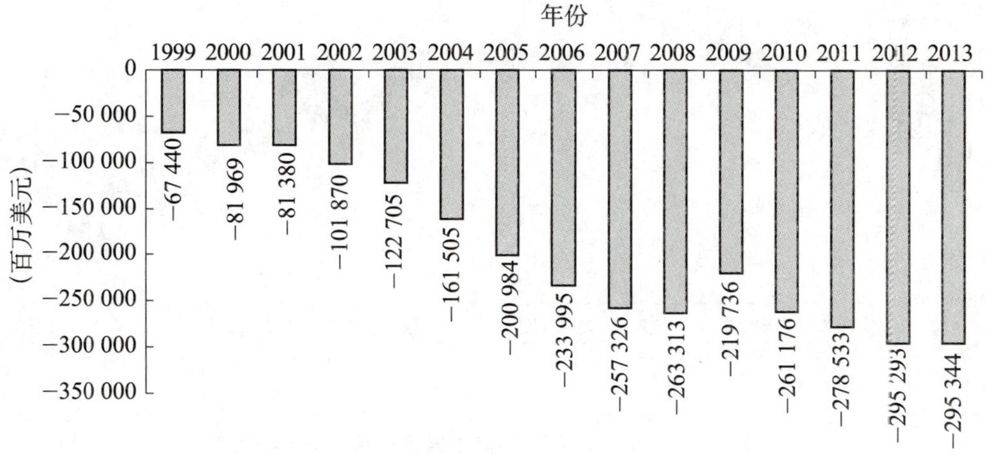

图4-1　1999—2013年美国对中国贸易差额

资料来源:美国经济分析局。

虽然贸易失衡并非中美独具,而是世界经济的一个普遍现象,不过,当今世界上最大的发达国家与最大的发展中国家之间的贸易不平衡必将产生多重影响。它不仅涉及中美两国经济贸易关系的再平衡,还涉及世界经济的再平衡与可持续增长。因此,正确地认识中美贸易失衡的成因和性质,有利于寻求解决问题的正确答案。

中美贸易失衡问题成因复杂,但两国内部的储蓄投资失衡无疑是其中最重要的因素。这是因为,根据(4-17)式,无论贸易差额为何种因素引起,唯有国内总支出超过总收入才会引起对外的产品需求,由此形成的供求缺口表现在国际收支上就是贸易逆差。而根据(4-6)式及(4-7)式,一国国民收入与总支出之差正好是国内总储蓄与总投资的差额。根据(4-7)式,国际收支平衡的必要条件是一国的国内总储蓄正好等于总投资,否则经常项目不是逆差就是顺差。如果CAB<0(经常项目逆差),则意味着$S<I$(储蓄小于投资);如果CAB>0(经常项目顺差),则意味着$S>I$(储蓄大于投资)。因此,理论逻辑的推论只能是:美国对中国逆差的结果是因为其国内储蓄小于投资,而中国则是国内储蓄大于投资。

事实上,中美贸易逆差正是来自美国财政赤字、高消费低储蓄形成的巨大储蓄缺口。美国高消费、低储蓄始于20世纪90年代中后期。观察美国的长期储蓄率走势,除1929年大萧条后的异常下降和1941—1946年第二次世界大战中的异常上升外,在1947—1984年长达37年的时间里,美国居民储蓄率都维持在7.0%—11%左右。但是,从1984年开始,美国居民储蓄率呈现趋势性下降态势;从1992年开始,甚至储蓄额也开始下降。据美联储统计,美国居民负债占全部负债(信用市场工具)的比重由1984年的33.0%持续上升到2006年的52.0%;截至2005年第三季度,美国的家庭债务已达11.4万亿美元。2005年和2006年连续2年,美国居民储蓄率均为负值,2005年为-0.4%,2006年进一步降低到-1.0%。1984—2014年的30年间,个人储蓄率为6.1%,其间,1984—2000年的平均储蓄率为7.5%,2000—2014年为4.6%,下降近3个百分点。美国居民储蓄率的变化见图4-2。

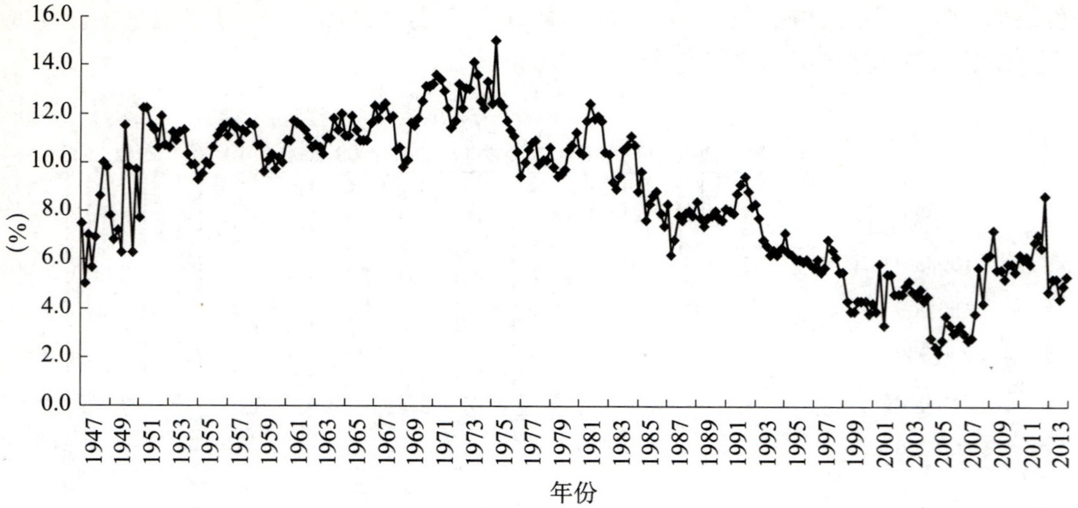

图 4-2 1947—2013 年美国居民户储蓄率的变化

资料来源:美国经济分析局。

一方面,美国消费约占 GDP 的 2/3 以上,而居民储蓄率又很低,从而引致强大的进口需求。美国自 1971 年出现贸易逆差以来,这一缺口在不断扩大;而美国的高消费却未得到收敛,反而愈来愈依赖大量进口来满足需要。

另一方面,伴随私人储蓄率的低增长,美国政府财政赤字不断走高,政府储蓄负增长(见图4-3)。2001 年以来,美国财政赤字不断扩大,2010 年达到创纪录的 1.56 万亿美元,约占美国 GDP 的 10.6%;2011 年财政赤字有所降低,但仍维持在 1.27 万亿美元的高位,约占美国 GDP 的 8.3%。

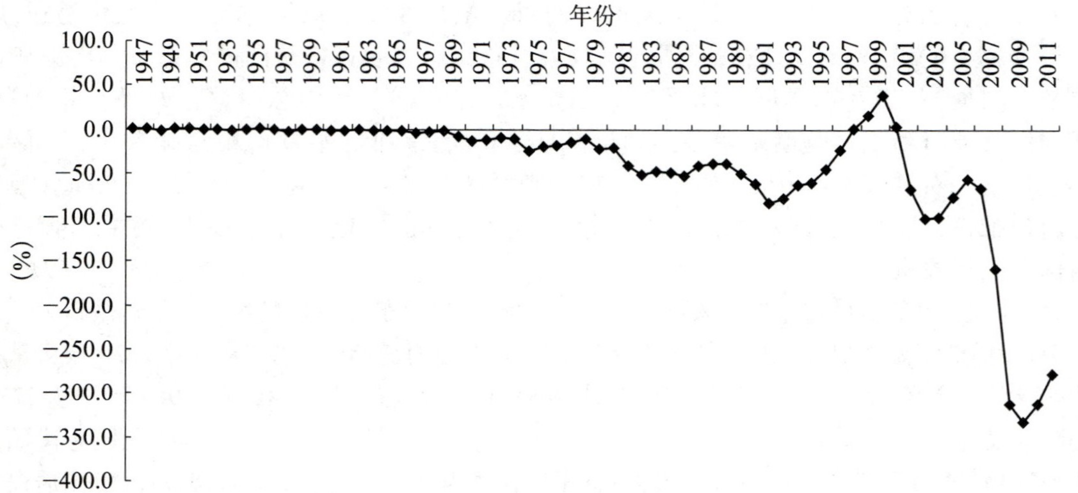

图 4-3 1947—2011 年美国政府净储蓄的变化

资料来源:美国经济分析局。

在私人储蓄率走低、政府储蓄为负且不断加大,致使社会总储蓄下降的同时,美国的投资率却始终比较平稳,大约保持在 GDP 的 18.0% 左右。表 4-1 提供 2000—2012 年美国储蓄、投资与经常赤字占 GDP 百分比的数据。由表 4－1 可以看出，12 年间，美国储蓄占 GDP 的比重始终小于投资额占 GDP 的比重，期间年平均总储蓄占比为 14.0%，而投资占比为 18.0%，投资与储蓄缺口的 GDP 占比最高达2005 年的 5.15%，平均缺口的 GDP 占比高达 4.2%。储蓄与投资缺口只能由外国储蓄流入弥补，结果带来持续的贸易逆差。2000—2012 年，美国经常项目逆差的 GDP 占比为4.15%，与储蓄投资缺口的平均 GDP 占比4.02%高度吻合，实际数据完全支持理论公式的推导结论。

表 4－1　2000—2012 年美国储蓄、投资、缺口、经常项目逆差的 GDP 占比　　单位：%

年份	总储蓄 GDP 占比	投资额 GDP 占比	储蓄投资缺口 GDP 占比	经常项目逆差 GDP 占比
2000	18.04	20.78	－2.74	－3.90
2001	16.37	19.14	－2.77	－3.60
2002	14.22	18.40	－4.18	－5.00
2003	13.31	18.43	－5.12	－5.00
2004	13.85	19.35	－5.50	－6.00
2005	14.85	20.00	－5.15	－6.00
2006	16.42	20.57	－4.15	－5.00
2007	14.60	19.62	－5.02	－5.00
2008	13.35	18.09	－4.74	－3.00
2009	11.46	14.72	－3.26	－3.00
2010	12.53	15.84	－3.31	－3.00
2011	12.88	15.90	－3.02	－3.00
2012	13.08	16.34	－3.26	－2.00
平均值	14.23	18.24	－4.02	－4.15

资料来源：国家统计局；美国经济分析局，美国联邦储备局。

以上是美国贸易逆差的成因分析，结论是美国逆差来自其国内储蓄长期小于投资；而中国的情形正好与美国相反，中国顺差来自其国内储蓄长期大于投资。

数据显示，20 世纪 90 年代后期，中国的国民储蓄和投资基本上是同步增长；进入 21 世纪以来，总储蓄的增长速度开始超过总投资。2002 年以后，总储蓄占 GDP 的比例以每年额外 2 个百分点的速度连续递增，2008 年达到 53.17%；而这期间，总投资占 GDP 的比例在 42.0%—44.0%。总储蓄和总投资之间的这种巨大缺口，必然表现为同期经常账户顺差相应地增加。事实上，经验证据表明，近 10 年来，中国储蓄率与投资率之差与经常账户顺差的 GDP 占比相当吻合。

中美贸易不平衡是由中美两个经济体储蓄率的不同所导致，是美国储蓄率近年来不断下降，而中国储蓄率不断上升的结果。以中国高储蓄率和美国低储蓄率为特征的两国储蓄投资的失衡导致了两国贸易的失衡，即中国高储蓄支持了美国的高消费。

综上可见，中美贸易逆差的根源是双边国内储蓄投资比例失衡。因此，需要双方调整各自的国内投资储蓄比例，才能纠正双边贸易失衡。

本章小结

1. $CAB = S - I$ 这一重要的开放经济条件下的宏观经济恒等式,为开放经济条件下的国际收支失衡提供了基本的宏观分析框架。

2. 决定经常账户状况的主要因素是各国储蓄与投资之间的差异,各国商品与服务的进出口情况则是对这一差异的反映。

3. 储蓄、投资与经常账户差额的宏观经济政策含义。经常项目差额的调整措施包括外部支付的可持续性、财政货币政策及汇率政策等。

4. 中美贸易失衡的根源在于美国的低储蓄高消费。

关键概念

国民可支配总收入
$CAB = S - I$
储蓄投资缺口
国际收支流量
会计恒等式
国民总储蓄
居民个人储蓄
私人投资
私人储蓄净额
政府储蓄
政府投资
政府储蓄净额
储蓄投资缺口
储蓄率
投资率
经常项目差额 GDP 占比

复习思考题

1. 什么是国民可支配总收入?
2. 什么是储蓄?如何计算一个经济体的储蓄?
3. 什么是会计恒等式?它与经济学中的行为方程有何区别?
4. 什么是开放经济条件下的宏观经济恒等式?其分析意义何在?
5. 如何计算私人部门储蓄净额?
6. 如何计算政府部门储蓄净额?
7. 储蓄投资缺口反映了何种宏观经济总量关系?
8. 经常账户逆差有哪些应对措施与政策工具?

课后习题

1. 运用公式推导对储蓄投资缺口反映的宏观经济总量关系进行论证,并简要解释其政策含义。

2. 登录 IMF、WB、美国、日本央行等网站,收集第二次世界大战以后美日贸易收支数据,并试分析两国间贸易差额的成因。

资料链接

1. 中国国家外汇管理局:http://www. safe. gov. cn/wps/portal/shenzhenfj
2. IMF:http://www. imf. org/external/pubs/ft/bop/2007/bopman6. htm
3. IMF 统计数据库:http://www. imf. org/external/data. htm
4. 美国经济分析局:http://bea. gov/
5. 美联储资金流量账户数据:http://www. federalreserve. gov/

延伸阅读

1. 国家外汇管理局. 国际收支和国际投资头寸手册第 6 版实施系列宣传. 2014.
2. IMF. 国际收支和国际投资头寸手册(第 6 版). 2009.
3. 姜波克,杨长江. 国际金融(第 4 版). 北京:高等教育出版社,2014.
4. 〔美〕保罗·R. 克鲁格曼,茅瑞斯·奥伯斯法尔德著,黄卫平等译. 国际经济学(下册)(第 8 版). 北京:中国人民大学出版社,2011.

下节提示

国际收支失衡的初步分析——账户差额分析

第五章

国际收支失衡的类型与分析方法

国际收支失衡是指国际收支经常性的、持续的、大量的不平衡,具有不同的成因类型。国际收支失衡是当代国际经济领域中的重要现象,国际收支失衡可以引发贸易保护主义与资本管制,导致顺差经济体通货膨胀、逆差经济体通货紧缩和经济衰退,以及严重的国际经济摩擦。因此,在一定意义上,国际金融学习和研究的核心任务就是分析国际收支失衡。本章内容将为我们提供初步的国际收支失衡的识别和分析方法。

主要内容

本章将在此前三章介绍的国际收支平衡表、国际投资头寸及开放经济条件下的宏观经济恒等式的基础上,进一步讨论国际收支失衡的概念和类型,扼要介绍国际收支分析方法,重点讨论国际收支平衡表分析法,进行中国国际收支总量与结构平衡的案例分析。

知识与技能目标

通过本章的学习,理解国际收支失衡的类型,掌握国际收支失衡的分析方法,重点掌握国际收支平衡表的总量与结构分析方法。

引导案例

国家外汇管理局:国际收支不平衡问题依然突出

案例导读:国际收支失衡既有共性也有个性,从本源上看,21世纪初的国际收支失衡是由美国投资储蓄缺口以及东亚国家和石油输出国储蓄过剩共同导致的,但具体到不同的国家则有不同的成因类型。中国的国际收支失衡始于20世纪90年代中期,以后逐步加重,其成因是综合性的。本案例是关于21世纪初中国国际收支失衡的一个情况说明。案例分析认为,中国的国际收支失衡既是中国改革开放、外向型经济快速发展的结果,也反映经济发展中的一些深层次的总量、结构和体制矛盾,因而具有持久的性质,需要通过改革进行调整。

国家外汇管理局于2006年8月10日晚发布信息说,当前国际收支不平衡问题依然突出,促进国际收支基本平衡的任务仍艰巨。外汇管理部门要进一步实现事前便利、事后监管的间接管理，更多地运用经济、法律和现代科技手段，促进国际收支基本平衡。

据介绍，国家外汇管理局日前召开了全国分局长座谈会，分析当前外汇收支形势并研究下半年外汇管理的重点工作。会议表示，上半年国家外汇管理局出台的各项外汇管理体制改革政策取得了一定效果。统计表明，6月末企业经常项目外汇账户余额比2005年年末增长27.0%，账户保留外汇的实际数额占核定总限额的23.0%；上半年境外直接投资、协议投资笔数增长28.2%、金额增长76.3%，累计批准6家银行88亿美元的代客理财业务购汇额度。

虽然政策效果明显，但当前国际收支不平衡问题依然突出。会议认为，实现国际收支平衡是一个转变经济增长方式、调整经济结构、扩大内需、提高经济运行质量和效益的过程，这是一个长期的、逐步实现的过程。

中国人民银行副行长、国家外汇管理局局长胡晓炼强调，外汇管理部门要全面贯彻落实科学发展观，按照国家统一部署改进外汇管理。既要立足当前，重点做好跨境资本尤其是短期资本流动的监控和管理；也要着眼长远，深化外汇管理体制改革，逐步实现人民币资本项目可兑换。

资料来源：新华网2006年8月10日。

第一节　国际收支失衡的成因类型、测度指标及其经济影响

一、国际收支失衡的成因类型

总体上，一个经济体的国际收支状况大致有平衡、基本平衡及不平衡三大类。我们在第三章曾讨论过国际收支平衡的概念，国际收支平衡不是指会计意义上的平衡，而是指国际收支经济意义上的平衡，即国际收支平衡表基本项目差额的平衡。国际收支不平衡就是失衡，是指国际收支经济意义上的不平衡，即收入总额大于支出总额或相反的情况。前者称国际收支顺差，后者称国际收支逆差。通常意义上，国际收支失衡往往又是指国际收支经常性的、持续的、大量的不平衡。因此，为便于讨论，可以根据国际收支不平衡程度的大小和成因把国际收支失衡划分为不同的类型。

1. 周期性失衡

周期性失衡指经济体经济周期波动所引起的国际收支失衡，是由于经济周期性地出现繁荣、衰退、萧条、复苏而导致的国际收支失衡。当经济体处于经济衰退时，社会总需求下降，对进口的需求相应下降，国际收支发生盈余；反之，当经济体处于扩张和繁荣时，国内投资与消费需求旺盛，对进口的需求也相应增加，国际收支便出现逆差。

2. 结构性失衡

结构性失衡指经济体国内经济、产业结构不能适应世界市场的变化而发生的国际收支失衡。通常具有两层含义：一是指经济和产业结构变动滞后及其相关困难引起的国际收支失衡；二是指经济体的产业结构比较单一，或出口商品的收入弹性、价格需求弹性与进口商品的价格需求弹性均低所引起的国际收支失衡。另外，国际经济结构的变化也会引起世界性的国际收支不平衡。例如，发达国家向发展中国家转移劳动密集型产品的生产，使国际贸易关系由传统的垂直贸易变为横向贸易，从而改变了贸易国原有的国际收支状况。结构性失衡通常反映在贸易账户或经常账户上，具有长期性质，扭转起来相当困难。

3. 收入性失衡

收入性失衡指国民收入水平的变动而导致的国际收支失衡。收入性失衡的一般传导机制如下:经济增长率下降——收入减少、需求减少——物价下降——出口增加、进口减少、外汇支出减少;反之,经济增长率上升——收入增加、需求增加——物价上升——进口增加、出口减少、外汇支出增加。

4. 货币性失衡

货币性失衡指由于物价水平、利率或汇率等货币性因素导致的国际收支失衡。货币性失衡可以是指一定汇率水平下,国内货币成本与一般物价水平上升而引起出口货物价格相对高昂、进口货物价格相对便宜所导致的国际收支失衡,即逆差;也可以是指一定汇率水平下国内货币成本与一般物价水平下降而引起出口货物价格相对便宜、进口货物价格相对昂贵所导致的国际收支失衡,即顺差。

5. 临时性失衡

临时性失衡指短期的、由非确定或偶然因素引起的国际收支失衡,包括政局动荡、自然灾害和气候变化等偶发因素以及国际游资[①]引起的国际收支失衡。

6. 持久性失衡

持久性失衡指由经济体结构性和经济增长等原因所引起的国际收支失衡。因其具有长期的、持久的性质,称为持久性失衡;其他因素所引起的国际收支不平衡仅具有临时性,称为暂时性失衡。从经济交易的动机判断,持久性失衡是不能基于自主性交易而必须依靠调节性交易才能维持的国际收支失衡。[②] 因此,自主性交易是否平衡,这是衡量国际收支长期性平衡的一个重要标志。

以上是国际收支失衡的不同成因类型,概言之,无论出自何种原因,凡是使得国际收支经常账户、资本和金融账户余额出现问题,出现了需要调整的情况,则称之为国际收支失衡。

专栏 5-1

21 世纪初国际收支失衡的主要表现

近年来,全球国际收支失衡集中表现为美国的经常项目账户赤字、亚洲发展中国家(尤其是中国)和石油输出国的经常项目账户盈余。以 2006 年为例,美国的经常项目账户赤字金额为 8 567 亿美元,占 GDP 的比率为 6.5%;亚洲发展中国家的经常项目账户盈余金额为 2 531 亿美元(中国为 2 385 亿美元),占 GDP 的比率为 5.4%(中国为 9.1%);中东国家的经常项目账户盈余金额为 2 124 亿美元,占 GDP 的比率为 18.1%。

从经常项目账户余额的相对水平来看,经常项目账户失衡按严重程度排序分别为中东国家、中国、美国、亚洲其他发展中国家、日本和欧元区国家。中东国家的经常项目账户盈余从 2002 年开始迅速上升,这应该归因于全球的原油价格从 2001 年以来的一路飙升。在三大发达经济体中,美国存在显著的经常项目账户赤字、日本存在显著的经常项目账户盈余、欧元区的经常项目账户基本保持平衡。

---

① 国际游资指为追逐高利和躲避政治、经济风险而经常在各国际金融中心调出调入的短期资本。

② 从经济交易的动机角度,国际经济交易可分为自主性交易与调节性交易。

从经常项目账户余额的绝对水平来看，经常项目账户失衡按严重程度排序分别为美国、石油输出国、其他发达国家、中国和其他发展中国家。美国经常项目账户赤字接近全球 GDP 的 1.8%，美国经常项目账户赤字占全球经常项目账户盈余的 75.0% 以上。

资料来源：《世界经济与政治》2007 年第 7 期。

二、国际收支失衡的测度指标

根据分析的需要，对国际收支失衡的测度可以取不同的口径，但因国际收支失衡最终都要反映为经常账户、资本和金融账户的差额变化，从而国际收支失衡可以用国际收支平衡表的项目差额①进行测度。

1. 贸易收支失衡

贸易收支失衡表现为商品进出口差额。贷方金额大于借方金额（出口大于进口）表现为贸易顺差；贷方金额小于借方金额（出口小于进口）表现为贸易逆差。

2. 经常项目收支失衡

经常项目收支失衡包括经济体的商品进出口、服务、收益及单方转移在内的交易项目。当其贷方金额大于借方金额时，产生经常项目顺差；当其贷方金额小于借方金额时，产生经常项目逆差。经常项目顺差也表明该国对外净投资。

3. 资本和金融账户收支失衡

由于国际收支平衡表的记账规则，使得资本和金融账户收支与经常账户收支之间具有密切的融资关系。也就是说，在不考虑净误差与遗漏因素时，经常账户余额与资本和金融账户余额之和等于零。随着金融全球化的发展，资本和金融账户收支除了受到经常账户收支的影响以外，还受到诸如利率、预期汇率、风险大小、投资政策等因素的影响。因此，资本和金融账户收支失衡的经济含义是十分复杂的。

4. 综合收支失衡

综合收支失衡指在国际收支平衡表中除官方储备和净误差与遗漏账户以外的所有账户的收支状态，用来反映国际收支对官方储备造成的压力大小。如果该收支表现为贷方余额，则会引起官方储备的增加；如果该收支表现为借方余额，则会引起官方储备的减少。

三、国际收支失衡的经济影响

国际收支失衡可以对世界经济构成严重威胁。一是逆差国出现贸易保护主义。二是顺差国通过各种措施限制国外资本流入，而资本管制会造成投资行为扭曲和资本配置失当。三是大量资本从顺差国流入逆差国，压低流入国的长期利率，而长期利率过低会造成过度的风险承担。四是顺差国为了防止本币升值而采取的干预政策可能造成通货膨胀；逆差国为了防止本币贬值而采取的干预政策可能造成通货紧缩和经济衰退。

一个经济体的国际收支出现逆差，通常会引起本币汇率下浮；如果逆差严重，则会使本币汇率急剧下跌。货币当局若要维护本币地位，需要对外汇市场进行干预，卖出外币买进本币。这不仅会消耗外汇储备，甚至还会造成外汇储备枯竭，从而严重削弱对外支付能力；另外，也会形成国内的货币紧缩形势，促使利率水平上升，影响本国经济增长，从而导致失业增加和国民

① 账户差额参见第三章第二节。

收入增长率下降。如果国际收支逆差是贸易收支逆差所致,则会造成境内失业增加;如果资本流出大于资本流入,则会造成境内资金紧张、利率上升,将影响商品市场的需求,进而影响经济增长。

一个经济体的国际收支出现顺差,可结算外币形式流入的资金增加,无论这些货币是否兑换成本币,它都会扩张本国的信用,使得利率下降,投资、消费、出口需求增加,由此带动国内生产,促进经济增长。但是,如果出现长期或巨额顺差,也会产生不利的影响。它可能使本币升值,不利于商品出口,最终加重境内失业;使本国货币供应量增长、物价上升,加重通货膨胀;一国之顺差即为他国之逆差,因此会加剧国际贸易摩擦;若顺差来自过度出口,则国内资源会相应减少,因此不利于本土经济的发展。

一般来说,通常国际收支失衡越大,不利影响也越大。尽管逆差顺差都会产生不利影响,但逆差的影响更为显著。因为逆差可能造成国内经济萎缩、失业大量增加和外汇储备枯竭,所以逆差问题往往受到更多的关注。相对而言,对顺差的调节虽然不如对逆差紧迫,但从长期来看也需要进行调节。

第二节 国际收支失衡的基本分析方法

国际收支失衡的分析方法按分析内容和对象可以划分为三类,即国际收支平衡表分析法、国际账户分析法和国民经济账户综合分析法。三种方法既相互区别,又相互联系,互相补充构成国际收支失衡分析的完整体系,缺一不可。

一、国际收支平衡表分析法

如前所述,无论国际收支失衡的起因如何,归根结底都反映为国际收支账户差额,因此国际收支失衡分析最重要的是对国际收支平衡表账户差额的分析。世界各国对国际收支平衡表分析的目的或侧重点不尽相同,但采取的分析方法大致相同,主要包括总量平衡分析法、差额分析法、纵向比较分析法和横向比较分析法。其中,差额分析法是国际收支分析的核心和基础,后两种是对它的补充和拓展。

1. 总量平衡分析法

观察一国国际收支的平衡状态主要看其经常账户差额与资本和金融账户差额的综合结果。如果综合差额为正数,则国际收支为顺差;如果综合差额为负数,则国际收支为逆差。国际收支总量的平衡状况对本国经济影响很大,深入分析这些影响有助于制定恰当的对外经济政策,从而进一步改善本国国际收支的总量及结构。

2. 结构分析法或差额分析法①

结构分析法是对国际收支平衡表中各个项目差额分别进行分析的方法。目的是通过对各项目差额的分析,了解经济体对外经济交易的构成,以及各项目在整个国际收支账户中的地位和作用,考察国际收支总差额形成的原因及其对国际收支的影响。在实践中,由于各个项目差额的形成有多方面的原因,只利用单一数据不能全面把握和认识其实际情况,因此在分析各个项目差额的形成原因时,还应结合其他有关资料进行综合研判。

---

① 结构分析法又称静态分析法,指以单一时期国际收支状况为对象的分析方法。静态分析法是与以多个时期国际收支状况为对象进行分析的动态分析法相对称的分析方法。

3. 纵向比较分析法

纵向比较分析法也称动态分析法，是指对经济体若干连续时期的国际收支平衡表进行分析的方法。也就是连续分析经济体不同时期的国际收支平衡表，考察该经济体不同时期国际收支变动的趋势及其原因。根据国际收支的发展变化过程，对暂时性和持续性的国际收支差额加以区分，分别研究其形成的具体原因，为制定相应的政策和策略提供依据。

4. 横向比较分析法

横向比较分析法既包括对经济体若干连续时期的国际收支进行的动态分析，也包括对不同经济体相同时期的国际收支进行的比较分析，尤其是对主要经济体的国际收支进行的分析。目的是将本经济体与其他相关经济体的国际收支进行比照，以便发现本经济体在对外经济关系中存在的问题和矛盾，更好地处理国际经济关系，推动本经济体与其他经济体的经济合作与交流。

二、国际账户分析法

所谓国际账户分析法是指把国际收支平衡表与国际投资头寸表结合起来对国际收支失衡进行分析的方法。经济体的国际收支失衡不是一个孤立的现象，国际收支平衡表经常项目与资本项目的活动最终会通过金融项目差额引起该经济体对外金融资产和负债存量的变化。国际投资头寸作为一经济体某个时点上对外资产负债状况的记录，其期末头寸反映了期间金融项目的流量变化。国际投资头寸表与国际收支平衡表共同构成一个经济体完整的国际账户体系。因此，分析国际收支失衡需要把国际收支平衡表与国际投资头寸表结合起来共同分析，以揭示国际收支失衡的持续性并进而寻找应对措施。

至于国际账户分析法的运用，我们在第三章已经通过示例的方法展示了国际收支平衡表金融账户差额与国际投资头寸表期末头寸的具体联系。

三、国民经济账户综合分析法

国民经济账户综合分析法亦称宏观分析法，它是把国际收支放在整个国民经济体系中来考察，研究国际收支与宏观经济变量之间的基本关系和相互影响。也就是把国际收支当做开放经济条件下宏观经济的一个部门和影响宏观经济变动的一个变量，放在国民经济体系当中去考察。该方法包含两个不同的层次：一是国际收支差额同国民收入与支出的关系分析；二是储蓄投资与经常账户差额的关系分析。

1. 国际收支与国民总收支

开放经济条件下，一个经济体的全部经济活动等于内部经济部门活动与外部经济部门活动之和，国际收支与宏观经济两者关系可用国民收入四部门模型的转换公式来表示：

$$\mathrm{TB} = Y - A \tag{5-1}$$

(5－1)式中，TB 为国际收支差额，Y 为国民收入，A 为国内总支出。

国民收入四部门模型的总需求可写作：

$$Y = C + I + G + (X - M) \tag{5-2}$$

从需求角度分析，国民收入(Y)是由消费需求(C)加投资需求(I)加政府开支(G)再加对外经济交易需求——出口减进口的净额($X-M$)共同构成。相对国民收入，国内总需求($C+I+G$)可被看做国内总支出(A)，而进出口净额(TB)作为代表经济体对外经济交易（即国际收支）的指标，与国民收入和国内总支出之间存在互相影响、互相制约的关系。国际收支的增减变动关系着经济体国民收入与支出的水平与结构,关系着整个国民经济的均衡运行;而国民经济其他部门的发展变化也同样会对国际收支产生不同程度的影响。因此,要从宏观经济的全局来分析认识国际收支失衡。

2. 储蓄投资与经常账户差额

开放经济条件下的宏观经济恒等式可以表述为储蓄减去投资等于经常账户差额,即 $S-I=\mathrm{CAB}$。这意味着一个经济体的储蓄投资与国际收支流量之间具有不可分割的数量关系。一方面,经常账户差额反映了经济体的储蓄和投资行为;另一方面,储蓄与投资的缺口取决于经常账户差额。因此,需要正确分析与鉴别储蓄投资缺口与经常项目差额的来源与成因,准确把握储蓄、投资与经常账户差额的宏观经济政策含义。

第三节　中国国际收支失衡分析示例

一、中国国际收支平衡表分析范本

因国际账户分析法及国民经济账户综合分析法已分别在第三、四章示例说明,故本节侧重示例国际收支平衡表分析法的运用。这是继第三章初步差额分析基础上的延续和拓展,除了补充部分差额分析内容外,主要是引入纵向与横向分析法,对国际收支平衡表作一个较为全面的分析。以 2013 年中国国际收支平衡表(见表 5－1)为主要分析对象,并引进历史及其他经济体的数据与之对比。

表 5－1　2013 年中国国际收支平衡表　　单位:亿美元

项　目	贷　方	借　方	差　额
一、经常项目	26 637	24 809	1 828
(一)货物和服务	24 250	21 896	2 354
1. 货物	22 190	18 591	3 599
2. 服务	2 060	3 305	－1 245
运输	376	943	－567
旅游	517	1 286	－769
通信服务	17	16	0
建筑服务	107	39	68
保险服务	40	221	－181
金融服务	32	37	－5
计算机和信息服务	154	60	94
专有权利使用费和特许费	9	210	－201
咨询	405	236	169
广告、宣传	49	31	18
电影、音像	1	8	－6
其他商业服务	341	206	135
别处未提及的政府服务	12	12	0

（续表）

项　目	贷　方	借　方	差　额
（二）收益	2 293	1 855	−438
1. 职工报酬	178	17	161
2. 投资收益	1 677	2 276	−599
（三）经常转移	532	619	−87
1. 各级政府	11	42	−31
2. 其他部门	520	577	−56
二、资本和金融项目	17 271	14 009	3 262
（一）资本项目	45	14	31
（二）金融项目	17 226	13 995	3 232
1. 直接投资	3 478	1 629	1 850
中国在外直接投资	364	1 096	−732
外国在华直接投资	3 114	532	2 582
2. 证券投资	1 041	436	605
资产	258	311	−54
股本证券	136	161	−25
债务证券	122	150	−28
负债	784	125	659
股本证券	407	81	326
债务证券	377	44	333
3. 其他投资	12 707	11 930	776
资产	1 439	2 804	−1 365
贸易信贷	65	667	−603
贷款	374	693	−319
货币和存款	890	910	−20
其他资产	110	533	−423
负债	11 268	9 126	2 142
贸易信贷	449	0	449
贷款	9 493	8 558	934
货币和存款	1 208	450	758
其他负债	118	118	0
三、储备资产	13	4 327	−4 314
1. 货币黄金	0	0	0
2. 特别提款权	2	0	2
3. 在 IMF 的储备头寸	11	0	11
4. 外汇	0	4 327	−4 327
5. 其他债权	0	0	0
四、净误差与遗漏	0	776	−776

资料来源：国家外汇管理局。

二、中国国际收支平衡表分析

(一) 总量平衡与纵向分析

国际收支总量平衡,重点是分析国际收支综合差额,找出总量失衡的原因,以便采取相应对策扭转不平衡状况。按中国国际收支平衡表编制口径,国际收支综合差额等同国际收支总顺差,公式表示为:国际收支总顺差 = 经常项目差额 + 资本和金融项目差额。中国 2007 年以来的国际收支差额状况如表 5 - 2 所示。

表 5 - 2　中国国际收支差额状况　　金额单位:亿美元

项目	2007 年	2008 年	2009 年	2010 年	2011 年	2012 年	2013 年
国际收支总差额	4 474	4 607	4 417	5 247	4 016	1 836	5 090
经常项目差额	3 532	4 206	2 433	2 378	1 361	2 154	1 828
占国际收支总差额比重(%)	79.0	91.0	55.0	45.0	34.0	117.0	36.0
经常项目差额与 GDP 之比(%)	10.1	9.3	4.9	4.0	1.9	2.6	2.0
资本和金融项目差额	942	401	1 985	2 869	2 655	-318	3 262
资本和金融项目差额占国际收支总差额比重(%)	21.0	9.0	45.0	55.0	66.0	-17.0	64.0
资本和金融项目差额与 GDP 之比(%)	2.7	0.9	4.0	4.8	3.6	-0.4	3.6

注: 2012 年为修正后数据。

资料来源:国家外汇管理局;国家统计局。

表 5 - 2 显示,中国国际收支总差额在 2007 年、2008 年、2009 年都保持了近 4 500 亿美元的高位顺差,并于 2010 年达到峰值 5 247 亿美元;于 2011 年之后出现较大幅度的回落,于 2012 年跌至一个历史低点 1 836 亿美元;而后,国际收支总顺差重返历史高位,于 2013 年达 5 090 亿美元,同比增长 1.77 倍。2013 年,在新兴市场出现局部震荡的背景下,中国跨境资本仍呈现净流入,使国际收支总顺差重返历史高位,显示国际收支总体不平衡问题依然突出,资本和金融项目的管理难度加剧。

(二) 结构与纵向比较分析

除了国际收支总顺差增长较快以外,从各项目差额来看,2013 年中国国际收支情况还有以下特点:

1. 经常项目顺差下降显著,资本和金融项目顺差成倍上升

2013 年,中国经常项目顺差 1 828 亿美元,较上年下降 15.0%;与 GDP 之比为 2.0%,较上年回落 0.6 个百分点;资本和金融项目顺差 3 262 亿美元,上年为逆差 318 亿美元。经常项目与资本和金融项目的同时增长,使得中国国际收支重返延续多年的双顺差状态。由表 5 - 2 可见,2008 年中国经常项目盈余达到 4 206 亿美元的最高值,经常项目盈余占 GDP 比重上升至 10.0%。受国际金融危机的影响,2009 年以后,经常项目盈余迅速下降,2011 年跌至谷底,2012 年虽然有所恢复,但 2013 年又再度下降;经常项目盈余占 GDP 比重从 10.0% 的高峰,回落到 20 世纪 90 年代的 3.0% 以下,2013 年仅为 2.0%。在经常项目盈余明显萎缩的同时,资本项目盈余却迅速扩大。2008 年开始,资本和金融项目连续 4 年大幅度攀升。资本项目盈余从 2008 年的 401 亿美元迅速上升至 2009 年的 1 985 亿美元,2010 年首次超过经常项目差额,达到 2 869 亿美元的历史高位,2012 年却又大幅度跌至 -318 亿美元的历史低位,于 2013 年又急剧攀升至 3 262 亿美元的历史新高。

2. 在经常项目差额中,货物贸易顺差继续扩大,服务贸易逆差创历史新高,收益项目逆差扩大

（1）货物贸易顺差继续扩大。2013 年,货物贸易出口 22 190 亿美元、进口 18 591 亿美元,分别较上年增长 8.0%、7.0%;顺差 3 599 亿美元,增长 12.0%,仅次于 2008 年的 3 606 亿美元(见图 5-1);货物贸易顺差与 GDP 之比与上年基本持平。收益和经常转移逆差与 GDP 之比均有所扩大。2001 年以来中国国际收支经常项目主要子项目的收支状况如图 5-1 所示。

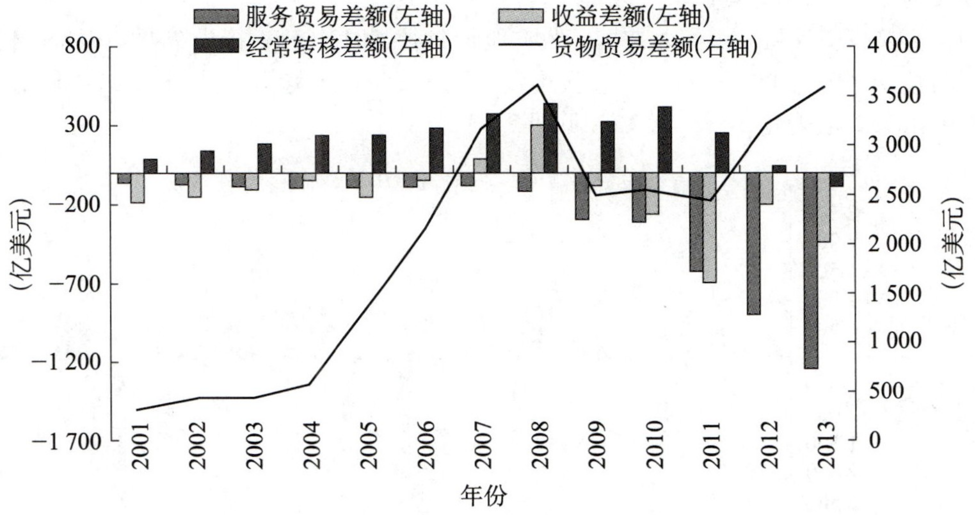

图 5-1　2001—2013 年经常项目主要子项目的收支状况

资料来源:国家外汇管理局。

（2）服务贸易逆差创历史新高。2013 年,服务贸易收入 2 060 亿美元,较上年增长 8.0%;支出 3 305 亿美元,增长 18.0%;逆差 1 245 亿美元,扩大 39.0%,其中的旅游和运输两大逆差项目分别增长 48.0% 和 21.0%;服务贸易逆差与 GDP 之比有所扩大。

2013 年,货物和服务贸易顺差合计为 2 354 亿美元,较上年增长 2.0%,与 GDP 之比为 2.6%,较上年下降 0.2%(见图 5-2)。

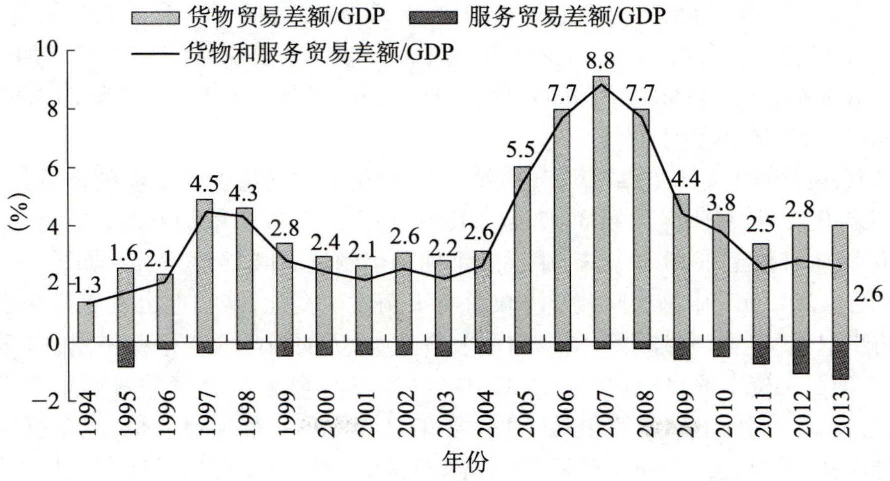

图 5-2　1994—2013 年货物和服务贸易差额与 GDP 之比

资料来源:国家外汇管理局;国家统计局。

(3) 收益项目逆差扩大。2013 年,收益项目收入 1 855 亿美元,较上年增长 11.0%;支出 2 293 亿美元,增长 23.0%;逆差 438 亿美元,扩大 1.2 倍。其中,职工报酬顺差 161 亿美元,增长 5.0%;投资收益逆差 599 亿美元,扩大 70.0%。这主要反映了中国对外资产负债的结构问题,即中国对外资产以购买低收益的美国国债为主,而负债则以外商直接投资为主。

3. 资本和金融项目差额中,直接投资保持净流入,证券投资净流入有所增长,其他投资由净流出转为净流入,储备资产增长较快

(1) 直接投资保持净流入。按国际收支统计口径,2013 年,直接投资顺差 1 850 亿美元,较上年增长 5.0%。其中,外国来华直接投资净流入 2 582 亿美元,增长 7.0%;中国对外直接投资净流出 732 亿美元,增长 13.0%(见图 5-3)。

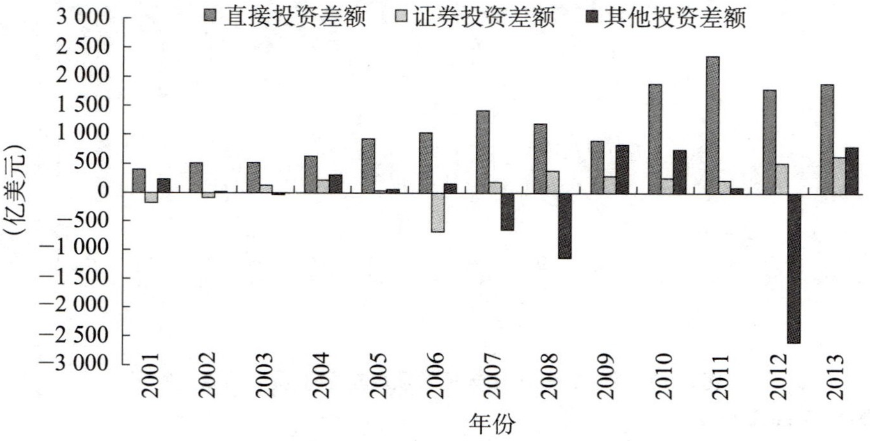

图 5-3　2001—2013 年资本和金融项目主要子项目收支状况

资料来源:国家外汇管理局。

(2) 证券投资净流入有所增长。2013 年,证券投资项下净流入 605 亿美元,较上年增长 27.0%。其中,中国对外证券投资净流出 54 亿美元,下降 16.0%;境外对中国证券投资净流入 659 亿美元,增长 22.0%。

(3) 其他投资由净流出转为净流入。2013 年,其他投资项下净流入 776 亿美元,上年为净流出 2 601 亿美元。其中,中国对外的贷款、贸易信贷和资金存放等资产净增加 1 365 亿美元,较上年减少 41.0%;境外对中国的贷款、贸易信贷和资金存放等负债净增加 2 142 亿美元,上年为净减少 284 亿美元(见图 5-3)。

(4) 储备资产增长较快。2013 年,剔除汇率、价格等非交易价值变动的影响,中国新增储备资产 4 314 亿美元,较上年增长 3.47 倍。其中,外汇储备资产增加 4 327 亿美元,较上年增加 3 340 亿美元。截至 2013 年年末,中国外汇储备余额达 38 213 亿美元(见图 5-4)。

综合上述,2013 年,中国国际收支不仅总量平衡发生变化,结构上也发生显著变化。2012 年,中国初步呈现"经常项目顺差、资本和金融项目逆差"的国际收支平衡格局;但 2013 年,中国重返经常项目和资本项目双顺差。最近 10 年(2012 年除外),持续的双顺差造成外汇储备的超常规增长。中国外汇储备的积累过去主要来自资本和金融项目盈余,或者更准确地说来自外商直接投资。但是,从 2005 年至 2008 年,经常账户盈余显著超过外商直接投资,成为外汇储备增长中最主要的贡献力量;2009 年以后,资本项目盈余又重新超过经常账户盈余,成为外汇储备增长的主要贡献因素;2013 年,资本和金融项目顺差的 GDP 占比高达 3.6%,超过经

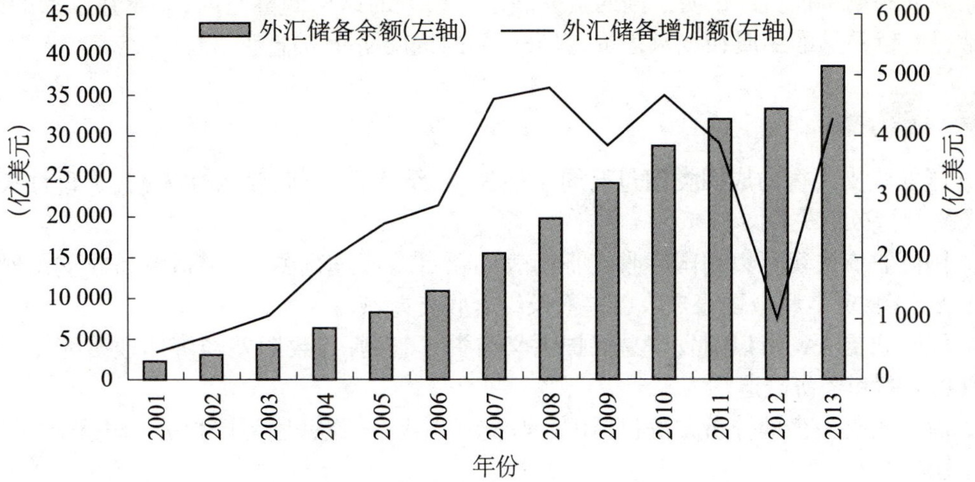

图 5-4 2001—2013 年中国外汇储备余额和外汇储备增加额

注:图中外汇储备增加额为交易引起的变化,剔除了估值效应的影响。

资料来源:国家外汇管理局。

常项目顺差的 GDP 占比(1.6%)。2009 年以来的这种变化,反映了经常项目与资本项目之间的不平衡显著地扩大,突出显示了国内经济结构不平衡程度加重及资本项目管制的低效。这说明中国国际收支平衡的基础还很不牢固,亟须积极构建市场化的国际收支平衡机制。

(三) 横向分析

中国和美国是最重要的两个贸易伙伴国。中美两国的顺逆差状况具有很高的相关度,长期以来,双方贸易失衡问题也是两国关系的重点。表 5-3 列示了 2006 年至 2014 年 1 月中美两国经常项目差额占各自 GDP 比例的变化情况。从表中可见,中国的贸易顺差在 2008 年达到 GDP 的 10.1% 的高点之后不断下降,经过 6 年的下调目前已经降至国际认可的均衡水平。而美国经常账户逆差则在 2007 年达到 GDP 的 6.0% 之后,经过 7 年的下调达到现在 2.3% 的水平,也接近国际认可的均衡水平。

表 5-3 中国、美国、德国三国经常项目差额与 GDP 占比 单位:%

年份 / 国家	2006	2007	2008	2009	2010	2011	2012	2013	2014
中国	7.1	8.5	10.1	9.3	4.9	4.0	1.9	2.6	2.0
美国	-5.9	-6.0	-5.1	-4.7	-2.7	-3.2	-3.1	-2.7	-2.3
德国	5.1	6.3	7.4	6.2	5.9	6.4	6.8	7.4	7.5

资料来源:http://www.tradingeconomics.com

表 5-3 还列示了 2006 年至 2014 年 1 月德国经常项目差额占其 GDP 比例的变化情况。从表中可见,中德两国同属世界制造业贸易顺差大国,但德国的贸易顺差始终保持了 5.0% 以上的 GDP 占比,并且,国际金融危机对德国贸易顺差 GDP 占比的影响不大,于 2013 年重归危机前的高点;而中国的贸易顺差 GDP 占比却大幅下滑,超过了预期。这虽然有德国作为欧盟核心贸易大国特殊的地缘经济地位等不可比因素,但贸易产品结构也在其中起着关键作用。尽管中国的贸易顺差大幅下降有人民币汇率升值等主动调整因素,但可能更多地反映了中国

贸易品的顺周期特征。这说明中国的贸易品还有很大的结构调整空间,需要在今后的发展中不断地提高贸易品的品质和技术含量,提升产品的抗周期冲击能力。

本章小结

1. 国际收支失衡的成因类型包括周期性失衡、结构性失衡、收入性失衡、货币性失衡、临时性失衡及持久性失衡。

2. 国际收支失衡可以用国际收支平衡表的项目差额进行测度,包括贸易收支差额、经常项目收支差额、资本和金融账户收支差额及综合收支差额。

3. 国际收支失衡可以引发贸易保护主义与资本管制,导致顺差经济体通货膨胀、逆差经济体通货紧缩和经济衰退。

4. 国际收支失衡的分析方法包括国际收支平衡表分析法、国际账户分析法及国民经济账户综合分析法。

5. 国际收支平衡表分析法包括总量平衡分析法、结构分析法(亦称静态分析法或差额分析法)、纵向比较分析法(亦称动态分析法)、横向比较分析法。

关键概念

周期性失衡　　结构性失衡
收入性失衡　　货币性失衡
临时性失衡　　持久性失衡
国际收支平衡表分析法　　总量平衡分析
结构性分析　　动态分析
横向分析　　国际账户分析法
国民经济账户综合分析法

复习思考题

1. 国际收支失衡的测度指标有哪些?
2. 国际收支平衡表分析法有哪些主要方法?
3. 横向分析法和纵向分析法的意义何在?
4. 何谓总量平衡分析?其意义何在?

课后习题

1. 登录国家外汇管理局网站,收集 2001 年以来中国国际收支数据,分别编制各个基本项目差额及综合差额简表,并据以简要分析中国各个项目差额的构成变化以及综合差额的变化。

2. 登录国家外汇管理局网站,收集 2005 年以来中国国际投资头寸数据,编制国际投资头寸简表,根据第 1 题的金融项目交易差额计算国际经济交易对中国国际投资头寸变化的贡献率。

资料链接

1. 国家外汇管理局:http://www.safe.gov.cn/

2. 国家统计局:http://www.stats.gov.cn/
3. IMF:http://www.imf.org/external/data.htm
4. 欧盟统计局:http://ec.europa.eu/eurostat

延伸阅读

1. 易纲,张磊. 国际金融. 上海:上海人民出版社,2004.
2. 国家外汇管理局. 2013 年中国国际收支报告. 2013.
3. 何泽荣等. 中国国际收支研究. 成都:西南财经大学出版社,2004.

下节提示

国际货币体系与国际储备资产

第三部分

国际货币体系与国际储备资产

该部分阐述国际金融活动赖以进行的基础性条件——国际货币秩序安排，阐释国际货币体系的概念、历史地位与作用以及未来的改革方向与政策目标；讨论与之密切相关的国际储备资产管理问题；介绍区域性货币体系——欧洲货币体系的历史演变、现状和未来前景。

第六章

国际货币体系概述及其演变

国际货币体系是指国际间自发或人为的国际货币秩序安排。迄今为止,我们经历了三种不同类型的国际货币体系,各自都有不同的优点和局限。本章的目的旨在为国际货币体系的学习提供一个基本的轮廓和框架基础,以帮助学生了解国际货币体系的形成和发展,掌握它的构成要素和主要特点及其演变规律。

主要内容

本章讨论国际货币体系的概念、作用及其构成要素;介绍国际货币体系的演变,包括对金本位制、布雷顿森林体系、当代国际货币体系的形成、发展、运行、内在矛盾和兴衰更替规律的讨论。

知识与技能目标

通过本章的学习,理解国际货币体系的概念、作用及其构成要素;认识国际货币体系的发展演变规律,熟悉金本位制、布雷顿森林体系、当代国际货币体系的基本内容和内在矛盾;初步掌握不同货币体系下国际收支调节机制的运行原理,能够运用所学原理解释当今国际货币体系下的国际收支调节过程。

引导案例

津巴布韦通货膨胀失控 大妈怀抱3万亿津元买公交票

案例导读:国际货币体系至今已有三代的历史,从第一代的金本位制到第二代的金汇兑本位制再到当今盛行的信用货币本位制。各国货币当局脱离了黄金储备的天然束缚,获得了可以任意发行货币的权力,货币当局在享受这种奇妙的权力的同时也会带来货币的崩溃。本案例告诉了我们一个信用货币极端滥发的情景。虽然津巴布韦作为非主流国家的货币崩盘对国际社会的冲击有限,但若是关键储备货币不稳,全球货币体系的稳定将无从谈起。其实,从20世纪70年代以来,作为国际货币中心地位的美元一直在经历津巴布韦元类似的事,只不过程度上远远不及而已。

据香港星岛环球网报道,非洲南部的津巴布韦共和国是全世界恶性通货膨胀最严重的国家。在首都哈拉雷,一位大妈抱着总值3万亿津巴布韦元的钞票搭公交车,只为了支付约合3.5元人民币的车费。更有意思的是,司机大叔懒得清点就收下了。

据报道,津巴布韦2008年7月的通货膨胀率写下天文数字:2.31亿%。2009年1月,津巴布韦央行发行100万亿津巴布韦元的大钞,1的后头有14个0,也算是一项世界纪录。为了抑制有如脱缰野马的通货膨胀,津巴布韦政府在同年4月正式废掉津元,宣布以美元和南非兰特为流通货币,不过旧津巴布韦元还是在民间继续流通。

在津巴布韦,一旦走出大都市,强势货币一文难求。城市的巴士司机有小额美元或南非兰特可找零;乡下商店虽然没有,但山不转水转,店家会给顾客糖果、巧克力,或是在收据上注明下次消费可享折扣。乡间商店的老板娘还说,现在许多乡亲拿羊肉、鸡和一桶桶的玉米来换东西,老祖宗时代的以物易物又回来了。有人甚至连搭车都拎着两只活鸡充当车费,苦中作乐的津巴布韦人开玩笑说,如果鸡在车上下蛋,那就当成司机找的零钱吧。

津巴布韦储备银行是津巴布韦的中央银行,近来因津巴布韦通货膨胀严重而接连发行超大面额钞票而闻名世界。2008年,津巴布韦已发行面值为1 000万亿的钞票,经过币制改革后仍然没能抑制住通货膨胀的威胁。

资料来源:中国网2009年8月17日。

第一节 国际货币体系概述

一、国际货币体系的讨论意义

国际货币体系是一个关于储备货币安排的系统规则。在当今的全球化经济中,离开特定的国际货币体系,任何有意义的国际经济交易都是无法想象的。

货币作为人类史上最伟大的发明之一,自其问世以来,世间的一切交易便以它为媒介进行。拥有货币便可以拥有一切,作为一般等价物的特殊商品地位,货币当仁不让地上升成为社会财富和权力的终极标准和至高象征。然而,凡事皆有利弊,特别是当其日渐脱离了商品属性的条件。货币在拥有至高威力的同时,也具有其致命的阿喀琉斯之踵。纵观人类社会的经济史,因货币滥发而引起的经济灾难不胜枚举。尤其是在当代,人们所经历的任何一次大大小小的金融危机,其背后几乎都有货币泛滥的影子。

迄今为止,国际储备货币已经完成了从具有内在价值的商品货币到几无任何内在价值的纯粹信用货币的转换。然而,其天使与魔鬼的双重身份依然故我,毫无改变。管理得好,可以为人类造福;管理失当,就会给国际社会带来灾难。从19世纪下半叶到20世纪20年代不可一世的英镑,到第二次世界大战后等同黄金的美元,这两个相继占据了当代国际储备货币霸主地位的头号货币,在充分享用着储备货币权利的同时,却有意无意地忽略了其所应当承担的义务,以至引发了一次又一次的国际货币危机。尤其在当下,量化宽松下巨量超发的美元不仅已引起国际金融市场的一次次波动,美联储货币政策的调整又在引发国际资本非规则流动的更大风波。因此,如何客观地认识当代国际货币体系的矛盾起因和调节困难,从历史经验中寻求教训,探索其可行的规制路径,具有十分重要的现实意义。

二、国际货币体系的概念:定义、功能与目标

国际货币体系是指各国政府为适应国际贸易与支付的需要,对货币在国际范围内发挥世界货币职能所确定的原则、采取的措施和建立的组织形式的总称。国际货币体系的主要功能是为国际经济交易提供合乎需要的支付工具和债权债务清偿手段,满足世界经济波动及国际经济失衡所需的流动性需求,促进并维持国际经济的平衡稳定和健康发展。它的直接目标是建立汇率机制,防止国际货币的竞争性恶性贬值;保证汇率稳定和国际流动性的正常供给;为国际收支不平衡的调节提供有效手段和解决途径,帮助各经济体拥有稳定的官方储备,促进各国的经济政策协调,实现国际收支的调节目标和经常账户的大体平衡。

国际货币体系的形成和发展有着历史的客观必然性。随着资本主义生产方式的确立和世界市场的形成,各国之间的经济关系和各方面交往不断发展,国际间的贸易往来、债务清算、资本转移等活动都涉及各国货币的兑换,产生了汇率制度的规定、国际收支的调节和储备资产的供应等问题,因而各国要按照某些共同标准或根据某种协定在上述几方面进行统一安排。这种协商安排的结果就形成了国际货币体系,因此可以把国际货币体系理解为各国货币关系国际协调的规则和制度,以及国际间进行各种交易支付所依据的一套安排和惯例。由于各国拥有不同的货币制度和交易惯例而相互独立,而在经济和信贷方面却又相互依赖,这就需要一种货币体系来协调相互之间的经济活动,促进贸易和支付过程的顺利进行。当然,世界各国的制度安排、经济发展阶段都是不尽相同的,因此国际货币体系并不是指全球所有的经济体都采纳的某种货币制度,而是指全球主导经济体或多数经济体参与并执行的国际货币游戏规则。事实上,主导经济体往往是国际货币游戏规则的倡议者、制定者和仲裁者,它们往往在国际货币体系的产生和演变更替中扮演着首要推动作用的角色。

三、国际货币体系的构成要素与评判标准

国际货币体系的构成必须具备以下几个要素:(1)关键货币[①]或主要储备货币的选择,即以何种货币作为国际关键储备货币;(2)汇率制度安排,指各国或国际社会对于确定、维持、调整与管理汇率的原则、方法、方式和机构等所做出的系统规定;(3)国际收支调节机制的确定,即通过何种汇率制度和政策选择影响和调节国际收支,实现国际收支的基本平衡。此外,在人为协商体系下还包括确定有关国际货币游戏规则的协调和监督机构。

国际货币体系能否达到人们共同期望的目的,具有一定的评判标准。国际社会普遍认同的一般标准是调节机制、清偿能力和信心。在调节方面,各经济体要能公平合理地承担调节的责任。清偿能力主要是指国际储备总额,它应保持适当的数量,过多会加剧世界通货膨胀,引发货币信用危机;过少又会导致国际贸易投资萎缩,世界经济增长下降。因此,控制国际储备是稳定世界经济的一个重要因素,而适当的储备水平则是指保证融通资金和调节措施进行有效配合的数额。所谓信心主要是指各种储备资产的持有者愿意继续保持它,而不会发生惊慌地从一种储备转向另一种储备的情形。因为各国通货很不稳定,经常发生波动,所以国际储备要摆脱对一国货币的过分依赖。总之,一个运行良好的国际货币体系要能便利各国之间的经济交往,加速国际贸易和投资的发展,提升世界生产和就业水平,并有利于国际金融市场的稳定。

---

① 关键货币(Key Currency)是指国际上普遍接受的、在国际收支中使用最多、外汇储备中占比最大的自由兑换货币。

四、国际货币体系的主要类型和分期

国际货币体系类型可以根据两个重要标准来划分,即货币本位和汇率制度。

从货币本位来看,国际货币体系可以分为金属货币本位和信用货币本位两大类型。金属货币本位可分为单本位制和复本位制。前者可分为银单本位制和金本位制,其中金本位制又可分为金币本位制、金块本位制和金汇兑本位制三种;后者指金银复本位制,有平行本位制、双本位制和跛行本位制三种形式。在平行本位制下,金币和银币之间不规定比价,按照各自所包含的金和银的实际价值流通,金币和银币的比价就是市场上生金和生银的比价;在双本位制下,国家规定金币和银币的比价,两种货币按法定的比价流通;跛行本位制是由复本位制向金本位制过渡的一种形式,在该制度下,金币和银币都是一国的本位货币,但银币仅起辅助作用。按货币本位划分的各国货币制度如图 6-1 所示。

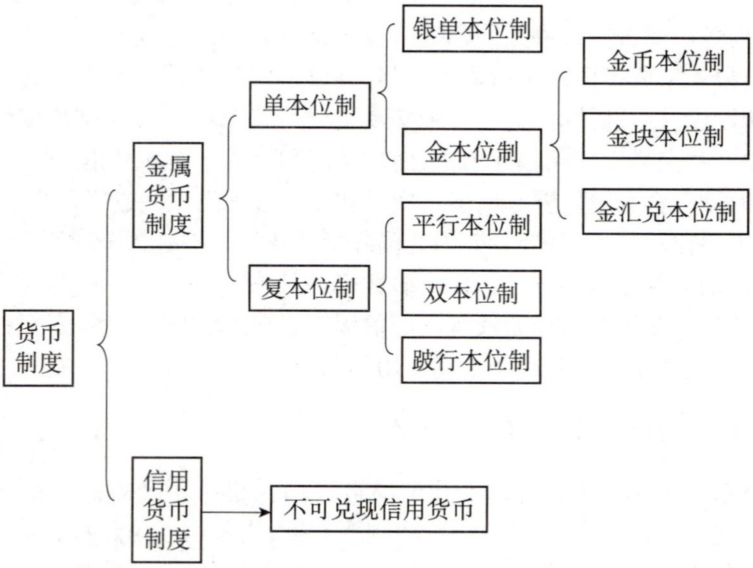

图 6-1　按货币本位划分的各国货币制度的演进

汇率在一切国际货币体系中都占据中心地位,因而可以根据汇率弹性的大小来划分各种不同的国际货币体系。汇率的两个极端情形是完全缺乏弹性的固定汇率制和绝对富有弹性的自由浮动汇率制,介于二者之间则是可调整的钉住、爬行钉住和管理浮动。

货币本位或汇率制度的划分并非截然分开的,实践上,二者总是结合在一起形成特定时期的国际货币体系。因此,我们在下面国际货币体系的论述中将两者合并在一起进行讨论。

国际货币体系可以是自然演进的结果,也可以是人为设计协商的产物。迄今为止,国际货币体系大致经历了三个阶段,即金本位制、布雷顿森林体系,以及后布雷顿森林体系或当代国际货币体系。国际金铸币本位制属于第一种形式;国际金汇兑本位制和布雷顿森林体系则属于第二种形式;布雷顿森林体系解体以后到目前的体系称为牙买加体系,实际是一种无安排的体系,其实质是美元本位体系。

下面对各类型国际货币体系的讨论将集中于它们的构成要素、主要特点和内在矛盾冲突,并简要讨论其兴衰进程。

第二节　国际金本位制

一、金本位制的基本含义及其实现形式

金本位制是以黄金作为货币发行基础的一种制度。在金本位制下，流通中的货币不限于金币，除铜镍等各种金属辅币外，还存在大量的银行券。金本位制后期，流通中的货币演变为以纸币为主。

波斯帝国以来国际典型流通中货币的演变如图 6－2 所示。图中上左为公元前 520—486 年的波斯大流士金币，纯度高达 95. 83%；上中为金本位制时期的 2 英镑维多利亚女王金币；上右为金本位制时期斯堪的纳维亚货币联盟中的丹麦金币；下左为金本位制时期英格兰银行于 1889 年发行的 5 英镑纸币，可以兑换金币；下右为美国 1882—1933 年用作纸币流通的金圆券，可以自由兑换金币。

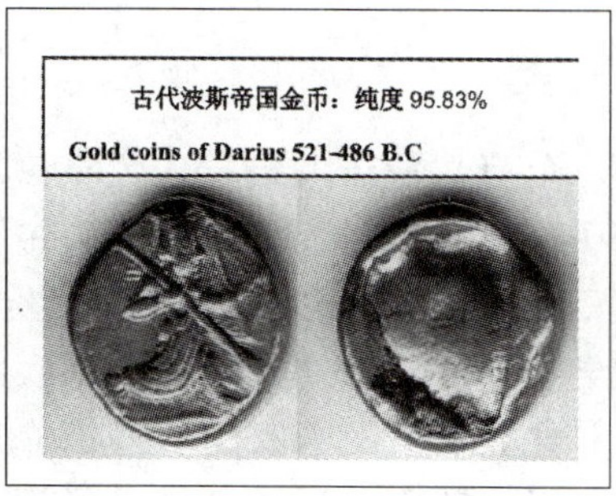

图 6－2　流通中货币的演变

资料来源：www. britishmuseum. org，www. pinterest. com

观察图 6－2 可以得出两点结论：其一，人类史上，金币流通的历史远远长于金本位制，金本位制仅是在资本主义各国相继采用以黄金作为货币本位后始告形成；其二，人类货币的发展从贵金属货币、到金圆券、再到今天以美元为代表的纯粹信用纸币。

金本位制有三种实现形式即金币本位制、金块本位制和金汇兑本位制，其中金币本位制是典型的金本位制。

1. 金币本位制

金币本位制以黄金作为货币发行的唯一准备金，货币价值由其所代表的黄金数量决定，每

一货币单位具有法定的黄金比价;金币可以自由铸造,具有无限法定偿付能力;辅币和银行券可以自由兑换金币或等量黄金;国际结算也使用黄金,黄金可以自由输出和输入;各国货币汇率由货币的黄金比价决定。

2. 金块本位制和金汇兑本位制

在这两种制度下,虽然都规定以黄金为货币本位,但只规定货币单位的含金量而不铸造金币,实行银行券流通。在金块本位制下,银行券可按规定的含金量在国内兑换金块,但有数额和用途等方面的限制(如英国 1925 年规定在 1 700 英镑以上,法国 1928 年规定在 215 000 法郎以上方可兑换),黄金集中存储于本国政府。而在金汇兑本位制下,银行券在国内不兑换金块,只规定与其他金本位制国家货币的兑换比率,先兑换外汇(主要是英镑和美元),再以外汇在国外(伦敦和纽约)兑换黄金。这实际上是把黄金存于国外,国内中央银行以外汇作为准备金发行纸币流通,但一般人难以直接到国外用外汇去兑换黄金,故称"虚金本位制"。

无论何种形式,其共同的特征是货币以黄金为本位,流通中货币可以自由或有限制地兑换为黄金。

二、金本位制的形成和演变

作为历史上的第一个国际货币制度,金本位制的建立是一个自然演进的过程。金本位制的主导国家是英国。英国于 1821 年率先实行金币本位制,1914 年第一次世界大战以前,主要资本主义国家都实行了金币本位制。第一次世界大战爆发后,各国为了筹集庞大的军费,纷纷发行不可兑现的纸币,禁止黄金自由输出,金币本位制随之告终。第一次世界大战以后,在 1924—1928 年,资本主义世界曾出现一个相对稳定的时期,主要资本主义国家的生产都先后恢复到战前水平并有所发展。各国企图恢复金本位制,但是由于金铸币流通的基础已经遭到削弱,不可能恢复典型的金币本位制。当时除美国以外,其他大多数国家只能实行没有金币流通的金币本位制,这就是金块本位制和金汇兑本位制。

金块本位制和金汇兑本位制由于丧失了金币本位制的若干特点,因此也称为不完全或残缺不全的金本位制。这种不完全的金本位制在 1929—1933 年的世界性经济大危机的冲击下也逐渐被各国放弃,纷纷实行不兑现信用货币制度,金本位制终告崩溃。

三、金本位制的特点和作用

1. 英镑为关键货币

由于当时英国在世界经济中的突出地位,它实际上是一个以英镑为中心,以黄金为基础的国际金本位制度。当时所谓的外汇主要就是指英镑,英镑代替黄金执行国际货币的各种职能。从 19 世纪到 20 世纪初,英镑一直是资本主义世界最重要的国际支付手段和储备货币。当时的国际贸易中,大多数商品以英镑计价,90% 的国际结算使用英镑,许多国家的中央银行国际储备是英镑而不是黄金。因此,第二次世界大战前的国际金本位制有时也称作英镑本位制。

2. 固定汇率制

由于各国货币规定了法定含金量,不同国家货币的兑换比率便按照货币的黄金比价折算,因而汇率固定。例如,19 世纪末 1 英镑(£)等于 113 格林纯金,1 美元($)等于 23.22 格林纯金,英镑对美元的汇率则为 4.866 5(113/23.22)。金本位制下的这种汇率决定关系如图 6-3 所示。

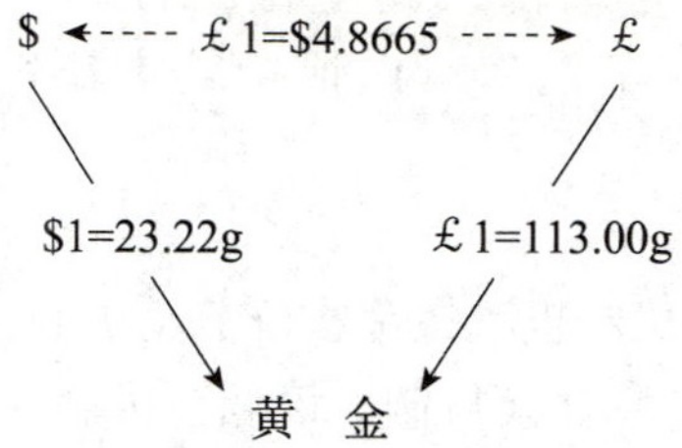

图6-3　金本位制下的汇率决定

这种按黄金比价折算的汇率为官定汇率,亦称铸币平价。在实际中,由于外汇市场的供求随时都在发生变化,因此汇率不是完全固定不变而是略有变化,变化的幅度由黄金输送点限定。所谓黄金输送点是指汇价波动而引起黄金从一国输出或输入的界限。汇率波动的上限是铸币平价加运金费用,即黄金输出点;汇率波动的下限是铸币平价减运金费用,即黄金输入点。黄金输送点的计算公式为:

黄金输送点 = 金铸币平价 ±1 个单位黄金运送费用

以英美两国为例,若在伦敦金融市场的外汇供不应求,引起英镑兑换美元的汇率上升,超过铸币平价(1 英镑 =4. 8665 美元),即在伦敦外汇市场上 1 英镑可以买到超过 4. 8665 美元;同时,在纽约外汇市场英镑对美元的汇率仍然是 1∶4. 8665,这样就会形成一个套利空间。钱商可以选择借入美元贷款,再按官价从纽约兑换黄金运送到伦敦,也按官价兑换英镑,再用英镑在外汇市场购买美元,最后归还美元贷款,由此获利。如果不考虑交易成本,假设伦敦外汇汇价为 1∶5,商人每 1 英镑的套利所得可有 0. 1335 美元(5 -4. 8665),获利率可达 2. 74%。但事实上,这种套利行为不仅会发生黄金运费、保险费,还有贷款利息,实际计算时要考虑交易费用。如果把所涉及的成本全部纳入运费,当时从纽约或从伦敦运送 1 盎司(金衡盎司,1 金衡盎司 =1. 0971 常衡盎司 =31. 1035 克)黄金的成本大约是 0. 0260 美元。这样,汇率的波动幅度大约在 4. 8665 ±0. 0260,即 ±0. 53% 左右。英镑对美元汇率一旦超过 1∶4. 8925 就会引起黄金从美国输出,一旦跌破 1∶4. 8405 就会引起黄金输入美国;反之,伦敦到美国亦然。因此,黄金输送点限定了金本位制下汇率的波幅,汇率的波幅仅在 ±0. 53% 范围。金本位制下的汇率与铸币平价、黄金输送点的关系如图 6 -4 所示。

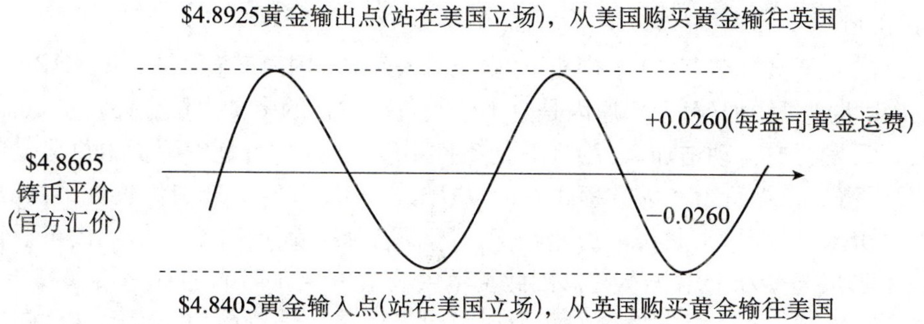

图6-4　金本位制下的外汇市场汇率变动

如图 6 -4 所示,金本位制下汇率波动的上下限分别由铸币平价加减黄金运费限定。一旦汇率上行超过 4. 8925,将有黄金从纽约输出;反之,汇率下行超过 4. 8405,将有黄金输入纽约。外汇市场黄金输出入的变化,引起外汇供求的变化,进而引导汇率回归铸币平价。因此,金本位制下汇率可以保持基本稳定、波动幅度很小,是弹性相对最小的固定汇率制。

3. 国际收支的调节机制

金本位制下国际收支的调节机制也称铸币物价流动机制,因该机制于1752年由苏格兰经济学家大卫·休谟最早提出,故亦称休谟机制。该调节机制属于自动调节机制。金本位制下,各国货币可以兑换黄金;黄金可以自由输出入,各国金融当局应随时按官方比价无限制地买卖黄金和外汇;中央银行或其他货币机构发行钞票必须有一定的黄金准备。国内货币供给将因黄金流入而增加,因黄金流出而减少,由此形成国际收支的自动调节机制。其作用原理是:若一国的贸易收支为顺差,由于国际结算差额用黄金结算,而顺差国收大于支,因而黄金流入;黄金的流入引起货币发行增加,假设国内产出不变,则会引起物价上涨。在浮动汇率条件下,一国物价的上涨反映在汇率上就是汇率下跌,但金本位制为固定汇率,汇率无法灵敏地对物价的变动做出合理反应,使得他国以同一单位货币只能换取相同单位的顺差国货币,这意味着同一单位外国货币只能购买到顺差国较以前少的商品。换言之,顺差国的商品因物价上涨而失去国际竞争力,导致出口下降;同时,由于国内物价上涨,消费者自然选择进口商品替代,由此引起进口增加。这种进出口的增减变化延续下去,使得贸易收支顺差不断下降,最终归于平衡。反之,若一国为逆差,则会引起黄金流出、国内物价下降,进而出口增加、进口下降,直至逆差消失,归于平衡。这一调节过程可以图6-5表示。

贸易顺差/逆差 → 黄金流入/流出 → 物价上涨/下跌 → 贸易平衡

图6-5 金本位制下国际收支的调节机制

理解上述调节机制,有几个环节需要进一步解释。下面以贸易顺差为例,借助流程图(见图6-6)作进一步说明(为简明起见使用英文缩写):

$$\mathrm{CAB} > 0 \rightarrow G\uparrow \rightarrow M\uparrow \rightarrow P\uparrow \rightarrow \mathrm{EX}\downarrow \,\&\, \mathrm{IM}\uparrow \rightarrow \mathrm{CAB}\downarrow \rightarrow \mathrm{CAB} = 0$$

图6-6 金本位制下的国际收支调节流程图

其中,CAB代表贸易差额,G代表黄金,M代表货币供应量,P代表物价水平,EX代表出口,IM代表进口。

流程图有三个重要环节。(1)顺差国由于黄金流入而引起国内黄金储量上升($\mathrm{CAB} > 0 \rightarrow G\uparrow$),导致国内货币供应量增加($M\uparrow$),原因是金本位制货币发行的多少由黄金储量决定,国内黄金储量增加,货币发行亦自动增加。(2)在其他条件不变的情况下,顺差国货币供应量的增加必然引起物价上涨。根据货币交易方程式$MV = PQ$(其中M、V、P、Q分别代表货币供应量、货币流通速度、物价水平、产量),货币流通速度V一般假定为常量,产出Q在短期内可假设为常量(短期内资本形成与劳动力增长不变),因此货币供应量M增加带来的唯一结果只能是物价P的上涨($M\uparrow \rightarrow P\uparrow$)。(3)国内物价上涨为何引起出口减少进口增加?理解这个问题的关键在于固定汇率。因为执行铸币平价,两国货币只能按固定比率交换,所以不会因物价上涨而变动。顺差国物价上涨后,他国单位货币仍然只能换得与顺差国物价上涨前同等数额的货币,这使得他国单位货币只能购买到顺差国物价上涨后较少的商品,因而必然导致顺差国的出口需求下降与进口需求上升。由此可见,金本位制下的自动调节机制是以国际收支黄金结算、黄金可以自由输出入、各国自动维护铸币平价为条件的。离开黄金的自由输出入与各国对铸币平价的自觉维护,国际收支的自动调节机制就无从谈起。同理,对逆差调节的解释关键也在这三个环节。

金本位制最突出的优点是币值稳定与汇率稳定。各国以法定形式规定货币黄金比价,货币当局有义务维持货币与黄金的兑换比例,因而一国黄金储量的多寡决定了货币发行的规模,政府或私人金融机构都无法肆意滥发货币;各种价值符号(金属辅币和银行券)就能稳定地代表一定数量的黄金进行流通,从而保证币值的稳定;各国货币按铸币平价兑换,这就保持了汇率的稳定;同时,由于黄金可在各国之间自由转移,这就保证了外汇行市的相对稳定与国际金融市场的统一,国际收支的自发调节使各国可以自主实现国际收支平衡。因此,金本位制是一种比较稳定、比较健全的国际货币制度,对国际贸易、国际资本流动和各国经济发展起到积极作用。

尽管传统金本位制有着上述优点,但它本身并不完善。

第一,黄金的使用成本高昂。黄金作为一种稀有的贵重金属,用来作为转瞬即逝的交易媒介,是一种资源的浪费。不仅黄金的勘探、开采、制造成本高昂,而且使用携带都极不经济,由此带来昂贵的交易成本。

第二,英镑霸权。表面上看,金本位制是一种天然合理的国际货币制度,但该制度的实质是英镑霸权。由于国际间广泛使用英镑以及伦敦金融市场的核心地位,因此英国获得控制世界金融的特权,操纵弱小国家的金融命脉;同时,英国的货币政策也必然对其他国家的货币金融关系产生影响。这样一种国际货币秩序在给英国带来巨大利益的同时,却是靠牺牲众多弱小国家的利益来维系的,这种情况不可避免地要在国际货币秩序中引起严重的利益冲突和矛盾。

第三,金本位制具有内在紧缩倾向。如前所述,金本位制以黄金储备为货币发行前提,流通中货币或银行券数量必须与一国的黄金储量相匹配。但黄金不仅天然储量有限,现实中黄金产量的增长更无法满足世界经济贸易增长的交易需求,这会导致严重的通货紧缩。其内在的经济逻辑是:根据货币交易方程式 $MV = PQ$,如果我们仍然假设货币流通速度 V 为常量,但因为资本与劳动力都会增长,这意味着长期的产出 Q 不可能为常量,否则停滞的经济将无法满足人口的增长,所以长期产出 Q 是个变量,一般是正增长;受各国黄金储量的限制,货币供应量 M 无法按经济增长的比例要求同比增长,在此条件下要实现经济交易,唯一的结果只能是价格下跌,发生通货紧缩。这种因流动性不足而导致的通货紧缩往往是一国经济所难以长时间承受的;况且,一国发生通货紧缩情形,往往会加速其他国家的经济衰退。此外,各国黄金的资源禀赋与经济实力的巨大差距造成黄金储备分布的极端不平衡,金本位制也不是天然公允的制度。

第四,金本位制下国际收支的自动调节机制在实践中难以兑现。由于缺乏监督,国际收支顺差国家可以将盈余冻结,以便获得更多的盈余,于是调节负担全部落到逆差国家身上,从而加剧其他国家的经济困难,形成事实上的非对称调节。

由于金本位制存在这些重大缺陷,它的最终解体也就在所难免。最后,金本位制在美国经济危机的冲击下正式终结。

第三节 布雷顿森林货币体系

布雷顿森林货币体系是第二次世界大战后以美元为中心的国际货币体系。它与关税及贸易总协定一起,共同构成战后以外汇自由化、资本自由化和贸易自由化为主要内容的多边经济制度的全面框架安排。

一、布雷顿森林体系的建立

在布雷顿森林体系以前,即两次世界大战之间的20年中,国际货币体系分裂成几个相互竞争的货币集团,各国货币竞相贬值、动荡不定,因为每一个经济集团都想以牺牲他人利益为代价来解决自身的国际收支和就业问题,呈现出一种无政府状态。20世纪30年代世界经济危机和第二次世界大战后,各国的经济政治实力发生了重大变化,英国及其他欧洲工业大国的地位急剧衰落,美国登上资本主义世界的盟主地位。第二次世界大战结束时,美国的工业产值占全球工业产值的1/2,对外贸易占世界贸易总额的1/3以上,成为全球最大的债权国;其黄金储备从1938年的145.1亿美元增加到1945年的200.8亿美元,占资本主义世界黄金储备的59.0%。美元的国际地位因其经济、军事及黄金储备的巨大实力而空前稳固,这为建立美元体系创造了必要条件。

在此背景下,1944年7月,44个国家政府的经济特使聚集在美国新罕布什尔州的布雷顿森林酒店,商讨战后的世界贸易格局。会议通过了《国际货币基金协定》,决定成立国际复兴开发银行(即世界银行)和IMF以及一个全球性的贸易组织。

1945年12月27日,参加布雷顿森林会议的22国代表在《布雷顿森林协定》上签字。该协定是战后各国就货币兑换、国际收支调节、国际储备资产构成等问题共同做出的安排确定的规则、采取的措施及相应的组织机构形式的总和。

根据协定正式成立IMF和世界银行。两机构自1947年11月15日起成为联合国的常设专门机构。中国是这两个机构的创始国;1980年,中华人民共和国在这两个机构中的合法席位先后恢复。

从此,开始了国际货币体系发展史上的一个人为设计协商形成的货币体系新时期。

二、布雷顿森林体系的构成要素与运行规则

在布雷顿森林体系下,美元可以兑换黄金及各国实行可调节的钉住汇率制是构成这一货币体系的两大支柱;IMF则是维持这一体系正常运转的中心机构,负有监督执行汇率纪律、为成员国短期国际收支逆差提供信贷支持、协调国际货币关系三大职能。

(一)金汇兑本位制

布雷顿森林体系以黄金为基础,以美元作为最主要的国际储备货币。美元直接与黄金挂钩,各国货币与美元挂钩。各国确认1934年1月美国规定的35美元1盎司的黄金官价,各国政府或中央银行可按官价用美元向美国兑换黄金。为使黄金官价不受自由市场金价的冲击,各国政府须协同美国政府在国际金融市场上维持黄金官价。其他国家政府规定各自货币的含金量,通过含金量的比例确定同美元的汇率;各国货币间实行自由兑换原则。该体系下美元、其他货币与黄金的关系如图6-7所示。

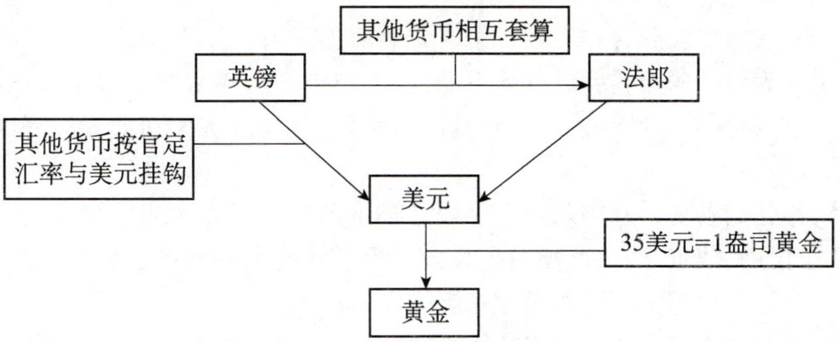

图 6-7　布雷顿森林体系的货币框架

布雷顿森林体系的实质是金汇兑本位制，不过这种金汇兑仅限于美元与黄金的有限制兑换，即只有成员国的中央银行持有的美元储备经美国货币当局批准才可兑换黄金，其他私人及机构均无此资格。另外，在该体系下，成员国未经 IMF 同意，不得对国际收支经常项目的支付或清算加以限制，以保证经常项目下的完全可自由兑换。

（二）可调节的固定汇率制

根据《国际货币基金协定》的规定，各国货币对美元的汇率一般只能在法定汇率上下各1%的幅度内波动。若市场汇率超过法定汇率 1% 的波动幅度，各国政府有义务在外汇市场上进行干预，以维持汇率的稳定。只有在一国国际收支发生“根本不平衡”时，才允许货币贬值或升值。若成员国发生不可持续的大幅度逆差，可一次性贬值 10%，但必须得到 IMF 的批准。1971 年 12 月，这种汇率变动的幅度扩大为 ±2.25% 的范围，而决定“平价”的标准也由黄金改为特别提款权。布雷顿森林体系的这种汇率制度，称为可调整的钉住汇率制度。

（三）国际收支的调节机制

布雷顿森林体系的调节机制与金本位制类似，不过增加了汇率的弹性与一次性大幅度贬值内容，并辅以 IMF 对国际收支逆差困难国家提供短期贷款以缓解调节困难，所以是对铸币—物价自动调节机制的一种改善。其调节机制如图 6-8 所示。

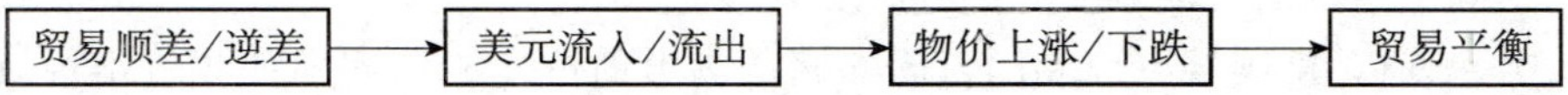

图 6-8　布雷顿森林体系下国际收支的调节机制

与金本位制相比，有两个环节发生了变化：其一，贸易顺差或逆差引起的不再是黄金而是美元的流进或流出；其二，因美元流出入引起的国内物价水平的变化向进出口的传导不再是弹性很小的固定汇率制，而是有 ±1% 幅度的变化区间。特殊情形还可以借助一次性贬值或升值10% 或以上进行人为调节。这些规则和措施在相当程度上增加了传统金本位制下所不具备的调节灵活性。

（四）布雷顿森林体系的特点、作用及其内在缺陷

与金本位制相比，布雷顿森林体系的主要特点如下：(1) 以美元作为储备货币和国际清偿手段，替代了黄金在国际支付结算中的传统地位；(2) 建立了以美元和黄金挂钩及其他货币和美元挂钩的固定汇率制度，增加了汇率的弹性；(3) 通过临时性升值与贬值以及 IMF 提供短

期贷款等措施改善了国际收支的调节机制。

基于上述特点,布雷顿森林体系发挥了一定的历史作用。

第一,以美元为中心的布雷顿森林体系的建立,结束了多年来国际货币领域的混乱局面,使国际货币金融关系又有了统一的标准和基础,为国际贸易的扩大和世界经济增长创造了有利的国际金融秩序。

第二,美元作为储备货币和国际清偿手段弥补了第二次世界大战后初期国际清偿能力的不足。美国通过援助、信贷、购买外国商品和服务等形式向世界提供了大量美元,客观上扩大了世界范围的购买力,促进了国际贸易和跨国投资。

第三,固定汇率制稳定了主要国家的货币汇率。由于汇率的相对稳定,避免了国际贸易与投资的汇率风险,有利于国际贸易结算和资本输出、输入的顺利进行。

第四,布雷顿森林体系吸收了金本位制下汇率缺乏弹性的教训,扩大了汇率的波动幅度,增加了国际收支调节的灵活性,有利于各国国际收支失衡的调节。此外,IMF 和世界银行的活动对世界经济的恢复和发展起了一定的积极作用。

尽管与金本位制相比,布雷顿森林体系有了进步,恢复了国际金融市场的稳定,也帮助了第二次世界大战后经济的复苏与发展,但是布雷顿森林体系也存在严重缺陷。

第一,布雷顿森林体系本身有着不可克服的内在矛盾。一方面,国际社会要获得充足的美元储备,需要美国国际收支保持大量逆差,否则世界就会面临美元短缺、国际清偿力不足的情境,导致国际贸易和投资收缩。另一方面,美元作为国际储备货币必须保持币值稳定,才会在国际支付中被其他国家所普遍接受。而美元币值稳定,不仅要求美国有足够的黄金储备,而且要求美国的国际收支必须保持顺差,否则美元将大量流出而导致国际美元过剩,引发美元信心问题,人们在国际支付中将不再愿意接受美元。这意味着,美元要维持国际储备货币,美国国际收支必须同时既是逆差又是顺差,这显然是世界上任何一个国家都无法做到的。这个矛盾就是著名的“特里芬两难”①,又称为“信心与清偿力两难”。

第二,调节政策的非对称性。美国作为国际储备货币的发行国,可以实行根据自身需要选择宏观经济调整政策来为本国债务融资,输出通货膨胀,影响别国的宏观经济政策。为维持与美元的固定汇率,成员国不得不追随美国的货币政策,使得本国货币财政政策受制于美国宏观经济政策,不利于本国的宏观调控和国际收支调节。

第三,美元霸权,即美国可以利用自己的储备货币地位变相向他国征收货币税,谋取不正当利益。所谓“我们的美元,你们的问题”就是这种美元霸权的肆意直白。

(五)布雷顿森林体系的演变及其经验教训

布雷顿森林货币体系的运转依赖美元的信誉和地位。但若美国国际收支持续性逆差,美元对外价值长期不稳,黄金储备流失过多,美元则会丧失其中心地位。理论上,其难以克服的矛盾和问题注定了这个体系无法长期维持;现实中,美元自身的蜕变则直接决定了布雷顿森林体系由盛而衰直至完结的历史宿命。

布雷顿森林体系建立之初,美国的国际收支保持大幅度持续顺差,美元地位等同黄金,这使得大量美元回流美国,国际社会美元供给严重不足,出现了“美元荒”。随着西方各国经济的增长,出口贸易扩大,国际收支由逆差转为顺差,美元和黄金储备增加;而美国由于

---

① 特里芬两难(Triffin Dilemma)为著名国际金融专家、美国耶鲁大学教授罗伯特·特里芬所提出。

对外扩张和侵略战争，国际收支由顺差转为逆差，导致美元大量外流，使得美元储备的供给过剩，形成“美元泛滥”。这使得国际社会对美元的信心动摇，美元汇率开始承受巨大的压力和冲击。

20 世纪 60—70 年代，美国深陷越南战争的泥潭，财政赤字巨大、国际收支状况恶化、通货膨胀压力上升，使得美元的信誉受到极大的冲击；各国纷纷抛售自己手中的美元、抢购黄金，使美国黄金储备急剧减少，引发了多次美元危机（见专栏 6－1）。

1971 年，美国黄金储备下降到 102.1 亿美元，仅及它 678.0 亿美元对外流动负债的 15.1%，美国失去了承担美元兑付黄金的能力。1971 年 8 月 15 日，尼克松政府不得不宣布美元停兑黄金，单方面终止了美元的承兑义务（史称“尼克松冲击”）。1971 年 12 月的《史密森协定》认定美元对黄金贬值，美国不再承担美元兑付黄金的义务，至此美元与黄金挂钩的体制名存实亡。1973 年 3 月因美元重现贬值压力，又一次引发欧洲抛售美元、抢购黄金的风潮，国际外汇市场被迫临时关闭。最后经过磋商达成协议，西方国家放弃固定汇率，听任汇率浮动，布雷顿森林货币体系完全崩溃。

布雷顿森林体系崩溃的主要教训如下：第一，在信用货币条件下，以一国货币作为国际储备货币的体系难以解决特里芬悖论；第二，储备货币国应当担负与其权利相匹配的义务，维持自身的货币信誉；第三，各主要大国应当建立真正有效的政策协商机制，增强国际收支失衡调节的对称性；第四，汇率弹性的幅度应更贴近国际收支调节的实际需要。

专栏 6－1

美元危机

第一次美元危机：1960 年 10 月，伦敦黄金市场价格猛涨到每盎司 41.5 美元，超过官价 20%，美元大幅贬值，美元遭遇第一次信任危机。

为了抑制金价上涨、保持美元汇率、减少黄金储备流失，美国联合英国、瑞士、法国、联邦德国、意大利、荷兰、比利时八个国家于 1961 年 10 月建立了黄金总库。八国央行共拿出 2.7 亿美元的黄金，由英格兰银行为黄金总库的代理机关，负责维持伦敦黄金价格，并采取各种手段阻止外国政府持美元外汇向美国兑换黄金。然而，这种对黄金市场的人为干预并不能阻挡美元下滑的整体趋势。

第二次美元危机：第一次美元危机 5 年后的 20 世纪 60 年代中期，美国扩大侵越战争，国际收支进一步恶化，1968 年 3 月爆发了严重的第二次经济危机。半个多月中，美国的黄金储备就流失了 14 多亿美元。同年 3 月 14 日的 1 天当中，伦敦黄金市场的成交量达 350—400吨的破纪录数字。面对这样的局势，黄金总库是不可能应付得了的。黄金总库成员国经过协商后决定，美国及黄金总库不能再按每盎司 35 美元的官价在自由市场上供应黄金，即不再维持黄金官价，黄金市场任其自由上涨。但是，各国政府和中央银行仍可按黄金官价用美元向美国兑换黄金，自由市场上的金价与黄金官价不发生联系了，这就是所谓的“黄金双价制”。与此同时，美国与原黄金总库成员国达成一个非正式的“克制提取黄金协议”，各国同意原则上不再以美元向美国大量兑换黄金，以减轻美国兑现黄金的压力。这都说明，美国的经济实力已经陷入十分虚弱的境地（1968 年年底，美国占西方世界黄金总量的比例已经下降到 25%）。

1968 年 3 月 16 日—17 日,美国、英国、联邦德国、瑞士、比利时中央银行在纽约开会并发表联合公报,宣布实行新的黄金政策,即黄金双价制。黄金的官方结算价为每盎司 35 美元,其他随市场自由浮动,这实质是美元变相贬值。此后 3 年又相继爆发三次美元危机。

1971 年 5 月,美国出现自 1893 年来第一次巨额贸易逆差,国际贸易逆差高达 520 亿美元,而黄金储备下降到 102 亿美元,遂爆发第六次美元危机。

同年 7 月,在第六次美元危机尚未平息的情况下爆发第七次美元危机。

1972 年 6 月,美国黄金储备下降到对外短期债务的 1/8,爆发第八次美元危机。

1973 年 1 月,爆发第九次美元危机。同年 2 月 12 日,美国政府再次将美元贬值 10%,黄金官价从每盎司 38 美元升至每盎司 42.22 美元。2 月下旬,伦敦甚至涨到每盎司 91 美元,引发第十次美元危机。

资料来源:环球外汇网,美元危机;维基百科,美元历史。

第四节 当代货币体系

当代国际货币体系亦称后布雷顿森林体系,是一个以《牙买加协定》为制度框架的货币体系,所以也称牙买加体系。牙买加体系的实质是一个不再以黄金为基础的美元本位制,内含若干矛盾和问题。随着国际经济力量均势的调整和变化,新的国际货币的相继崛起,既存国际货币关系需要不断做出新的调整,才能适应国际经济关系的新发展。

一、当代货币体系的形成和发展

当代货币体系的形成和发展是以一系列协定为标志的,这些协定和条约规定了后布雷顿时期新美元本位的基本内容和主要特征。主要的协定包括上文提及的《史密森协定》和《牙买加协定》,两者分别代表着浮动汇率的开端和浮动汇率的正式认定。

继这两个协定之后,以美国为首的西方各国还分别于 1985 年 9 月和 1987 年 2 月在美国纽约与法国巴黎签订《广场协议》与《卢浮宫协议》,两个协议主要处理的是美元与其他西方主要货币的关系。前者的目的在于通过外汇市场的联合干预,使美元对日元及马克等主要货币有序下调,以解决美国的巨额贸易逆差。协议实施 2 年后,西方主要货币对美元的升值幅度大约分别为日元 86.1%、德国马克 70.5%、其他货币 10%—50%不等。协议执行的后果给日本经济带来巨大冲击,导致日本的"泡沫经济",随之陷入"迷失的 10 年",日本经济自此一蹶不振。后者的目标则是稳定国际货币市场,停止由《广场协议》所导致的美元持续贬值。这两份协议充分显示了美国在后布雷顿体系中的支配地位,美元与其他主要货币关系的处理都是以美国的经济利益与政策调整需要为依据和导向的。

与前两个协定特别是《牙买加协定》相比,《广场协议》与《卢浮宫协议》均未影响到后布雷顿森林体系的框架内容,到目前为止的国际货币体系是以《牙买加协定》为基础框架的。因此,下面首先扼要介绍《史密森协定》,继而集中讨论《牙买加协定》。

(一)《史密森协定》

1971 年,尼克松代表美国政府宣布美元停止兑换黄金后,汇率开始浮动。为适应美元政策的变化，西方十国集团[①]于同年12月在美国首都华盛顿的史密森学会举行会议，签署了《史密森协定》。协定主要内容为：(1)确认美元对黄金贬值7.89%，每盎司黄金的官价由35美元提高到38美元；(2)调整汇率平价，美元平均贬值10%，其他欧美主要货币升值；(3)非储备货币对美元的波动允许幅度由±1%调整为±2.25%；(4)美国政府取消10%的临时进口附加税。显然，协定的主要目的是通过美元黄金官价与其他主要货币汇价的调整来支持美元，挽救布雷顿森林体系。然而，协定仅仅具有短期的效果。黄金市场价格随即飙升，1971年每盎司黄金44.20美元，1972年达到每盎司黄金70.30美元。1973年美元再度贬值，每盎司黄金官价由38.02美元提升到42.22美元；与此同时，美元对欧洲各主要货币再次贬值。1973年第八次美元危机爆发后，美元对黄金再次贬值，黄金官价跌到每盎司44美元，黄金官价被抛弃，美元同黄金彻底脱钩。由于无法遵守±2.25%的汇率浮动幅度，各国先后放弃该协定，转而采用浮动汇率制。至此，协定挽救布雷顿森林体系的尝试彻底失败，世界各国进入浮动汇率制时代。

（二）《牙买加协定》

1976年1月，IMF在牙买加首都金斯敦的会议上签署了《牙买加协定》。协定涉及汇率制度、黄金问题、IMF对发展中国家的资金融通、增加成员国在IMF份额等，不仅对第二次修正IMF协定有指导意义，而且对目前国际货币制度的形式也有重要作用。协定主要内容包括：(1)浮动汇率合法化；(2)黄金非货币化；(3)提高特别提款权的国际储备地位；(4)扩大对发展中国家的资金融通；(5)增加成员国的基金份额。

以《牙买加协定》为标志，黄金的非货币化进程基本结束，全球自此正式进入浮动汇率制时代。此外，发展中国家的贷款援助和国际收支问题、非国别货币的国际储备资产（特别提款权）、成员国基金份额等问题也受到更多的重视。

二、牙买加货币体系的构成要素和主要特点

牙买加货币体系实际上是以美元为中心的多元化国际储备和浮动汇率制度。

（一）信用美元本位

IMF数据显示，自《牙买加协定》签署至今，尽管其间日元、德国马克于20世纪70—80年代跻身所谓国际三元货币之列，之后更受到来自1999年欧元面世的挑战，但美元一元独大的地位并未因与黄金脱钩或其他竞争性货币的出现而受到明显影响。近几十年，美元在全球外汇储备中的占比始终保持在2/3左右；在国际债券市场上，美元作为国际融资货币的地位也仍然稳固。2013年，以美元计价的国际债务占比由2012年的44.3%升至54.8%，而欧元所占份额则从2007年的31.0%降至25.3%。此外，在国际商品市场上，黄金和石油都是以美元标价。总之，《牙买加协定》签署以来的几十年间，无论美元的债务负担如何变化、贬值程度如何，美元都是全球第一位的储备货币、定价货币和避险货币，以致国际金融市场稍有风吹草动，全球资本便会竞相逃往美元。综上可见，布雷顿森林体系解体以后，国际货币体系仍然是围绕美元运行的。目前实际形成了一个以美元为中心，其他主要发达国家和地区货币居第二层，新

---

① 十国集团（Group of Ten，G10），亦称十国俱乐部或巴黎俱乐部，成立于1961年，机构旨在维持美元和英镑的地位。成员国有美国、日本、加拿大、比利时、法国、联邦德国、意大利、荷兰、瑞典和英国，瑞士于1964年加入，但G10的名称仍维持不变。

兴市场经济体和广大发展中国家货币环绕其外的三环结构。这种新的美元本位结构如图6－9所示。

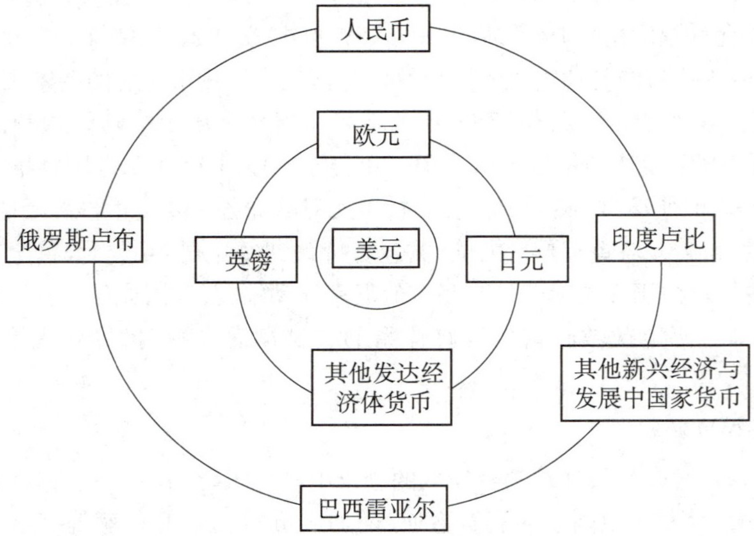

图6－9 牙买加货币体系的信用美元本位

（二）浮动汇率制度

根据协定,成员国可以自由选择任何适合本国或地区的汇率制度,由此在实践中形成了多样化的浮动汇率制度安排。浮动汇率制是指各国货币的对外价值由外汇市场决定的汇率制度。从实践内容来看,浮动汇率大致可分为自由浮动、管理浮动与各种形式的钉住浮动①三大类型。所谓自由浮动又称清洁浮动,是指一国货币的价值由外汇市场决定,供求力量是汇率变动的唯一决定因素,一国货币当局对外汇市场不存在干预的浮动;管理浮动又称肮脏浮动,是指汇率不是完全由市场力量决定,而是受到一国货币当局通过在外汇市场买卖外汇干预的浮动;钉住浮动,是指一国货币选择单一货币、特别提款权或一篮子货币作为钉住对象,汇率与之同步升降的浮动。前两种形式大都为发达经济体及部分新兴与转型经济体所采用,而后一种形式大都见于广大发展中国家。

由于各国的经济金融及国际金融局势都是发展的,随时间的推移,各国对汇率制度的选择也在相应地变化。据IMF统计,截至1998年3月31日,IMF的182个成员共实行三类9种汇率安排:第一类是可调整的钉住汇率安排,有64种货币;第二类是有限的浮动汇率安排,有17种货币;第三类是更为灵活的浮动汇率安排,有101种货币。

1999年,IMF采用按事实分类的方法将汇率制度细分为:(1)无独立法定货币的汇率安排(Arrangements with No Separate Legal Tender),主要有美元化(Dollarization)和货币联盟(Monetary Union);(2)货币局制度(Currency Board);(3)传统的钉住(Conventional Peg);(4)有波幅的钉住(Pegged Exchange Rate within Horizontal Bands);(5)爬行钉住(Crawling Peg);(6)有波

① 在IMF关于汇率制度安排的事实分类(De Facto Classification)中,有一类称为固定汇率制度,但我们认为不能把它理解为牙买加体系前的固定汇率制,而应当理解为钉住浮动的一种类型。因为在该体系下,国际储备货币都是浮动的,特别提款权也是浮动的,所以即使是毫无弹性的钉住,也只能是钉住浮动,而钉住的目标本身是浮动的。

幅的爬行钉住(Crawling Peg within Bands);(7)管理浮动(Managed Float);(8)完全浮动(Free Float)等八种类型。

其中,没有独立法币的汇率安排是指以他国货币作为本国主要法币,或者货币联盟成员国共用同一种货币。此类安排的例子如厄瓜多尔、中非经济货币共同体,以及欧元区。美元化是指因本国货币失去信用而使用外币替代本币用于国内日常交易,或与本币平行使用。美元化不限于美元,也可以是其他货币(如欧元)。美元化的典型如巴拿马、萨尔瓦多和厄瓜多尔等。美元化的好处是可以稳定国内经济秩序,弊端是失去货币主权,本国央行也无法担当最后贷款人的角色。货币局制度是指中国香港特别行政区、文莱等实行的汇率制度,主要是以外汇储备作为当地货币发行基础的制度,汇率与储备货币保持稳定联系。有波幅的钉住是指任由汇率围绕中心汇率的固定范围波动,波动幅度通常允许大于1%。爬行钉住是指伊朗、哥斯达黎加等国实行的汇率制度,汇率定期按预先公布的固定幅度进行调节。有波幅的爬行钉住则是前两者的结合。

根据这一标准,截至 2005 年 3 月 31 日,IMF 187 个国家和地区汇率制度的分类如图 6－10所示。

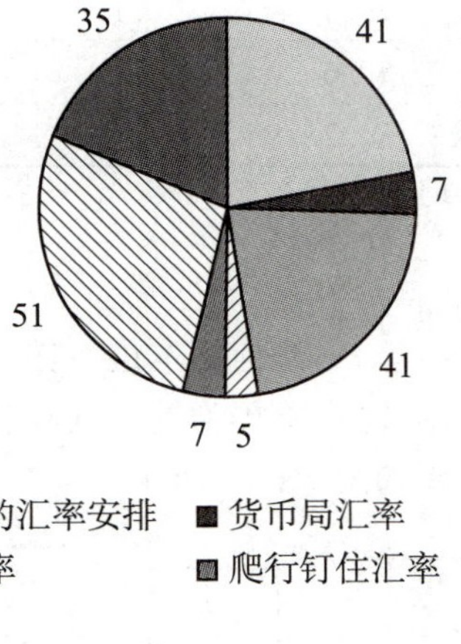

图 6－10　IMF 成员按事实分类的汇率制度安排

资料来源:IMF。

全球金融危机发生后,2008—2013 年,IMF 的 188 个国家和地区实行四类 10 种汇率安排:第一类是硬钉住,包括无独立法币和货币局制度;第二类是软钉住,包括传统钉住、稳定安排、爬行钉住、类爬行钉住和限定波幅钉住;第三类是浮动汇率,包括普通浮动和自由浮动;第四类是其他形式。[①] 这些汇率制度安排在全部汇率安排中的占比和变动情况见表 6－1。

总体上,牙买加体系的汇率制度是一个以浮动汇率制为基础的多样化汇率安排。其中,发达经济体主要实行自由浮动汇率,但也不排除临时干预或隐性干预。例如,国际金融危机以来的美欧央行的量化宽松尽管未直接干预外汇市场,但通过本币实际贬值的手段使汇率贬值;而日本则干脆采取直接干预外汇市场的手段;各种形式的钉住主要为新兴经济体与广大发展中国家所采用;欧元不应被纳入硬钉住而应当属自由浮动类别。

---

① IMF 的上述分类未必是完全不可质疑的,例如 IMF 把欧元划入无独立法币的硬钉住,这难以说通,因为欧元汇率不钉住任何货币,而欧元区内已经不存在任何的国别货币。

表 6-1 2008—2013 年 IMF 成员国汇率制度安排

单位:%

类别 \ 年份	2008	2009	2010	2011	2012	2013
硬钉住	12.2	12.2	13.2	13.2	13.2	13.1
无独立法币	5.3	5.3	6.3	6.8	6.8	6.8
货币局制度	6.9	6.9	6.9	6.3	6.3	6.3
软钉住	39.9	34.6	39.7	43.2	39.5	42.9
传统钉住	22.3	22.3	23.3	22.6	22.6	23.6
稳定安排	12.8	6.9	12.7	12.1	8.4	9.9
爬行钉住	2.7	2.7	1.6	1.6	1.6	1.0
类爬行钉住	1.1	0.5	1.1	6.3	6.3	7.9
限定波幅钉住	1.1	2.1	1.1	0.5	0.5	0.5
浮动	39.9	42.0	36.0	34.7	34.7	34.0
普通浮动	20.2	24.5	20.1	18.9	18.4	18.3
自由浮动	19.7	17.6	15.9	15.8	16.3	15.7
其他形式	8.0	11.2	11.1	8.9	12.6	9.9

资料来源:AREAER database。

(三)国际收支的调节机制

牙买加体系调节机制的特点在于,一是信用本位下储备货币多元化,二是浮动汇率。汇率对国际收支的调节以市场调节为主,国家干预为辅。国际收支调节的自主性、灵活性与复杂性都得以加强。牙买加体系调节机制如图 6-11 所示。

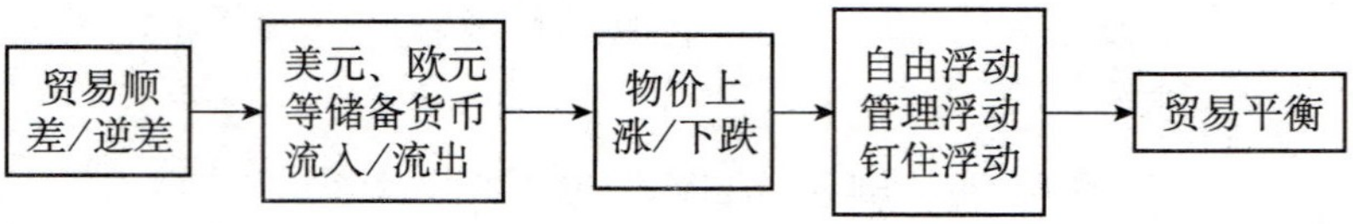

图 6-11 牙买加体系的国际收支调节机制

(四)牙买加货币体系的评价

牙买加货币体系是一个以信用货币为基础的浮动汇率制度。由于该体系下国际储备的供给与汇率都有充分弹性,灵活性和适应性都较强,因而对维护国际经济运转和推动世界经济的发展具有积极作用。其优点主要表现在以下三个方面:

第一,储备多元化在一定程度上分散了由单一国家货币充当国际储备货币的风险。在该货币体系下,不仅有美元,还有英镑、日元、欧元及其他可自由兑换货币都可以作为国际储备货币。这就打破了布雷顿森林体系下由美元一统天下的局面,使得国际储备货币的供给形成一定的竞争格局,特别是欧元的面世有利于分散美元独断的国际储备风险。

第二,多样化的浮动汇率制能够比较灵活地适应世界经济复杂多变的情况,使得国内经济政策较少受到刚性汇率的制约,不必为维持汇率稳定而丧失国内的经济目标,并可通过汇率变动调节国际收支,减少外汇储备的流失。

第三,多种汇率安排下的国际收支调节机制并行及相互补充,适应了当今世界经济发展不平衡以及各国发展模式、政策目标与客观经济条件存在较大差异的现实需要,缓和了布雷顿森林货币制度下国际收支调节机制失灵的困难,对于国际贸易投资的增长和世界经济的正常运行和发展起到了一定的促进作用。

但是,经过三十多年的运行,牙买加货币制度的弊端也日益暴露,突出表现在以下三个方面:

第一,以信用美元为核心的三环货币结构非但未能解决布雷顿森林体系的"特里芬两难",反而加重了政策调节的非对称性。在这一体系下,当国际收支出现根本性的不平衡时,中心货币国家实质上不必承担国际收支失衡调整的责任。它可以借助信用货币发行来换取大量贸易差额,并以金融账户项目的资产负债交易收回因逆差所流出的货币资金,填补国内的储蓄投资差额。而众多新兴市场国家为维持货币稳定而被迫程度不同地钉住美元,接受外汇资产缩水、汇率承担过度调整压力、通货膨胀与失业率上升并存等非对称调节的痛苦现实。

第二,多种形式的汇率制度安排,使汇率纪律缺失,加大国际经济不稳定的风险。不同的汇率制度虽然适应了不同国家的经济发展情况,但却使不同国家间的汇率协调遭遇障碍,导致市场汇率急剧波动,严重影响了国际贸易和资本的正常流动;同时也加大了发展中国家外债监管的难度,从而使得进入20世纪80年代以来的国际货币危机接连不断。

第三,国际收支调节机制复杂,带来许多新的问题和困难。在牙买加体系中,理论上国际收支具有多种调节方式,包括汇率调节、利率调节、IMF调节及国际金融市场调节等。但现实运行表明,这些调节方式大多缺乏显著效应。此外,与布雷顿森林体系相比,IMF的作用和地位下降了不少,对成员国的汇率安排与汇率行为都不再有监督管理权;再由于IMF的资金和影响力有限,加之比较严格的条件要求,即使对某些国际收支严重失衡的国家也无能为力。

总之,牙买加体系虽然改变了布雷顿森林体系下美元一统天下的局面,使得国际储备货币呈多元化发展;浮动汇率制增加了汇率的弹性,进而增大了国际收支调节的灵活性,从而促进了世界经济的发展。但是,该体系并未解决布雷顿森林体系的"特里芬两难",反而增大了调节政策的非对称性矛盾。同时,汇率纪律缺位也增大了国际经济贸易和投资的风险;国际收支的调节也变得极为复杂,缺乏有效的调节工具和强有力的手段;全球金融危机的发生更加剧了牙买加体系的动荡和混乱。

本章小结

1. 国际货币体系的基本构成要素包括本位货币或关键货币、汇率机制及国际收支的调节机制。
2. 国际货币体系经历了金本位制、布雷顿森林体系、当代货币体系(即牙买加货币体系)三个不同的发展阶段。
3. 金本位制的特点是以黄金为基础、英镑为关键货币、缺乏弹性的固定汇率制。
4. 布雷顿森林体系仍然是以黄金为基础的货币体系、关键货币为美元、实行可调节的固定汇率制。
5. 牙买加货币体系是美元本位体系,实行多种形式的浮动汇率安排。

关键概念

国际货币体系	货币本位
汇率制度	国际收支的调节机制

金本位制	铸币平价
黄金输送点	休谟机制
布雷顿森林体系	双挂钩
特里芬两难	调节政策的非对称性
货币霸权	尼克松冲击
史密森协定	牙买加协定
浮动汇率制	清洁浮动
管理浮动	钉住汇率
爬行钉住	美元化
货币局制度	广场协议
卢浮宫协议	

复习思考题

1. 什么是国际货币体系？国际货币体系的作用何在？有哪些基本内容或构成要素？
2. 国际货币制度经历了哪几个基本阶段，分别是什么？
3. 何谓金本位制？其基本特点是什么？
4. 简述金本位制下国际收支的调节机制，画出调节机制的流程图并加以说明。
5. 简述金本位制的优缺点。
6. 为何说《史密森协定》标志着浮动汇率的开始？
7.《广场协议》对日本经济有何主要影响？
8. 当代货币体系的制度框架基础是什么？
9. 什么是《牙买加协定》？简述《牙买加协定》的基本内容。
10. 什么是钉住汇率制？钉住汇率制的主要形式有哪些？
11. 为什么说钉住汇率也是浮动汇率？
12. 发展中国家的汇率安排的主要形式是什么？包括哪些具体形式？
13. 什么是美元化？为何有的发展中国家会实行美元化？
14. 什么是货币局制度？试举例说明。

课后习题

1. 什么是布雷顿森林体系？其基本运行规则有哪些？
2. 简述导致布雷顿森林体系崩溃的内在缺陷和实际经济原因。
3. 为什么说牙买加体系的实质是美元本位制？
4. 为何说新的美元本位制加大了调节政策的非对称性？
5. 发展中国家为何大多采取某种形式的钉住汇率制？

6. 登录 IMF 网站的 database，下载汇率制度安排数据，列出《牙买加协定》以来发展中国家汇率制度的历年变化表，归纳主要变化趋势。

资料链接

1. www. imf. org/external/data. htm
2. http://www. infoplease. com
3. http://www. imsreform. org
4. http://en. wikipedia. org/wiki/International_monetary_systems

延伸阅读

1. 陈彪如．国际货币体系．上海:华东师范大学出版社,1990.

2. Ian M Drummond. *The Gold Standard and the International Monetary System ,1900—1939*. Macmillan Education,LTD,1987.

3. Jane D'Arista . The Evolving International Monetary System. *Cambridge Journal of Economics*. 2009,33(4):633—652.

下节提示

区域性货币体系——欧洲货币体系

第七章

区域性货币体系：欧洲货币体系

欧洲货币体系从初期的汇率联合机制发展到后期的欧元的面世，是人类有史以来平等国家之间货币合作的一个初步成功尝试。尽管目前欧元体系遭遇严重困难，未来前景也有着若干不确定性，但作为国际货币体系的一个局部和侧面，代表着当代国际货币领域的前沿发展，为我们开创了一个探讨区域性货币合作的先河。在当今世界经济区域性发展的新趋势下，欧洲货币体系对如何建设新的区域性货币体系有着重大借鉴意义。

主要内容

本章首先讨论欧洲货币体系的形成和发展；其次介绍欧洲货币体系的运行规则；最后分析欧洲货币体系的内在矛盾和现实困难。

知识与技能目标

通过本章的学习，了解欧洲货币体系的基本内容；明晰欧元的由来，理解欧元体系的运行规则及其内在冲突；能够运用最优货币区理论分析欧元区的矛盾和问题，并对可能新出现的货币区提出独立的分析结论。

引导案例

欧元正式进入流通

案例导读：本案例为我们记载了欧元启动后即将进入流通领域的历史瞬间，其所蕴含的意义远远超过欧元进入流通本身，它标志着一个历史上发生过多次战争的地区，真正走向追求"要共同的未来、不要充满分歧的过去"多样化合作的新理念。这一理念也将是一个多样化、多极化发展的全球与地区经济与货币合作的共同基础和必要条件。

2002 年 1 月 1 日零时，当欧洲联盟（简称"欧盟"）在布鲁塞尔王宫里设置的欧元倒计时钟敲响最后一声时，欧元正式进入流通，欧元区 12 国顿时沉浸在欢乐的气氛中，人们用不同语言、以不同方式庆祝这一历史性时刻。从罗马到巴黎，从赫尔辛基到布鲁塞尔，礼花、激光照亮了城市的夜空，歌舞、欢笑声驱散了严冬的寒意。

在德国的法兰克福,万余市民在新年前夜冒着零下3℃的严寒涌到欧洲中央银行大楼前,在贝多芬《欢乐颂》的乐曲声中,大型欧元雕塑上的彩灯齐明,五彩缤纷的礼花腾空而起。在马德里,大约10万人聚集市中心的太阳门广场,“新年快乐”和“欢迎欧元”的欢呼声此起彼伏。

同一时刻,在维也纳市中心的一家花店里,欧盟委员会主席普罗迪掏出32欧元为夫人买了一束红白玫瑰。他感慨地说:“从今夜开始,我们大家都是欧洲人了!”在阿姆斯特丹,排队等待从取款机中提取欧元的克里斯蒂娜兴奋地说:“我感觉荷兰变大了,欧元使荷兰的疆域‘扩大’到了整个欧元区。”

据欧洲快速信息网提供的统计,截至2001年12月31日下午,欧元区12国已发行欧元纸币60亿张、硬币375亿枚,总币值1 440亿欧元,分别占欧元区生产的纸币和硬币的40%、74%。欧洲中央银行发言人2002年1月1日在法兰克福说,当天转换欧元工作运行正常,没有出现任何问题。

2002年1月1日,欧洲各国的报纸纷纷在头版头条报道了欧元正式进入市场流通的消息,许多报纸都以“你好!欧元”作为头版的通栏标题。法国《费加罗报》和《解放报》分别刊登了题为“永别了,法郎”和“法郎,祖国感谢你”的长篇报道。

按照规定,欧元区12国(比利时、意大利、荷兰、芬兰、德国、奥地利、法国、西班牙、葡萄牙、爱尔兰、卢森堡和希腊)的原货币与欧元的“双币流通期”最多不超过2个月。在此之后,欧元将成为这12国的唯一法定货币。

联合国秘书长安南31日通过其发言人发表声明,对欧元即将进入流通表示热烈欢迎。

声明说,12个欧盟国家决定从2002年1月1日起正式将欧元投入流通领域,这是一个“要团结、不要分裂,要合作、不要对抗,要共同的未来、不要充满分歧的过去的一个大胆而富有远见的抉择”。

声明说:“启用欧元远远不止是一个经济决定,这件事将载入史册。看到过去曾经是敌人的各国人民和不同国家为了共同致富而在享用同一种货币的问题上团结起来,就是在见证他们采取团结与一体化的政治行动。”

声明认为,“这为全世界树立了一个范例,即团结与多样化能够肩并肩地蓬勃发展。在取得经济进步与实现政治稳定的过程中实行团结,并不意味着要牺牲区分每个国家与每个民族特征的多样化。国家之间的联合比一个国家单独行动能够为各自的公民谋取更大的福利”。

资料来源:人民网2002年1月1日。

第一节　欧洲货币体系概述

欧洲货币体系(EMS)经历了两个不同的发展阶段;第一阶段是它的初级阶段——欧洲汇率机制;第二阶段是它的高级阶段——当前的欧元体系。

欧洲货币体系是欧洲地缘政治与经济发展的产物。第二次世界大战以后,为了稳定传统上形成的经济贸易往来与货币关系并摆脱对美元的依赖,抵御美元汇率波动的影响,作为一个新的货币联盟——欧洲货币体系便应运而生。

欧洲货币体系是在欧盟的发展框架下形成的。欧盟由欧洲共同体(又称欧洲共同市场,简称“欧共体”)发展而来,主要经历了三个阶段,即荷卢比三国经济联盟、欧洲经济共同体、欧洲联盟。欧盟是一个集政治实体和经济实体于一身、在世界上具有重要影响的区域一体化组织。1957 年的《罗马条约》呼吁建立欧洲经济共同体,开始了欧洲经济一体化的进程。1957 年 3 月 25 日,法国、联邦德国、意大利、荷兰、比利时和卢森堡 6 国政府首脑和外长在罗马签署《欧洲经济共同体条约》和《欧洲原子能共同体条约》,这两个条约统称《罗马条约》。同年 7 月 19 日到 12 月 4 日,6 国议会先后批准了《罗马条约》,该条约于 1958 年 1 月 1 日生效,这标志着欧洲经济共同体正式成立。1991 年 12 月,欧洲经济共同体荷兰马斯特里赫特首脑会议通过《欧洲联盟条约》,也称《马斯特里赫特条约》(简称《马约》)。1993 年 11 月 1 日,《马约》正式生效,欧盟正式诞生。欧盟的宗旨是"通过建立无内部边界的空间,加强经济、社会的协调发展和建立最终实行统一货币的经济货币联盟,促进成员国经济和社会的均衡发展""通过实行共同外交和安全政策,在国际舞台上弘扬联盟的个性"。欧盟现有 28 个成员国,总面积 437.2 万平方公里,人口近 5 亿。2013 年 GDP(初值)17.36 万亿美元,人均 GDP 34 038 美元;对外贸易占世界总贸易额的 18% 左右,高于美国,也遥遥领先于日本等国。欧盟的制度框架和经济、地理、人口状况为欧洲货币体系的产生和发展提供了基础性条件。

正是在上述国际金融背景与欧洲特定的政治、经济、地理条件的基础上,欧盟内部通过不断的制度设计和改进,以及实践上的不断调整和整体推进,完成了欧洲货币体系从初级的汇率机制向高级货币联盟的转换。

第二节　第一阶段欧洲货币体系:欧洲汇率机制

一、第一阶段欧洲货币体系的建立

在欧盟的建设过程中,欧洲货币体系也同步发展起来。1950 年,欧洲支付同盟成立,标志着欧洲货币一体化的开始。1958 年,欧洲经济共同体各国签署了欧洲货币协定以代替欧洲支付同盟,促进了各国货币自由兑换的发展。1969 年 3 月,欧洲经济共同体海牙会议提出建立欧洲货币联盟(EMU)。同年 12 月,欧共体首脑就建立欧洲货币联盟进行磋商并取得一致意见。1970 年 10 月,《魏尔纳报告》公布,它规定了一个 10 年的过渡时期,分三个阶段实现欧洲经济与货币联盟的目标;并于 1971 年 3 月达成协议,决定正式实施货币联盟计划。货币联盟计划的主要内容见表 7－1。

表 7－1　1971 年的欧洲货币联盟计划

阶　段	时　间	主要目标
第一阶段	1971 —1973 年	减小成员国货币汇率的波动幅度;着手建立货币储备基金,以支持稳定汇率的活动;加强货币与经济政策的协调,减少成员国经济结构的差异
第二阶段	1974 —1976 年	集中成员国的部分外汇储备以巩固货币储备基金,进一步稳定各国货币间的汇率,并使共同体内部的资本流动逐步自由化
第三阶段	1977 —1980 年	使欧洲经济共同体成为一个商品、资本、劳动力自由流动的经济统一体,固定汇率制向统一的货币发展,货币储备基金向统一的中央银行发展

1972 年年初,欧洲经济共同体部长理事会着手推进欧洲货币联盟计划,主要措施包括实行联合浮动汇率,建立欧洲货币合作基金,创设欧洲货币单位。1973 年,布雷顿森林体系崩溃以后,为适应国际金融形势的变化,稳定内部货币关系,欧盟各国产生了建立单一货币的愿望。

同年12月,欧共同体首脑在布鲁塞尔达成协议,决定于1979年1月1日建立欧洲货币体系。1978年4月,在哥本哈根召开的欧共体首脑会议上,提出了建立欧洲货币体系的动议。1979年3月,欧洲经济共同体的8个成员国(法国、联邦德国、意大利、比利时、丹麦、爱尔兰、卢森堡和荷兰)决定建立欧洲货币体系。

二、第一阶段欧洲货币体系的基本内容

第一阶段欧洲货币体系实质上是一个固定的、可调整的汇率制度,它主要包括三方面内容:欧洲货币单位、稳定汇率机制和欧洲货币合作基金。其中,以稳定汇率机制最为重要。

(一) 欧洲货币单位(ECU)

欧洲货币单位以1979年欧洲经济和货币体系的成员国的货币为基础,它的价值是成员国货币以1979年GDP计算的加权平均值,每种货币的权重根据该国在欧洲经济共同体内部贸易中所占的比重和该国GDP规模进行确定(欧元启动前欧洲国家货币的ECU权重见表7-2)。

表7-2　欧元启动前欧洲国家货币的ECU权重　　单位:%

	1979-03-13—1984-09-16	1984-09-17—1989-09-21	1989-09-21—1998-12-31
BEF	9.64	8.57	8.18
DEM	32.98	32.08	31.96
DKK	3.06	2.69	2.65
ESP	—	—	4.14
FRF	19.83	19.06	20.32
GBP	13.34	14.98	12.45
GRD	—	1.31	0.44
IEP	1.15	1.20	1.09
ITL	9.49	9.98	7.84
LUF	—	—	0.32
NLG	10.51	10.13	9.98
PTE	—	—	0.70

注:BEF表示比利时法郎;DEM表示德国马克;DKK表示丹麦克朗;ESP表示西班牙比赛塔;FRF表示法国法郎;GBP表示英国英镑;GRD表示希腊德拉马克;IEP表示爱尔兰镑;ITL表示意大利里拉;LUF表示卢森堡法郎;NLG表示荷兰盾;PTE表示葡萄牙埃斯库多。

资料来源:维基百科。

欧洲货币单位的主要作用有三种:①作为欧洲稳定汇率机制的标准,成员国在确定货币汇率时,以欧洲货币单位为依据,各国货币与欧洲货币单位保持固定比价——中心汇率,再由此套算出与其他成员国货币的比价;②作为决定成员国货币汇率偏离中心汇率的参考指标;③作为成员国官方之间的清算手段和信贷手段以及外汇市场的干预手段。

成员国中央银行使用欧洲货币单位干预外汇市场的方法是,每个成员国把黄金和美元储备的20%交给欧洲货币合作基金,同时换回相应数量的欧洲货币单位。如果某个成员国的中央银行需要对本国货币汇率进行干预,可以用手中的欧洲货币单位向另一个成员国的中央银行购买本国货币,从而对外汇市场进行干预。

但是,欧洲货币单位并不是货币,而仅仅是成员国之间的一种内部计价以确定汇率的工具,它不能用于成员国以外的贸易结算,更不能当做实际货币来用于支付。1999 年 1 月 1 日欧元诞生,欧洲货币单位自动以 1∶1的汇价折成欧元,从此欧洲货币单位被欧元取代。但是在被欧元取代之前,欧洲货币单位在欧洲汇率机制的运行中起到了重要的作用。

(二) 欧洲汇率机制(ERM)

欧洲汇率机制是一个复杂的稳定汇率的安排,其设计的基本理念是固定汇率的变动幅度,汇率仅可在规定幅度内变动。双边汇率的变动幅度根据按欧洲货币单位表示的中心汇率计算。当一国货币触及规定的汇率波动幅度的上限或下限时,该国中央银行必须采取行动使汇率保持在限制变动幅度之内。中央银行可以通过外汇市场干预,通过买卖该国货币、提高或降低利率的方式实现稳定汇率的目的。若中央银行的干预无法奏效,则需要对该国货币重新估值。

欧洲汇率机制经历了两个相互联系的发展阶段,即联合浮动机制与稳定汇率机制。

1. 联合浮动机制

联合浮动机制,也称可调整的中心汇率制。对内,参与该机制的成员国货币相互之间保持可调整的钉住汇率,并规定汇率的波动幅度;对外,则实行集体浮动汇率。按照规定,参与联合浮动的西欧6 国货币汇率的波动不超过当时公布的美元平价的 ±1.125%。这样,便在 IMF 当时规定的 ±2.25% 的汇率波动幅度内又形成一个更小的幅度。从图形上看,欧洲经济共同体 6 国货币汇率对外的联合浮动犹如“隧道中的蛇”,故又称“蛇形浮动”(见图 7-1)。这种联合浮动机制为随后产生的欧洲货币体系稳定汇率机制提供了参考依据。

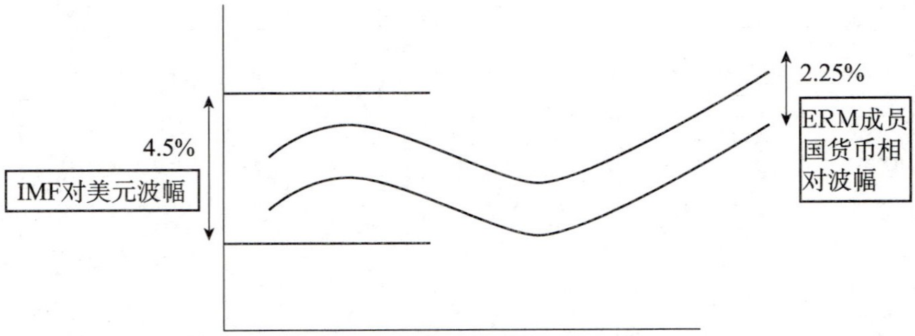

图 7-1 ERM 成员国汇率的联合浮动

1973 年布雷顿森林体系解体后,西欧各国货币与美元脱钩,史密森协议规定的 ±2.25% 的汇率波动幅度限制也不再存在,但 ERM 成员国货币的联合浮动机制仍被维持下来,只是过去对美元的中心汇率实际上被对马克和以后的对欧洲货币单位的平价取代。西欧各国继续维持联合浮动的意图在于减小汇率波动的不利影响,促进区域内商品和资本的流动。

2. 稳定汇率机制

稳定汇率机制包括平价栅和篮子汇价体系。

平价栅,也称格子体系。每一个稳定汇率机制的参与货币都会被指定一个针对欧洲货币单位的目标汇率,即该国货币的欧洲货币单位中心汇率。任意两种欧洲货币单位中心汇率的比值被定义为两个参与国之间的双边中心汇率。把所有双边中心汇率集合在一起,就形成了欧洲汇率机制平价栅。各国货币只允许在其中心汇率 ±2.25% 的幅度内波动,但意大利里拉的波动幅度可扩大到其中心汇率的 ±6%。

篮子汇价体系,也称中心汇率体系。它是指当某个成员国货币对欧洲货币单位的比价偏离其法定篮子比价[①](即成员国货币对欧洲货币单位的指定目标汇率)到一定程度(即差异界限)时,该国货币当局就应采取相应措施。也就是当一种货币汇率超越差异界限时,有关国家就要采取措施进行干预。当成员国货币汇率偏离差异界限却无法通过外汇市场干预和其他相关调节政策加以维持时,就必须对整个平价体系做出调整。

稳定汇率机制在运行过程中发生过多次调整。从 1979 年 3 月直到 1999 年年初,欧洲汇率机制共进行了 18 次调整,中心汇率调整了 56 次,期间还发生了 2 次货币危机。1992 年 9 月中旬,以抛售意大利里拉和英国英镑—抢购德国马克的第一次欧洲货币危机达到高峰,意大利里拉和英国英镑被迫"暂时"退出稳定汇率机制,成了独立浮动货币。1993 年 8 月,第二次汇率机制危机发生了,这次危机的主要目标是法国法郎和意大利里拉。为防范国际金融市场汇率的剧烈震荡所带来的进一步冲击,欧盟委员会决定把汇率浮动区间扩大到 ±15%,这一举措几乎将稳定汇率机制变为浮动汇率制。欧洲货币体系就此进入汇率机制的第二阶段,即向欧元推进的阶段。最终,欧洲货币稳定住了,并且实现了趋同。从 1999 年 1 月 1 日起,欧洲货币联盟成员国的汇率开始不可撤销地钉住欧元,欧洲汇率机制成为历史。

(三) 欧洲货币合作基金

为了加强成员国干预外汇市场的能力,对国际收支有困难的成员国提供必要的信贷支持,欧洲货币体系决定以原有的"欧洲货币合作基金"为基础,用 2 年的时间将其扩大发展为"欧洲货币基金"。但因各国意见分歧,欧洲货币基金未能如期设立,所以一直沿用"欧洲货币合作基金"的名称。

三、对第一阶段欧洲货币体系的基本评价

第一阶段欧洲货币体系是区域性货币联盟的初级形式,无论是制度安排还是调节机制设计都存在缺陷,尽管如此,它仍然为欧元的面世奠定了基础并提供了经验。首先,它在很大程度上使得西欧各国货币形成了一条初步的纽带。其次,欧洲汇率机制毕竟在一定程度上、一定时期内稳定了汇率,对欧共体国家经济和贸易的发展具有积极作用。再次,欧洲货币单位在各个范围内不断扩大使用,被用于计算西欧各国货币的中心汇率和干预外汇市场,这为后来各成员国货币对欧元的折算以及欧元的顺利推出提供了直接借鉴。

第一阶段欧洲货币体系主要的问题和矛盾:①欧洲货币体系各主要成员国的经济发展不平衡,导致各成员国的宏观经济政策难以协调一致;②欧洲货币体系汇率机制存在局限性,不但设计操作过于复杂,它的中心汇率制在一定条件下还成为国际投机资本兴风作浪的目标;③欧洲货币单位规定每隔 5 年权重变动一次,未能根据各成员国实力的变化及时调整,易与市场调整相冲突;④欧洲货币基金未能建立,以致严重逆差国家干预外汇市场的必要手段不足,削弱了在体系内部调节国际收支的能力。

---

① 法定篮子比价即一国货币的欧洲货币单位的目标汇率。例如,假定英镑对欧洲货币单位的目标汇率被指定为 1:1,则英镑汇率升值不能超过 1.0225 欧洲货币单位,贬值不能超过 0.99785。

第三节　欧洲货币体系的高级阶段:欧元体系

一、欧元体系的建立

为了从根本上克服第一阶段欧洲货币体系的困难和矛盾,欧盟启动了它的欧元之旅。

1993 年 11 月 1 日,欧共体 12 个成员国签署的《马约》正式批准生效。《马约》不仅规定了各成员国加入欧元体系的必要条件——趋同条款,还具体规定了实现单一货币的措施和步骤,并提出了时间表。

根据《马约》,加入欧元体系的欧盟成员国必须通过政府通货膨胀率、利率、财政赤字、公共债务、汇率等 5 个指标的考察。考察的依据就是《马约》的趋同条款:

(1)参加货币联盟的成员国的通货膨胀率不得高出货币联盟内价格最稳定的 3 个国家的通货膨胀率的 1.5%;

(2)参加货币联盟的成员国的长期利率不得超过货币联盟内利率最低的 3 个国家的利率的 2%;

(3)参加货币联盟的成员国的年度财政赤字不得超过其 GDP 的 3%;

(4)参加货币联盟的成员国的公共债务(即国家负债总额)与 GDP 的比值不得超过 60%;

(5)参加货币联盟的成员国的货币至少在最近 2 年之内没有发生对其他任一国家货币的持续性的贬值,不能在汇率机制带内出现巨幅波动。

趋同条款主要希望达到两个目的:一是参加国必须达到条款规定的良好运行环境,以保证将来欧元的坚挺;二是稳定的货币联盟应具有的前提条件是各国经济结构、发展水平必须互相接近,最终达到“趋同”。

《马约》规定最迟在 1999 年 1 月 1 日之前建立经济货币联盟(EMU),届时在该联盟内实现统一的货币、统一的中央银行及统一的货币政策。继《马约》之后,1993 年 1 月 1 日,欧盟宣布统一大市场建成。1994 年,欧盟成立了欧洲货币局。1995 年 12 月,欧盟决定将欧洲统一货币正式定名为欧元(EURO),并计划于 1999 年 1 月 1 日在欧盟范围内正式发行。1998 年 7 月 1 日,欧洲中央银行(ECB)正式成立,设在德国的金融中心法兰克福。

欧元的实施大致分三个阶段。1998 年 5 月 2 日布鲁塞尔首脑会议前后为准备阶段;1999 年 1 月 1 日至 2002 年 1 月 1 日为过渡期,3 年过渡期后,欧元将以纸币与硬币形式全面流通。过渡期内,各国的货币继续存在,但进入欧元区的国家必须在商品上同时标示欧元和本国货币两种价格;同时,相关各成员国中央银行不再制定货币政策,而成为欧洲中央银行的执行机构。1999 年 1 月 1 日零时起,欧元引入无形货币(旅行支票、电子支付、银行卡等)领域;同一时间,欧元对参与国原货币的折算率被不可撤销地确定下来,各成员国货币与欧元之间的汇率在 2002 年 1 月 1 日各成员国货币被欧元取代以前完全固定,不得更改。2002 年 1 月 1 日,新的欧元硬币和欧元纸币启用,原有的欧元硬币和欧元纸币的转换期持续 2 个月,直至 2002 年 2 月 28 日。各成员国原有的货币停止流通的同时,欧元正式成为欧元区国家的法定货币。自此,欧洲货币联盟拥有了自己统一的货币——欧元。

二、欧元体系的基本内容和主要特点

根据《马约》的设计,欧洲货币联盟是一个由统一的货币、统一的中央银行及统一的货币

政策共同构建起来的三位一体的完整体系。该体系具有丰富的内容与鲜明的特点。

（一）统一的货币——欧元

1999 年 1 月 1 日在欧盟范围内正式发行的欧元,是具有独立性和法定货币地位的超主权国家货币,与欧洲货币单位不同,欧元不仅是计价单位也是交易媒介,它具备货币的全部职能。

欧元由欧洲中央银行统一设计,欧元区国家的中央银行参与欧元硬币和欧元纸币的印刷、铸造与发行。欧元符号是€,货币代码是 EUR。欧元符号的设计灵感来自希腊字母 ε(Epsilon),代表着欧洲文明的根基;欧元符号中的两根横线象征欧元的稳定性。

与其他主权货币相似,欧元也分硬币和纸币两种形式。欧元硬币和欧元纸币的样式如图 7-2 和图 7-3 所示。

图 7-2　欧元硬币样式

资料来源:维基百科。

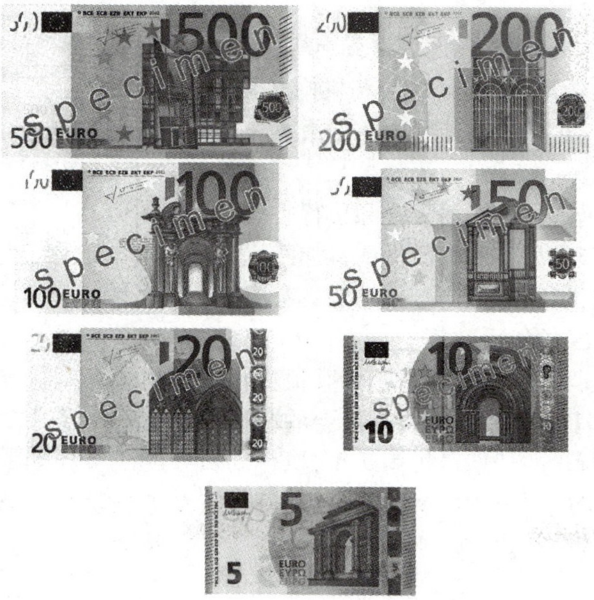

图 7-3　欧元纸币样式

资料来源:维基百科。

欧元硬币一共有 8 种:2 欧元、1 欧元、50 欧分、20 欧分、10 欧分、5 欧分、2 欧分和 1 欧分。虽然 1 欧分和 2 欧分的硬币一般不在芬兰和荷兰使用,但仍然是法定货币。欧元与欧分为百分进制:1 欧元 = 100 欧分。

欧元纸币一共有 7 种:500 欧元、200 欧元、100 欧元、50 欧元、20 欧元、10 欧元和 5 欧元。尽管大面额的纸币在某些国家并不发行,但仍然是法定货币。不过 500 欧元、200 欧元面值的纸币较少在日常生活中使用。

欧元的转账支付采用泛欧自动实时清算系统。该系统是一个在欧元发行以前就已经设立的欧洲范围内的大额交易清算系统。小额支付的一般规则是,在欧元区之内的转账被视为国内转账,在欧元区内进行信用卡支付和自动柜员机取款的费用与国内费用相同,票据支付(如支票等)也与国内相同。

2014 年,欧元已经成为欧盟中 18 个国家的货币,这 18 个国家分别是奥地利、比利时、芬兰、法国、德国、希腊、爱尔兰、意大利、卢森堡、荷兰、葡萄牙、斯洛文尼亚、西班牙、马耳他、塞浦路斯、斯洛伐克、爱沙尼亚、拉脱维亚,合称为欧元区。目前约有 3.3 亿人使用欧元,如果加上与欧元保持固定汇率制的货币,欧元影响到全球 4.8 亿人口。[①] 2006 年 12 月,共有 6 100 亿欧元在市面上流通,按照当时的汇率计算,相当于 8 020 亿美元。因此,欧元流通的现金总价值超过了美元。[②]

(二)统一的中央银行

欧洲中央银行简称欧洲央行,作为欧洲经济一体化的产物,欧洲央行的建立与欧元的创立一样,是漫长而复杂的欧洲一体化进程的里程碑事件。

1. 欧洲央行的组织体系

欧元正式流通后,欧元区各国中央银行货币政策的制定与决策权上交欧洲央行,区内货币政策决定权由欧洲央行理事会负责。各成员国央行的作用类似于美联储的分区银行,负责执行欧洲央行制定的货币政策,并担负对本国银行的监管职责,各成员国央行与欧洲央行一起形成欧洲央行体系(ESCB)。

欧洲央行具有独立法人资格,作为世界上第一个管理超国家货币的中央银行,独立性是它的一个显著特点。《马约》规定任何政府和机构有义务尊重欧洲央行的独立性,不得干预欧洲央行货币政策的制定与实施。欧元区内的货币事务决策权由欧洲央行自行掌握,不受各国政府的监督和影响。

欧洲央行的决策机构是管理委员会和执行委员会。

管理委员会由执行委员会所有成员和参加欧元区的成员国中央银行行长组成。实行一人一票制,简单多数原则,但欧洲央行行长一票具有决定意义。管理委员会是欧洲央行的最高决策机构,负责制定欧元区的货币政策。

执行委员会由欧洲央行行长、副行长和其他四位成员组成。执行委员会的表决采取一人一票制,一般实行简单多数原则。执行委员会的职责是为欧洲央行的政策制定策略。

成员国中央银行行长的任期最短为 5 年;执行委员会的成员任期最短 8 年,不得连任;只有在他们不能履行职责或严重渎职时才可免除其职务;欧洲法院对欧洲央行行长与执委会成员职务的任免争议有管辖权。

---

① 资料来自欧元相关地区的人口统计。

② 资料来自英国金融时报网站(FT.com)。

2. 欧洲央行的基本职责

欧洲央行在欧洲央行体系中居于主导地位。与世界上其他中央银行类似,欧洲央行也是发行的银行、政府的银行和银行的银行,其职能主要是进行金融宏观调控,保障区内金融安全与稳定,向政府和金融机构提供金融服务。

作为发行的银行,欧洲央行是唯一有资格在欧盟内部发行欧元的机构,负责欧元的发行和流通管理;在调节欧元供应量、稳定币值方面起着重要作用。

作为政府的银行,欧洲央行执行欧盟的政策意图,依法制定和监督成员国执行货币政策,以及履行金融监管与维护金融市场稳定等职能。

作为银行的银行,欧洲央行集中保管辖区内系统性重要银行的准备金,并向它们发放贷款,充当"最后贷款者";制定支付结算规则,维护支付、清算系统的正常运行。欧洲央行不仅运行管理整个欧元区内的支付系统,还以提供信贷的方式保障支付系统的平稳运行。

欧洲央行行长依法需要每年向欧洲议会提交年度报告;定期或不定期地通过公告、新闻发布会、互联网等手段向公众解释经济、金融的最新发展形势以及货币政策的制定与执行情况。

概括而论,欧洲央行的职责就是负责欧元的供给与调节,维持辖区内物价与金融运行的安全与稳定。

3. 统一的货币政策

与世界其他主要央行相比较,欧洲央行货币政策的最大特色是"维护货币的稳定",其主要特点如下:

(1) 物价稳定——单一货币政策的首要目标。根据《马约》的规定,欧洲央行的首要目标是"保持价格稳定"。虽然欧洲央行有义务支持欧元区如经济增长、就业和社会保障等的其他经济政策,但前提是不影响价格稳定的总目标。

据此,欧洲央行将年通货膨胀率定在1%—2%,中期通货膨胀率接近2%。价格稳定目标通过"双支柱战略"实现。第一支柱为货币供应量。欧洲央行使用的货币供应量指标是更广义的货币供应量M3。第二支柱为物价走势预测。

(2) 货币政策工具,包括公开市场交易、经常性融资便利和最低准备金。货币政策工具的运用目的是保障短期利率调控和银行灵活的流动性储备。

① 利率工具。欧洲央行的利率工具主要有边际贷款利率、存款便利利率和主要再融资利率。其中,边际贷款利率是欧洲央行对欧元区信贷机构提供贷款时收取的利率;存款便利利率则是欧洲央行支付给欧元区信贷机构存入欧洲央行的存款的利率;主要再融资利率则是欧洲央行在公开市场操作的利率。主要再融资利率是商业银行定期向欧洲央行借款的利率。主要再融资利率作为欧洲央行执行货币政策的一种工具,用来影响银行间市场的流动性和拆借利率,并进而影响商业银行对公众的存贷款利率。因而,欧洲央行把主要再融资利率作为市场主导利率,即欧元区基准利率。

② 公开市场业务。欧洲央行体系内的公开市场业务在指导利率、管理货币市场、向市场发出政策信号等方面发挥主要作用。欧洲央行主要通过回购协议购买、出售资产、信贷业务等反向交易进行公开市场业务操作。

③ 管理流动资金的经常便利。欧洲央行通过管理流动资金的经常便利,提供和吸纳隔夜流动资金,规定隔夜拆借利率,并通过改变隔夜拆借利率向市场传递政策信号。

④ 准备金制度。欧元区内的银行和信贷机构必须根据欧洲央行体系规定的标准和条件,在所在国中央银行的账户上保持最低限度的准备金。欧洲央行法定存款准备金比率很低,活

期存款的法定准备金比率为2%。欧洲央行之所以还保留法定准备金制度,主要目的在于平滑流动性和货币市场利率,而不是将它作为控制货币总量的工具。

4. 外汇管理和干预

汇率政策是欧元区货币政策的重要组成部分,欧元区将在保证价格稳定的前提下制定汇率政策。

欧元区汇率政策的制定权归欧洲理事会。欧洲理事会对欧元汇率走势进行监督,向欧洲中央银行行长理事会提出有关看法,欧洲中央银行负责组织实施欧洲理事会制定的汇率政策。

《马约》规定欧洲中央银行具有实施外汇业务的全部权力。欧洲中央银行拥有500亿欧元的外汇储备,可以自由支配这500亿欧元的外汇储备;在必要时,还可以动用成员国中央银行的外汇储备。欧元区成员国中央银行动用其外汇储备须获得欧洲中央银行的批准,以协调外汇市场操作。

欧洲中央银行可根据欧洲理事会的指示,必要时对欧元汇率进行干预。欧洲中央银行行长理事会确定并分配外汇干预的职权范围,根据信贷信誉、竞争价格、资产规模等标准选定进行外汇干预的银行和信贷机构。

第四节　欧元设立的理论基础:最优货币区理论

如前所述,欧元体系是一个典型的人为设计和协商的产物。从1999年1月1日欧元启动至今,从最初的信心危机[①]到全球金融大危机的冲击再到2010年开始的欧债危机[②],欧元体系的经历真可谓一波三折,充满艰险,目前它的前景仍不明朗。作为一个区域性货币合作的试验典范,欧元体系未来将如何进一步发展,这不仅直接关系到欧元本身的命运,也关系到其他可能的区域性货币合作尝试的潜在可能与将面临的风险。因此,有必要对欧元体系的过去和现在的表现和现实运行条件进行理论上的审视和实践上的全面考察,客观全面地看待欧元体系所遭遇的困难和问题。下面,我们首先讨论欧元体系的理论依据,然后结合它的实践,对欧元体系进行评价,并探讨它未来的可能趋势。

一、最优货币区理论

欧元体系的建立既来自欧盟发展的现实需要的驱动,还得益于经济理论的指导。指导欧元体系的理论基础是最优货币区理论。最优货币区理论又称最适度货币区理论,由罗伯特·蒙代尔(Robert Mundell)于1961年在前人研究成果的基础上加以发展后提出。在理论上,该理论对设立区域货币联盟的条件和必要性进行了系统的研究,对于区域货币合作具有重要的指导意义。在实践上,该理论对欧元体系的建立也产生了相当重要的影响。

所谓最优货币区是指最符合经济金融上的某些条件的国家或者地区,相互之间建立紧密联系的货币制度(如固定汇率制度),甚至使用统一货币的经济地理区域。在此区域内,一般性的支付手段或是一种单一的共同货币,或是几种货币,相互之间可以自由兑换;区内实行汇

---

① 信心危机是指欧元问世之初,因欧元对美元汇率持续下跌引起的人们对欧元的信心动摇。从1999年1月到2002年2月,欧元从1.17美元下跌至0.87美元,大约跌去26%,欧元的大幅度下跌引发了国际社会对欧元的信心不足。

② 全称欧洲主权债务危机,简称欧债危机,是指自2009年年底以来,部分欧洲国家发生的主权债务危机,危机在2010年年初一度陷入最严峻的局面。当时出现问题的欧元区国家包括希腊、爱尔兰、西班牙和葡萄牙,部分不属于欧元区国家的欧盟成员国也牵涉其中。

率钉住、保持不变,但是区域内国家和区域外国家的汇率保持浮动。最优在此意味着内部平衡与外部平衡同时得以实现。

最优货币区理论考虑生产要素流动、经济开放度、通货膨胀率、政策一体化、外部冲击、转换成本等因素,以判断在两个或多个区域实行共同货币是否更有利。

理论上,任何一个国家都会面临最优货币区的问题,即本国是适宜单独组成一个货币区,还是与其他某些国家共同组成一个货币区。对于某一国家而言,如果本国单独组成一个货币区,那么就意味着本国实行的是浮动汇率制或弹性汇率制。

二、关于最优货币区的判定标准

问题的关键在于,究竟依据什么准则来判定什么样的国家之间适合共同组成一个货币区。

目前,还缺乏一致的关于最优货币区的标准。蒙代尔强调的是劳动力的充分流动性,认为只有劳动力的充分流动才能应对非对称冲击,实现充分就业。其他研究者扩展了这一理论并增加了新的标准,包括经济开放度、资本流动、地区专业化、共同的税收和贸易体制等。

还有较多的研究认为,一定形式的财政联盟也是最优货币区的必要条件。因此,建立某种国家层面的财政风险分担机制,便成为保证货币区正常运行的重要前提,它可以有效地避免货币区中的某一成员因为资不抵债而陷入债务困境。

由此可见,最优货币区并非只有唯一的判定标准。一般而言,联盟内部的贸易关系越密切,则货币联盟的收益越大;倘若劳动力流动性较高、工资价格机制灵活且经济结构多元化程度高,汇率工具的丧失就无关紧要;而货币联盟的建立也取决于外部冲击的频率和特征、成员国内部经济结构、产业结构和劳动力的流动性。

归集起来,最优货币区判定标准或者说需要满足的条件大致有四个:①生产要素自由流动,特别是劳动力可以充分地流动;②经济开放度;③产品的多样化与金融市场的一体化;④财政的转移支付机制。具备这些条件的地理区域就可以建立最优货币区。

三、最优货币区的成本收益

共同货币的好处是降低交易费用和汇率风险;其最大的坏处是,当需求变动等"非对称冲击"要求某特定地区削减实际工资的时候,维持就业就很困难。

(一)区域性货币一体化的成本

第一,成员国会失去货币政策的独立性或自主性。在一体化货币区内,任何一个成员国都将不再拥有货币政策的自主权以实施逆周期调控。

第二,固定汇率将使汇率政策工具失去用处。区域货币一体化要求各成员国货币之间锁定汇率,不能随意调整或变动,使得成员国再无法使用汇率政策工具。

第三,实行单一货币将使各成员国不仅失去货币主权,还将因此而不再拥有货币政策这一最为重要的宏观经济调控工具,也不再拥有铸币税的收益权。

(二)区域性货币一体化的收益

第一,有利于促进本区域经济一体化,并极大地提高区域内总的经济福利。

第二,有利于降低货币汇兑成本,规避区域内货币之间的汇率风险。当区域货币一体化走向其最高形式——单一货币时,区域内各成员国之间的国际贸易就成了内部贸易,不必再支付货币的"兑换成本"。

第三,有利于整合区域内的金融资源,降低投融资的成本与风险。区域货币一体化有利于区域内金融资源的共享,可以消除区域内的汇率风险与利率风险。在此条件下,各成员国也无需保留太多的国际储备,从而减少总的资源闲置成本。

第四,有利于加强区域内一体化协作,并一致对外抵御竞争风险。区域经济一体化不仅有利于经济上的联盟,还有利于区域内成员国之间结成政治上和军事上的强大联盟,一致对外,采用“一个声音说话”,增强国际话语权。

理论上,任何一项政策选择本质上都是一种利弊权衡。因此,组建统一货币区的利弊如何,最后还得看实践和时间的检验。总体而言,最优货币区所获收益主要是全局性的,其成本则主要是局部性的。因此,如果总体收益大于局部成本之和,则区域货币一体化将是利大于弊的。

总之,最优货币区理论是对货币一体化发展进程的抽象概括。它提出了组成最优货币区的必要条件,符合条件的地区可以在经济趋同的基础上实行单一货币。下面,我们将根据这一理论来讨论欧元体系的表现和未来发展。

第五节　欧元体系评价

以最优货币区理论标准来看,总体上,虽然欧元体系的经济开放度、产品多样化与金融市场一体化都得以实现,但并不满足更关键性的制度条件。由于现在的欧元体系存在自身难以弥合的结构性矛盾,因此它出现问题不仅有金融危机外部冲击的影响,在更深刻的本质上是内生性所决定的。

首先,欧元体系不满足最优货币区的生产要素自由流动的条件。第一,目前欧盟成员国每年的劳动力流动性不足1%,这说明欧盟还没有形成有效的单一劳动力市场,这就使得通过生产要素流动解决成员国间的失衡变得不可能。第二,欧元体系的建立是以区域内金融市场高度一体化为基础的,这意味着合法资金在区域内的流动不受任何限制,可以自由往来;但与此同时,由于存在劳动力的结构性障碍,无法充分配合资本的流动,这就导致劳动力同资本脱离的可能性大为增加,加剧区域内经济发展的结构性矛盾。

其次,欧元体系缺乏统一的财政转移支付机制。财政转移支付也称财政转移支出,是均衡各预算主体间收支规模不对称的预算调节制度。在制度设计上,由于欧元区仅有统一的货币,没有统一的财政,财政的转移支付机制也自然缺失。因此,区域内发生经济困难的国家在急需援助时,无法得到必要的财政资金支持,如果该国又正好因种种原因导致债务负担过重,这就有可能因无法偿付到期政府债务而触发债务危机。

除了不满足最优货币区条件外,欧元体系在执行过程中的其他方面也有矛盾。

首先是统一货币政策的矛盾。其一,僵化的稳定物价目标缺乏应对经济波动的弹性。在实践上,欧洲央行的政策制定与实施也倾向保守,影响了货币政策应对外部冲击和内部需求变化的反应。其二,“一刀切”的货币政策难以协调经济发展不平衡的矛盾。由于历史原因,欧元区内国家的经济发展无论是水平还是速度都存在较大差异。面对区域内经济的差异化实际,统一货币政策往往顾此失彼,“一刀切”的政策与政策差异性需求之间存在难以协调的非对称性矛盾,实践上也会影响货币政策的预期执行效果。

其次是统一货币政策与各自为政的财政政策的矛盾。欧元自创立以来,各成员国之间财政政策不平衡的现象越发严重。欧债危机的要害是欧元区国家的货币主权和财政主权分离,缺乏统一的财政监督协调和救助机制。单单统一货币,而没有统一的财政政策跟进,可能就难以避免出现新的债务危机。

总之,无论是理论设计还是现实运行,欧元体系都存在明显的制度缺陷与结构性矛盾,这些缺陷和矛盾决定了它的发展不可能一帆风顺,需要在实践中不断地调整和完善。然而,尽管存在这样那样的问题和矛盾,欧元体系的建立毕竟大大加强了欧盟一体化的基础,其积极意义也是不宜随意否定的。

第一,欧元的面世,消除了区域内货币的汇兑成本与汇率风险,从而极大地改进了区域内贸易投资的效率,促进了区域内整体福利的提升。欧元的出现打破了美元"一元独大"的寡头垄断局面,有利于现有国际货币体系的改革。

第二,单一货币政策并非就是缺点。至少在理论上,单一货币政策目标要优越于双重或多重政策目标,因为货币政策刺激经济增长在长期是无效的,特别是在信用本位下,执行单一货币政策目标可以防止中央银行滥用政府信用。

因此,就欧元体系的未来而言,需要改革并解决欧元体系现存的矛盾和困难。如果欧元区成员国政府能够以大局为重,协同配合,加强经济结构改革的力度,消除区域内劳动力流动的结构性障碍;严肃《马约》规定的财政纪律,严格进行财政监督,借助现有货币联盟基础的经验,加快推进财政联盟的配套建设进程,实施结构性的经济与财政整合,实现货币主权和财政主权的统一,欧元区财政政策缺乏协调的问题就能得到根本解决。一个稳定的欧元仍将是国际货币体系的重要一极。

本章小结

1. 欧洲货币体系的产生是欧洲地缘政治与经济发展的产物。

2. 初级阶段上的欧洲货币体系包括三方面内容:欧洲货币单位、稳定汇率机制和欧洲货币合作基金。

3. 欧元体系亦称欧洲货币联盟,它是一个由统一的货币、统一的中央银行以及统一的货币政策共同构建起来的三位一体的完整体系。

4. 欧元是欧元区国家的共同货币,是具有独立性和法定货币地位的超主权国家货币。

5. 欧洲央行的主要职责是负责欧元的供给与调节,维持辖区内物价与金融运行的安全与稳定。

6. 欧洲央行货币政策的优先目标是"保持价格稳定"。货币政策工具包括公开市场交易、经常性融资便利和最低准备金。欧元汇率随行就市自由浮动,欧洲央行可以根据授权进行外汇市场干预。

7. 最优货币区理论对区域货币联盟的条件和必要性进行了系统的研究,对于区域货币合作具有重要的理论上的指导意义。

8. 欧元区并不满足最优货币区条件,欧元体系存在严重的结构性矛盾,但其积极意义仍不宜低估。欧元体系的进一步巩固和发展仍然是可以期待的。

关键概念

欧洲货币单位	欧洲汇率机制
联合浮动	稳定汇率机制

欧元体系	趋同条款
欧洲中央银行	欧元
边际贷款利率	单一货币政策目标
主要再融资利率	存款便利利率
财政转移支付机制	最优货币区

复习思考题

1. 什么是欧洲汇率机制?
2. 什么是欧洲货币单位?其作用何在?
3. 什么是联合浮动?
4. 什么是《马约》的趋同条款?其作用何在?
5. 什么是欧元?欧元对欧元区的主要好处是什么?
6. 主要再融资利率的主要功能是什么?
7. 什么是最优货币区?
8. 判定最优货币区的主要标准有哪些?

课后习题

1. 为何欧洲央行的首要货币政策目标是稳定价格?您对此有何看法?
2. 为什么说劳动力的自由流动是现行欧元体系的结构性障碍?
3. 为什么欧元体系的稳定需要财政的统一?
4. 百度搜索并阅读"最佳货币区与亚元的联想",试进行简要评述。
5. 试对中华经济区货币统一问题谈谈您的看法。

资料链接

1. ECB. http://www.ecb.europa.eu/home/html/index.en.html
2. Robert Mundell's homepage: http://www.columbia.edu/~ram15/

推荐阅读

1. 陈彪如. 国际货币体系. 上海:华东师范大学出版社,1990.
2. 欧洲央行. 欧洲中央银行货币政策. 北京:中国金融出版社,2004.
3. Robert A. Mundell. A Theory of Optimum Currency Areas [J]. *The American Economic Review*. 1961, 51(4): 657—665.

下节提示

国际储备与国际货币体系的未来展望

第八章

国际货币体系改革与未来展望

当代国际货币体系是一个以主权货币——美元为国际储备货币的信用货币本位制，具有内在的不稳定性及先天的结构性缺陷，是一个不合理的体系，必须对之进行改革。改革的方向是要“健全储备货币发行调控机制，保持主要储备货币汇率相对稳定”。

主要内容

本章讨论国际货币体系的未来前景。首先分析当前国际货币体系改革的必要性与可能方向，讨论全球金融危机的成本和当前国际货币体系的基本缺陷及其所面临的主要风险；然后探讨国际关键储备货币的未来选择，汇率机制与现行国际货币金融秩序的重新安排。

知识与技能目标

通过本章的学习，理解国际货币体系改革的必要性；明晰国际货币体系的改革建议、改革方向与基本内容；了解国际货币体系的现状和可能前景。

引导案例

超主权货币

案例导读：二十国集团（G20）金融峰会于2009年4月2日在英国首都伦敦举行，会议的主题是如何加强国际合作应对国际金融危机，讨论金融危机的治理无法回避当代国际货币体系的核心问题——国际储备货币的选择。在会议召开前夕，中国央行行长周小川在中国人民银行网站发表了一篇题为《改革国际货币体系》的文章，提出了在新形势下世界货币的设想。尽管这一设想实行起来有相当大的难度，但无疑为国际货币体系的改革提供了一个开放的思路。本案例提供了周小川提议产生的背景和意义。

2008年全球金融危机的爆发与蔓延使我们再次面对一个古老且悬而未决的问题，那就是什么样的国际储备货币才能保持全球金融稳定、促进世界经济发展。历史上的银本位、金本位、金汇兑本位、布雷顿森林体系都是解决该问题的不同制度安排，这也是IMF成立的宗旨之一。但此次金融危机表明，这一问题不仅远未解决，由于现行国际货币体系的内在缺陷反而愈演愈烈,因此必须创造一种与主权国家脱钩、并能保持币值长期稳定的国际储备货币,以解决金融危机暴露的现行国际货币体系的一系列问题。这种货币就是"超主权货币"。

为了在伦敦二十国集团峰会上占据一个更有利的地位,世界各大经济体近来纷纷加紧展开从舆论攻势到实际政策等各方面的博弈。目前来看,针对本次全球金融危机的成因及治理方案,国际上的主要经济大国明显分成了三派意见:美、日、英三国主张通过大规模的资金注入,也就是所谓"救市"稳定岌岌可危的金融市场;以法、德两国为代表的欧洲则对救市的效果持怀疑态度,认为必须尽早改革现行的不合理的国际金融和货币体系;以中、印、俄、巴等"金砖四国"为代表的新兴经济大国则既不否认救市的必要性,同时又强调改革的重要性,只是其改革呼吁更多地着眼于发展中国家在国际金融机构中的代表权。

在此背景下,周小川文章的价值就显得非同寻常,预计这也是中国在本次峰会将要开出的最重要的药方。更加值得一提的是,周小川的建议不同之前美、欧各怀私利的主张,它具有高度的公平性和客观性,并无显著倾向本国利益的动机,因而又平添了几分公信力。

在文章里,周小川重提凯恩斯60年前的大胆设想,建议对IMF创设的特别提款权(SDR)进行改进和扩大,以"大处着眼,小处着手,循序渐进,寻求共赢"的改革,逐步创建"具有稳定的定值基准并为各国所接受的新储备货币"。文章的核心含义是在未来建立一种不与任何国家主权挂钩的"世界货币",以此作为国际储备和贸易的计算工具。文章还就它的实践操作性作了探讨,并提出一套相应的解决方案。

实际上,周小川的主意十分类似欧元的前身"欧洲货币单位(ECU)",但这里有一个必要的前提:如果没有欧洲一体化和统一货币的预设目标,ECU 的功效将是极其有限的——它本身只是一个中间过渡产物。也就是说,假如世界各国不能就未来建立统一的真实"世界货币"达成共同的追求方向,"升级版 SDR"的前景就将大打折扣。

应当说,这是一个看起来极其理想主义的设想,其现实障碍是不言而喻的。在全球经济日益不可分割、美元体系日益力不从心的当下,与其说周小川提出的是一个解决方案,还不如说他抛出了一个开放性的问题,相信这个问题一定能赢得举世共鸣。

资料来源:http://baike. sogou. com/v1102704. htm

第一节　国际货币体系改革

一、国际货币体系改革的必要性

如前所述,当代国际货币体系实际上是一个信用本位体系。它是一个以美元为中心,其他主要发达经济体货币紧密围绕,新兴市场经济体和广大发展中国家货币环绕其外的三环结构。这样一个新的美元本位制由于失去了黄金储备的天然约束,必然存在人为滥用的可能,具有内在的不稳定性。一方面,该体系既未解决布雷顿森林体系的"特里芬两难",反而增大了调节政策的非对称性矛盾;另一方面,形式众多的浮动汇率安排导致汇率纪律缺失和国际收支调节机制失去制衡作用。因此,该体系运行的结果注定要与金融的动荡和危机相伴而行。

事实正是如此,自1976年牙买加体系正式确立后,大大小小的金融危机便与之如影随形般挥之不去。据世界银行统计,截至20世纪90年代末,全球共发生大大小小的金融危机108次,其中80年代45次,90年代63次。其中,比较典型的包括1982年的墨西哥债务危机、2002

年的阿根廷债务危机、1997 年的亚洲金融危机,以及 1998 年的俄罗斯主权债务危机。表面看来,这些金融危机大多发生在新兴市场和发展中国家,似乎与储备货币国家无关,但其背后都有美元扩张和收缩的影子。其作用机理如下:每当美联储推行扩张性货币政策,大量的廉价美元就会流向新兴市场和发展中经济体逐利,使得这些经济体信贷扩张,本币升值;反之,当美联储为遏制国内高通货膨胀而实行紧缩政策,此前涌入新兴经济体的美元资金就会大量撤出,导致新兴经济体信贷收缩,本币贬值。多年来,这种由于关键储备货币国家政策变化引起的突如其来的资本流入与中断,正是导致一些新兴经济体陷入困境的祸根。20 世纪末,包括墨西哥和泰国在内的十几个相对较小的经济体都曾有过由于外资大量流入使本币升值而后外资大量撤出使本币贬值,导致经济由增长陷入深度衰退的经历。这些弱势经济体在遭遇资本流入突然枯竭的局面时,为应对由本币大幅贬值引发的经济动荡,被迫实行严格控制预算的政策,承担储备货币国经济调整的非对称冲击后果。

2008 年全球金融危机的背后同样有美元的身影。危机爆发前几年,美元一直走软,美联储的长期超低利率导致全球资金泛滥,逐利资金不顾风险地追求高收益而涌入次级贷款市场及其衍生证券化产品,最终导致金融危机的总爆发。危机的爆发更使得这个新的美元本位制的各种缺陷和弊端暴露无遗。危机爆发后,以美国为首的主要发达经济体为摆脱自身的困难和风险,借助储备货币地位,纷纷采取史无前例的所谓“量化宽松”(见专栏 8-1)的超宽松货币政策,本币大幅度贬值[①],往外转移本国的财政负担和金融风险,使得国际金融市场游资充斥,黄金、股票、债券等金融资产和石油能源、矿石、粮食等大宗商品的价格大幅震荡;与此同时,数万亿美元的天量游资随着美联储货币政策信号的微妙变化,在包括发生了主权债务危机的发达经济体[②]在内的弱势经济体大进大出,这不仅使得弱势经济体资本信贷市场剧烈动荡,整体经济增长放缓[③],也使得全球经济的未来充满了新的重大的系统性不确定风险。[④]

此外,现行国际货币体系的另一重大缺陷,是其理论设计的主流意识传统。当代国际货币体系的设计,主要考虑的是发达国家的需要;即使考虑到发展中国家,也是用发达国家的经济现实、思维准则和理论范式去裁量当代国际金融秩序安排,脱离发展中国家的阶段性条件来考察转型国家的金融汇率制度和国际收支调节方式的选择,而对国际储备货币国家的调节义务则往往避而不谈。在当今世界多元化发展的背景下,这样的思维范式无疑会严重影响其制度设计的科学性和可行性。同时,自 20 世纪 80 年代以来,与经济全球化进程相匹配,国际金融联系日益深化。伴随国际资本流动不断加速扩大,各国外部资产负债余额成倍上升;包括监管套利在内的金融活动的全球化在发达经济体的银行部门尤其迅速;新兴市场跨境资本流动和国际投资的增加比发达经济体更为明显。金融全球化的新发展,要求对既有的全球金融格局进行根本改变。总之,随着国际经济力量均势新的调整和变化、新的国际货币的崛起,既存国际货币关系须做出相应调整,才能适应国际经济关系的新发展。尤其是,当全球化大家庭在面对未来的不确定风险时,一个缺乏协调、纪律、权利与义务对称的国际货币体系是无法承担新的后危机时代的调整重任的。

---

① 温家宝. 我忧虑的是美元不断贬值何时能够见底. 人民网 2008-3-18.

② IMF. 全球金融稳定报告. 2012.

③ 新兴经济体增长放缓 世界经济复苏添“新忧”. 经济日报 2013-8-9.

④ IMF. 世界经济展望最新预测. 2014.

专栏 8-1

量化宽松

1. 基本概念

量化宽松(Quantitative Easing,QE)是指中央银行通过公开市场操作购入证券等,使商业银行在中央银行开设的结算账户内的资金增加,为银行体系注入新的流动性以增加货币供应。

量化宽松中的“量化”指会创造指定金额的货币,而“宽松”则指减低银行的资金压力。中央银行利用凭空创造出来的“钱”,在公开市场购买政府债券、借钱给存款类金融机构、从银行购买资产等。这些都会引起政府债券收益率和银行同业拆借利率的下降,银行从而坐拥大量只能赚取极低利息的资产,央行期望银行会因此较愿意提供贷款以赚取回报,舒缓市场的资金压力。

当银根已经松动,或购买的资产(如国库债券)将随着通货膨胀而贬值时,量化宽松使货币倾向贬值。由于量化宽松有可能增加货币贬值的风险,政府通常在经历通货紧缩时推出量化宽松的措施,而持续的量化宽松则会增加恶性通货膨胀的风险。

在经济发展正常的情况下,央行通过公开市场进行业务操作,一般通过购买市场的短期证券对利率进行微调,从而将利率调节至既定目标利率;而量化宽松则不然,其调控目标锁定为长期的低利率,各国央行持续向银行系统注入流动性,向市场投放大量货币。也就是在量化宽松下,中央银行对经济体实施的货币政策并非是微调,而是开了一剂猛药。

在部分准备制下,银行保持一定比例的存款准备金,其余的资金可作贷款之用。从量化宽松的过程中增加的存款,银行可通过借贷再创造出更多的货币供应,即存款倍数效应。例如,假设货币流动性是平均 10 次交易,量化宽松每创造 10 000 美元,可产生的最终货币供应为 100 000 美元。

当以降息来增加货币供应行不通的时候,央行便可能推出量化宽松措施;通常在利率接近零的时候出现。其中,日本银行于 2000 年代初期实行量化宽松以对付通货紧缩;针对 2007 年开始的全球金融危机,美联储以量化宽松手段应付;英国也同样以量化宽松政策作为金融政策以减低金融危机的影响。

2. 政策实施

以美联储实施的量化宽松为例,其政策实施大致分为四个阶段:

(1)零利率政策。量化宽松政策的起点往往都是利率的大幅下降,只有利率工具失效时,央行才会考虑通过量化宽松政策来调节经济。从 2007 年 8 月开始,美联储连续 10 次降息,隔夜拆借利率由 5.25% 降至 0—0.25%。

(2)补充流动性。2007 年金融危机爆发至 2008 年雷曼兄弟破产期间,美联储以“最后的贷款人”的身份救市。收购一些公司的部分不良资产、推出一系列信贷工具,防止国内外的金融市场、金融机构出现过分严重的流动性短缺。美联储在这一阶段,将补充流动性(就是注入货币)的对象,从传统的商业银行扩展到非银行的金融机构。

(3)主动释放流动性。2008—2009 年,美联储决定购买 3 000 亿美元的长期国债、收购房利美与房地美发行的大量的抵押贷款支持证券。在这一阶段,美联储开始直接干预市场,直接出资支持陷入困境的公司,直接充当中介,面向市场直接释放流动性。

(4)引导市场长期利率下降。2009 年,美国的金融机构渐渐稳定,美联储开始通过公开的市场操作购买美国长期国债,试图通过这种操作,引导市场降低长期利率,减轻负债人的利息负担。到这一阶段，美联储逐渐从台前回到幕后，通过量化宽松向金融市场提供资金。

目前为此，美联储已经实行了4次量化宽松，分别是QE1、QE2、QE3、QE4。2008—2012年，美联储、欧洲央行、英国央行和日本央行四大央行已注入6万亿美元的流动性，但在欧元区金融和银行业压力浪潮以及美国就业压力下，发达经济体在债务泥沼中还是越陷越深。

3. 政策影响

这一在当前几乎普及全球的非常规政策措施，虽然一定程度上有利于抑制通货紧缩预期的恶化，但对降低市场利率及促进信贷市场恢复的作用并不明显，并且或将给后期全球经济发展带来一定风险。

量化宽松极有可能带来恶性通货膨胀的后果。央行向经济注入大量流动性，可能暂时不会导致货币供应量大幅增加。但是，一旦经济出现恢复，货币乘数可能很快上升，已经向经济体系注入的流动性在货币乘数的作用下将直线飙升，流动性过剩在短期内就将造成大问题。

量化宽松政策，不仅降低了银行的借贷成本，也降低了企业和个人的借贷成本。现在全球同此凉热，各国政府都在实行超低利率，其本意是希望经济迅速复苏，但结果事与愿违。那些本该进入实体经济的量化宽松货币，在有些国家却流入金融市场并导致新的资产价格泡沫。

资料来源：维基百科；百度百科。

二、国际货币体系的改革建议、改革方向与基本内容

既然现行国际货币体系是一个内在不稳定的体系，对它进行改革就是必要的。改革的目的是提高它的协调性、对称性、自律性和他律性，改革后的体系应当能够有效防范国际金融市场的系统风险，适应经济全球化、多样化发展的新需要，显著促进国际经济失衡的改善。它的基本要求应当是：国际储备货币要具有稳定性，而不是一个不断无序贬值的货币或几个货币；汇率制度要能显著降低汇率的波动；国际收支的调节机制要能够正常地发挥作用，能够帮助各国实现国际收支的基本平衡。

（一）国际货币体系的改革建议

鉴于现行国际货币体系在2008年全球金融危机中所暴露出的一系列问题，国际社会对以美元为中心的当前国际货币体系提出了越来越多的批评。在全球金融稳定不断受到严峻挑战的背景下，对国际货币体系进行改革的必要性渐成共识。现在的问题集中在如何改、改什么方面，在这两方面人们的看法还不统一，对一些重要问题还存在重大的意见分歧。代表性的观点有如下三种：

1. 汇率与汇率制度改革建议

托宾（1982）的观点是用税收手段减少汇率的波动。麦金农（1984）主张在固定汇率基础上，建立新的国际货币本位。威廉姆森和米勒（1987）建议主要国家的货币建立汇率目标区，即由政府设定本国货币对其他货币的中心汇率并规定汇率上下浮动的幅度，各国央行协定相互货币之间的汇率，使之保持在某一固定水平。克鲁格曼（2008）倾向以宽波幅方式回到一种固定但是可以调整的汇率体系。以上观点尽管不尽相同，但意图都在稳定汇率和建立某种形式的有弹性的固定汇率制，但也有观点不同意恢复某种形式的固定汇率制。例如，法国前经济和财政部长阿兰·马德兰（2011）就认为，任何机构都不可能比金融市场更有效地管理信息流量并决定某种货币的确切价值。国际货币体系的各种问题并非来自市场本身，而是来自各国

央行操纵汇率和利率的货币政策和干预。因此,这个世界今天优先需要的是关于市场的稳定调节机制,最大限度地降低货币的各种形式的人为干预。

2. 货币体系改革建议

斯蒂格利茨(2008)认为,国际货币体系改革应该解决三个问题。其一,储备资产的积累必须和储备货币国的经常项目逆差相分离;其二,对经常项目逆差国必须有所约束;其三,应该提供一个比美元更为稳定的国际价值储存载体。为了解决这三个问题,一个最为现实的方法是大量增加特别提款权的发放,因为特别提款权的发放同任何国家的经常项目逆差无关。同时,由于特别提款权的价值由一篮子货币决定,当篮子中各货币的汇率发生相对变化时,其价格肯定比美元更为稳定。斯蒂格利茨认为,每年增发2 000亿美元的特别提款权而无需美国维持经常项目逆差,应该能够满足全球经济对储备货币积累的需求。

3. 储备货币改革建议

周小川(2009)提出的建议是用超主权储备货币逐步替代现在的美元本位。他认为必须创造性地改革和完善现行国际货币体系,推动国际储备货币向着币值稳定、供应有序、总量可调的方向完善,才能从根本上维护全球经济金融的稳定。创造一种与主权国家脱钩、并能保持币值长期稳定的国际储备货币,从而避免主权信用货币作为储备货币的内在缺陷,是国际货币体系改革的理想目标。

(二) 国际货币体系的改革方向与基本内容

中国政府对国际货币体系的改革主张是,健全储备货币发行调控机制,保持主要储备货币汇率相对稳定,促进国际货币体系多元化、合理化。[①] 这一改革主张不仅反映了中国政府的改革诉求,也完全符合国际货币体系的改革的现实和未来发展需要,它是对国际货币体系多种合理改革建议的科学综合,代表了国际货币体系的改革方向。

1. 促进国际货币体系多元化、合理化

由于现有的国际分工格局和国际经济秩序还将长期延续,美国和欧洲的经济规模和政治实力在全球依然占据主导地位;网络效应导致的国际货币体系存在极强的惯性;历史传统在国际货币体系的建立和发展中发挥特殊作用等,当前国际货币体系以美元为主、欧元为辅、其他货币依附的基本格局势必难以在短期内发生根本性改变。正是基于这样的认识,中国政府才提出"促进国际货币体系多元化、合理化"的目标。在国际货币体系的改革中应当也必须考虑包括人民币在内的广大新兴市场经济国家货币在全球货币体系中的应有位置。

2. 健全储备货币发行调控机制与相对稳定汇率

国际货币体系多元化固然在一定程度上可以消除美元独占世界的弊端,但要抑制汇率波动、遏制货币投机、避免新的金融灾害,还须对储备货币发行国的货币政策和宏观经济政策加强监督,在多元的储备货币之间建立负责任、有管理、透明且有约束力的汇率关系,各储备货币国家应对维持这种汇率体系承担主要责任。

类似地,非储备货币和储备货币之间也应建立稳定的汇率关系。非储备货币一般是新兴经济体与广大发展中国家的货币,基于众多新兴经济体与发展中经济体汇率实践的现实,国际货币体系改革应该尊重非储备货币国的自然选择,通过协议的形式承认非储备货币与储备货币挂钩的合法性,稳定与储备货币的关系。

---

① 胡锦涛. 携手合作,同舟共济. 2009. http://theory.people.com.cn

3. 建立国际收支的对称调节机制

国际收支出现根本性不平衡,当事国应当共同承担调整责任。在布雷顿森林体系下,美国作为国际收支不平衡的一方,确实承担过调整责任;但在牙买加体系之后,调整的责任就被强加在他国头上。这种做法显然是不合理的。因此,在国际货币体系的后续改革中,应当明确:一旦国际收支失衡恶化到非调整不可的时候,储备货币国家应同广大非储备货币国家一样,通过调整其国内经济政策和对外经济关系,对等且实质性地承担调整国际收支不平衡的责任。

第二节 国际货币体系的未来展望

我们讨论了国际货币体系改革的各种建议和基本内容,但是现实中这些改革建议能否兑现在更大程度上并不取决于建议或方案的合理与否,而是取决于现存体系中不同力量间的消长和较量所取得的竞争性妥协结果。综合各方面的现实条件,在可见的将来,现在的国际货币体系难以出现根本性的改观,无论是储备货币的选择还是汇率安排在中近期内都不太可能发生革命性的变化。

一、关键储备货币的未来选择

第一,当前事实上以美元为中心的三环货币结构仍很难打破。国际储备货币的这种困局决定了中近期内美元仍唱主角,在国际货币市场上仍将作为一种支配性地位而存在。美元不会自动退出国际主导货币的舞台,美元的问题过去存在、现在存在、将来还会存在,真正能够削弱美元霸权地位的就是建立多元化国际货币体系。多元化的国际货币体系有利于形成若干个相互竞争、相互制约的国际区域货币,摆脱对某一国货币的过度依赖。

第二,超主权货币可以作为一种远期理想,但短期内难以成为现实。超主权货币的重新提出在国际上得到巨大关注和积极评价,但是它更可能仅代表人们对国际货币体系改革的一种长期诉求。

一方面,超主权储备货币的主张虽然由来已久,但至今没有实质性进展。早在布雷顿森林体系缺陷暴露之初,IMF 就于 1969 年创设了特别提款权,以缓解主权货币作为储备货币的内在风险。遗憾的是,由于分配机制和使用范围上的限制,特别提款权的作用至今十分有限。

另一方面,尽管特别提款权的存在为国际货币体系改革提供了一定希望,但囿于特别提款权本身性质,用它替代储备货币并不现实。其一,特别提款权是由 IMF 人为创设的、用于弥补各国对外清偿力不足的一种账面资产,它既没有发行主体也不是货币,而是作为一种储备资产的补充而存在的,难以承担储备货币计价、支付和储藏的功能。况且,IMF 也只能有限地创造特别提款权,数量不会很大。其二,只要各国主权货币的流通没有消除,美元储备货币存在的问题在特别提款权身上同样存在。除非全球重新采取固定汇率制度,否则特别提款权和其他国家货币之间的汇率同样存在不稳定性,只不过把美元储备货币的问题转移到了特别提款权。

其实,超主权货币的设计十分类似于欧元的前身——欧洲货币单位。但如果没有欧洲一体化和统一货币的预设目标,欧洲货币单位的功效将是极其有限的,因为它本身只是一个中间过渡产物。也就是说,假如世界各国不能就未来建立统一的真实"世界货币"达成共同的追求方向,打造"升级版特别提款权"的前景就将大打折扣。再说,欧洲统一货币的创造耗时 50 年,要靠世界货币的出现来解决当前国际货币体系的弊端一时半会也难以指望。再进一步,即使各国达成"世界货币"共识,那要不要成立世界央行?姑且不论世界央行由谁来掌控,按现在欧元区需要解决的问题来看,欧元如要真正摆脱麻烦还得组建财政联盟;类似地,世界货币即使面世,也必须统一财政,否则也免不了欧元货币统一和财政分散相冲突的困境。

第三,储备多元化是现实选择但也需要时间。目前,着眼构建新的、多元化的国际货币体系的现实,就是要考虑如何在亚洲地区形成某种货币制度安排,进而构建美、欧、亚三足鼎立的多元化国际货币体系,形成国际货币体系的平衡。

一方面,现在欧元虽已在国际货币储备中占20%左右,但这不能称为多元化,因为美元和欧元的相关度太高,差距也太大。况且,欧元内在的结构性缺陷还隐含着巨大的不确定性。其他货币(如英镑、日元)都不能构成主要储备货币。

另一方面,虽然当前亚洲的GDP、国际贸易量都占全球1/3左右,外汇储备占40%以上,但是这个庞大经济体在国际货币体系中却没有多少发言权,也没有一个货币代表亚洲参与国际货币体系的建设。这对亚洲和全球的货币稳定都是非常不利的。受制于历史的原因与现实的地缘政治关系,要想使亚洲最大的经济体——中国和日本团结起来共同推进亚洲货币统一,基本上没有现实可能。因此,除非人民币加速国际化,成为亚洲支付和储备的主要货币,再以人民币代表亚洲参与美、欧、亚三足鼎立的多元化国际货币体系的重建,才有可能从根本上改变国际储备货币的现有不合理格局。

考虑到上述情况,为了推动国际储备货币向着币值稳定、供应有序、总量可调的方向完善,从根本上维护全球经济金融的稳定,必须创造性地改革和完善现行国际货币体系。面对国际货币体系的困境,更重要的是如何面对既存现实,并在以美元为主导的国际货币体系的基础上寻求出路。目前中国最需要抓紧做的是,稳步向前推进人民币国际化,让越来越多的人享受到人民币结算的便利,要让人切实感觉到接受人民币的好处,提升人民币在国际金融市场的影响力,进而发挥人民币在国际货币体系改革中的重要作用。

二、汇率制度安排

的确,有多种理由可以批评浮动汇率制的种种不端,包括它的汇率变化莫测,为国际投机资本扩大了活动空间和提供了方便的途径,致使十余年来国际游资肆虐,给全球经济运行带来日渐严重的不确定性等。不过,自金本位制以降,国际汇率制度一路走来,却是从弹性很小的固定汇率制到可调整的固定汇率制,再到多样化的浮动汇率制。因此,现在的问题是,有没有或者有多大可能重归或重构全球可调整的固定汇率制?

简单的回答是可能性不大。与超主权货币相类似,各国重归某种形式的固定汇率制同样是一种理想的诉求。首先,目前世界上主要国家货币之间的汇率都是浮动的,短期内再回到固定汇率基本上是不可能的。除非美国率先提倡并同意,欧元、日元、英镑等跟进,否则不具操作性。其次,世界上其他众多经济体有几十上百种汇率,如何统一协调安排?谁来监督管理?这些都是问题。最后,重返固定汇率制须以储备货币及非储备货币的币值稳定为前提,这也是一个需要克服的困难。因为,在当今信用本位货币下很少有哪个主权货币的内生币值是稳定的,币值不稳的货币要采用固定汇率,其内在逻辑是行不通的。所以,汇率制度的选择不是好不好,而是行不行的问题。即使能够通过某种协商或协议确定某种固定汇率的游戏规则,但面对众多币值不稳的货币也很难真正地执行下去。正是考虑到这些实际困难与固定汇率的前提条件,稳定汇率关系代表着改革可以努力的方向,但稳定汇率的框架能否达成以及达成什么程度却难以定论。这意味着,在可见的不短的将来,国际汇率制度仍将维持多样化浮动汇率制的现状,即使有变化也至多是局部性或修补性的,改变不了浮动汇率制的基本格局。

与储备货币和汇率制度相关联，现在的多样性的国际收支调节机制也将延续，全球国际收支失衡问题也不可能在短期内得到解决。

综上所述，在今后一段时间，国际货币体系还将不得不面对如下现实：①关键货币不稳，不稳的货币是没有资质继续充当国际储备货币主角的，但因为缺乏替代，所以别无选择；②一个以不稳定的货币充当的汇率机制锚定货币，必定是波动性比较大的；③不能指望短期内出现一个平稳的国际收支调节机制。因此，未来国际货币体系的一个总体特征就是波动。当然，再一个可以预期的就是储备货币的多元化，而这在很大程度上取决于人民币国际化的进度，只有人民币可自由兑换并为世界所普遍接受后，现行不合理的国际货币体系才可能发生实质性的变化。

本章小结

1. 当代国际货币体系是一个新的美元本位制，具有内在的不稳定性，须进行改革和调整。

2. 国际货币体系改革的目的是要提高它的协调性、对称性、自律性和他律性。

3. 国际货币体系的现实：关键货币不稳，但别无选择；波动性比较大的汇率机制；储备货币的多元化。

关键概念

美元本位制　　超主权货币
汇率目标区　　全球储备基金
量化宽松　　储备货币多元化
新的“特里芬两难”

复习思考题

1. 为什么要对现行国际货币体系进行改革？

2. 国际货币体系改革的基本方向和内容是什么？为什么？

3. 那种认为今后相当长时期国际货币体系仍将是现行体系的延续，不可能出现革命性变革的观点成立吗？

课后习题

1. 试解释美国央行——美联储的货币政策变化与新兴市场经济体的货币以及金融危机的关系。

2. 为什么国际货币体系改革必然要求“健全储备货币发行调控机制，保持主要储备货币汇率相对稳定”？

资料链接

1. 中国人民银行：http://www.pbc.gov.cn/publish

2. 国家外汇管理局：http://www.safe.gov.cn/

3. http://www.imf.org/external/data.htm

4. www.imsreform.org

延伸阅读

1. 陈彪如．国际货币体系．上海:华东师范大学出版社,1990.

2. 李扬．中国金融发展报告(2008—2009)．北京:社会科学文献出版社,2009.

3.〔加拿大〕蒙代尔编,向松祚译．蒙代尔经济学文集(第6卷)．北京:中国金融出版社,2003.

4. 周小川．改革国际货币体系(2009)．http://www.pbc.gov.cn

下节提示

国际储备资产管理

第九章

国际储备资产管理

如前所述,现在的国际货币体系仍然是主权信用货币本位,但关键货币缺乏稳定性,储备货币多元化过程也还存在若干不确定因素。这意味着,在今后相当长时期内,国际金融市场仍将充满动荡和不安,这种状况将为一国的国际储备资产带来种种风险隐患。如何管理好国际储备资产,是包括中国在内的新兴经济体需要长期面对的问题。

主要内容

本章首先介绍国际储备资产的概念与构成;然后介绍国际储备资产的规模结构管理与运营原则;最后讨论新兴经济体与中国的储备资产管理问题。

知识与技能目标

通过本章的学习,理解国际储备资产的概念与作用;掌握国际储备资产的规模结构管理与运营原则;认识新兴经济体与中国储备资产管理的难点。

引导案例

4 万亿美元外储“下天山”

案例导读: 中国曾长期是一个外汇短缺的国家,现在积累了全球最大的外汇储备。巨额外汇储备是国家的财富象征,但同时也面临潜在的巨大损失风险。本案例描述了中国政府利用巨额外汇储备加大对外投资的战略布局。大规模扩大对外直接投资有望成为中国规避储备风险损失,提高外汇储备收益的有效方式。

在北京亚太经济合作(APEC)会议上,中国国家主席习近平宣布,未来10年中国对外投资将达到1.25万亿美元。这意味着未来10年中国对外直接投资将增长近3倍。

学界纷纷将“扩大对外直接投资”看成中国未来20年经济增长的动力之一。德意志银行全球策略师桑杰夫·桑亚尔认为,在庞大并且长期的经常账户盈余驱动下,未来中国将由“世界工厂”转换成“世界投资人”。

大势之下,“一带一路”战略付诸实施,亚投行、丝路基金启动,彰显中国利用巨额外汇储备加快“走出去”的战略布局。

战略角色的转换再次将中国的外汇储备管理改革推上前台。这意味着,需要从广义外汇储备的角度出发,重新设计外汇储备管理改革的顶层方案:从根本上解决外汇储备的形成机制、消除双顺差;确立不同种类外汇储备资产的管理主体;确立立法监督体系,用以评估外汇储备运作效率。

在“走出去”战略的新形势下,国家外汇储备管理体系改革已经迫在眉睫。

截至2014年第三季度,中国外汇储备已达3.89万亿美元;而自2005年7月中国启动汇率形成机制改革,人民币汇率呈现升值趋势,对美元升值已超过30%。

外管局局长易纲公开表示,当前中国继续积累外汇储备的边际成本已经超过边际收益,继续增加外汇储备已不合算。近10年,美国对中国的直接投资平均回报率是15%—20%,远高于中国外汇储备投资美国国债的收益率。

对外汇储备的投资管理成为中国政府面临的巨大挑战。国务院2013年出台的“金10条”中就明确提出,要创新外汇储备的运用。而“一带一路”的融资需求也为化解外汇储备压力开辟了一条新路径。

据统计,中国在涉及亚太自贸区建设的初期承诺投资至少有3 000亿美元,其中包括金砖国家开发银行及相关基金1 500亿美元、亚投行500亿美元、丝路基金400亿美元,以及对上合组织银行的出资额及其他援助和贷款。

不过,3 000亿美元尚不及目前外汇储备的1/10,且这部分外汇储备是由财政部通过发行特别国债向央行购买外汇的方式投入使用。

“这还是间接的对外汇储备的使用,类似中投的模式,而非对外直接使用方式。”《财经国家周刊》采访的多位专家认为,对外直接投资才是化解4万亿美元存量外汇储备的核心。

资料来源:财经国家新闻网2014年11月24日。

第一节　国际储备资产的概念与构成

一、国际储备资产的概念

我们已初步接触国际储备资产(简称“储备资产”)的概念。根据IMF的定义,国际储备资产是指一国货币当局为弥补国际收支赤字和维持汇率稳定而持有的、在国际上可以被普遍接受的流动资产,包括货币性黄金、外汇资产、在IMF的储备头寸、特别提款权和其他债权。

储备资产主要用于调节临时性的国际收支不平衡,实现国内经济目标;干预外汇市场,使本国货币汇率稳定在政府所希望的水平上;作为偿还外债本息的基础和保证。储备资产数量的多少代表着一国国际清偿能力[①]的强弱。

从储备资产的定义可知,储备资产应当具备如下特征:①必须为一国货币当局所持有,而不是为其他机构或经济实体所持有,并由一国货币当局所控制,可以随时合乎目的地动用;②它必须具有流动性,即能够进行便利的转移和转换,在转移和转换过程中不受阻碍;③必须是

① 国际清偿能力有狭义与广义之分。狭义一般指官方直接掌握的国际储备资产,又称自有储备或第一线储备;广义则指一国从国外借入储备、备用信贷、互惠信贷支付协议在内的本国商业银行的短期外汇资产,以及该国官方或私人拥有的中、长期外汇资产(主要指对外中长期投资),又称借入储备或第二线储备。一般倾向于狭义的解释,将它等同于国际储备资产。

能被世界各国普遍接受的金融资产,非金融资产不是储备资产,不被各国普遍接受的金融资产也不是储备资产。例如,在对外债务偿付中,不被他国接受的本国金融资产就不是储备资产。

一国储备资产可以从四个来源获得:①国际收支的顺差,政府或货币当局向外借款;②货币当局通过外汇市场收购外汇;③IMF 分配的特别提款权;④货币当局增加黄金持有量,或者从国内收集黄金并集中于中央银行,或者在国际黄金市场上购买黄金。

目前为止,国际储备资产大致经历了三个不同的发展阶段:①金本位制时期的黄金—英镑储备体系。在这一时期,黄金和英镑为世界各国的主要储备资产。②美元—黄金储备体系。布雷顿森林体系建立了以美元为中心的国际货币体系,在这一体系中,美元成为各国国际储备的主要资产。③以美元为主导的多元储备体系。20 世纪 60 年代末期以来,国际储备体系开始由单一的美元向多种货币储备发展,但目前为止,美元仍占绝对主导地位。

二、储备资产的构成

一国的国际储备资产包括黄金储备、外汇储备、储备头寸、特别提款权等。

(一) 黄金储备

黄金储备即由货币当局持有的储备黄金,是保证一国国际清偿能力的重要储备,受到世界各国的普遍重视。在牙买加会议上,黄金被非货币化,规定各国之间都不必用黄金进行结算,因此在制度上,黄金只剩下商品属性。但是,从世界各国储备的情况来看,当前黄金依旧是一项重要的储备资源。

(二) 外汇储备

外汇储备即货币当局所能控制的国外可兑换货币存款和其他短期金融资产。所谓可兑换货币主要指美元、欧元、英镑和日元等可自由兑换货币,其中以美元为主,欧元次之,英镑和日元等可自由兑换货币占比不大。

(三) 在 IMF 的储备头寸

储备头寸即普通提款权,是指 IMF 成员国在 IMF 的储备部分提款权余额,再加上向 IMF 提供的可兑换贷款余额。储备头寸是一国在 IMF 的自动提款权,IMF 的成员国可以无条件地提取其储备头寸用于弥补其国际收支逆差。可提取数额的大小主要取决于该成员国在 IMF 认缴的份额,成员国可使用的最高限额为其份额的 125%,主要用于解决成员国经常项目逆差,期限一般为 3—5 年。

根据《国际货币基金协定》原来的规定,成员国份额的 25% 须用黄金给付,因此这 25% 额度范围的贷款也叫黄金份额贷款。另外 75% 用本国货币给付,当 IMF 持有的该国的货币由于他国的购买关系而降到份额的 75% 以下时,即属超黄金部分提款;成员国也可以自己动用,因此也叫储备头寸。

(四) IMF 分配给成员国而其未动用的特别提款权

特别提款权又称“纸黄金”,是 IMF 于 1969 年创设的分配给成员国补充官方储备的国际储备资产。作为成员国在 IMF“特别提款账户”上的一种账面资产,成员国发生国际收支逆差时,可用特别提款权向 IMF 指定的其他成员国换取外汇,以偿付国际收支逆差或偿还 IMF 贷款。

特别提款权只是一种账面资产,不是真正的货币,使用时必须先换成其他货币,不能直接用于贸易或非贸易的支付。因为它是对 IMF 原有的普通提款权以外的一种补充,所以称为特别提款权。

特别提款权由 IMF 根据国际清偿力的需要而发行。依据《国际货币基金协定》的规定,特别提款权应根据国际经济贸易的发展对国际储备资产的要求而每若干年发行一次,发行应以保持全球国际储备的稳定发展为目标;特别提款权依据各成员国在 IMF 中的份额进行分配,有两种分配形式。一是一般分配,每 5 年进行 1 次。二是特殊分配,1997 年 9 月,IMF 理事会倡议进行特别提款权的特别一次性分配,以纠正 IMF 中超过 1/5 的成员国从未得到特别提款权分配的事实。

特别提款权的计值。特别提款权作为 IMF 人为创设的储备资产,其本身并无任何价值,它的价值由人为规定赋予。特别提款权创立初期,当时规定 35 特别提款权单位等于 1 盎司黄金,即与美元等值。1973 年西方主要国家的货币与美元脱钩并实行浮动汇率以后,IMF 在 1974 年 7 月宣布特别提款权与黄金脱钩,改用 16 种“一篮子”货币作为定值标准,市值不再固定,每天依照外汇行市的变化公布特别提款权的牌价。现在以美元、欧元、日元和英镑四种货币综合成为一个“一篮子”计价单位。自 1986 年 1 月 1 日起,特别提款权货币篮的组成和权重比例每 5 年调整 1 次。当前比例为:美元 44%、欧元 34%、日元和英镑各 11%。1981 年以来特别提款权的货币篮子构成与权重如表 9-1 所示。

表 9-1 特别提款权的货币篮子构成与权重的变化

<table>
<tr><th>年份</th><th>US $</th><th>DEM</th><th>FRF</th><th>JPY</th><th>GBP</th></tr>
<tr><td>1981—1985</td><td>0.5400
(42%)</td><td>0.4600
(19%)</td><td>0.7400
(13%)</td><td>34.0
(13%)</td><td>0.0710
(13%)</td></tr>
<tr><td>1986—1990</td><td>0.4520
(42%)</td><td>0.5270
(19%)</td><td>1.0200
(12%)</td><td>33.4
(15%)</td><td>0.0893
(12%)</td></tr>
<tr><td>1991—1995</td><td>0.5720
(40%)</td><td>0.4530
(21%)</td><td>0.8000
(11%)</td><td>31.8
(17%)</td><td>0.0812
(11%)</td></tr>
<tr><td>1996—1998</td><td>0.5820
(39%)</td><td>0.4460
(21%)</td><td>0.8130
(11%)</td><td>27.2
(18%)</td><td>0.1050
(11%)</td></tr>
<tr><td>年份</td><td>US $</td><td colspan="2">EUR</td><td>JPY</td><td>GBP</td></tr>
<tr><td rowspan="2">1999—2000</td><td rowspan="2">0.5820
(39%)</td><td>0.2280
(21%)</td><td>0.1239
(11%)</td><td rowspan="2">27.2
(18%)</td><td rowspan="2">0.1050
(11%)</td></tr>
<tr><td colspan="2">0.3519(32%)</td></tr>
<tr><td>2001—2005</td><td>0.5770
(44%)</td><td colspan="2">0.4260
(31%)</td><td>21.0
(14%)</td><td>0.0984
(11%)</td></tr>
<tr><td>2006—2010</td><td>0.6320
(44%)</td><td colspan="2">0.4100
(34%)</td><td>18.4
(11%)</td><td>0.0903
(11%)</td></tr>
<tr><td>2011—2015</td><td>0.6600
(41.9%)</td><td colspan="2">0.4230
(37.4%)</td><td>12.1000
(9.4%)</td><td>0.1110
(11.3%)</td></tr>
</table>

注:括号内数据为权重。

资料来源:维基百科。

计算特别提款权的汇率采用伦敦外汇市场的收市价,若伦敦外汇市场停业则采用纽约外汇市场的收市价。特别提款权的计价方法,是按每种货币的折算率、根据当日汇率折算为美元,再求和即得。特别提款权的计价示例如表 9-2 所示。

表 9-2　2014 年 8 月 28 日特别提款权的价值

货币	o-1 规则的货币折算率 Currency amount under Rule o-1	汇率[1]	美元等值
欧元	0.4230	1.31760	0.557345
日元	12.1000	103.62000	0.116773
英镑	0.1110	1.65800	0.184038
美元	0.6600	1.00000	0.660000
		求和：	1.518156
		US $ 1.00 = SDR	0.658694
		SDR1 = US $	1.518156[2]

注：1. 日元汇率为间接标价法，其他货币为直接标价法；

2. 1 个特别提款权单位 = 1.51816 美元，小数点后六位四舍五入。

资料来源：IMF Special Drawing Rights。

第二节　国际储备资产的规模结构管理与运营原则

一、国际储备资产数量的确定

国际储备资产数量代表着一国国际清偿能力的大小，因此不仅要考虑国际储备的构成，还要考虑国际储备的适度规模。规模太小则可能发生偿付准备不足；反之，规模太大也会带来资源的损失和浪费。特别是在现在的信用本位储备下，过多的外汇储备会遭受巨大的汇率风险敞口，从而形成潜在损失。对新兴经济体而言，外汇储备来之不易，因此应当慎重决定外汇储备的数量规模。

（一）国际储备水平的界限

一国的国际储备水平应根据该国的经济发展水平而确定。其下限是保证该国最低限度进口贸易总量所需要的储备资产量，又称经常储备量，是一国经济发展的临界制约点。其上限是该国在经济发展最快时可能出现的对外贸易量与其他金融支付所需要的储备资产量，又称保险储备量。它表明该国的国际清偿能力是否足以应付最高的经济发展水平和任何偶发事件对国际储备资产的需求。

（二）国际储备水平的决定因素

一国的最适度国际储备量应处于上限和下限之间，主要包括以下七个方面的因素：

（1）经济活动规模的大小，通常以一国国内生产总值来衡量。从理论上讲，如果一国的经济活动规模大，而该国又非储备货币发行国，则会增加其国际储备需求；反之，如果一国的经济活动规模小，则会减少其国际储备需求。一般来说，国际储备的数量与国内生产总值成正比。

（2）经济的开放程度和国民经济对外贸的依赖程度。一国的国际储备数量与该国经济的开放程度和国民经济对外贸的依赖程度成正比。

（3）国际收支差额。一国的国际收支状况对该国的储备需求具有决定性的影响。一般而言，一国逆差出现的频率越高，数额越大，其对国际储备的需求量也就越大；反之，一国持续性地顺差，其对国际储备的需求就相应地逐渐减少。多数发展中国家因受经济结构不平衡、经济政策失当以及不合理的国际经济秩序的影响，国际收支经常出现逆差，迫使它们提高国际储备水平。

国际收支差额对适度储备量的影响,主要包括两大方面。一是贸易收支差额。外贸条件良好,进出口能大致平衡或有顺差,可适当减少储备数量;外贸条件恶化,则有可能动用较多储备。二是资本收支差额,主要依据一定时期的外债余额来分析。一般来讲,一国举借的外债多,外债到期产生的偿还压力就大,则对外汇储备的需求就比较强烈;反之,则对外汇储备的需求就相应减少。

(4) 外汇管制与汇率制度。现在新兴经济体与发展中国家汇率制度的主流是管理式浮动汇率制或钉住汇率制,由于现实中汇率频繁地波动,因此各国普遍存在对市场的干预,故需要保持充分适度的外汇储备。

(5) 国际融资能力。如果一国有能力通过各种方式(如借款、发行债券、设立基金、争取国际金融组织优惠贷款等)获得所需的资金,就可补充其国际清偿力,抵消可能出现的资金缺口,则对国际储备的需求相应减少;反之,对国际储备的需求相应增加。可以说,储备需求与对外资信及融资能力呈负相关关系。

(6) 持有储备的机会成本。持有储备的机会成本,是指因持有储备而放弃的对相应资本的使用权,相当于等量资本用于国内生产所得与储备收益之差。因而,一国持有储备的机会成本相对较高,则国际储备的需求量就应低些;反之,国际储备的需求量可相应高些。

(7) 是否为储备货币发行国。如果一国是储备货币发行国,则该国可直接用本国货币来支付短期逆差,也可通过对外投资去获取更高的投资报酬,就可降低对国际储备的需求;反之,则要增加对国际储备的需求。例如,美国是当今世界上最重要的储备货币发行国,尽管美国经济规模最大,开放度很高,但外汇储备并不多。

此外,一国金融市场的发达程度与储备转换机制的优劣、对外汇储备的经营与管理水平、与他国政府或国际性金融组织的协调程度,以及一定时期的偶发或突发事件的频率与重要性程度(如战争、自然灾害、外交风波、贸易制裁及重大的政治经济体制改革等),也会对国际储备需求产生不同程度的影响。

以上分析可见,影响适度国际储备量的因素是比较多的,并且每个因素都从不同方向、不同角度对适度国际储备量产生不同的影响。因此,要根据不同情况,综合权衡利弊,仔细计算各种因素的作用方向和力度大小才能确定最适度的国际储备量。

二、储备资产的结构管理原则

无论是在现有货币体系还是在国际储备多元化的过程中,对国际储备资产的管理都极为重要。储备资产的主要管理方法是控制黄金储备数额、外汇储备的规模、货币种类的构成及比例,以及对储备资产的资金运用和安排。储备资产管理的基本原则是安全性、流动性、保值性和盈利性。

基本确定储备资产的数量规模后,重要的就是确定储备资产的结构。确定储备资产构成中黄金、外汇、储备头寸以及特别提款权的最佳构成比例,以应付各种国际支付,规避因国际金融市场动荡多变而带来的风险。确定一项储备资产的比例,一是要考虑该项资产的特性;二是要考虑持有该项资产的成本和收益;三是要考虑该项资产的需要和可能。

(一) 黄金储备比例的确定

1. 黄金储备资产的优点

黄金储备资产相对于其他储备资产具有保值、安全可靠的优点。

（1）黄金是唯一具有内在价值的储备资产。在纸币本位制条件下，以黄金作为储备资产，可以避免因通货膨胀而可能带来的贬值风险。这也是黄金储备资产的主要作用。

（2）一国黄金储备的价值和使用不受他国因素的制约，而其他储备资产都被当做一种对外债权而用于国际支付，势必受到债务国家或负债机构的信用和偿付能力的影响，具有“内在的不稳定性”。在国际局势动荡时，这种内在的不稳定性将十分突出。

（3）作为“社会的一般财富”的象征，黄金始终是唯一的、最终的国际支付手段。因此，各国都会持有一定量的黄金储备资产。

2. 黄金储备资产的局限

黄金资产也有一些局限。

（1）黄金不便用作日常的清算支付手段。由于采用黄金结算还要连带进行现金输送或拍卖等过程，远不如采用现金结算迅速方便。因此，20 世纪 70 年代以来，世界各国主要采用外汇作为日常的国际支付手段。

（2）黄金储备盈利性较低。黄金的主要作用是保值，欠缺盈利能力。与外汇相比，各国货币当局的黄金都不用于借贷，也就不会产生利息，因此黄金储备自身不会增值；相反，持有黄金还需要支付贮藏费用。由于储备黄金几乎没有投资收益，一个时期内，有的中央银行特别是欧洲部分中央银行一直通过二级市场出售黄金而转购美国国债等获取收益。2008 年金融危机前十多年，官方出售黄金量如表 9－3 所示。

表 9－3　1996—2008 年官方净售金量　　单位：吨

年份	1996	1997	1998	1999	2000	2001	2002	2003	2004	2005	2006	2007	2008
售金量	406	397	412	464	471	520	547	617	469	663	370	477	357

资料来源：《黄金年鉴 2007》。

另外，如果购入黄金的价格很高，一旦价格趋势逆转，持有黄金还会遭受损失。例如，20 世纪 80 年代，黄金价格暴涨的因素逐渐消失，到了 20 世纪 90 年代黄金价格不升反跌。此期间，若以 80 年代初的黄金价格为计算基础，各国持有的黄金储备不仅没有收益，反而亏损。再如，全球金融危机的发生使得国际黄金价格暴涨，从 2007 年的每盎司 695.39 美元，一路上涨到 2011 年的每盎司 1 920 美元；此后黄金价格震荡下行，2013 年大幅下跌，全年跌幅达 30%，最低时接近每盎司 1 190 美元；截至 2014 年 8 月 30 日，国际黄金价格为每盎司 1 288 美元，全年预测值为每盎司1 225美元。由此可见，如果一国中央银行是在高位购进的黄金储备，那么在 2011 年以来，产生的亏损是严重的，至少黄金账面资产减值准备是不小的。可见，增加黄金储备并非稳赚不赔，要视购进成本与储备支付结构及时间安排而定。最近一轮黄金价格的变化如表 9－4 所示。

表 9－4　2007 年以来全球黄金价格变化情况　　单位：美元/盎司

年份	2007	2008	2009	2010	2011	2012	2013	2014
均价	695	871	972	1 223	1 571	1 668	1 250	1 225*

注：*2014 年为 GFMS 估计价。

资料来源：世界黄金协会。

（3）黄金储备流动性不足。从 20 世纪 70 年代黄金非货币化后，黄金已逐渐蜕化为一种缺乏流动性的资产，如果想利用黄金干预外汇市场，还得先把黄金转换为外汇。但是，中央银行抛售黄金往往引起市场震荡，可能发生昂贵的转换费用，形成额外的负担。

3. 各国央行黄金资产的持有状况

尽管黄金储备有这些局限,从近十多年各国官方国际储备的变动情况来看,黄金储备占官方国际储备的比重仍非常稳定,始终保持在10%左右的比例。目前全球经济实力最强的国家都持有大量实物黄金作为重要的储备资源,并且近几年有增无减。2009 年各国央行增加黄金储备合计 728.4 吨,2010 年增加黄金储备合计 347.4 吨,2011 年上半年增加黄金储备合计 149.9 吨,各国央行总计增加 1 225.7 吨黄金储备,成为主要的购金者。未来伴随美联储量化宽松政策的逐步退出,国际黄金价格很可能走出一波低迷行情,各国央行在此背景下,逢低吸纳增加黄金储备也是可能的。2008—2012 年官方增持黄金储备状况如图 9－1 所示。

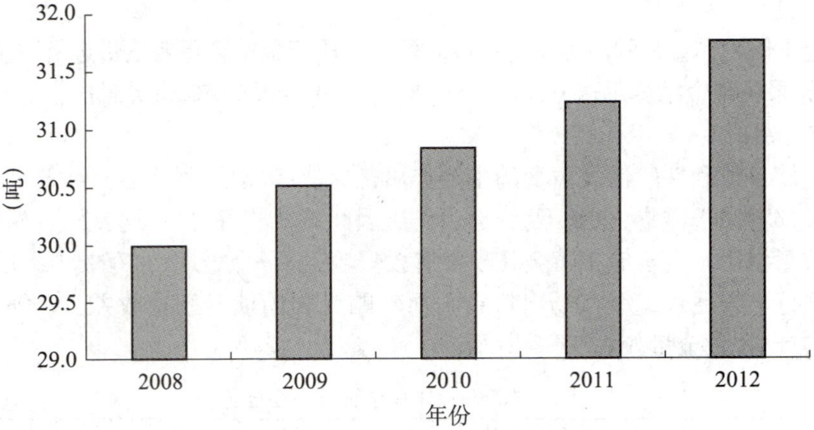

图 9－1　2008—2012 年官方增持黄金储备状况

资料来源:IMF,CPM Group。

当前国际黄金储备的格局很不平衡,发达经济体占比最大。截至 2014 年 3 月,前 15 大黄金储备国家或组织及地区占比及各国中央银行黄金储备占全球黄金储备比例分别如表 9－5 和表 9－6 所示。

表 9－5　截至 2014 年 3 月世界前 15 大官方黄金储备分布

排位	国家/组织/地区	黄金储备(吨)	黄金外汇储备占比(%)
1	美国	8 133.5	72.0
2	德国	3 384.2	68.0
3	IMF	2 814.0	—
4	意大利	2 451.8	67.0
5	法国	2 435.4	66.0
6	俄罗斯	1 094.0	9.0
7	中国大陆	1 054.1	1.0
8	瑞士	1 040.1	8.0
9	日本	765.2	2.0
10	荷兰	612.5	54.0
11	印度	557.7	8.0
12	土耳其	512.9	16.0
13	欧洲中央银行	503.2	26.3.0
14	中国台湾	423.6	4.0
15	葡萄牙	382.5	84.0

资料来源:世界黄金协会。

表 9-6　各国家和地区央行黄金储备占世界总储备的比例

国家/组织	黄金储备占比(%)
美国	27.40
其他国家	25.40
德国	11.50
IMF	10.20
法国	8.50
意大利	8.30
中国(不含港、澳、台)	3.60
瑞士	3.50
日本	2.60
荷兰	2.10
俄罗斯	2.50
欧洲中央银行	1.80
合计	100.00

资料来源:IMF IFS;世界黄金协会。

(二) 外汇储备比例的确定

因为存储外汇有利息收益,所以单从成本和流动性角度来看,外汇储备要优于黄金储备。不过,由于持有外汇储备将受到所持外汇币种贬值的风险,因此确定外汇储备的比例同样要注意风险和收益的平衡。

外汇储备比例的确定包含两重含义:一是外汇储备与黄金储备及其他储备资产的比例的确定;二是外汇储备中各种货币构成比例的确定,即币种最优结构的确定。前者在黄金储备的比例确定后,也就基本上确定下来了。后者则较为复杂,尤其在储备货币多元化以来,美元、欧元、日元、英镑等各种储备货币并存,因此如何安排最佳比例的储备货币组合,避免遭受因汇率变动可能带来的损失,就变得十分重要。

外汇储备币种结构可以有三种选择:

(1) 一般情况下,应尽可能地增加币值坚挺的货币的储备量,减少币值疲软的货币的储备量。当然如何组合币值坚挺与币值疲软的货币,还得从长期与短期的汇率波动状况中作全面考察后加以选择。

(2) 应尽可能增加汇率波动幅度较小的货币储备量,减少汇率波动幅度较大的货币储备量。

(3) 储备的需要。对某种储备货币支付的需求大,就增加其储备量;反之,就应减少其储备量。一种货币用于干预市场的频次较多,就须多储备;反之,则须少储备。

(三) 储备头寸和特别提款权比例的确定

各成员国分到的储备头寸和特别提款权的数量都取决于各国向 IMF 缴纳的份额,且受 IMF 的分配安排或控制,不能随意变更。20 世纪 80 年代以来,这两种储备资产在各成员国国际储备资产总额中所占的比重始终未突破 9%,而黄金储备与外汇储备在各成员国国际储备资产总额中所占的比重合计则达 90% 以上。

三、国际储备资产营运、安排的原则

在确定国际储备构成时,一国都会考虑储备资产的安全性、流动性、保值性和盈利性等特性,这也是一国营运、安排其国际储备资产的四条原则。这四条原则是相辅相成、缺一不可的。

(一) 安全性

储备资产的安全性,是指储备资产本身的价值稳定,且存放可靠。

(二) 流动性

储备资产的流动性,是指能够随时获得与运用该储备资产。不同形态的储备资产,具有不同的流动性。一般来说,活期存款、现钞、汇票等资产的流动性较高,可作为第一储备;金银、债券等资产的流动性较弱,可作为第二储备。一国在权衡得失时,一方面应保持较多的第一储备,以利于日常的国际支付;另一方面应把流动性强弱不同的各种储备资产按时间进行不同期限的投资,使各种资产的投资期限与对外支付的日期相衔接,保证资产具有充分的流动性。

(三) 保值性

储备资产的保值性,是指储备资产能保持原来的价值。进行保值的一般做法是,尽量使储备货币多样化,根据风险收益的配比原则对各种储备资产进行最佳组合。此外,还可采取储备货币与进口支付、干预市场需要的货币保持一致的做法,避免汇率风险。

(四) 盈利性

储备资产的盈利性,是指储备资产在保值的基础上有较高的收益。一国在营运、安排储备资产时,一般应尽可能提高储备资产的盈利性,由此降低持有储备的机会成本。

须指出的是,上述四条原则往往相互矛盾。例如,活期存款的盈利性较弱,但其流动性较强;债券的安全性较高,但流动性较弱;金银的盈利性较差,但安全性与保值性较高;等等。因此,各国在营运、安排储备资产时,必须坚持四条基本原则,处理好各个原则的矛盾关系,达到收益较大、风险较小的最佳储备资产组合。

第三节　新兴经济体与中国的储备资产管理

前面指出,在今后一个时期,国际货币体系仍将以波动为特征。那么,在一个以汇率与国际金融资产价格波动为特征的世界中,特别是风险承受力较差的弱势经济体会面临何种国际储备资产的选择难题呢?

一、新兴经济体与中国的储备资产规模与结构

当今世界,国际储备资产的结构严重不平衡。在对外资产结构中,欧美发达国家储备资产占总资产的比例都很低,美国、英国、德国和法国等均在1%—3%,日本为16%;而新兴市场经济体的这一比例明显较高,韩国、俄罗斯、巴西分别为42%、41%、47%,印度对外资产仅有0.4万亿美元,但占比甚至超过中国达到73%。[①] 在储备资产中,黄金储备主要集中在发达经济体,而发展中国家的黄金储备量严重偏低,且由于特别提款权数额有限,储备资产只能是以外

① 管涛,周济. 2011年中国国际投资头寸状况分析. 中国金融. 2012(10).

汇储备为主,这种状况以中国尤为典型。据 IMF 统计,截至 2014 年 3 月的全球外汇储备总额为 11.8646 万亿美元,其中新兴经济体占了 8 万亿美元,约占全球外汇储备总额的 67%。

截至 2014 年 6 月,中国外汇储备约为 4 万亿美元,主要用于清偿国际收支逆差,以及干预外汇市场以维持本国货币的汇率。

中国外汇储备的结构没有对外明确公布过,不过依据国际清算银行的报告、路透社的报道以及中国外贸收支中各币种的比例等资料估计,美元资产约为 70%,日元约为 10%,欧元和英镑约为 20%。外汇储备具体形式包括政府在国外的短期存款或其他可以在国外兑现的支付手段,如外国有价证券,外国银行的支票、期票、外币汇票等。中国外汇储备的最大组成部分是美元资产,其主要持有形式是美国国债。

二、新兴经济体与中国的储备资产风险暴露

在当前以及今后相当长的时期内,新兴经济体(包括中国)的外汇储备都将面临巨大的风险暴露。

(一) 主权债务风险

主权债务风险实质上是一个国家的财政债务风险。新兴经济体与中国的外汇储备结构中,比重最大的为美元,其次为欧元,再次为英镑和日元,主要持有这些货币的国家债券;但从这些债务主体的债务指标来看,没有一个符合储备资产的安全性标准。据 IMF 统计,截至 2010 年年底,全球政府负债已经突破 35 万亿美元,主要经济体政府负债率为 88.9%,均已远远超过公认的 60% 的安全线。这使得新兴经济体的外汇储备面临巨大的主权债务风险。无论是美国国债的违约可能还是欧洲债务危机,都对新兴经济体的外汇储备安全构成严重威胁。主要储备货币国的债务困境将长期化,因此其只能借新债还旧债,债务规模将继续膨胀。这样,新兴经济体债权人的外汇资产安全无法得到保障。

(二) 持有美欧债券的长期贬值风险

作为国际主要储备货币,虽然不存在到期债务偿付不了的问题,只是增发货币而已,至少不存在形式上的对外违约风险,但美欧国债实际贬值却始终在发生。以美元为例,按货币的国际价值计算,2002—2009 年,美元对其他主要货币已经贬值近 40%。从未来演变来看,受高额债务赤字拖累,美元价值仍具有内在的不稳定性。为摆脱债务危机,主要储备货币国以持续量化宽松、制造通货膨胀等手段,让国家债务货币化,使新兴经济体债权国的资产面临长期贬值的风险。

(三) 储备资产收益与负债成本不对称风险

包括中国在内的大多数新兴经济体具有类似的对外资产负债结构:对外资产构成主要是储备资产,其中又以外汇储备为主;对外金融负债直接投资比例高。以中国为例,2004—2013 年新增对外投资中,储备资产贡献大约 70%;对外负债以来华直接投资为主,2004—2013 年新增外来投资中,来华直接投资贡献了 60%。这种资产负债结构必然带来资源使用效率损失的风险。用进口商品购买力衡量,过去 10 年中国外汇储备真实收益率不到 1%;2009—2013 年,中国投资收益差额分别为 -157 亿美元、-381 亿美元、-853 亿美元、-352 亿美元、-599 亿美元,对外投资是负收益,5 年间投资亏损达 2 342 亿美元。但是负债方面,2005—2013 年,来华直接投资回报率平均高达两位数,甚至可以高达 30%。高成本举借外债、低收益对外投资,不仅是导致中国投资收益逆差的结构性原因,也是新兴经济体国际收支普遍面临的问题。

三、新兴经济体与中国的储备资产选择难题

新兴经济体与中国的储备资产如何配置才能改善目前的高风险、高成本、低收益的结构?理论上可以分散投资以平衡组合,然而新兴经济体的巨额官方储备,在当今的国际金融市场上寻找分散化的,具有适当流动性又有合适收益的投资标的却十分困难。

(一)继续增持美欧国债

当今世界市场容量最大的美国国债市场是第一选择,欧元债券是第二选择,日本债券市场封闭且规模不足,而英镑国债容量也不足。因此,新兴经济体的 8 万亿美元外汇储备若要投资流动性强的国际金融资产,似乎离开了美欧债券就别无选择。但继续增持美国国债不仅要遭受隐含的主权债务违约与贬值的显性损失(指储备资产变现而发生的实际损失)或潜在损失(指未变现资产的实际汇率与利率损失),还会因为增持美国国债而导致美国利率进一步下降,使得寻求高利率的投机资金不断流入新兴经济体,造成新兴经济体国家的通货膨胀率上升并使本国货币承受不正常的升值压力。

(二)增持黄金

增持黄金虽然可以得到保值,但不仅会付出外汇储备的投资收益与储藏成本,并且购入成本高昂。新兴经济体用昂贵的资源和劳动换得的外汇积累,拿去换取被金融危机和廉价储备货币推高数倍价格的黄金,实在得不偿失;而且,全球目前面临的问题是黄金供给增长有限。例如,2013 年黄金供应增长不到 3%,如果 8 万亿美元竞相追逐黄金,必然进一步推高黄金价格,新兴经济体等于自找亏损。近几年黄金价格膨胀震荡期间,即 2009 年至 2011 年上半年,各国中央银行合计增加 1 225.7 吨黄金储备,主要是新兴经济体在购买,付出了巨大成本。即使这样,也改变不了当前的黄金储备格局。截至目前,全球官方共计持有 30 707.1 吨黄金(见表 9-5 和表 9-6),美国、德国、IMF 的黄金储备仍牢牢占据前三位。美国拥有黄金储备 8 133.5 吨,占其外汇储备总量的 75.4%;德国拥有黄金储备 3 401 吨,占其外汇储备总量的 72.7%;IMF 拥有黄金储备 2 814 吨。与这些发达经济体相比,中国目前的黄金储备只有 1 054.1 吨,仅占其庞大外汇储备的 1.6%,提高黄金占比不仅成本高昂,难度也不小。

(三)加大主权财富基金[①]的投资力度

短期内,政府应对储备资产缩水的办法是加大对主权财富基金的投资力度,意图通过扩宽多种投资渠道,提高资产的收益。但问题是,主权财富基金规模庞大、运作灵活性差,要在分散投资的同时获得稳健收益,并满足外汇储备的安全、流动、保值、增值的要求并不容易。例如,中国投资公司以 2 000 亿美元的资本成为全球最大的主权财富基金之一,但投资效益却不尽如人意。考虑到美元汇率的长期走势和储备资产管理的要求,以中国目前储备资产的体量而论,靠主权财富基金来解决问题,显然是有很大难度的。

(四)构建战略资源

以中国为例,出于国家大战略和国家经济安全的考虑,中国已经逐步将手中持有的储备金融资产转化为上游的资源,在海外尤其是在非洲和拉美,已陆续开展了一系列的矿业收购计

---

① 主权财富基金,通称主权基金,是指由一些主权国家政府所建立并拥有,用于长期投资的金融资产或基金,主要来源于国家财政盈余、外汇储备、自然资源出口盈余等,一般由专门的政府投资机构管理。目前,阿拉伯联合酋长国、挪威、沙特阿拉伯、中国、科威特、俄罗斯和新加坡等都是世界上主权财富基金规模较大的国家。

划。但是,相对中国数额巨大的储备资产,一方面,这种投资的规模和进度显得过慢、过小;另一方面,由于这些收购的行业和公司涉及东道国的国家敏感行业,引发了国际政治力量的博弈,牵扯了太多的经济以外的因素,凡此种种,都给项目本身带来了巨大的政治经济风险。

(五) 国际商品套期保值①

那么直接在国际商品市场上运用部分储备资产做套期保值交易,为经济发展所需的自然资源提供经济上的保障是否可行呢?问题是国际大宗商品市场同样是个高风险的投资场所,这种风险大大超出了储备资产所能承担的风险范围。②

总体来看,由于国际储备货币本身币值不稳,在今后相当长的时期,新兴经济体都会面临一个储备资产配置的难题。从长远来看,储备资产配置的难题的解决有赖于国际经济结构的再平衡,这不仅需要新兴经济体自身的结构调整(例如,中国扩大内需改变经济增长方式),同时也需要储备货币国家担负起应负的义务,控制自己的货币发行机制以稳定币值,帮助国际经济秩序恢复平衡和稳定增长。

(六) 改进管理模式

在当前主要储备货币的主权债务风险未了,黄金储量与特别提款权数量有限的条件下,积累了 8 万亿美元外汇储备的新兴经济体亟须改进外汇管理模式,主要的改进措施有四条。①加强外汇储备规模管理。可以考虑征收托宾税③来限制短期国际投机资金自由流出、流入,控制外汇储备急剧增长;可以考虑增加外汇储备的边际成本和边际效应,以保值增值。②加强外汇储备结构管理。主要措施包括币种多样化,适度增加黄金储备,增加资产用途(例如,将外汇收入用于国内投资以及建立国内稳定基金、专项投资基金用于发展全国性的大型投资项目等)。③还汇于民,减轻国家集中管理外汇储备的风险。④加快推进货币自由兑换的进程,逐步实现外汇储备的市场化管理。

第四节 人民币国际化与资本项目开放

人民币国际化与资本项目开放是两个既相联系又有区别的不同概念。前者是指人民币的可自由兑换与作为贸易投资货币在国际上使用;后者是指资本项目下的交易和流出、流入放开管制。两个概念所覆盖的范围与内涵都不一样。尽管人民币的可自由兑换与流出、流入也属于资本项目可兑换的内容,但两者不宜混淆。资本账户的开放有利于实现货币国际化,但不是必要条件。例如,英镑、马克和日元早就是国际货币,但英国及德国的资本账户开放到 20 世纪 80 年代才基本完成,日本则更晚。因此,货币国际化可以先于资本项目开放。本节我们首先讨论人民币国际化,然后讨论中国资本项目开放的问题。

一、人民币国际化

从上一节的分析中我们看到,在现行国际货币本位下,新兴经济体要走出储备资产配置的

---

① 套期保值又称“对冲”,是一种以规避现货价格风险为目的的期货交易行为,通过在期货市场和现货市场进行反向操作来实现。

② 李翔. 储备资产难以继续实物化. 上海证券报. 2011-9-15.

③ 托宾税,由经济学者詹姆士 · 托宾于 1972 年提出的财税措施,主张针对现货外汇交易,征收全球统一的税额,其目的在于减少因投机性买卖而造成的市场动荡。

困境是很困难的。新兴经济体要从根本上摆脱这种困境，一个可行的选择就是推进本币的可自由兑换，进而推进货币的国际化。对于累积了巨额外汇储备的中国而言，这一点显得尤为迫切。人民币国际化可以大幅降低外汇储备规模，规避外汇储备风险，减少捆绑美元所导致的损失，并最终使人民币摆脱对美元的依附地位，抵御关键储备货币国对中国货币政策的影响。目前中国人民币国际化的条件已经基本成熟，应当积极稳妥地推进人民币可自由兑换并使之成为各国普遍接受的国际储备货币。

（一）人民币国际化的意义

人民币国际化是中国经济的必然选择：首先，人民币区域化、国际化将提升人民币的国际地位；其次，可以促使其他国家持有人民币，减轻中国外汇储备的压力；再次，有利于降低信息成本、交易成本和汇率风险，扩大对外贷款和投资，促进贸易发展；又次，可获得一定的铸币税收益；最后，有利于国际储备货币的多元化发展。

当然，人民币国际化也可能带来一些潜在的风险，例如，会给资本的跨国流动管理带来新的课题，对资本账户的开放造成压力；影响货币当局控制货币供给，使人民币汇率的波动幅度加大，给国内金融市场带来意想不到的冲击等。但是，尽管存在这样一些潜在的问题，人民币国际化归根结底是市场决定资源配置的根本要求，对于在人民币国际化过程中发生的附带问题，总是可以找到解决办法的。因此，从市场经济发展的全局和长远来看，人民币国际化总体上是利大于弊。

（二）人民币国际化的条件

一国货币要成为国际货币必须具备一定的条件，包括国家的安全、稳定和强大并在国际上有相当影响力，经济可持续增长对全球经济贸易有着举足轻重的影响，有比较充足的官方储备资产，本币币值稳定，等等。从这几个方面来衡量，目前，人民币已经具备国际化条件。

首先，人民币国际化已经具备经济基础。20 世纪 20 年代美元逐渐替代英镑时，美国经济规模占全球的比重约为 10%；20 世纪 80 年代日元逐渐成为国际储备货币时，日本经济规模占全球的比重约为 7%。根据 IMF 的数据，中国经济总量占世界经济的份额从 1978 年的 1.8%（全球第 10 位）上升到 2007 年的 6% 和 2010 年的约 9%（全球第 2 位）。就未来发展来看，中国经济的可持续增长将为人民币国际化提供更宽广、更坚实的经济基础。

其次，币值稳定。从历史经验来看，要成为世界主要货币，货币所在国的国内物价必须较为稳定，通货膨胀率较低，币值较稳定。中国的通货膨胀率在过去 10 年里平均仅 1.56%，低于美国、英国和欧元区，而近年来人民币的波动小于美元。

再次，储备资产充足有余。近 4 万亿美元的官方储备资产总量已经远远超过美元、日元国际化时期的官方储备资产总量，人民币实现自由兑换有充分的储备支持。

最后，人民币具有成为投资货币的巨大潜力。投资者愿意持有某种货币并在某个市场进行投资，主要考虑的是安全、收益、市场的深度和流动性。中国资本市场和人民币具有这个潜力。

基于以上因素，在宏观层面上，人民币已经具备成为国际货币的条件。

（三）人民币国际化的主要进展

2008 年全球金融危机催发了人民币国际化。人民币国际化的主要标志：第一，是国际贸易结算中的主要货币；第二，可与其他国家货币自由兑换，即不仅该国经常项目的货币兑换不受限制，资本账户也完全开放；第三，币值相对稳定并为各国所乐意接受。

以这三个标准来衡量，人民币国际化显然还有相当长的路要走，不过人民币国际化目前已经取得相当不错的进展。中国人民大学编制的人民币国际化指数①显示，2013 年年底，人民币国际化指数达到 1.69%，与 2013 年年初的 0.92% 相比提高了 84%；2014 年第二季度已经达到 1.96%，上升明显。同期，美元的国际份额保持基本稳定，欧元和英镑有温和的上升，日元的国际化程度下降。2013 年美元国际化指数为 52.96%，欧元为 30.53%，英镑为 4.3%，日元为 4.27%。根据中国人民大学的估计，2014 年年底人民币国际化指数有可能超过 3%。所以，尽管与美元和欧元的距离还非常之大，但是只要没有重大的不利事件发生，三五年内，人民币国际化的程度、国际使用水平可以使人民币成为继美元和欧元之后的世界第三大货币。

目前，国际局势总体上对人民币国际化也是有利的。一是国际上推动国际货币体系多元化、分散美元风险的需要仍然迫切；二是人民币继续被国际社会长期看好。当前，应当抓住有利时机，积极稳妥地推进人民币国际化。第一，继续扩大国际贸易中以人民币结算的交易的比重；第二，也是最重要的，积极稳妥地推出以人民币计价的金融产品成为国际各主要金融机构（包括中央银行）的投资工具，扩大以人民币计价的金融市场的规模；第三，积极稳妥地推进利率、汇率实现完全市场化和资本项目的自由兑换。推进人民币国际化的前期策略应是创造稳健的人民币的国际需求；加快推进国内经济和金融转型；积极推进资本输出以及大宗商品与金融市场的人民币计价；加速布局和培育人民币离岸市场。

与此同时，在推进人民币国际化的进程中也要注意可能出现的一些问题。必须看到，人民币国际化是在一个尚未完全实现工业化和城镇化，且金融市场处在不健全发展中的经济体的货币国际化，没有现成的国际先例可循，在诸多方面都需要自行探索且不容有失。特别是在国际资本流动空前便利且活跃的今天，在货币可兑换的进程中，如何有效防范国际资本流向逆转、变向所带来的意外冲击和伴生风险，对于一个发展中的大经济体将是至关重要的。因此，人民币国际化与外汇市场的发展一样，必须与中国的金融监管水平相适应，必须坚持积极稳妥、循序渐进的原则，做到风险可控、有利有节、平稳实现。

二、资本项目开放

尽管货币国际化不需要资本项目开放为前提，但一个开放经济体资本项目的开放是迟早必然发生的事。国际经验表明，资本管制不是长期可行的宏观经济政策措施。“十二五”规划纲要②指出，应逐步实现人民币资本项目可兑换。随着利率市场化、汇率自由化的推进，中国资本项目的全面开放也须提速。

中国资本项目开放的好处在于：①更好地利用国际资源；②促进国内金融体系的改革，以便更好地服务于实体经济；③国内资本获得更多的国际投资机会；④促进国际收支平衡，减轻外汇储备过多的负担；⑤有利于人民币国际化。资本项目开放为人民币的输出与回流畅通了渠道，方便了人民币对外投资与存款。

资本项目开放包含三层含义：第一，放松或取消跨境资本交易的管制；第二，放松或取消与资本交易相关的外汇自由兑换管制；第三，对外开放本国金融市场。IMF 对资本项目的划分标准为 7 大类 43 项。目前，中国资本项目基本取消管制和部分取消管制的项目比例已达到

---

① 人民币国际化指数是中国人民大学国际货币研究所编制的，旨在客观地描述人民币在国际经济活动当中实际使用程度的一个综合的量化指标。使用这个指标既可以跟踪全球范围内的贸易计价、金融交易和外汇储备等三个方面的人民币份额的发展动态，也可以比较方便地与其他主要国际货币进行横向的比较。

② 《中华人民共和国国民经济和社会发展第十二个五年规划纲要》的简称。

85%。总体来说,中国资本项目管制有了较大的放松,但仍有相当的开放空间。

国际公认的资本账户开放条件包括宏观经济稳定、金融监管完善、外汇储备充足、金融机构稳健。就这四大条件来说,中国现在的宏观条件处于良好水平,短期外债占比只有16%。

资本账户开放要处理好与人民币国际化的关系。现阶段的中国经济转型和人民币国际化战略需要有限开放中国资本的输出和国内的资本市场,原则上实行人民币资本项目下的可兑换,但对资本市场的开放仍需进行有效的管理,尤其是要谨慎开放短期外债。

从长远来看,人民币国际化需要国际投资者愿意投资人民币资产,这意味着资本项目也得对外开放。现在,中国金融市场的规模已经能够有效缓冲资本账户开放的风险。亚洲开发银行的数据显示,2012 年中国债券市场规模为 3.81 万亿美元,成为世界第三大、亚洲第二大的债券市场,仅次于美国和日本;而截至 2013 年 5 月末,中国股票市场的市价总值为 24.78 万亿元,居世界排名第四。因此,货币市场、债券市场和股票市场要稳步对外开放,使全球投资者可以根据风险和收益的偏好进行充分选择。

当然,推进资本账户开放并不意味着对于资金跨境流动、金融交易没有监管,而应根据国内外经济情况的变化,保持政策的灵活性和针对性,包括采取临时性的特别措施。因此在改革进程中,既要加快推进资本项目的可兑换,有序提高跨境资本和金融交易的可兑换程度,大力发展外汇市场;同时,又要加强对跨境资金流动的监测预警和风险应对,并加快构建宏观谨慎监管框架下的外债和资本流动管理体系。

本章小结

1. 储备资产是指一国货币当局为弥补国际收支赤字和维持汇率稳定而持有的、在国际上可以被普遍接受的流动资产,包括货币性黄金、特别提款权、在 IMF 的储备头寸、外汇资产和其他债权。

2. 特别提款权不是货币,而是 IMF 于 1969 年创设的分配给成员国补充官方储备的国际储备资产。

3. 储备资产管理的基本原则是,安全性、流动性、保值性和盈利性。

4. 新兴经济体外汇储备面临的风险暴露主要包括:主权债务风险;持有美欧债券的长期贬值风险;储备资产收益与负债成本不对称风险。

5. 资本项目开放是指资本项下的交易和流出、流入放开管制;人民币国际化是指人民币的可自由兑换以及在国际上使用人民币作为贸易投资货币。人民币国际化是中国经济的必然选择;中国资本项目的全面开放也须提速。

关键概念

国际储备资产	国际清偿能力
黄金储备	外汇储备
储备头寸	特别提款权
外汇储备币种结构	安全性
流动性	保值性
盈利性	主权债务风险
储备资产收益	托宾税
货币国际化	

复习思考题

1. 储备资产的基本作用是什么?
2. 什么是在 IMF 的储备头寸?
3. 什么是特别提款权?
4. 为什么说特别提款权不是货币?
5. 如何确定一国储备资产的适度规模?
6. 如何确定一国储备资产的币种构成?
7. 储备资产的管理原则是什么?
8. 储备资产的管理模式包括哪些基本内容?
9. 新兴经济体国际储备资产的选择难题是什么? 是由什么原因造成的?
10. 什么是货币国际化? 货币国际化要具备哪些主要条件?

课后习题

1. 试收集 2013 年金砖 5 国(巴西、俄罗斯、印度、中国、南非)的储备资产数据,并简要分析它们各自储备资产的构成以及外汇储备的币种构成。

2. 登录美国财政部网站,收集 2013 年金砖 5 国的美国国债持有额数据,再与各国的同期外汇储备数据进行对照,并给出简要的分析结论。

3. 简述人民币国际化的意义及其实现方式。

资料链接

1. http://www. pbc. gov. cn/publish
2. http://www. safe. gov. cn/
3. IMF:statistics
4. http://www. gold. org/

延伸阅读

1. 奚君羊. 国际储备研究. 北京:中国金融出版社,2000.

2. 李扬,余维彬,曾刚. 经济全球化背景下的中国外汇储备管理体制改革[J]. 国际金融研究. 2007(4).

3. Barry Eichengreen. Fetters of Gold and Pape. *Vox Policy Portal*. 2010.

4. Olivier Jeanne and Romain Rancière. The Optimal Level of International Reserves for Emerging Market Countries: A New Formula and Some Applications[J]. *The Economic Journal*. 2011, 121(555):905—930.

下节提示

外汇市场与汇率

第四部分

外汇市场与汇率

该部分从国际商品交换比例的角度定义汇率，重点讨论外汇供求定律，均衡汇率的决定和变动。内容包括外汇市场与汇率，外汇供求定律，汇率的商品市场决定——购买力平价理论，以及货币市场决定——利率平价理论，汇率制度安排与中国的资本项目开放与人民币汇率自由化等问题。该部分没有沿用将汇率理论集中介绍的方法，而是根据国际收支的分析目的，直接将两种最基本的汇率决定理论分别和经常账户与金融账户的交易联系起来，使汇率理论不再游离于教材主干分析线索之外。

第十章

外汇市场与汇率

由于各国货币制度不同，一国货币不能在他国境内流通和使用，于是一国居民与他国居民进行经济交往就产生了换汇的需求，也就是要把本国货币换成他国货币（例如，中国进口商从美国进口就需要先把银行账户的人民币存款兑换成美元，才能向美国出口商进行支付），或者把他国货币换回本国货币（例如，中国出口商把销货所得的美元换回人民币，才能在国内组织进货和支付员工的工资）。外汇交易需求的产生、外汇市场的存在、汇率（外汇价格）的确定，这三者构成了外汇市场活动的基本要素。本章的任务就是阐述外汇市场与汇率的基本内容。

主要内容

本章介绍外汇的概念与作用；外汇市场的概念与特征、外汇交易的主要类型以及中国外汇市场的发展与现状；汇率的概念与种类。

知识与技能目标

通过本章的学习，理解外汇、外汇市场的概念与作用；明晰银行间外汇市场的结构与运行特征；掌握经济分析中常用的汇率种类的概念；能够运用所学的外汇市场有关知识解释人民币汇率的形成机制，并能运用实际有效汇率公式计算不同经济体的实际有效汇率。

引导案例

出国留学如何换汇？

案例导读：出国留学换汇的经济实质是中国居民用本国之所得购买非居民（留学目的国）的服务（教育服务）的对外贸易（服务贸易）活动。其过程是：第一，因人民币不能在留学目的国使用，需用人民币换取外汇；第二，换取外汇只能通过外汇市场（即外汇买卖场所）实现，这里的外汇市场是个人与银行柜台间发生的零售外汇市场；第三，人民币换外汇需要一定的价格，即 1 单位人民币可以换得多少外汇，这里的价格就是银行的外汇牌价（汇率）。案例反映的正是外汇交易的一个完整过程。

每年的 8 月底 9 月初都是学生出国留学的高峰期，在这个时间段，留学生家长都忙着为孩子换购外汇。面对目前人民币的持续升值，怎么才能做到既省钱又省心，使手里的钱得到最优利用？这成了学生和家长们最关心的话题。为此，本文对目前出国留学换汇情况进行了调查。

每人每年购汇不超5万美元

“无论兑换哪个国家的货币，客户首先要注意当地外管局对于一次性换汇的上限规定。”近日，中信银行理财专家在接受记者采访时这样表示，他同时特别提醒出国留学换汇须牢记的三个关键词——50 000 美元、5 000 美元、换汇材料。

记者在随后的调查中发现，上述三个因素的确是换汇前必须知晓的“规矩”。首先，办理出国留学换汇，等值50 000 美元的外汇数额是一个标准。若购汇金额在年度总额内（即每人每年等值50 000 美元），则凭本人身份证明向银行申报用途后即可办理。若购汇额度高于50 000 美元，就须到当地外管局审批，审批获准后，留学人员持外管局开立的购汇证明才可到银行购汇。

同时，对于即将赴海外求学的留学人员来说，5 000 美元这个额度也必须注意，因为这是留学人员携带外币现钞的上限。目前，除固定的学费之外，留学人员在国内换汇时，可以将其中生活费的一部分换成外币现钞，随身携带不超过等值5 000 美元的外币现钞出境。

人民币升值，赴美留学至少省10%

众所周知，自2005 年汇改以来，人民币出现明显的上升趋势，这对于留美的学生来说，可以起到节约成本的利好作用。据记者了解，近年来“留美热”成为留学行业的热门话题，美国成为越来越多中国学生留学的首选目的地。2008 年，申请留学美国的人数比2007 年翻了一番。

人民币升值，赴美留学到底能省多少钱？以被采访者刘小姐为例，她在美国留学每年的花费大约在30 000 美元左右，去年8 月8 日，她的父母给她寄去30 000 美元，当天的汇率是7. 5759∶1（即每7. 5759 元人民币兑换1 美元），折合成人民币大约花费227 277 元。今年8 月8 日的人民币对美元已跌到6. 8585∶1，这时再兑换30 000 美元，则需花费205 755元人民币，节省了21 522 元。

很多应届高考生的家长在当初人民币对美元8. 2∶1 时就开始为孩子升学存钱，按照现在的升值趋势来看，人民币“6 时代”还将继续，而当前美国院校学费最贵的是每年40 000 美元，按此计算国内家长每年可节省88 000 元人民币。

利用差价分期换汇更划算

既然“省钱”已经成为事实，那么如何省更多的钱也是门学问。从历年的换汇业务来看，因为每年的换汇高峰一般从国外学校开学前两个月开始，所以开始为出国留学做准备的学子们不妨稍微花点工夫研究换汇小窍门，可能会有额外的收获。

中信银行理财专家对记者表示，目前许多银行都有外汇买卖业务，学子们完全可以利用该业务在换汇中节省一些支出。这是因为，银行的外汇人民币牌价是一天一个价，而外汇买卖的汇率是随时随地在变化的。

例如，需要换取10 000 澳大利亚元，按照银行某日的人民币牌价，需要支出人民币49 080 元，而如果选择外汇买卖来换取美元，情况就不同，按照某日的汇率0. 5862/0. 5892，10 000 澳大利亚元需要支出5 892 美元，而5 892 美元的换汇只需支出人民币48 844. 09 元，这样就可以节省人民币235. 91 元。

资料来源：http://wWw. LiuXue86. Com/a/751541. html

第一节　外汇的概念与作用

一、外汇的概念

在定义上，外汇有静态与动态之分。静态意义上的外汇是指以外币表示的金融资产，即以外币表示的可直接用于国际清偿的支付手段，包括以外币表示的汇票、支票、本票、银行存款凭证和邮政储蓄凭证等。动态意义上的外汇是指把一国货币兑换成另一国的货币，并利用国际信用工具汇往另一国，借以清偿两国因经济贸易等往来而形成的债权债务关系的交易过程，即平时所说的汇兑。一般情况下，外汇都是指静态意义上的外汇。

二、外汇的作用

外汇的基本作用就是作为国际清偿的工具和手段，具体包括：

1. 方便国际清算

外汇作为国际结算的计价手段和支付工具，转移国际间的购买力，使国与国之间的货币流通成为可能，方便了国际清算。

2. 促进国际贸易的发展

利用外汇进行国际结算，具有安全、便利、节省费用和时间的特点，因此加速了国际贸易的发展进程，扩大了国际贸易的范围。

3. 方便资金的国际流动

各种外汇票据在国际贸易中的运用，使国际间资金融通的范围扩大，同时随着各国开放度的不断加强，剩余资本借助外汇实现了全球范围的流动，因此外汇加快了资本流动的速度，扩大了资本流动的规模。

同时，世界各国经济发展的不平衡，导致了资金余缺状况的不同，存在调节资金余缺的客观需要。外汇可以加速资金在国际间流动，有助于国际投资和资本转移，使国际资本供求关系得到调节。

4. 充当国际储备手段

外汇是一项十分重要的储备资产，其数量的多寡代表着一国国际清偿能力的强弱。若一国出现国际收支逆差，则可以动用外汇储备来弥补。外汇作为储备资产，不像黄金那样必须存放在金库中，成为一种不能带来收益的暂时性闲置资产。外汇广泛地以银行存款或安全性好、流动性强的有价证券为存在形式，可以为持有国带来收益。

第二节　外汇市场

一、外汇市场的概念与特征

（一）外汇市场的基本概念

外汇市场是进行外汇交易或外汇买卖的场所，其作用是为国际贸易与投资提供便利。外汇交易就是一国货币与另一国货币进行交换，也就是外汇买卖。外汇买卖是指买入一对货币组合中的一种货币的同时卖出另一种货币。外汇是以货币对的形式进行交易，例如欧元/美元(EUR/USD)或美元/日元(USD/JPY)。国际上的贸易、投资、旅游等经济往来，都会产生货币收支的关系。但各国货币制度不同，一方面，若要在国外支付，必须先以本国货币购买外国货币;另一方面,从国外收到外币支付凭证,也必须兑换成本国货币才能在国内使用。这样就发生了本国货币与外国货币的兑换问题。无论本币换外币还是外币换外币都要通过交易才能实现,因此外汇市场就是进行外汇交易或外汇买卖的场所。外汇交易是买卖双方商定的货币买卖合约,而两国货币交易的比价称为汇价或汇率。

(二) 外汇市场的特征

1. 无形市场

外汇市场的场所并非有形的实体市场,当代外汇市场的典型特征是一个经由电话、电传、互联网等各种电子通信设备连接而形成的银行间交易系统。它没有实体的交易场所,交易通过电话及经由计算机终端在世界各地进行。

2. 银行间市场

外汇市场是一个银行间市场,俗称场外市场。银行间市场是银行同业之间的外汇交易市场,实行会员管理,参与者包括外汇指定银行,以及具有交易资格的非银行金融机构和非金融企业。它是一个"银行内部"交易市场,以银行中具备外汇清算交易资格的交易商为主,交易商的交易构成全部外汇交易中的最大份额。

3. 高流动性

以金额计,外汇市场是世界上交易数量最大的市场。国际清算银行近期的一次调查显示,2011 年全球外汇日均交易量已达 4 万亿美元——相当于美国所有证券市场交易量总和的 60 余倍。巨大的交易金额,使外汇市场成为最具流通性的市场。

4. 多币种交易

外汇市场的交易币种主要为美元、欧元、英镑、日元、瑞士法郎、加拿大元和澳大利亚元,这些货币大约占全球每日外汇交易量的 85%。

5. 连续交易

外汇市场是一个连续交易的市场。世界上最主要的外汇市场包括伦敦外汇市场、纽约外汇市场、东京外汇市场、法兰克福外汇市场、新加坡外汇市场和香港外汇市场等。从国际各主要外汇市场开盘、收盘的时间(见表 10-1)来看,全球外汇市场最早于东半球的惠灵顿外汇市场开始,到新加坡外汇市场结束前 1 个小时,西半球的伦敦外汇市场已经开始营业,再到纽约外汇市场结束时,惠灵顿外汇市场又开始新一天的营业。因此,全球外汇市场可以 24 小时连续进行交易。外汇交易投资者可以针对无论是白天还是晚上发生的经济、社会和政治事件而导致的外汇波动而随时反应。因为外汇市场高度一体化、市场间价差很小,且任何价差的出现都不可能持续,所以外汇市场最具流动性。

表 10-1 国际各主要外汇市场开盘、收盘的时间(北京时间)

新西兰惠灵顿外汇市场:	04:00—13:00
澳大利亚悉尼外汇市场:	6:00—14:00
日本东京外汇市场:	08:00—15:30
新加坡外汇市场:	09:00—16:00
中国香港外汇市场:	10:00—17:00
德国法兰克福外汇市场:	14:30—23:00
英国伦敦外汇市场:	15:30—(次日)00:30
美国纽约外汇市场:	21:00—(次日)04:00

资料来源:forex. com

二、外汇市场的主要参与者

商业银行、大型公司、进出口商和其他外汇供求者，以及中央银行与大型对冲基金是外汇市场的主要参与者，其中商业银行的地位最为重要，处于外汇市场的中心位置。具体而言，外汇市场的主要参与者包括：

1. 外汇银行

外汇银行是办理外汇交易的商业银行，是外汇市场的中坚，如中国的中国银行即外汇银行。外汇市场的外汇交易大多通过外汇银行进行，大额的外汇买卖大多集中在外汇银行办理。

2. 外汇经纪人

外汇经纪人是专门从事外汇买卖经纪活动的人。外汇经纪人本身不买卖外汇，也不承担外汇买卖的风险，仅充当外汇买卖双方的中介，收取手续费或佣金。

3. 进出口商及其他外汇供求者

进出口商既是外汇的需求者，又是外汇的供给者；其他外汇供求者是指非贸易外汇的买卖者，如观光旅游者等。

4. 外汇投机者

外汇投机者参与外汇交易不是为了外汇的使用，而是通过外汇买卖投机以获利，他们也是外汇市场的外汇供求者。

5. 贴现公司①

贴现公司通过办理贴现和将贴现的票据拿到外汇市场上交易，从而成为外汇买卖的供求者。

6. 跨国公司

跨国公司凭借雄厚的资金进行外汇投机交易，从而成为外汇市场的供求者。

7. 中央银行及外汇管理机构

中央银行及外汇管理机构通过参与外汇买卖、干预外汇市场而成为外汇市场的供求者及管理者。

三、外汇交易的主要类型

从交易目的来看，外汇交易可以分为两大类：为满足客户真实的贸易、资本交易需求而进行的基础外汇交易；在基础外汇交易之上，为规避和防范汇率风险或出于外汇投资、投机需求而进行的外汇衍生工具交易。外汇市场每日交易额的5%出于基础交易的目的，即公司、个人及政府机构在国外买卖产品和服务、进行证券投资，或者将在国外赚到的利润转换成本国货币而进行的交易。外汇市场每日交易额的95%是为了规避汇率风险、赚取盈利或者投机。从交易工具来看，基础外汇交易主要是外汇即期交易（FX Spot），而外汇衍生工具交易则包括外汇远期交易（FX Forward）、套汇交易（Arbitrage）、套利交易（Carry Trade）、外汇掉期（FX Swap）、货币掉期（Currency Swap）、外汇期货（FX Futures）、外汇期权（FX Option）等。

1. 外汇即期交易

外汇即期交易也称现汇交易或现汇买卖，是指外汇交易双方以约定的外汇币种、金额、汇率，在成交后 2 个营业日之内办理有关货币收付交割的外汇交易，包括本币外汇即期交易和外

① 贴现是指银行承兑汇票的持票人在汇票到期日之前，为了取得资金，贴付一定利息将票据权利转让给银行的行为，是银行向持票人融通资金的一种方式。贴现公司是指专门从事票据贴现业务的公司。

币对即期交易。外汇即期交易是外汇市场上最常见、最普遍的买卖形式。由于交割时间较短，因此相应的外汇风险较小。

2. 外汇远期交易

外汇远期交易又称期汇交易,指交易双方以约定的币种、金额、汇率,在约定的未来某一日期交割的外汇交易。外汇远期交易的期限按月计算,一般为 1 个月到 6 个月,也可以长达 1 年,通常为 3 个月。

3. 套汇交易

套汇交易是指利用不同的外汇市场、不同的货币种类、不同的交割时间,以及一些货币汇率和利率上的差异,进行从低价一方买进、高价一方卖出,从中赚取利润的外汇交易。

4. 套利交易

套利交易是指利用两国货币市场出现的利率差异,将资金从一个市场转移到另一个市场,以赚取利润的交易方式。这是做多(先买后卖)一种相对高息的货币并做空(先卖后买)另一种相对低息的货币,以赚取其中利差的交易策略。

5. 外汇掉期交易

外汇掉期交易是指将币种相同、交易方向相反、交割日不同的两笔(或以上)外汇交易结合起来而进行的交易。

6. 货币掉期交易

货币掉期又称货币互换,是一项常用的债务保值工具,主要用来控制中长期的汇率风险,通过把以一种外币计价的债务或资产转换为以另一种外币计价的债务或资产,达到规避汇率风险、降低成本的目的。货币掉期交易指在约定期限内交换约定数量的两种货币本金,同时定期交换两种货币利息的交易。利息交换是指交易双方定期向对方支付以换入货币计算的利息金额,交易双方可以按照固定利率计算利息,也可以按照浮动利率计算利息。

7. 外汇期货交易

外汇期货是指以汇率为标的物的期货合约。外汇期货合约为标准合约,每种货币都有标准的金额、确定的汇率和期限;对于外汇期货合约的金额,不同货币有不同的规定,如英镑期货合约的金额为 62 500 英镑,日元期货合约的金额为 1 250 000 日元,欧元期货合约的金额为 125 000 欧元。外汇期货交易是在专门的期货市场进行的,它是套期保值和投机的重要工具。

8. 外汇期权交易

外汇期权是指交易双方以约定汇率,在约定的未来某一日期进行外汇交易的权利。期权买方以支付一定的费用(期权费)的方式拥有权利; 期权卖方收取期权费,并在买方选择行权时履行义务。期权买方有权到期执行买卖合约,也有权到期不执行买卖合约;但期权卖方在买方选择行权时必须履行合约义务。

第三节　汇率的概念与种类

一、汇率的概念及其表示方法

(一) 汇率的基本概念

汇率是指不同货币相互兑换的比率,即以一种货币表示另一种货币的价格。如果把外汇看作商品,那么汇率就是买卖外汇的价格,因此也称为汇价。例如,1 美元等于 6.17 元人民币,可记为1∶6.17，这里美元的价格就是6.17元人民币，或者说美元对人民币的汇价为6.17。

（二）汇率的表示方法

汇率的表示方法即汇率的标价方法，也就是汇价如何表示的方法。要确定两种不同货币之间的比价，先要确定用哪个国家的货币作为标准。由于确定的标准不同，便产生了不同的外汇汇率标价方法。人们将各种标价法下数量固定不变的货币叫做基准货币，将数量发生变化的货币叫做标价货币。常用的标价方法包括直接标价法、间接标价法、美元标价法。

1. 直接标价法

直接标价法又称应付标价法，是指以单位外国货币为标准（一、百、万等整数）折算应付若干单位本国货币的标价方法。在直接标价法下，基准货币为外币，标价货币为本币。

上面示例中的1美元等于6.17元人民币就是直接标价法，其中单位外国货币为1美元，美元的价格用中国货币人民币表示为6.17元人民币。美元的买方若要获得1美元须付出6.17元人民币。

采用这种方法，汇率越高，单位外国货币所能兑换的本国货币越多，表示外币升值而本币贬值；反之亦然。例如，上一个交易日的美元对人民币的汇价为6.17，本交易日变为6.25，表示美元对人民币的汇价上升，而人民币对美元的汇价下跌；反之，则表示美元对人民币的汇价下跌。目前，包括中国在内的世界大多数国家都采用直接标价法。

2. 间接标价法

间接标价法又称应收标价法，是指以单位本国货币为标准折算应收若干单位外国货币的标价方法。在间接标价法下，基准货币为本币，标价货币为外币。

仍沿前例，若1美元等于6.17元人民币，则反过来1元人民币等于0.1621美元，这里就是用美元来表示1个单位人民币的价格，表示人民币的卖方每付出1元人民币能够得到0.1621美元，即1∶0.1621。这就是所谓的间接标价法。

间接标价法与直接标价法是互为倒数的关系，两者的区别在于使用何种货币作为标准来计价。在前例中，我们以外国货币美元作为单位货币，用本国货币人民币表示单位美元的价格，是直接标价法；而本例则正好相反，以本国货币人民币作为单位货币，用外国货币美元表示单位人民币的价格，是间接标价法。

在间接标价法下，如果一定数额的本币能兑换的外币数额比前期少，这表明外币币值上升、本币币值下降，即外汇汇率下降；反之，如果一定数额的本币能兑换的外币数额比前期多，则说明外币币值下降、本币币值上升，即外汇汇率上升。也就是说，外币的价值和汇率的升跌成反比。例如，如果昨日汇价为1∶0.1621，今日为1∶0.1625，则表示每付出1元人民币可以比昨天多获得0.0004美元，表示人民币对美元汇价上升；反之，则表示人民币对美元汇价下跌。

在国际外汇市场上，欧元、英镑、澳元等均为间接标价法。如欧元0.9705即表示1欧元可兑换0.9705美元。

3. 美元标价法

美元标价法又称纽约标价法，是指在纽约国际金融市场上，以一定单位的美元为标准来计算应兑换多少其他货币①的汇率表示方法。在美元标价法下，基准货币是美元，标价货币是其

① 英镑除外，美元对英镑采用直接标价法。

他各国的货币。

如人们需要了解美元之外的任何两种货币之间的兑换比例,可根据美元与这两种货币之间的汇率进行套算,所得汇率为套算汇率,又称交叉汇率。例如,如果 USD 1 = JPY 105,USD 1 = CAD 1.1050,则 CAD 1.1050 = JPY 105,或 CAD 1 = JPY 95.02(USD、JPY、CAD 分别代表美元、日元、加拿大元)。

美元标价法由美国在 1978 年 9 月 1 日采用,目前是国际金融市场上通行的标价法。美元标价法便于简化报价及比较各种货币的汇价。

二、汇率种类

从不同的角度,汇率可以分为不同的种类,这里侧重介绍经济分析中常用的汇率种类。

(一) 市场汇率和官方汇率

根据汇率管制的程度,汇率可分为市场汇率和官方汇率。

1. 市场汇率

市场汇率是指由外汇市场供求关系决定的汇率,即银行的外汇牌价。银行的外汇牌价包括买入价和卖出价:买入价即买入汇率,指银行买入外汇时标明的汇率;卖出价即卖出汇率,指银行卖出外汇时标明的汇率。[①] 买入汇率与卖出汇率的算术平均值称为中间汇率,中间汇率即经济分析中所指的市场汇率,它会随着市场供求关系的波动而变动。

2. 官方汇率

官方汇率又称法定汇率,是指一国官方机构公布的汇率,它可能被用于进行全部或局部的货币兑换,也可能仅为政府干预汇率所提供的一种标准。如果一个经济体同时拥有市场汇率与官方汇率,则称之为双轨汇率或者双重汇率。

(二) 即期汇率和远期汇率

根据外汇的交割期限,汇率可分为即期汇率和远期汇率。

1. 即期汇率

即期汇率是指在外汇即期交易中使用的汇率,通常是在 2 个营业日内办理交割的汇率。

2. 远期汇率

远期汇率也称期汇汇率,是指在外汇远期交易中达成的协议汇率,它的交割日期通常为 1 个月、2 个月、3 个月、6 个月或 1 年。远期汇率是以即期汇率为基础约定的。当远期汇率高于即期汇率时,称之为升水;当远期汇率低于即期汇率时,称之为贴水;当远期汇率和即期汇率相等时,称之为平价。汇率的升水、贴水或平价主要受利率差异、外汇供求关系以及汇率预期等因素的影响。

银行对远期汇率有两种报价:一是直接报价,即直接将不同交割日期的远期汇率的买入价和卖出价标示出来;二是用远期差价或掉期率(即期汇率和远期汇率之间的差额)进行报价,银行在报出即期汇率的同时,也报出远期汇率与即期汇率的偏离值或点数。

在直接标价法下,远期汇率等于即期汇率加升水,或者等于即期汇率减贴水;在间接标价法下,远期汇率等于即期汇率减升水,或者等于即期汇率加贴水。

---

① 买入价与卖出价的差额是银行买卖外汇的收益,通常为汇率的 1‰—5‰。

（三）基本汇率和套算汇率

根据汇率的计算方法，汇率可分为基本汇率和套算汇率。

1. 基本汇率

基本汇率是指本国货币与关键货币之间的汇率。关键货币是指一国选择用作汇率基础的货币，通常是该国对外交往中使用最多的货币。许多国家都选择美元作为关键货币。

2. 套算汇率（Cross Rate）

套算汇率是指根据基本汇率以及关键货币与其他货币的汇率套算出来的本国货币与其他货币的汇率。

（四）名义汇率和实际汇率

根据货币的购买力①，汇率可分为名义汇率和实际汇率。

1. 名义汇率

名义汇率是仅以一国货币的数量来表示的另一国货币的汇率。由于它没有考虑物价对货币购买力的影响，人们提出了实际汇率的概念。

2. 实际汇率

实际汇率是反映两国货币购买力的汇率，即在名义汇率的基础上剔除了通货膨胀因素后的汇率。它的定义可用公式表示为 $Q = S \cdot P^{*}/P$。其中，Q 是实际汇率，S 是名义汇率（直接标价法，下同），P^{*} 和 P 分别是外国和本国的价格指数。在名义汇率 S 不变时，如果外国物价上涨（P^{*} 增大）或本国物价下降（P 减小），外汇的实际汇率 Q 就会增大，即用相同数量的外汇能购买更多的本国商品。例如，若欧元对美元的名义汇率为 1.36，如果 1 个汉堡包在德国的价格是 2.50 欧元，在美国的价格是 3.40 美元，则实际汇率为 1.00（1.36 ×2.50/3.40）；如果 1 个汉堡包在德国的价格为 3.00 欧元，在美国的价格仍为 3.40 美元，则实际汇率为 1.20（1.36 × 3.00/3.40）。在前一情形中，德国的 1 个汉堡包只能换取美国相同的 1 个汉堡包；而在后一情形中，德国的 1 个汉堡包可以换取美国相同的 1.2 个汉堡包。也就是说，欧元对美元的实际汇率上升或者美元相对欧元贬值，美国的商品相对于德国的商品将卖得更便宜。由此可见，实际汇率反映的是两国货币的购买力之比，即商品的兑换比例关系。它指代以同种货币表示的两国商品的相对价格水平，从而反映两国商品的国际竞争力强弱之比。

（五）名义有效汇率和实际有效汇率

根据汇率的贸易权重关系，汇率可分为名义有效汇率和实际有效汇率。

1. 名义有效汇率

名义有效汇率是指以一国对外贸易伙伴国与该国的贸易额在该国对外贸易总额中的比重为权重，将各贸易伙伴国的名义汇率进行加权平均而得到的汇率指数。由于名义有效汇率没有包括国内外价格水平的变化状况，因而名义有效汇率不能反映一国相对于其贸易伙伴国的竞争力。

名义有效汇率的计算分为四个步骤：①选择一篮子样本国的货币；②根据该国与样本国贸易额计算出贸易权重；③计算本国货币与样本国货币的双边汇率；④用这些贸易权重分别乘以本国货币与样本国货币的双边汇率，再加总得到名义有效汇率。计算公式如下：

$$E_e = E_1(T_1/T) + \cdots + E_n(T_n/T) \tag{10-1}$$

① 货币购买力指单位货币购买商品或换取服务的能力，是商品价格水平的倒数。

(10－1)式中,E_e代表名义有效汇率,$E_1,\cdots,E_n$分别代表一国货币与各贸易伙伴国的双边汇率,$T_1,\cdots,T_n$分别代表该国与各贸易伙伴国的贸易额,T代表该国的对外贸易总额。

2. 实际有效汇率

一国的名义有效汇率等于本国货币与所有贸易伙伴国货币双边名义汇率的加权平均数,如果剔除通货膨胀对各国货币购买力的影响,就可以得到实际有效汇率。实际有效汇率不仅考虑了所有双边名义汇率的相对变动情况,还剔除了通货膨胀对货币本身价值变动的影响,能够综合地反映本国货币的对外价值和相对购买力。目前,通行的加权平均方法包括算术加权平均和几何加权平均。

在测算实际有效汇率时,可以根据不同目的来设计加权平均数的计算方法、样本货币范围和贸易权重等相关参数,得出的结果存在一定差异。

第四节　中国外汇市场与人民币汇率

中国外汇市场是中国金融市场的重要组成部分,在完善汇率形成机制、推动人民币可兑换、服务金融机构、促进宏观调控方式的改变,以及促进金融市场体系的完善等方面发挥着不可替代的作用。改革开放三十多年来,中国外汇市场从无到有,从小到大,从分散到统一,从低级到高级,逐步形成了具有中国特色的多样化、多层次、统一的外汇市场。

中国外汇市场包含两个层次:第一个层次是客户与外汇指定银行之间的零售市场,又称银行结售汇[①]市场;第二个层次是银行之间买卖外汇的同业市场,又称银行间外汇市场,包括银行与银行相互之间的交易,以及外汇指定银行与中央银行之间的交易。银行结售汇市场是中国的外汇零售市场。在结售汇制度[②]下,办理结售汇业务的银行是外汇指定银行。外汇指定银行根据中国人民银行公布的基准汇率,在规定的幅度内制定挂牌汇率,办理对企业和个人的结售汇。银行间外汇市场以中国外汇交易中心负责管理的全国联网的外汇交易系统为载体,是汇率形成机制的核心。中央银行参与其间的交易,对汇率进行调控。因此,中国银行间外汇市场是一个以中国中央银行——中国人民银行为主导,以中国外汇交易中心为核心,以银行为主体的市场。

一、银行间外汇市场的运行机制

(一)组织结构

在市场组织形式上,国家外汇管理局是外汇市场的监管部门,中国人民银行公开市场业务操作室是外汇市场的调控部门,中国外汇交易中心负责外汇市场的组织和运行。

银行间外汇市场实行会员制管理,凡经中国人民银行批准设立,国家外汇管理局准许经营外汇业务的金融机构及其分支机构,经中国外汇交易中心审核批准后,均可成为外汇交易中心的会员。银行间外汇市场有近300家银行参与,并逐渐对保险公司和非银行类金融企业开放。

2005年7月21日,中国人民银行宣布进行人民币汇率形成机制的改革,中国外汇市场走

---

① 银行结售汇包括结汇、售汇和付汇。结汇是指企业和个人通过银行或其他交易中介卖出外币换取本币;售汇是指企业和个人通过银行和其他交易中介用本币买入外币;付汇是指企业和个人通过金融机构对外支付外币。

② 结售汇制度是外汇管理的核心制度之一,有强制结售汇制度和意愿结售汇制度之分。强制结售汇制度是指所有的外汇必须卖给银行,所有的外汇支出必须向银行购买。意愿结售汇是指外汇收入可以卖给外汇指定银行,也可以开立外汇账户予以保留,结汇与否由外汇收入所有者自主决定。1994年汇改以后,中国实行的是强制结售汇制度;现在强制结售汇制度已不再执行,企业和个人可自主保留外汇收入。

向市场化发展的新阶段。2005 年 11 月 24 日,银行间外汇市场引入做市商[①]制度。做市商根据自身的抗风险能力和市场判断,持续提供买卖双向报价,可以保障市场的流动性,提高市场交易的效率,转移和分担风险,促进市场发展。

(二) 交易方式与交易时间

在交易方式上,中国外汇交易中心为银行间外汇市场提供统一、高效的电子交易系统。中国外汇交易系统提供集中竞价与双边询价两种交易模式,实行分别报价、撮合成交的交易方式。交易员报价后,由计算机系统按照价格优先、时间优先的原则对外汇买入和卖出报价的顺序进行组合,然后按照最低卖出价和最高买入价的顺序撮合成交。会员通过现场或远程交易终端自主报价,可选择 DDN、F. R 或拨号上网等方式实现远程联网。交易时间为每周一至周五(节假日除外)上午 9:30—15:30。

(三) 交易品种

截至 2014 年上半年,中国外汇交易系统支持人民币对 11 个币种(美元、欧元、日元、港币、英镑、澳大利亚元、新西兰元、加拿大元、林吉特、俄罗斯卢布和泰铢(区域交易))的即期交易(见表 10-2),人民币对 7 个币种(美元、欧元、日元、港币、英镑、澳大利亚元和加拿大元)的远期、掉期交易,人民币对 5 个币种(美元、欧元、日元、港币、英镑)的货币掉期和期权交易,以及 9 对(欧元/美元、澳元/美元、英镑/美元、美元/日元、美元/加元、美元/瑞士法郎、美元/港币、欧元/日元、美元/新加坡元)的即期、远期和掉期交易。

表 10-2 2014 年上半年中国银行间外汇即期市场人民币对各币种交易量 单位:亿元人民币

币种	美元	欧元	日元	港币	英镑	澳大利亚元	新西兰元	加拿大元	林吉特	俄罗斯卢布	泰铢
交易量	122 018.72	1 103.98	2 517.49	821.53	257.68	806.01	118.42	2.19	4.27	62.45	0.47

数据来源:中国外汇交易中心。

(四) 汇价形成

外汇市场每场交易产生开盘价、收盘价和加权平均价,人民币对美元的加权平均价由中国人民银行公布并作为第二日人民币对美元的基准汇价,银行据此公布人民币对美元的挂牌价。

人民币汇率形成机制改革后,交易中心根据中国人民银行的授权,每个工作日上午 9:15 发布人民币对美元等主要外汇币种汇率的中间价。

交易中心于每日银行间外汇市场开盘前向银行间外汇市场相应币种的做市商询价,将做市商的报价平均,得到当日人民币对日元、林吉特、卢布等汇率的中间价。人民币中间价示例见表 10-3。

表 10-3 2014 年 9 月 4 日人民币中间价

名称	最新价	涨跌额	涨跌幅(%)	开盘	昨收
100 日元/人民币	5.8748	-0.0752	-1.26	5.8748	5.9500
港币/人民币	0.7957	0.0004	0.05	0.7957	0.7953
欧元/人民币	8.1075	-0.0365	0.05	0.7957	0.7953

① 银行间外汇市场做市商是指经国家外汇管理局核准,在中国银行间外汇市场进行人民币与外币交易时,承担向外汇市场会员持续提供买、卖价格义务的银行间外汇市场会员。

（续表）

名称	最新价	涨跌额	涨跌幅(%)	开盘	昨收
美元/人民币	6.1666	0.0191	0.31	6.1666	6.1475
英镑/人民币	10.1447	0.1106	1.10	10.1447	10.0341
澳元/人民币	5.7616	-0.2195	-3.67	5.7616	5.9811
加元/人民币	5.6626	-0.0821	-1.43	5.6626	5.7447
人民币/林吉特	0.5161	0.0001	0.02	0.5161	0.5160
人民币/卢布	5.9945	0.5377	9.85	5.9945	5.4568

资料来源:东方财富网。

自1994年以来,中国一直实行“以市场供求为基础的、单一的、有管理的浮动汇率制度”。这种制度在银行外汇牌价形成过程中的具体体现为:美元、日元等几种主要货币的中间价是以银行间外汇市场的交易价格加权平均而得到,这反映出“以市场供求为基础”;加权平均后的交易价格作为中国境内唯一的基准汇价,“单一”属性由此体现;中央银行为平衡外汇供求、保持汇率的基本稳定,往往需要入市干预,因此人民币汇率是“有管理的”;而银行间外汇交易市场和客户与银行之间的汇率有一定的波动范围,说明汇率不是完全固定的,而是存在一定幅度的“浮动”。

（五）清算方式

在清算方式上,中国外汇交易系统实行本外币集中清算,本币资金实行二级清算的两级清算方式。所谓二级清算是指各分中心负责当地会员之间的清算,总中心负责各分中心的差额清算,人民币资金通过在中国人民银行开立的人民币账户办理。外汇资金实行一级清算,即总中心负责各会员之间的清算,外汇资金通过中国外汇交易中心在境外开立的外汇账户办理。

（六）中国人民银行对外汇市场的干预

中国人民银行对外汇市场进行宏观调控和管理,其干预手段主要包括:

1. 对外汇指定银行结算周转余额实行比例幅度管理

客户在外汇指定银行办理结售汇业务,使银行的外汇头寸发生增减变化,若商业银行总行的外汇头寸超出外汇管理局核定的外汇周转头寸限额,则商业银行进入外汇交易中心卖出多余外汇或买入短缺外汇,交易中心对各种交易进行撮合成交。由于商业银行的交易数量受结售汇周转头寸限额的约束,市场中会出现买卖数量与交易币种不匹配的状况,导致不同货币的交易出现供求失衡。由于交易数量受到较严格的限制,价格(汇率)并不能充分起到调节供求的作用,而中国国际收支在多数年份呈现双顺差的格局,因此必须由中央银行入市干预,与市场其他成员开展对手交易,使市场实现在稳定价格基础上的结清。

2. 公开市场操作

在实行外汇指定银行结算余额比例幅度管理的同时,中国人民银行通过公开市场操作、买卖外汇来稳定汇率。

3. 中国人民银行设定人民币汇率每日交易的参考水平

人民币仅能围绕参考水平浮动±5‰,故称为中间价。各外汇指定银行以中国人民银行计算的中间价为基础,在规定的汇价浮动幅度内自行制定出次日的外汇买入价、外汇卖出价,以及现钞买入价、现钞卖出价,并对外挂牌。因此,人民币的整体升值速度不是由日间交易决定的,而是由中间价的每日走势决定的。利用中间价,中央银行不必经常直接干预市场。

此外,中央银行还可以通过调整本币、外币存款利率和信贷政策,以及通过公开声明等来影响外汇市场的融资成本,进而调节外汇供求,以使汇率回到合理水平。

二、银行间外汇市场的未来发展

2005 年 7 月人民币汇率制度改革以后,作为中国金融改革的重要组成部分,银行间外汇市场逐步推出新的交易产品、交易方式,并引入做市商制度,市场的深度和广度均取得长足的进步。目前,一个交易工具日益丰富,功能不断完善,多种交易方式并存、分层有序的外汇市场体系正逐渐确立,外汇市场已经成为初步具备价格发现、管理风险和配置资源功能的场所。20 年来,银行间外汇市场的运行状况基本平稳,市场规模不断扩大,改革创新稳步推进,不仅为金融机构本币、外币资金管理提供了极大的便利,也为中央银行货币政策的传导、汇率改革的实施、人民币汇率机制的进一步完善等创造了条件。总体来看,银行间外汇市场的建立、发展和完善,在服务金融机构、保持人民币汇率的稳定、支持经济增长和改革开放方面发挥了重要作用。

同时也要看到,目前中国外汇市场与发挥市场在资源配置中起决定性作用的要求还有相当大的距离。中国当前的外汇市场还是一个封闭的、外汇交易的诸多方面受到政府管制的市场体系,存在市场竞争不足、效率不高等问题,因此需要进一步深化改革。下一阶段,中国外汇市场应当根据全面深化外汇管理体制改革、资本账户开放和人民币自由兑换进程的实际需要,进一步建设统一开放、竞争有序的市场体系,鼓励金融创新以丰富市场层次和产品,通过加大国有银行的商业化改革、逐步放松外汇存货管制、完善中央银行的外汇干预机制、促进银行间的公平竞争等措施进行完善,最终建立起一个开放的、公平竞争的、高效的、真正市场经济意义上的现代外汇市场。

三、外汇市场效率与人民币汇率自由化

外汇市场效率是外汇市场的核心问题。国际经验证明,改进外汇市场效率离不开汇率自由化。

(一)外汇市场效率

外汇市场有效的根本标志是汇率风险能够得到正确定价,其必要条件是市场具有充分的自由度。据此标准判断,中国外汇市场现在还不具备汇率风险得到正确定价的条件,还不是一个有效率的市场,离市场决定资源配置的要求相差甚远。

首先,汇率水平仍然存在一定程度的扭曲。目前,人民币汇率还不是自由汇率,均衡汇率的生成机制尚未形成,尽管中央银行可以根据国际收支的状况和内外均衡的需要调整汇率,但由于以外汇管制、资本项目管制为背景的外汇供求关系并不是完全意义上的市场供求关系,因此必然会造成汇率水平一定程度的扭曲。

其次,弹性或波动性不足的汇率制度不利于现阶段中国经济的协调发展。由于汇率形成机制仍然不够灵活,汇率弹性不足,不能充分地反映市场真实的供求关系,难以化解人民币升值的矛盾,由此带来一系列的矛盾和问题:

1. 货币政策自主性受到影响

在开放经济条件下,固定汇率制的缺陷之一是中央银行容易丧失货币政策的独立性。自 2002 年以来,人民币进入一个升值周期,升值压力持续加大,导致中国外汇储备持续大幅度增

加。在保持汇率水平相对固定的前提下,外汇储备的不断增长直接导致中央银行以外汇占款的形式被动地投放基础货币。数据显示,2014 年中国人民银行作为世界上资产负债规模最大的中央银行,其以外汇储备为主的国际资产占比接近 85%,极大地限制了中央银行调整资产的操作空间。

2. 中央银行持有的外汇储备资产面临损失风险

中央银行持有的外汇储备资产面临各种损失风险。随着中国外汇储备规模的不断扩大,因人民币升值而导致的外汇储备的汇兑损失也不断增加。根据国内学者的计算,2000—2014 年年初,中国外汇储备遭受了巨大的汇兑损益。[①] 就未来趋势分析,尽管有所调整,人民币仍将保持长期升值趋势,这意味着持有巨额外汇储备还将发生新的汇兑损益风险。

3. 不利于国内经济结构和国际贸易关系的主动调整

30 年来中国的经济增长走的是出口导向的发展路径,即出口增长带动投资增长,其后才是消费增长。由于人民币随着美元的贬值而有利于出口,使得出口导向的发展模式进一步固化,由此使一、二、三产业发展比例失调,形成国内产业结构低度化、雷同化发展,使中国资源矛盾日益紧张,经济社会的可持续发展面临新的重大挑战。

早在 2004 年,中国进、出口总额占 GDP 比重已经达到约 70% 的高位,汇率应当开始在中国经济发展中扮演更加重要的角色。但因为汇率弹性不足,使中国难以更好地针对贸易伙伴经济情况的变化对国际贸易关系进行主动调整。

从当前国际和国内经济增长、贸易增长和货币趋势来观察,中近期内,人民币仍有潜在的升值压力,虽然可以找到一些化解人民币升值压力的工具与方式,但成本也是巨大的。

(二) 人民币汇率自由化

外汇市场的效率取决于汇率的自由程度,低自由度的汇率通常会使效率受损。伴随中国外汇市场的不断发展,人民币汇率自由化成为中国外汇管理的必然内容。

人民币汇率自由化的好处在于:对中国这样的大型经济体而言,无论是经济增长动力还是宏观政策制定,都应该做到“以我为主”;而由国内最终消费和国内投资平行驱动的经济增长,从国内形势出发而制定的宏观经济政策,不但有利于增强中国经济增长的可持续性,还有助于应对外部环境的不利冲击。

(1)有助于增强货币政策的有效性。作为一个大型的开放经济体,中国不应受制于其他国家的经济政策而放弃自身的货币政策目标。从中国整体利益最大化出发,全面放开汇率管制,实现汇率自由化,对于实现维持通货膨胀水平的长期稳定、促进增长方式的转变等长远利益要远远超过部分行业调整、淘汰落后产能等短期成本。

(2)实现经济结构调整和经济增长方式的转变,既是一项紧迫的战略任务,也是一个长期努力的过程。在这一过程中,中国贸易发展应更趋于平衡,适当通过汇率等价格手段调节贸易不平衡和国际收支失衡,有利于缓解外汇流入和储备积累过快的压力,实现经济更加平稳、可持续的发展以及货币供给平稳有序的增长。

(3)国际经验显示,灵活的汇率制度有助于直接应对各类外部经济的冲击,有助于增强一国应对外部冲击的能力及宏观经济的“韧性”。20 世纪 90 年代以来国际上发生的多次金融危机都表明,僵化的汇率体制容易受到投机力量的攻击,可能引发所谓“自我实现”的货币危机。

---

① 丁志杰,孙小娟. 巨额外汇储备成为负担的表现. www.of40.org.cn

(4)汇率自由化还有助于改善货币政策传导机制。2005年以来的实践表明,遵循"主动性、渐进性、可控性"原则的人民币汇率形成机制的改革,使得企业、商业银行等微观主体主动适应汇率浮动的意识增强,应对市场变化的灵活性和能力得到提高。金融机构在适应汇率灵活性的同时,加强了风险管理,改善了金融服务,加快了产品创新。这些都在一定程度上夯实了货币政策传导的微观基础和市场基础,货币政策传导机制的改善对增强货币政策的有效性具有积极的意义。①

(5)汇率自由化可以终结国际投机资本的套利机会。相当长的时间以来,由于远期汇率的涨跌幅一直不能抵消国内、国外利差,导致无风险套利机会的存在。人民币单边升值的走向,也给了投机者既赚利差又赚汇差的机会。套汇、套利机会的长期存在,证明了汇率管制或干预在一定程度上有效,但也造成了持续的投机和套利机会。第二轮汇改以来,连续几年人民币的单边升值,带来巨大的负面效应;而自2014年年初以来,人民币开启了双向波动的旅程,目前人民币汇率双向波动已经进入新常态(见专栏10-1)。可以预期,随着近期汇率更大幅度的双向波动和资本流动的进一步放松,系统性、大幅度投机套利机会将趋于消失,外汇市场和人民币资金市场将可以更好地反映实体经济的情况。

专栏10-1

人民币双向波动"新常态"

2014年7月将迎来第六轮中美战略与经济对话,在这前夕,人民币对美元走势再度成为市场的关注点。

按往年规律,对话前夕,人民币对美元都会有一定程度的升值,即便在今年人民币对美元持续贬值的大背景下,对话前夕,人民币走出小高峰的概率仍进一步提升;不过鉴于今年年初以来市场对人民币的预期已经明显分化,人民币双向波动已经成为新常态。上周数据显示,在岸市场人民币对美元升值475个基点,创出今年2月人民币进入震荡贬值周期之后的最大周升幅。

根据经济数据的变化,中国人民银行6月9日和6月10日两日大幅下调中间价170多个基点,导致部分市场交易人士开始认为中央银行在主动引导人民币升值,改变今年以来人民币持续贬值的预期。最后,中美战略与经济对话的临近会造成人民币对美元汇率少许的升值压力。

不过即便有上述因素的支持,人民币单边升值的预期已经被打破,双向波动的新常态已为市场所接受。

即使在中国人民银行大幅下调中间价(一般情况下可以解读为中央银行引导升值)的当日,市场上人民币多头并不活跃,交投谨慎显示观望情绪较重。

从此次扩大波动幅度和促发双向波动来看,中国人民银行的初衷就是要创造一个稳定的双向波动的人民币汇率市场(当然中央银行本身就是这个市场中最大的买家和卖家),而一个长期稳定的汇率既需要积极的做多市场也需要积极的卖空市场。一个双边波动的市场才能有更活跃的双边交易,也更有利于中国人民银行逐渐退出对人民币汇率的常态式干预,从而建立更加灵活的、市场主导的人民币汇率机制,而这是中国人民银行数次强调的目标。

---

① 胡晓炼. 汇率体制改革与货币政策有效性. 中国人民银行网站. 2010-7-26.

目前市场已经接受了人民币双向波动的新常态,认为人民币币值长期而言仍有上浮空间的市场主体也认为双向震荡是一种常态。

资料来源:《第一财经日报》2014 年 6 月 18 日。

总之,综合各方面的条件考虑,放开汇率管制、全面实现人民币汇率自由化不仅是必要的也是有利的。当前中国国民经济继续保持平稳、较快增长,金融运行平稳,通货膨胀温和可控,各种条件对于中国汇率机制的调整是有利的。从经济周期和供求等因素来看,中国经济增长正在进入持续、稳定增长的新周期,这时进行汇率调整对出口影响的成本会减少;此外,中国经常账户已经从原来的持续顺差逐渐转变为相对平衡,美联储量化宽松货币政策的退出也创造了较为有利的外部环境。从其他汇率市场化国家的经验来看,选择在贸易平衡、经济发展较为稳定的时期主动放开汇率管制,实现汇率市场化,其成功的概率更大。

人民币汇率实现自由化后,外汇供求将对人民币汇率起到决定性的作用,使中国外汇储备得到合理配置。

本章小结

1. 外汇有静态与动态之分。外汇的基本作用就是作为国际清偿的工具和手段,方便国际贸易与投资的进行。

2. 外汇市场是进行外汇交易或外汇买卖的场所;银行间外汇市场是银行同业之间的外汇交易市场。

3. 外汇市场的主要参与者包括商业银行、大型公司、进出口商和其他外汇供求者,以及中央银行与大型对冲基金,其中商业银行处于外汇市场的中心位置。

4. 外汇交易可以分为基础外汇交易和外汇衍生工具交易。

5. 汇率是一国货币用他国货币表示的价格;常见的汇率标价法包括直接标价法、间接标价法、美元标价法三种。

6. 经济分析中常用的汇率种类主要包括:市场汇率和官方汇率;即期汇率和远期汇率;基本汇率和套算汇率;名义汇率和实际汇率;名义有效汇率和实际有效汇率等。

7. 中国外汇市场是中国金融市场的重要组成部分;人民币汇率是以市场为基础的、有管理的浮动汇率。

8. 外汇市场有效的必要条件是市场具有充分的自由度;人民币汇率自由化有利于保持宏观经济调控的独立性,有助于应对外部环境的不利冲击。

关键概念

外汇	外汇市场
银行间外汇市场	外汇即期交易
外汇远期交易	套汇交易
套利交易	外汇期货交易
外汇掉期交易	货币掉期交易
外汇期权交易	官方汇率
市场汇率	即期汇率

远期汇率　　名义汇率
实际汇率　　名义有效汇率
实际有效汇率　　银行间外汇市场
做市商　　会员制
汇率自由化

复习思考题

1. 什么是静态意义上的外汇？什么是动态意义上的外汇？
2. 外汇的基本作用有哪些？
3. 什么是外汇市场？当代外汇市场的典型特征是什么？
4. 外汇市场的主要参与者有哪些？
5. 什么是银行间外汇市场？
6. 外汇交易可分为哪几种基本类型？具体有哪些类型的交易？
7. 经济分析中常用的汇率有哪些？
8. 中国人民银行对外汇市场的干预手段有哪些？
9. 人民币汇率自由化有哪些好处？

课后习题

1. 登陆国际清算银行(BIS)的网站，收集人民币实际有效汇率自2008年以来的资料，并与2008年以来中国贸易顺差的数据并表制图，给出简要的观察结论。

2. 简述中国人民银行对外汇市场的调控和管理方式。

资料链接

1. http://www.safe.gov.cn
2. http://www.chinamoney.com.cn/index.html
3. http://www.bis.org
4. http://zh.wikipedia.org/wiki
5. http://www.baike.com/wiki

延伸阅读

1. 易纲，张磊．国际金融．上海：上海人民出版社，2004.
2. 裴平等．国际金融学(第3版)．南京：南京大学出版社，2006.
3. 叶耀明，周平海．国际金融与管理．上海：立信会计出版社，2005.
4. 温建东等．人民币国际化与中国外汇市场发展．北京：经济科学出版社，2011.
5. World Bank. *The Little Data Book on Financial Development*. 2013.

下节提示

汇率的决定与变动

第十一章

汇率的决定与变动

供求定律是市场经济的普遍规律，汇率作为一种特殊商品——货币的价格，它的形成和变动同样受供求定律的支配。一方面，汇率的高低变化决定着外汇供求量的变化；另一方面，外汇供求的变化决定着市场均衡汇率的形成和变动。外汇供求定律发挥作用的典型场所是自由外汇市场，本章在自由浮动外汇市场的隐含假设下讨论汇率的决定与变动。

主要内容

本章首先讨论外汇的供给与需求；其次，解析外汇的供给曲线与需求曲线；再次，讨论外汇市场均衡汇率的决定；最后，讨论均衡汇率的变化。

知识与技能目标

通过本章的学习，掌握外汇供求定律，能够运用外汇供求定律来解释外汇市场汇率的决定和变动行为。

引导案例

国内外汇供求状况趋于基本平衡

——国家外汇管理局有关负责人就当前外汇形势答记者问

案例导读：在自由外汇市场上，外汇供求的变化决定着汇率的水平和发展方向，伴随中国外汇市场的日益成熟和开放，人民币汇率愈来愈多地反映市场预期与外汇供求变化的影响。近年来，人民币汇率的形成机制日趋成熟，人民币汇率也一改持续数年的单边升值而转向有升有贬的常态化双边波动，更充分地反映出外汇市场的供求变化，这是人民币汇率走向自由化的正常反应。本案例提供了这方面的一个基本佐证。

国家外汇管理局公布的数据显示，2012 年 12 月中国银行代客结售汇连续 4 个月顺差，且顺差额创 2012 年的月度最高。为什么 2012 年年底中国外汇净流入出现了较大的反弹？是否意味着“热钱”再次加速流入中国？国家外汇管理局有关负责人对此进行详细解答。

国内外汇供求状况趋于基本平衡

问:自2012年10月底以来,人民币汇率走势转强,银行间外汇市场上,人民币对美元交易价常常触及或接近人民币涨停的位置。请问,近期国内外汇收支的状况怎么样?

答:结合最近几个月的数据来看,自2012年9月起,结售汇连续4个月顺差,到12月份累计顺差869亿美元,占2012年总顺差的79%。据统计,2012年总顺差1 106亿美元,较2011年下降70%,显示2012年总体上国内外汇供求状况趋于基本平衡。

市场情绪变化等诸多原因引发外汇市场异常波动

问:为什么2012年年底中国外汇净流入出现了较大的反弹?

答:这有国内与国际、市场与政策等多方面的原因。一是随着2012年第三季度以来,国内经济缓中企稳的信号日益显现,炒作中国经济"硬着陆"的担忧逐渐缓解,市场情绪由前期的过分悲观转向乐观。二是欧洲主权债务危机的机制化解决取得新进展,欧元区解体的风险暂告解除,主要发达国家的宽松货币政策不断加码,国际投资者风险偏好改善,新兴市场再现资本回流压力。三是2012年下半年国内外币存贷款利率大幅下调,在人民币贬值预期逐渐消退的情况下,境内机构又重启资产本币化、负债外币化的财务运作。四是中国加大稳出口的政策力度,加快合格的境外机构投资者(QFII)和人民币合格境外投资者(RQFII)的审批节奏,也助推了外汇流入。

市场情绪变化引发的钟摆效应对年底外汇市场的异常波动也有着重大影响。2011年年底至2012年第三季度,内外部因素基本导致看空人民币,机构和个人大都在进行资产外币化、负债本币化的操作;现在重新转为看多人民币,市场财务运作再次转向。近期人民币汇率的走势偏强,一定程度上是因为市场从做空转向做多人民币的压力得到集中释放。

资料来源:新华网2013年1月25日。

第一节　外汇的供给与需求

一、外汇的供给与需求

如前所述,由于各国货币制度不同,一国货币不能在他国境内流通和使用,一国居民对他国居民的经济交往就产生了换汇的需要,由此构成外汇的基本供求;在当今国际金融市场上,汇率与相关金融资产价格的波动也会引起外汇的供求。这两类交易构成外汇市场的供求。因此,外汇市场的总供求由两部分构成:出自实际经济交易需要的外汇供求与出自虚拟经济交易需要的外汇供求。

进一步说,商品和服务的出口创造了外汇的供给,商品和服务的进口则创造了外汇的需求;金融资产的流入创造了外汇的供给,金融资产的流出则创造了外汇的需求。例如,中国从美国进口,即产生对美元的需求;同时,美国对中国的出口则产生美元的供给。再如,国际对冲基金投机人民币升值,用外汇购买人民币资产,由此产生对人民币的需求,同时也带来外汇的供给。前者是进出口贸易引起的外汇供求,后者是跨境间接投资引起的外汇供求。

事实上,无论何种交易需求引起的外汇供求,终归体现着国际收支平衡表所列示的各种国际经济交易,国际收支平衡表中的贷方项目构成外汇供给,借方项目构成外汇需求。

更具体地反映在国际收支平衡表上，引起外汇需求的经济活动主要有五类：

(1) 本国进口外国的商品和服务；

(2) 外商将投资利润或利息汇出；

(3) 本国政府或私人向外国政府或私人提供单方转移；

(4) 本国企业或个人对外进行长期或短期投资；

(5) 政府增加外汇储备资产。

同样，在国际收支平衡表上引起外汇供给的经济活动也有五类：

(1) 外国进口本国的商品和服务；

(2) 本国居民将对外投资所获得的利润或利息汇回本国；

(3) 外国政府或私人向本国政府或私人提供单方转移；

(4) 外国企业或个人对内进行长期或短期投资；

(5) 政府减少外汇储备资产。

二、影响外汇供求的主要因素

影响外汇供求的主要因素包括经济指标、市场心理、政府干预以及政治状况等。

(一) 影响外汇供求的经济指标

影响外汇供求的经济指标主要包括经济增长、国际收支、通货膨胀、利率水平、债务负担等。

1. 经济增长状况

一般情况下，如果一国的经济增长稳定，发展前景良好，就业、贸易和经济增长指标都比较稳定，那么投资者对该国货币的信心就会增强，对该国货币的需求水平就会上升；反之，若投资者对一国的经济缺乏信心，对该国货币的需求水平就会下降。

2. 国际收支状况

如果一国的国际收支盈余，则有黄金或外汇流入，引起外汇供给增加，对本币资产（对他国而言即外币资产，下同）的需求增加；如果一国的国际收支赤字，则有黄金或外汇流出，引起外汇供给减少，对本币资产的需求下降。

3. 通货膨胀

通货膨胀是指一般价格水平的持续的、普遍的上升。如果一国的通货膨胀高于他国，该国货币在外汇市场上就会趋于贬值，市场需求下降；反之，该国货币在外汇市场上就会趋于升值，市场需求上升。

4. 利率水平

利率是一定时期内利息额与借贷本金的比值。利率水平较高意味着借贷资本的回报率较高；反之亦然。因此，一个有着较高利率的货币可以吸引更多的外资流入，使外汇供给增加，同时也推高了对该种货币的需求；反之，一个有着较低利率的货币对国际资本没有吸引力，从而引起资本流出，使得外汇供给减少，同时也拉低了对该种货币的需求。

5. 财政状况与债务负担水平

债务负担主要指国家债务负担的水平。一个经济体的债务负担水平直接影响着其货币资产的履约能力，债务负担水平越高，其违约风险就越高；反之，则越低。因此，一个经济体的财政状况越差、债务负担越重，国际上对该经济体的货币资产的需求就越低；反之，一个经济体的财政状况良好、债务负担合理，则国际上对该经济体的货币资产的需求就比较高。

（二）市场预期与投机活动

1. 市场预期

市场预期是指对市场未来情况的估计，外汇市场投资者的行为主要受预期的支配，当市场对某一种货币看好，该种货币的市场需求就会上升；反之，就会下降。当代国际金融市场的游资的金额巨大，这些游资对世界各国的政治、军事、经济状况具有高度的敏感性，由此产生的预期支配着游资的流动方向，对外汇市场形成巨大的冲击。因此，市场预期是短期内影响外汇市场供求的最主要因素。

2. 投机活动

投机活动是指外汇投机者的行为引起的投机性资本的流动所导致的市场外汇供求的变化。所谓的投机性资本流动，是指各种投机者利用国际金融市场上行情涨落的差异以及对行情变动趋势的预测，进行投机活动以牟取预期利润而引起的短期资本流动。在当代外汇市场上，真正的外汇交易仅占全部外汇交易额的约10%，其余都是由对冲基金、投资银行等引起的投机性资本流动。因此，投机活动对外汇供求的影响巨大。

投机性资本流动包括如下四种具体方式：

（1）追求高利率的资本流动。投机者将资金从利率低的货币转向利率高的货币，从而赚取利率差额的收入，但不同时进行反方向的交易以轧平头寸。这种套利要承受高利率货币贬值的风险，具有投机性。

（2）因暂时性汇率变动引起的资本流动。它包括两种情况：一是一国发生暂时性的国际收支逆差而引起汇率暂时性下跌，由于投机者预期这种货币的汇率不久会回升，因此买进该国货币，致使投机资本流向该国；二是一国发生暂时性的国际收支顺差，其结果恰好相反，会导致投机资本流出该国。

（3）预测汇率将有永久性变化的资本流动。当投机者预期某种货币的汇率会持续下跌时，就会抛出该种货币，造成资本流出；反之，当投机者预期某种货币的汇率会持续上升时，就会买进该种货币，造成资本流入。这种资本流动会加剧外汇市场的动荡。

（4）与贸易有关的投机性资本流动，即人们认为币值即将调整而加速或延迟付款。进出口商根据对今后某一特定货币价值的估算而要求客户尽快支付货款或准许客户延迟支付货款。

（三）政府干预

政府干预可以通过调整本国的货币政策、直接干预外汇市场、对资本流动实行外汇管制等方式来影响外汇市场的供求。

各国货币当局为了使汇率维持在政府所期望的水平上，会对外汇市场进行直接干预，以改变外汇市场的供求状况。当中央银行买入某种货币时，将使该种货币在短期内的需求增加；而当中央银行卖出某种货币时，将使该种货币在短期内的供应增加。

此外，政治气候与政府政策也在很大程度上影响外汇的供求。例如，外国直接投资取决于政治的稳定和法制的健全。同样，资本市场的管制政策则影响跨境资本流动的方式和规模。一个政治上动荡不安、战乱不断的经济体，其货币不会被投资者看好。

总之，影响外汇供求的因素是多方面的，且各个因素又处于不断的变化之中。因此，在分析外汇供求的变化时，要结合具体情况具体分析不同因素在不同时间上的影响，要注意区分直接与间接产生影响作用的因素，短期与中长期发生作用的因素，不宜一概而论，生搬硬套。

第二节　外汇供求定律

供求定律是商品和服务市场的基本定律,也是外汇市场的基本定律。外汇市场活动与其他市场一样,主要由两大因素决定:一是某种货币的供给量和需求量;二是不同货币的相对价格(即汇率)。外汇市场的交易,相当部分是按照成交时的汇率进行交换,但也有相当部分是根据某些货币将来可能出现的汇率进行交换,这样就产生了不同的外汇交易种类,最基本的是即期交易和远期交易,并在此基础上派生出其他类型的交易。然而,尽管外汇市场上存在不同类型的交易,但无论何种交易(即期还是远期、简单还是派生),其交易原则都是一样的,即所有类型的交易都要服从供求定律的制约。一方面,汇率的高低决定货币供求的变化;另一方面,货币供求的变化又决定均衡汇率的形成与变动。这意味着,外汇市场的全部活动与其他市场的活动(价格与数量的决定与变化)一样,都可以用供求定律来加以解释。

一、汇率对外汇供求的影响:外汇的需求曲线与供给曲线

如上所述,外汇供求定律的第一层含义是汇率的高低支配着外汇供给量与需求量的变动。外汇供给量与需求量随汇率的变化而变动的这种关系用数学语言来表述就是外汇的需求函数和供给函数。

(一) 外汇需求函数

外汇需求是指购汇者在一定汇率水平上对外汇的需要量。它源自一国出于购买外国的商品、服务和金融资产的需要而产生的用本国货币去购买外国货币的行为。外汇的需求数量受若干因素的影响和制约,如汇率的高低、消费者对外国商品和服务的偏好、外币利率与国际利率水平的差距等。这些关系可以用如下函数式表示:

$$Q_{fx} = f(E, T, I, S, r\ , E_e, O) \qquad (11-1)$$

(11－1)式左端为对某种外汇的需求量,以 Q_{fx} 表示;公式右端表示影响外汇需求量的各种不同因素,各个字母的含义及其代表的因素对外汇需求量的影响如下:

(1) 外汇的价格——汇率(E)。一般来说,一种货币的价格越高,对该货币的需求量就越小;相反,一种货币的价格越低,其需求量将越大。

(2) 消费者对外国商品和服务的偏好(T)。偏好是消费者对商品的喜好程度。很显然,消费者对外国商品和服务的偏好与外国商品和服务的需求量之间呈同方向变动,即消费者对外国商品和服务的偏好越强,进口换汇的需要就越大;反之则越小。

(3) 消费者收入(I)。对于大多数商品来说,当消费者的收入水平提高时,就会增加对商品的进口需求量,从而增加对外汇的需求;反之亦然。

(4) 进口替代品的价格(S),包括日用消费品与资本品的价格。所谓进口替代品,是指使用价值相近、可以与进口商品相互替代来满足人们同一需要的商品。例如,国产洗衣粉与进口品牌洗衣粉,国产奶粉与进口品牌奶粉,国产小汽车与进口小汽车,国产机器设备与进口机器设备等。一般来说,进口替代品的价格越低,其对进口品的替代性就越强,一国对进口商品的需求就会下降,从而使得外汇需求下降;反之,进口替代品的价格越高,则其对进口品的替代性越差,一国对进口商品的需求就会上升,进而使得外汇需求上升。

(5) 外币利率与国际利率水平的差距(r)。一般来说,外币利率水平越低,其与国际利率水平的差距越大,投资者对该种货币的需求就越小;反之则越大。

(6) 对未来汇率的预期(E_e)。如果购汇者预期汇率要上涨,就会提前购买;如果购汇者预期汇率将下跌,就会推迟购买。

(7) 其他因素(O)。如政治气候、国家政策、国际事件等,都会影响外汇的需求量。

虽然以上各个因素都会对外汇需求产生影响,但在实际经济生活中,某种货币的市场需求却是诸因素综合作用的结果。为了简化分析,我们假设 T、I、S、r、E_e、O 等因素不变,集中考察外汇自身的价格对外汇需求量的影响。由此,外汇需求函数可简单地表示为:$Q_{fx}=f(E)$。外汇需求函数的几何形式即是外汇需求曲线,下面借助外汇需求曲线来辅助说明外汇需求函数的性质。

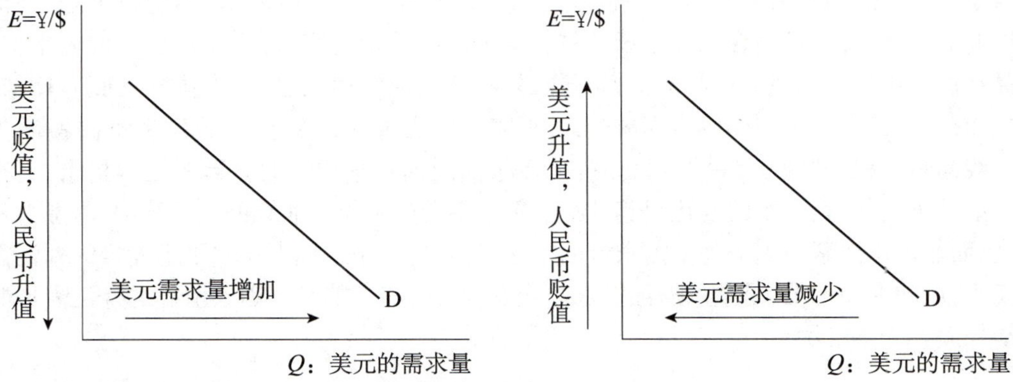

图 11－1　外汇需求曲线

图 11－1 显示中国对美元的需求。在平面直角坐标系上,横坐标用来标示中国对美元的需求量;纵坐标用来标示美元对人民币的汇率(E = ¥/$,表示每 1 单位美元的人民币价格)。图形中的曲线 D 是一条标准的向右下方倾斜的需求曲线,表示随着美元相对于人民币贬值,中国对美元的需求增加(见图 11－1 左图)。注意,我们用纵坐标标记美元的人民币价格或汇率(直接标价法)。因为是用人民币来表示美元的价格,所以美元的价格或汇率 E 的上升代表美元升值。换言之,E 沿着纵坐标向上运动,代表美元价格上涨,即美元升值(这等价于人民币价格的下降,即人民币贬值)。伴随 E 的上升,中国对美元的需求量 Q 沿着横坐标向左移动,即 Q 值变小(见图 11－1 右图);类似地,E 沿着纵坐标向下运动,代表美元价格或汇率 E 下降,即美元贬值或人民币升值。伴随 E 的下降,中国对美元的需求量 Q 沿着横坐标向右移动,即 Q 值变大。这意味着,外汇需求曲线的斜率为负,外汇需求函数是汇率 E 的单调递减函数:E 越大,Q 值越小;E 越小,Q 值越大。

为何外汇需求曲线是一条标准的向下倾斜的需求曲线呢?其背后的经济理由如下:对于中国的企业和个人而言,当(其他条件不变)美元便宜而人民币走强时,美国的商品和服务以及金融产品都变得相对便宜。美元贬值时,中国的企业和个人将从中国或第三国商品与服务的供应商转向美国供应商;中国的企业和个人投资者(假设资本项目已经完全开放,中国投资者的对外投资(无论直接或间接投资)都不再有任何的汇兑限制)也会把投资转向美国的金融资产和其他可投资资产。他们在购买美国商品和金融资产之前必须购买美元,这样,对美国商品和金融资产的需求上升的同时,对美元的需求也上升了;反之,美元相对于人民币的升值,将使美国的商品和服务以及金融产品都变得相对昂贵,从而导致中国企业和个人对美元的需求下降。这意味着,中国对美元的需求量 Q 与美元对人民币汇率 E 是负相关关系。所以,外汇需求曲线的斜率为负,即曲线 D 是向右下方倾斜的。

类似地,外汇需求函数的性质,也可以从美国企业和个人对人民币的需求的角度进行解释(解释过程从略)。

以上,我们是在假定影响外汇需求的其他变量不变而仅仅是汇率变化的条件下,讨论外汇需求曲线的性质。如果假定汇率水平不变,而其他变量发生变化,那么外汇需求会发生何种变动?如果汇率不变,其他变量的变化会使外汇需求曲线左右平移。其中,外国产品用外币表示的价格与外汇需求成反比,外国产品在国际市场上的竞争产品的价格与外汇需求成正比,本国国民收入与外汇需求成正比,外国的利率水平与外汇需求成正比。具体表现为,外国产品(用外币表示)的价格提高,外汇需求曲线向左平移,外国产品(用外币表示)的价格下降,外汇需求曲线向右平移;外国产品在国际市场上的竞争产品的价格提高,外汇需求曲线向右平移,外国产品在国际市场上的竞争产品的价格下降,外汇需求曲线向左平移;本国国民收入增加,外汇需求曲线向右平移,本国国民收入减少,外汇需求曲线向左平移;外国的利率水平提高,外汇需求曲线向右平移,外国利率水平降低,外汇需求曲线向左平移。这里需要强调指出,汇率引起的外汇需求变化,是汇率的变化引起外汇需求量沿着外汇需求曲线的上下移动,是点沿着线的移动;而非汇率因素引起的外汇需求量的变化,是在每一个相同汇率水平上发生的外汇需求量的变化,反映在图形上,是整条外汇需求曲线发生的位移。非汇率因素引起的外汇需求曲线的移动如图 11-2 所示。

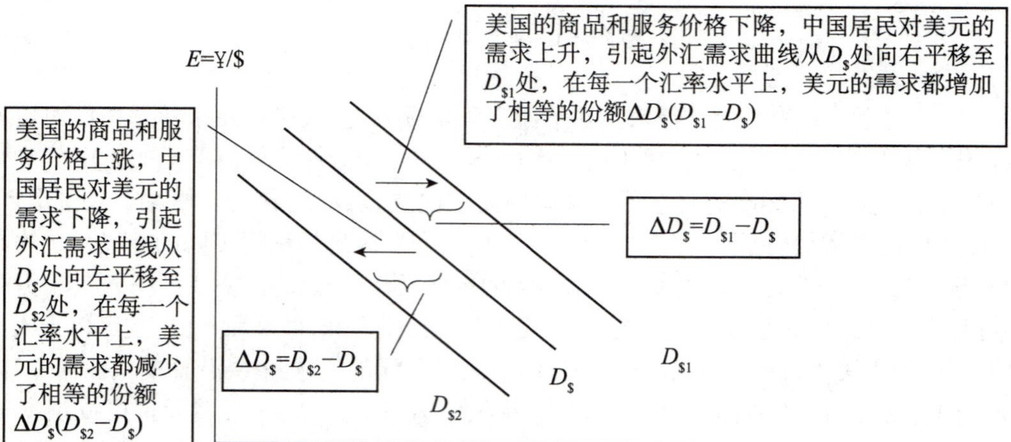

图 11-2 外汇需求曲线的平移

图 11-2 中,我们用的是美国商品和服务价格水平发生变化的例子,其他因素引起的外汇需求曲线的位移与之类似。

(二)外汇供给函数

外汇供给是指售汇者在一定汇率水平上对外汇的供给量。它源自非居民出于购买居民的商品、服务和金融资产的需要而产生的用非居民所在经济体货币来购买居民所在经济体货币的行为。供给与需求是同一枚硬币的两面,因此与外汇需求类似,外汇供给也受到非居民偏好、收入等诸多因素的影响。为了简化分析，我们仍然假设 T、I、S、r、E_e、O 等因素不变，集中考察外汇自身的价格对外汇供给量的影响。由此，外汇供给函数可简单地表示为：$Q_{fx}=f(E)$。外汇供给函数的几何形式即是外汇供给曲线，类似地，可以借助外汇供给曲线来辅助说明外汇供给函数的性质（见图 11－3）。

图 11－3 显示，美元的供给与汇率的走势同向。在平面直角坐标系上，横坐标用来标示美元的供给量；纵坐标用来标示美元对人民币的汇率（$E=¥/\$$，表示每 1 单位美元的人民币价格）。图形中的曲线 S 是一条标准的向右上方倾斜的供给曲线，表示随着美元相对于人民币升值，美元的供给量增加。同样，因为是用人民币来表示美元的价格，所以美元的价格或汇率 E 的上升代表美元升值。由图 11－3 可见，伴随 E 的上升，美元的供给量 Q 沿着横坐标向右移动，即 Q 值变大；类似地，E 沿着纵坐标向下运动，代表美元价格或汇率 E 下降，即美元贬值或人民币升值。伴随 E 的下降，美元的供给量 Q 沿着横坐标向左移动，即 Q 值变小。这意味着，外汇供给曲线的斜率为正，外汇供给函数是汇率 E 的单调递增函数：E 越大，Q 值越大；E 越小，Q 值越小。

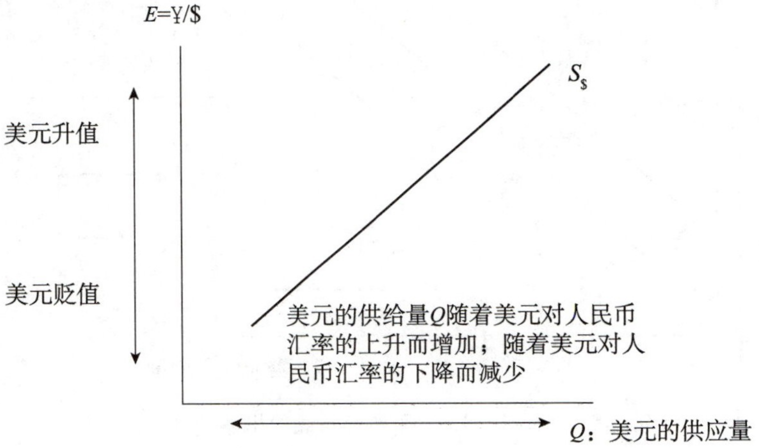

图 11－3　外汇供给曲线

外汇供给曲线之所以具有正斜率，理由与外汇需求曲线相类似。对于美国的企业和个人而言，当（其他条件不变）人民币便宜而美元走强时，中国的商品和服务及金融产品都变得相对便宜。人民币贬值时，美国的企业和个人将从美国或第三国商品和服务的供应商转向中国供应商；美国的企业和个人投资者（假设中国资本项目已经完全开放，美国投资者对华投资不再有任何的汇兑限制）也会把投资转向中国的金融资产和其他可投资资产。他们在购买中国商品和金融资产之前必须用美元购买人民币，这样，对中国商品和金融资产的需求上升的同时，美元的供给也上升了；反之，人民币相对于美元升值，将使中国的商品和服务以及金融产品都变得相对昂贵，从而导致美国企业和个人对人民币的需求降低，美元的供给也随之下降。这意味着，美国对美元的供给量 Q 与美元对人民币的汇率 E 是正相关关系。所以，外汇供给曲线的斜率为正，即曲线 S 是向右上方倾斜的。

以上，我们也是在假定影响外汇供给的其他变量不变，而仅仅是汇率变化的条件下，讨论外汇供给曲线的性质。如果假定汇率水平不变而其他变量发生变化，那么对外汇供给会发生何种变动？如果汇率不变，其他变量的变化会使外汇供给曲线左右平移。其中，本国产品的国内价格与外汇供给成反比，本国产品在国际市场上的竞争产品的价格与外汇供给成正比，外国

的国民收入与外汇供给成正比，本国的利率水平与外汇供给成正比。具体表现为，本国产品的国内价格提高，外汇供给曲线向左平移，本国产品的国内价格下降，外汇供给曲线向右平移；本国产品在国际市场上的竞争产品的价格提高，外汇供给曲线向右平移，本国产品在国际市场上的竞争产品的价格下降，外汇供给曲线向左平移；外国国民收入增加，外汇供给曲线向右平移，外国国民收入降低，外汇供给曲线向左平移；本国的利率水平提高，外汇供给曲线向右平移，本国利率水平降低，外汇供给曲线向左平移。这里同样需要强调指出，汇率引起的外汇供给的变化，是汇率的变化引起外汇供给量沿着外汇供给曲线的上下移动，是点沿着线的移动；而非汇率因素引起的外汇供给量的变化，是在每一个相同价格水平上发生的外汇供给量的变化，反映在图形上，是整条外汇供给曲线发生的位移。非汇率因素引起的外汇供给曲线的移动如图11－4所示。

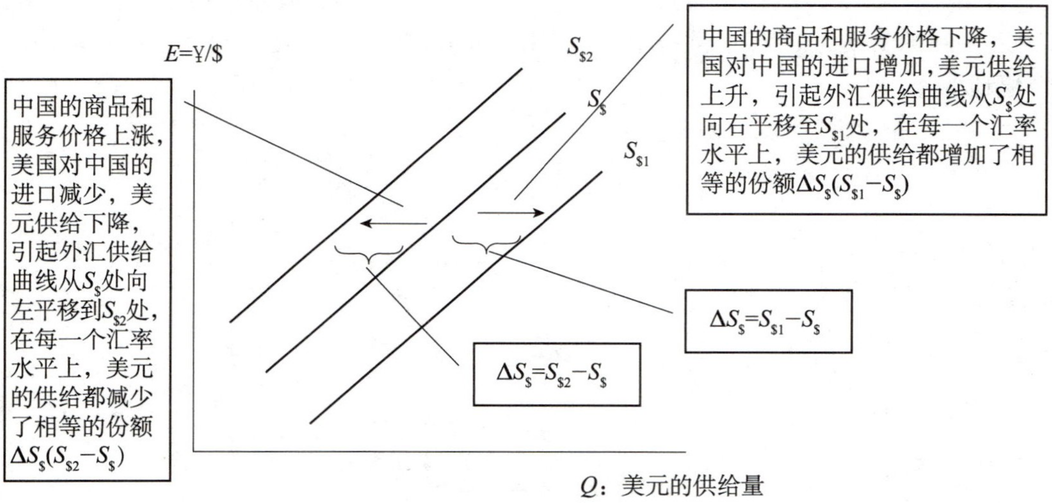

图 11－4　外汇供给曲线的平移

图 11－4 中，我们用的是中国商品和服务价格水平发生变化的例子，其他因素引起的外汇供给曲线的位移与之类似。

二、均衡汇率的决定

从前面的讨论我们已经知道，外汇市场与其他市场一样地服从供求定律的支配。因此，外汇市场的价格——汇率也同样服从供求定律。外汇市场的成交价格——均衡汇率的决定与变动都是外汇市场供求关系变化的结果。

在经济学上，所谓均衡价格是供给曲线与需求曲线的交点，称为均衡点。在均衡点处，意愿供给的数量正好等于意愿需求的数量，均衡点上的价格和相等的供求量分别称为均衡价格和均衡数量。此时，构成价格运动的供求力量取得平衡，价格和数量都不再有变动的倾向，这类似于物体在平衡力的作用下处于静止的状态，因而称为市场均衡。类似地，外汇市场上的均衡汇率也是外汇供给曲线与需求曲线的交点。下面同样借助图形说明均衡汇率的概念，图 11－5 显示的是均衡汇率的决定。

图 11－5 为图 11－1 与图 11－2 中供给曲线和需求曲线的结合。两条直线的交点决定了美元对人民币的汇率，以及市场交易实现的美元的供给量与需求量。在汇率 E_q 处，美元的需

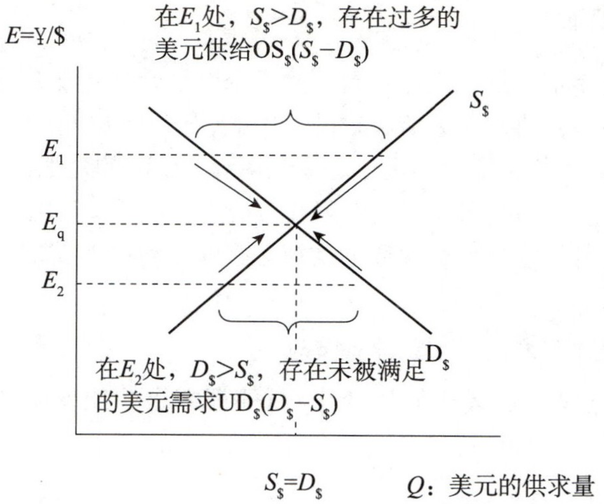

图 11－5　均衡汇率的决定

求量和供给量为 Q_q，称为均衡点——$P_q(E_q, Q_q)$或市场结清点，E_q 为均衡汇率，Q_q为均衡数量。在均衡汇率 E_q处，美元的供给量 Q_s正好等于需求量 Q_d，即 $Q_s = Q_d$。这表示，当市场均衡时，美元的供求双方在均衡汇率 E_q 处和均衡数量 Q_q处都得到满足，市场既没有过多的美元供给，也没有未被满足的美元需求。此时，无论是美元对人民币的汇率还是美元的供给或需求都不再有变动的倾向。

而在 E_1处，美元的供给曲线与需求曲线没有交点，因此 E_1不是均衡汇率而是非均衡汇率，即无市场成交的汇率。在 E_1处，美元的供给量大于需求量，市场存在过剩供给（Oversupply of Dollars，$OS_\$$）：$OS_\$ = S_\$ - D_\$$。此时，由于美元供求双方的力量处于不平衡状态，美元的供给方为减轻持有美元的成本（包括持有美元的真实财务成本和机会成本）损失，被迫降价竞争，诱使需求方进场增加购买。通常情况下，美元价格的下降将产生更多的需求，这一过程（如图 11－5均衡汇率 E_q 上半部分供给曲线与需求曲线的箭头所示）延续下去，最终使价格回归均衡汇率 E_q，此时市场重新结清，既无多余的美元供给也没有未被满足的美元需求。

类似地，在 E_2处，美元的供给曲线与需求曲线也没有交点，因此 E_2 也非均衡汇率。在 E_2处，美元的需求量大于供给量，市场存在未被满足的美元需求（Unsatisfied Demand for Dollars，$UD_\$$）：$UD_\$ = D_\$ - S_\$$。此时，由于美元供求双方的力量处于不平衡状态，美元的需求方为获得所需要的美元量，将会提价竞购，诱使供给方进场供给，由此推高美元价格。通常情况下，美元价格的上涨将产生更多的供给，这一过程（如图 11－5 均衡汇率 E_q 下半部分需求曲线与供给曲线的箭头所示）延续下去，最终使价格回归均衡汇率 E_q，此时市场重新结清，既无未被满足的美元需求也没有多余的美元供给。

总结上述讨论，一般地，在外汇市场上，由于供给和需求力量的相互作用，汇率趋向均衡价格。如果市场汇率高于均衡汇率，则市场上出现超额外汇供给，超额的外汇供给使市场汇率趋于下降直至均衡价格；反之，如果市场汇率低于均衡汇率，则市场上出现超额的外汇需求，超额的外汇需求使市场汇率趋于上升直至均衡价格。因此，市场竞争使市场稳定于均衡价格。在均衡价格水平下，相等的供求数量称为均衡数量。在几何意义上，外汇市场的均衡出现在外汇需求曲线和外汇供给曲线的交点上，该交点称为均衡点。均衡点对应的汇率为均衡汇率，均衡点对应的外汇需求量刚好等于外汇供给量。

三、均衡汇率的变动

在外汇市场上，均衡汇率形成之后不是一成不变而是始终处于变动之中，均衡汇率的变动如同它的形成一样，也是由供求关系所决定的。因此，凡是影响外汇供求产生变化的因素，也是引起汇率变动的因素。均衡汇率的变化是非汇率因素引起的外汇供给与需求整体变动的结果。这里分三种情形进行讨论：外汇供给未发生变化、外汇需求变化引起的均衡汇率的变动；外汇需求未发生变化、外汇供给变化引起的均衡汇率的变动；外汇需求与外汇供给同时变化引起的均衡汇率的变动。

（一）外汇需求变化引起的均衡汇率的变动

图 11－6 显示的是供给曲线未发生变化，而外汇需求曲线发生变动引起的均衡汇率的变动。

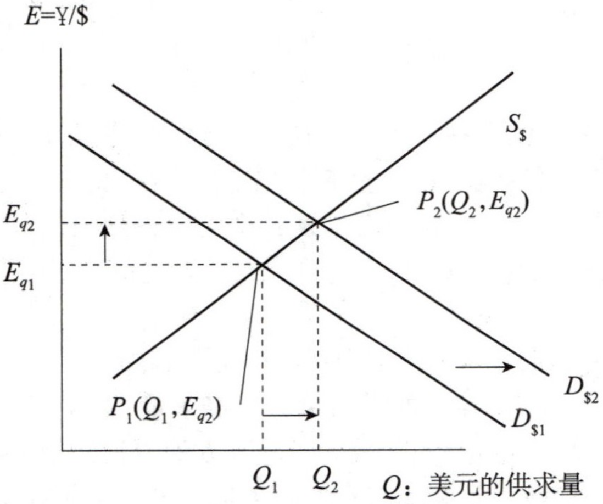

图 11－6　需求引起的均衡汇率的变动

如图 11－6 所示，如果外汇汇率不变，不管什么原因（可以是美国产品的美元价格下降，可以是美国产品在国际市场上的竞争产品的价格提高，也可以是中国国民收入增加，还可以是美国利率水平提高），其中任何一项因素的变化都使中国对美元的外汇需求曲线向右平移。移动的结果使得原来的外汇需求曲线 $D_{\$1}$ 沿着原来的供给曲线 $S_\$$ 外推向右平移到 $D_{\$2}$，$D_{\$2}$ 与未发生移动的供给曲线 $S_\$$ 相交产生交点 $P_2(Q_2, E_{q2})$，P_2 为新的均衡点。在 P_2 处，美元对人民币的外汇市场达成了新的均衡，新的均衡汇率为 E_{q2}，新的均衡外汇供求量为 Q_2；与原来的均衡点 $P_1(Q_1, E_{q1})$ 相比，外汇的需求量从 Q_1 增加到 Q_2，由于外汇需求增加但供给仍在原有均衡位置上没有增加，购汇方竞争的结果使得均衡汇率上升了，从 E_{q1} 上升到 E_{q2}，均衡汇率发生了变化。伴随汇率的上升，美元供给沿着供给曲线 $S_\$$ 从 Q_1 增加到 Q_2，满足了新增加的需求。

（二）外汇供给变化引起的均衡汇率的变动

图 11－7 显示的是需求曲线未发生变化，而外汇供给曲线发生变动引起的均衡汇率的变动。

如图 11－7 所示，如果外汇汇率不变，无论何种原因（可以是中国产品的国内价格下降，可以是中国产品在国际市场上的竞争产品的价格提高，也可以是美国国民收入增加，还可以是中国利率水平提高），其中任何一项因素的变化都使美元的外汇供给曲线向右平移。移动的结

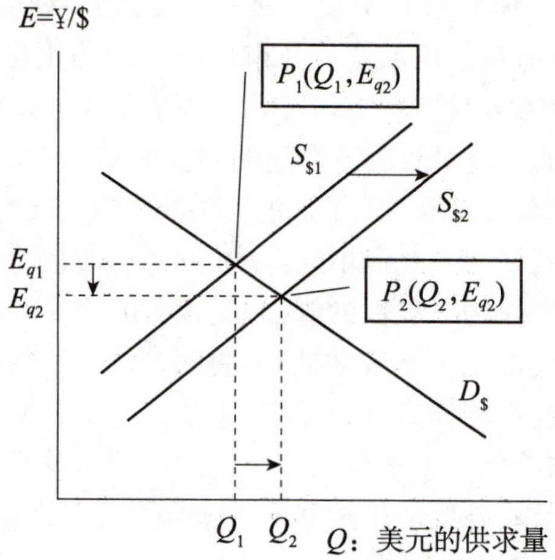

图 11－7　供给引起的均衡汇率的变动

果使得原来的外汇供给曲线 $S_{\$1}$ 沿着原来的需求曲线 $D_\$$ 外推向右平移到 $S_{\$2}$，$S_{\$2}$ 与未发生移动的需求曲线 $D_\$$ 相交产生交点 $P_2(Q_2,E_{q2})$，P_2 为新的均衡点。在 P_2 处，美元对人民币的外汇市场达成了新的均衡，新的均衡汇率为 E_{q2}，新的均衡外汇供求量为 Q_2；与原来的均衡点 $P_1(Q_1,E_{q1})$ 相比，外汇的供给量从 Q_1 增加到 Q_2，由于外汇供给增加但需求仍在原有均衡位置上没有增加，供汇方竞争的结果使得均衡汇率下降了，从 E_{q1} 下降到 E_{q2}，均衡汇率发生了变化。伴随汇率的下降，中国对美元的需求沿着需求曲线 $D_\$$ 从 Q_1 增加到 Q_2，结清了新增加的供给。

（三）外汇需求与外汇供给同时变化引起的均衡汇率的变动

上面我们是把外汇需求与外汇供给的变动引起均衡汇率的变化分开来单独讨论，但在市场实际中，供求关系的变化往往同时发生，不太可能是只有需求的变化或只有供给的变化。因此，与均衡汇率由供求双方的力量共同决定类似，均衡汇率的变化也是由外汇供求关系的共同变化决定的。图 11－8 给出了美元供给与需求同时变动的情形。

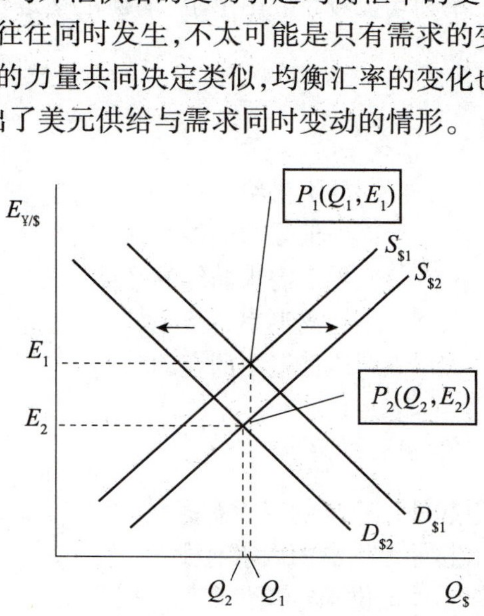

图 11－8　需求引起的均衡汇率的变动

如前所述，如果外汇汇率不变，其他变量（如商品价格、国民收入、利率水平等）的变化会使需求曲线与供给曲线左右平移。在图 11－8 中，美元的需求曲线与供给曲线同时发生了移

动。供给曲线从初始时的 $S_{\$1}$ 向右平移至 $S_{\$2}$，而需求曲线则从初始时的 $D_{\$1}$ 向左平移至 $D_{\$2}$，$S_{\$2}$ 与 $D_{\$2}$ 的交点 $P_2(Q_2,E_2)$ 即新的均衡点。与市场原来的均衡点 $P_1(Q_1,E_1)$ 相比，美元的供求量从 Q_1 变动到 Q_2，减少的数量为 $\triangle Q(Q_2-Q_1)$，均衡汇率则从 E_1 变动到 E_2，均衡汇率下降 $\triangle E(E_2-E_1)$，使下降的需求与增加的供给在新的均衡汇率 E_2 处达到新的平衡。

以上诸例中，我们用美元对人民币讨论了外汇的供求曲线及其均衡汇率的决定与变动。这自然也适合美元对其他货币的情形，换成别的不是美元的货币，如欧元等对其他货币也同样适合。

综上所述，外汇供求定律作为一般性的规律，其核心的含义在于某种货币的供给和需求在外汇市场上相互作用，从而使汇率上下波动，以平衡该种货币的供给和需求。市场成交的外汇价格就是外汇汇率的均衡点，在均衡点处，意愿买进某一种货币的数量正好等于意愿卖出该种货币的数量。外汇交换的供给和需求平衡决定了货币的汇率及其变动。这种外汇的供给和需求适用于每一种可交易的货币，外汇的供给和需求来自世界各地，由此形成的双边和多边货币交换就决定了整个世界外汇市场的汇率。

本章小结

1. 外汇的供给和需求，体现着国际收支平衡表所列示的各种国际经济交易，国际收支平衡表中的贷方项目构成外汇供给，借方项目构成外汇需求。

2. 影响外汇供求的主要因素包括经济指标、市场心理、政府干预，以及政治状况等。

3. 外汇供求定律是外汇市场的基本定律。外汇供求定律的第一层含义是汇率的高低支配着外汇供给量与需求量的变动；第二层含义是外汇市场的成交价格——均衡汇率的决定与变动都是外汇市场供求关系变化的结果。

4. 当外汇市场均衡时，意愿供给的外汇数量正好等于意愿需求的外汇数量，均衡时的价格和供求量分别称为均衡汇率和均衡数量。图形上，均衡汇率是外汇供给曲线与外汇需求曲线的交点。

关键概念

外汇需求	外汇供给
外汇供求定律	外汇需求曲线
外汇供给曲线	外汇需求曲线的平移
外汇供给曲线的平移	均衡汇率
均衡汇率的决定	均衡汇率的变动

复习思考题

1. 什么是外汇需求？引起外汇需求的因素有哪些？
2. 什么是外汇供给？引起外汇供给的因素有哪些？
3. 什么是外汇供求定律？外汇供求定律包含哪几层含义？
4. 其他条件不变，汇率的变化如何引起外汇供求的变化？
5. 汇率不变，其他因素的变化如何引起外汇供求的变化？
6. 什么是均衡汇率？均衡汇率是如何决定的？
7. 均衡汇率的变化是由哪些因素决定的？

课后习题

1. 试分不同情境讨论均衡汇率的变化(辅以图形说明)。

2. 根据2012年11月22日中国经济网的信息,进入2012年10月底以来,中国银行间外汇市场人民币对美元交易价连续涨停,由此引发业界对于热钱流入的关注。对此,国家外汇管理局表示,目前国内外汇供求仍保持基本平衡,人民币汇率预期基本稳定,中国国际收支也有望继续保持基本平衡。而且,国际金融市场环境的逐步改善以及中国经济实现平稳较快的增长,均有利于中国吸引长期、稳定的资本流入。

认真阅读上述资料,试问既然人民币对美元汇率连续涨停,国家外汇管理局何以判断国内外汇供求仍保持基本平衡?

资料链接

1. http://www.chinamoney.com.cn/index.html
2. http://en.wikipedia.org/wiki/Exchange_rate
3. http://www.cmsfx.com/en/forex-education/online-forex-course/chapter-2-fund amental-factors/exchange-rates-supply-and-demand/
4. http://investment_terms.enacademic.com/4858/Currency_Adjustment_Factor_-_CAF

延伸阅读

1. 易纲,张磊. 国际金融. 上海:上海人民出版社,2004.
2. 姜波克,李怀定. 均衡汇率理论文献评述[J]. 当代财经. 2006(2).
3. Mark Taylor. The Economics of Exchange Rates[J]. *Journal of Economic Literature*. 1995, 33(1):13—47.

下节提示

购买力平价

第十二章

汇率与商品市场均衡:购买力平价

前一章,我们在外汇市场的一般背景下,讨论了供求定律对汇率的决定及其变动的决定性影响。外汇供求定律是外汇市场的基本规律。然而,尽管外汇供求关系的变化不仅决定均衡汇率的形成,还决定均衡汇率的变动。但就汇率与经济的关系和影响而言,什么样的汇率水平才是合意的有利于国际经济平衡的汇率?外汇市场每日交易形成的均衡汇率本身并不能自动地给出答案。而当今世界的浮动汇率制度是由历史上的固定汇率制度演变而来,以及当今世界各经济体汇率制度安排的多样性,且全球外汇市场也不是一个统一的、具有相同浮动自由度的市场,这样就产生了汇率水平高低的理论判别问题。例如,在固定汇率下,一种货币与他种货币的官方汇率应当定在何种水平才是合理的和可维持的?再如,在管理浮动汇率下,何种水平才是官方的适当干预水平?关于这些问题的讨论和研究,便形成了不同的汇率决定理论。概括起来,尽管迄今为止存在多种不同的汇率理论,但基本的汇率决定理论主要有两类:一类是从国际收支经常账户交易视角讨论的汇率的决定及其变化,其核心思想是汇率决定的基础是两种不同货币的价值(即它们各自所具有的购买力)之比,这就是最负盛名的购买力平价理论;另一类是从资本和金融账户角度研究国际资本流动对汇率的形成和影响,其核心理念是不同货币资产的回报率或利率的高低是国际资本流动的直接驱动力,汇率决定及其变化取决于利率变化引起的国际资本流动,这就是典型的利率平价理论。本章讨论汇率由商品市场决定的购买力平价理论,下一章讨论汇率由资产市场决定的利率平价理论。

主要内容

本章首先讨论购买力平价的历史发展;其次讨论购买力平价的两种不同形式——绝对购买力平价与相对购买力平价,以及购买力平价与外汇及商品市场均衡、购买力平价与实际汇率的实证检验;最后是对购买力平价理论的简要评价。

知识与技能目标

通过本章的学习,掌握购买力平价的基本概念及其计算公式;能够运用购买力平价理论分析汇率的商品市场均衡与外汇市场均衡;理解购买力平价理论的重要意义与作用,明晰购买力平价理论的局限与应用条件。

引导案例

购买力平价法高估中国 GDP 规模

案例导读:购买力平价(PPP)作为一种经典的汇率理论,具有广泛而深远的政策影响力。目前,购买力平价被广泛用于各种类型的国际经济比较。在国际收入比较方面,购买力平价被作为换算工具,用来比较各国的主要国民经济指标,这样能够避免按照市场汇率转换而产生的偏差。世界银行的国际比较项目按购买力平价法计算的 GDP,已经成为国际上许多有关综合国力比较方案中不可缺少的重要指标。然而,购买力平价对实际经济规模的估计并非完美,甚至可能产生误导作用。本案例包含了国家统计局的专家学者对世界银行测算的中国 GDP 估值的保留看法,了解这些观点对于我们更有效地学习本章的内容很有帮助。

世界银行近日发布的一项 2011 年国际比较项目报告预测,以购买力平价法计算,2014 年中国可能超越美国成为全球头号经济体。对此,国家统计局有关专家做出回应:报告中涉及中国的主要数据并不能充分地反映中国的实际情况,相关分析结果低估了中国的物价水平,高估了中国的 GDP 规模。购买力平价这个转换因子,使中国经济总量及其世界占比被放大。

根据世界银行日前发布的《购买力平价与实际经济规模——2011 年国际比较项目结果摘要报告》,以购买力平价法计算,2011 年 1 美元与 3.506 元人民币的购买力相当。据此计算得出 2011 年中国 GDP 为 13.5 万亿美元,相当于美国的 87.0%;全球 GDP 总量为 90.6 万亿美元,中国占比 14.9%。而按汇率法计算的当年全球 GDP 为 70.3 万亿美元,中国为 7.3 万亿美元,相当于美国的 47.0%,占世界的比重为 10.4%。

国家统计局相关负责人日前表示,按照现有的购买力平价测算方法所得出的结果,高估了中国 GDP 的规模。

相关专家解释说,所谓购买力平价,简单说,就是不同国家的同类别货物和服务的价格比率,是指在基准国的 1 单位货币所能购买的对比国的等量货物和服务所需要的本币数量。例如,在美国买 1 个汉堡包需用 1 美元,在中国买需用 5 元人民币,简单地说,购买力平价就是 5。

国家统计局国际统计中心有关专家认为,各个国家生产和消费的商品与服务是不尽相同的。若在全球选择统一固定的商品和服务进行比较,则容易对具体的国家丧失了代表性;若不同国家都选取对自己有代表性的商品和服务,则各国间又因代表品不同而丧失了代表性。因此,这个结果低估了中国的物价水平。按照报告发布的结果,中国的物价水平只有世界平均水平的 70%,只是美国价格的 54%,甚至低于非洲的许多国家。而中国的粮食、牛羊肉、汽车、汽油等商品的价格是比较高的,通过购买力平价却反映不出来。由于高估购买力,自然也就高估了中国 GDP 的规模。

据悉,报告公布前国家统计局已明确表示,对报告所采用的研究方法的某些方面持保留意见,世界银行在发布报告时也对此作了说明。相关专家指出,应该充分注意国际比较项目有关数据产生的背景和技术说明,不能过度引申其意义。

资料来源:中国经济网 2014 年 5 月 7 日。

第一节 购买力平价概述

购买力平价(Purchasing Power Parity)是最具影响力的汇率决定理论。

根据该理论计算的汇率可用于进行各国商品和服务的平均成本的比较,也往往用于进行各国 GDP 的比较。该理论主张,两种货币间的汇率取决于两国货币各自所具有的购买力之比。汇率的变化源自进出口商赚取跨国价差的交易行为,汇率的高低主要受一国经常账户交易的影响。该理论指出,在对外贸易平衡的情况下,两国之间的汇率将靠拢购买力平价。

购买力平价理论由瑞典经济学家古斯塔夫·卡塞尔(G. Cassel)在前人研究的基础上进行充实和发展后系统地提出。1914 年,第一次世界大战爆发,金本位制崩溃,各国货币的发行摆脱黄金储量的约束,导致物价飞涨,汇率出现剧烈波动。1922 年,卡塞尔出版了 *Money and Foreign Exchange after 1914*,系统地阐述了购买力平价理论。卡塞尔认为,两种货币间的汇率取决于两国货币各自所具有的购买力之比,汇率的变动取决于两国货币购买力的变动。

购买力平价从人们为满足经济需要的交易动机出发,研究外汇的供求与汇率的决定。该理论认为,人们对外国货币的需求是由于用它可以购买外国的商品和服务,外国人需要其本国货币也是由于用它可以购买其国内的商品和服务。因此,本国货币与外国货币相交换,就等于本国购买力与外国购买力的交换。用本国货币表示的外国货币的价格(也就是汇率),它取决于两种货币的购买力的比率。由于购买力实际上是一般物价水平的倒数,因此两国之间的货币汇率可由两国物价水平之比来表示。这就是购买力平价。

购买力平价的内在依据是一价定律,具体有两种表现形式:绝对购买力平价(Absolute PPP,APPP)和相对购买力平价(Relative PPP,RPPP)。前者指汇率取决于不同货币衡量的商品价格水平之比;后者指汇率的变动取决于两国通货膨胀率的相对变化。

国际购买力平价的计算以美元为基础,即以 1 美元在美国的购买力为参考基数;很多情况下,购买力平价直接使用美元计价。这样计算的购买力平价可用于进行各国商品和服务平均成本的比较,也广泛用于进行各国 GDP 的比较。

根据购买力平价计算的汇率是一种理论汇率,由于这种理论汇率与实际汇率往往存在较大的差异,因此在许多方面受到批评。尽管如此,购买力平价的提出为金本位制崩溃后各种货币的定值和比较提供了共同的基础。购买力平价理论产生以来,无论在理论上还是在实践上都产生了广泛的国际影响,这使它成为最重要的汇率理论之一,九十多年来在汇率决定理论中保持着重要的地位,对当今世界的汇率理论和政策仍具有重大影响。今天,购买力平价仍然是预测长期汇率趋势的重要工具。

第二节　购买力平价的基本内容

一、绝对购买力平价

(一) 绝对购买力平价的基本含义

绝对购买力平价是购买力平价理论的古典形式。绝对购买力平价理论认为,一国货币的价值是由单位货币在国内所能买到的商品和服务的量(即货币的购买力)决定的,因此两国货币之间的汇率可以由两国货币的购买力之比来表示。而购买力的大小是通过物价水平体现出来的,如果用一般物价指数的倒数来表示各自的货币购买力,则两国货币的汇率取决于两国一般物价水平之比。根据这一关系式,本国物价上涨将意味着本国货币相对外国货币的贬值。

假定在一定时点上,外国的物价水平为 P_F,本国的物价水平为 P_H,e 为即期市场汇率(名义汇率),则依绝对购买力平价:$e = P_F/ P_H$或 $P_H = P_F/e$。

（二）绝对购买力平价与一价定律

购买力平价是一价定律(The Law of One Price ,LOP)的表现形式,因此解释购买力平价理论须讨论一价定律。一价定律是经济学的一个基本定律,它揭示了国内商品价格和汇率之间的内在联系。

一价定律可以简单地表述为:在没有运输费用和官方贸易壁垒的自由竞争市场上,一件相同商品在不同国家出售,如果以同一种货币计价,其价格应当是相等的。也就是说,任何一种商品,无论如何生产、产自何地,其通过汇率折算之后的标价在各国都应当是一致的。若在各国间存在价格差异,则会发生商品贸易的套利行为,直到两地价差被消除,国际贸易的套利行为才会停止,这时达到商品市场的均衡状态。

当然,一价定律的成立需要满足严格的限制条件,包括有效市场以及所有交易一概没有额外交易成本的假设在现实中都很难满足。并且,一价定律也不适用于世界上所有的商品和服务,因为某些商品和服务(比如理发)是非贸易品;各国的消费习惯、经济发展阶段与产业结构的差异也会扭曲一价定律。所有这些影响了一价定律的解释力,限制了一价定律的理论表现。不过,虽然一价定律所描述的均衡状态在现实经济环境中很难做到,但在经济分析逻辑上还是成立的。

一价定律的应用可举例说明。假设电脑U盘在墨西哥、美国两国市场的销售价格以及美元对比索的即期汇率如表12-1所示。

表12-1 电脑U盘的销售价格和美元对比索的即期汇率

U盘在美国市场的美元标价($P_{\$}^{U}$)	\$20
U盘在墨西哥市场的比索标价(P_{p}^{U})	$p150$
美元对比索的即期汇率($E_{p/\$}$)	$10_{p/\$}$

在墨西哥市场上出售的U盘的美元价格可以用U盘的比索价格除以即期汇率计算,如(12-1)式所示:

$$\frac{P_P^U}{E_{P/\$}} \longrightarrow \frac{P/U}{P/\$}=\frac{P}{U}\times\frac{\$}{P}=\frac{150}{10}=\frac{\$15}{U} \qquad (12-1)$$

(12-1)式中为什么是比索价格除以汇率而不是相乘?因为根据绝对购买力平价的定义$e=P_F/P_H$,则有$P_F/e=P_H$。注意这里假设美国为本国(考虑到国际性经济组织、世界银行、国际清算银行等计算购买力平价都用美元计价相衔接),墨西哥对美国而言自然是外国,即期汇率e为美元标价法。如果一价定律成立,那么,在墨西哥出售U盘的美元价格应与U盘在美国出售的价格相同。由于在墨西哥出售U盘的美元价格小于在美国出售U盘的美元售价。在此情形下,一价定律就不成立。

那么,价格差异可能导致什么结果呢?只要没有运费、关税等交易成本,就会出现国际贸易的获利机会。例如,在墨西哥的美国旅行者发现,相同的U盘在墨西哥的售价比美国低25%,就会在墨西哥购买U盘,带回美国出售,这就是所谓的"商品套利"。其含义是指只要不同市场的同种商品的售价存在差异,就会发生套利机会,套利者从售价较低的市场买进然后在售价较高的市场卖出,直到两个市场上的价格完全一致为止。

根据供求定律,在墨西哥市场上,U盘需求的增加将推高U盘的价格;而在美国市场上,U盘供应的增加则会压低U盘的出售价格。最后,U盘在墨西哥市场上的价格可能上涨到180比索;同时,U盘在美国市场上的价格可能下跌至18美元。因此,在新的价格水平上一价定律成立，如（12－2）式所示。

$$\frac{P_P^U}{E_{P/\$}}=\frac{180}{10}=\$\,18=P_\$^U \qquad (12-2)$$

（三）绝对购买力平价的一般形式

以上以单个商品为例说明了绝对购买力平价，它是在一价定律作用下以相同的货币标价同一商品价格相同时的汇率。但任意两国之间商品和服务的种类成千上万，数量构成也极不相同，因此绝对购买力要具有普遍意义就须获得一般的表达形式，这需要用一般物价水平——消费者价格指数（CPI）来替代单个商品的价格。

前面述及，购买力平价乃一价定律的实现形式。的确，购买力平价只不过是一价定律的总量应用。也就是说，如果一价定律对不同市场出售的某一种商品成立，那么，它对两个市场出售的所有相同商品也成立。以一篮子商品在美国的美元计价成本 $CB_\$$ 如（12－3）式所示。

$$\frac{P_P^U}{E_{P/\$}}=P_\$^U \Rightarrow \$\,18\ \frac{CB_P}{E_{P/\$}}=CB_\$ \qquad (12-3)$$

改写方程右端的表达式，可以用来描述绝对购买力平价的形式，如（12－4）式所示。

$$E_{P/\$}^{PPP}=\frac{CB_P}{CB_\$} \qquad (12-4)$$

如果这一条件在两国之间成立，则称购买力平价条件满足。平价汇率 E^{PPP} 将等于墨西哥和美国两国市场一篮子商品以当地货币单位计价的价格之比。注意公式的倒数关系 $E_{\$/P}^{PPP}=\frac{CB_\$}{CB_P}$ 同样成立。

然后用美国消费者价格指数（$CPI_\$$）代表一篮子商品的美元成本，从而获得购买力平价的一般表达形式。

由于 CPI 由一篮子商品成本所构建，因此购买力平价可以表示为汇率与两国 CPI 之间的关系。然而，CPI 不可以简单地直接替代一篮子商品成本 CB。为此有必要理解 CPI 的构建方式。

CPI 是反映居民家庭一般所购买的消费商品和服务的价格水平的变动指标。CPI 的构建首先要确定一篮子市场代表性的消费商品和服务项目，不仅包括日用消费品还包括健康和汽车保险、住房服务、公用服务和许多其他物品。如果用 CB 代表一篮子商品成本；$Q_1,Q_2,Q_3,\cdots,Q_n$ 分别代表不同类别的商品，则可用集合形式（$Q_1,Q_2,Q_3,\cdots,Q_n$）来描述一篮子市场代表性的消费商品和服务项目；而每组消费项目的平均价格分别用 $P_1,P_2,P_3,\cdots,P_n$ 表示，则有：

$$CB=P_1Q_1+P_2Q_2+P_3Q_3+\cdots+P_nQ_n \text{ 或 } CB=\sum_{i=1}^{n}P_iQ_i \qquad (12-5)$$

因为 CPI 是随时间变化的，各年的水平不一，所以反映一篮子商品价格的变化还须确定基期（基准月、季、年）与报告期（报告月、季、年）。假设 2000 年为基准年；CB^{YY} 代表报告年（YY）一篮子商品的成本（例如，CB^{00} 是根据 2000 年价格计算的一篮子商品的成本）。根据下面的公式，推导出 CPI：

$$CPI^{YY}=\frac{CB^{YY}}{CB^{00}}\times 100 \qquad (12-6)$$

（12－6）式中，CPI^{YY} 代表 YY 年的消费者价格指数；公式右端乘以 100，把小数化成百分数。基准年 CPI 等于 100，即 $CPI^{00}=100$。这适用于所有指数，因为习惯上将基准年指数设为

100,不同年份的 CPI 代表当年与基准年同一篮子商品成本的比率。如果报告期一篮子商品的成本上升,CPI 将上升到 100 以上。如果一篮子商品的成本下降,CPI 会跌破 100。但 CPI 上升并不意味着一篮子商品中所有商品的价格都上涨,可能的情况是,一篮子商品中,有些商品的价格可能上升较多,有些上升较少,有些商品的价格甚至可能下降。因此,CPI 是个平均指标,衡量的是一篮子商品平均价格的变化。

一国的通货膨胀率即 CPI 的年百分比变化率。因此,如果 2012 年 1 月 1 日和 2013 年 1 月 1 日的消费者价格指数分别是 CPI^{12} 和 CPI^{13},则 2012—2013 年的通货膨胀率为:

$$\pi_{2013}=\frac{CPI^{13}-CPI^{12}}{CPI^{12}}\times 100 \qquad (12-7)$$

对(12－7)式略加调整,便可以用 CPI 表示购买力平价。首先,考虑以下墨西哥和美国两国 2013 年的 CPI 之比:

$$\frac{CPI_P^{13}}{CPI_\$^{13}}=\frac{\dfrac{CB_P^{13}}{CB_P^{12}}}{\dfrac{CB_\$^{13}}{CB_\$^{12}}}=\frac{CB_P^{13}CB_\$^{12}}{CB_\$^{13}CB_p^{12}}=\frac{\dfrac{CB_P^{13}}{CB_\$^{13}}}{\dfrac{CB_P^{12}}{CB_\$^{12}}} \qquad (12-8)$$

(12－8)式中,基准年为 2012 年,左端为墨西哥和美国两国的 CPI 比率,右端为一篮子商品成本之比。然后,将(12－8)式改写成另一种形式。最右端表达式现在代表的是 2013 年购买力平价汇率与 2012 年购买力平价汇率之比。亦即:

$$\frac{CPI_P^{13}}{CPI_\$^{13}}=\frac{\dfrac{CB_P^{13}}{CB_\$^{13}}}{\dfrac{CB_P^{12}}{CB_\$^{12}}}=\frac{{}^{13}E_{P/\$}^{PPP}}{{}^{12}E_{P/\$}^{PPP}} \qquad (12-9)$$

一般地,若要使用两国的 CPI 计算 2013 年的购买力平价汇率,则须应用(12－10)式:

$${}^{13}E_{P/\$}^{ppp}={}^{b}E_{P/\$}^{ppp}\times\frac{CPI_P^{13}}{CPI_\$^{13}} \qquad (12-10)$$

(12－10)式中,${}^{b}E_{P/\$}^{ppp}$ 代表基期两国的购买力平价汇率(${}^{b}E_{P/\$}^{ppp}$ 左上的字母 b 代表基期)。注意,运用(12－10)式时,两国的 CPI 基期须相同。

二、相对购买力平价

相对购买力平价也是一价定律的表现形式。相对购买力平价理论认为,不同国家货币购买力或物价水平的相对变化是汇率变动的决定因素;汇率应该反映两国物价水平的相对变化,当两国购买力比率发生变化,则两国货币之间的汇率就必须调整。因此,相对购买力平价是绝对购买力平价的动态形式。绝对购买力平价理论认为,汇率是两国物价水平的反映;而相对购买力平价理论则认为,汇率是两国物价水平相对变化的反映。

为什么汇率应该反映两国物价水平的相对变化?原因在于通货膨胀会在不同程度上降低各国货币的购买力。因此,当两种货币都发生通货膨胀时,它们的名义汇率等于其过去的汇率乘以两国通货膨胀率之比。相对购买力平价说明的是某一时期汇率的变动,即两个不同时点的汇率之比等于两国一般物价指数之比。近似计算公式如下:

$$\frac{E_{P/\$}^{2}-E_{P/\$}^{1}}{E_{P/\$}^{1}}=\pi_P-\pi_\$ \qquad (12-11)$$

(12-11)式的左边给出了美元对比索汇率发生在第1、第2期之间的百分比变化,右边给出的是墨西哥和美国两国同一时期内的通货膨胀率的差异。其含义是,如果墨西哥的通货膨胀率超过美国的通货膨胀率,则同期美元将升值,幅度为两国通货膨胀率之差。相对购买力平价背后的理论逻辑与绝对购买力平价相同,即进出口商因两国物价水平变化差异而引发的商品套利活动将使一价定律成立。例如,如果墨西哥物价比美国物价上涨得更快,使两国的价格差异扩大,若要维持购买力平价,则美元对比索的汇率将持续升值。

不过,尽管购买力平价的绝对形式和相对形式有其内在的联系,但两者之间也有所不同。一般来说,绝对购买力平价是相对购买力平价的基础,如果绝对购买力平价是正确的,则相对购买力平价也是正确的,因为CPI就是两个时点的物价绝对水平之比。反过来,尽管相对购买力平价成立,但绝对购买力平价不一定成立,因为资本流动或政府干预等因素会使购买力平价水平不能形成。例如,基期和报告期的汇率都等于绝对购买力平价的1/2,这时相对购买力平价成立,但是绝对购买力平价不成立。

三、购买力平价与外汇及商品市场均衡

(一)购买力平价与外汇市场均衡

通过引入进出口商对各国一篮子商品相对成本变化的有关行为反应的假设,购买力平价关系成为汇率决定理论。前面在讨论一价定律时曾指出,当两国市场某种商品的价格存在差异时,将引发商品套利行为。类似地,如果某个市场一篮子商品的成本低于另一个市场相同篮子商品的成本,同样会引发两市场间的商品套利行为。因此,如果一价定律可以使两个市场之间某种商品的价格趋于均衡,那么描述各国一篮子商品价格均衡的购买力平价也应该成立。

不过,购买力平价的调节机制与一价定律有所不同。在一价定律的调整过程中,套利行为影响的是同一商品在不同市场的价格,而在购买力平价的作用下,一篮子商品套利行为影响的是两国货币的汇率而不是商品的市场价格。

经济模型中的均衡是关于市场主体的行为如何使均衡条件得到满足的解释。在经济学分析中,购买力平价关系表达的其实是一个均衡条件,即上面推导的购买力平价方程($E_{P/\$}^{\text{PPP}}=\dfrac{\text{CB}_P}{\text{CB}_\$}$)。

购买力平价理论的内生变量是汇率。因此,我们需要解释,当它不在均衡状态时,为什么汇率会发生变化。一般情况下,有两种非均衡状态:一种是内生变量大于均衡值($E_{p/\$}$大于均衡汇率$E^{\text{PPP}}$);另一种是内生变量小于均衡值($E_{p/\$}$小于均衡汇率$E^{\text{PPP}}$)。

1. PPP均衡:$E_{p/\$}$小于均衡汇率$E^{\text{PPP}}$

假定初始汇率小于均衡状态,这意味着:

$$E_{P/\$}<\frac{\text{CB}_P}{\text{CB}_\$}\Rightarrow \text{CB}_\$ E_{P/\$}<\text{CB}_P \tag{12-12}$$

(12-12)式中,$E_{p/\$}$为即期市场汇率,因为它小于墨西哥和美国两国一篮子商品成本之比,所以也小于购买力平价汇率。双箭头左端的表达式变形整理得到双箭头右端的表达式,该式表明美国市场一篮子商品的比索成本$\text{CB}_\$ E_{p/\$}$也小于墨西哥市场同一篮子商品的比索成本。因此,同一篮子商品在美国市场购买较为便宜,而在墨西哥市场销售则有利可图。

一方面,美国市场一篮子商品相对便宜,将导致墨西哥进口商对美国商品的需求量增加,结果会提升外汇市场上的美元需求,因为购买美国商品需要用美元支付;另一方面,美国出口商也会意识到在美国销售的商品在墨西哥市场可以更高的价格出售,如果商品以比索计价出售,美国出口商会把比索销售收入换回美元。因此,这会导致外汇市场上墨西哥进口商对美元需求的增加和美国出口商对比索供给的增加。这种外汇市场供求关系的变化如图 12－1 所示。美元需求增加的结果使得美元需求曲线($D_\$$)向右平移($D'_\$$);同时,美国消费者将减少对相对昂贵的墨西哥商品的需求,这将减少在外汇市场上用于交换比索的美元的供给,从而使美元供给曲线($S_\$$)向左平移($S'_\$$)。

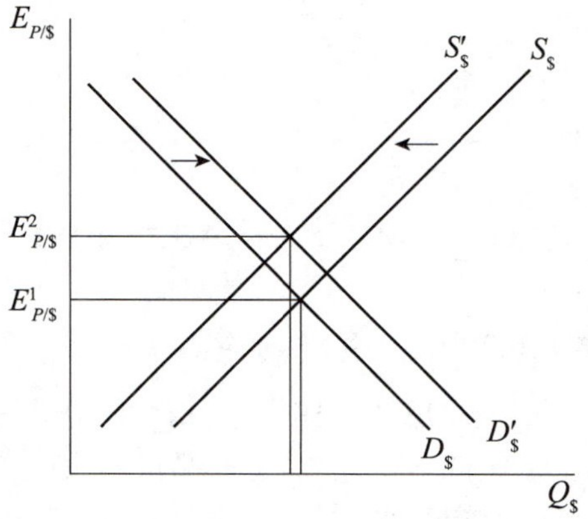

图 12－1　购买力平价与外汇市场均衡

美元需求曲线和美元供给曲线的同时移动将导致美元汇率 $E_{p/\$}$ 上升。只要美国一篮子商品仍然保持相对便宜,外汇市场上对美元的超额需求就继续存在,美元对比索的汇率就会继续上升。只有美元汇率上升到足以拉平墨西哥和美国两国一篮子商品的成本,汇率调整的压力才会消失。此时购买力平价成立,均衡汇率从 $E^1_{p/\$}$ 上升到 $E^2_{p/\$}$。

2. PPP 均衡:$E_{p/\$}$ 小于均衡汇率 E^{PPP}

假定初始汇率大于均衡状态,这意味着:

$$E_{P/\$} > \frac{CB_P}{CB_\$} \Rightarrow CB_\$ E_{P/\$} > CB_P \qquad (12-13)$$

(12－13)式中,即期市场汇率 $E_{p/\$}$ 大于墨西哥和美国两国一篮子商品成本之比。换句话说,市场汇率高于购买力平价汇率。(12－13)式双箭头右端的表达式表明,按即期市场汇率转换为美国一篮子商品的比索成本大于墨西哥一篮子商品的成本。因此,美国商品的平均售价相对昂贵,而墨西哥商品的平均售价相对便宜。

两个市场一篮子商品的价格差异将使美国进口商增加对墨西哥商品的采购,为此他们将增加外汇市场的美元供给来换取比索。结果,美元的供给曲线将向右平移(见图 12－2),美元供给曲线从初始的 $S_\$$ 移动到 $S'_\$$。同时,墨西哥进口商会避免购买较昂贵的美国商品,这会导致外汇市场以比索换取美元的需求的减少。因此,美元需求曲线将向左平移,从初始的 $D_\$$ 向左移动到 $D'_\$$。由于需求下降而供给上升,因而导致汇率 $E_{p/\$}$ 下降。这意味着,美元贬值,比索升值。只要墨西哥的商品和服务仍然相对便宜,对比索额外的需求就会持续;然而,随着比索升值(美元贬值),墨西哥商品的成本相对美国商品上升。这一调整过程只有当汇率调整至购买力平价水平,即从 $E^1_{p/\$}$ 下降到 $E^2_{p/\$}$ 时才会停止,此时,两国同一篮子商品的成本相等。

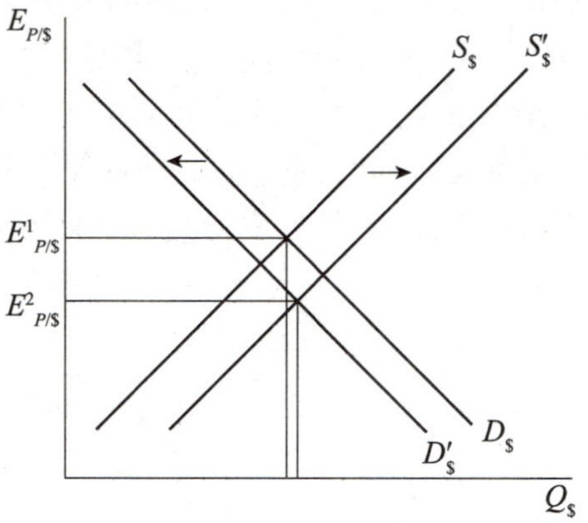

图 12-2　购买力平价与外汇市场均衡

(二) 购买力平价与商品市场均衡——价格水平调整

依照购买力平价理论,汇率水平的变化是由两国相对价格水平的变化引起的。假定一篮子商品中商品的种类和数量总是保持不变,一篮子商品成本发生变化唯有来自商品价格的变化。由于价格水平的变化代表了通货膨胀率,根据购买力平价理论,这意味着两国差别化的通货膨胀率将导致汇率变动。

假设一国汇率初始处于购买力平价水平,如果墨西哥价格水平上升(比索通货膨胀),则会出现非均衡情境 1:$CB_\$ E_{P/\$} < CB_P$;如果美国物价水平下降(美元通货紧缩),或者墨西哥物价比美国物价上涨更快,进出口商的行为将引起美元升值和比索贬值。总之,根据购买力平价理论,墨西哥物价水平相对于美国物价水平上升(即墨西哥通货膨胀比美国更严重),将导致美元升值和比索贬值。

类似地,假设一国汇率初始处于购买力平价水平,如果美国物价水平上升,墨西哥物价水平下降,或者美国的通货膨胀比墨西哥的通货膨胀上涨得更快,则出现均衡情境 2:$CB_\$ E_{P/\$} > CB_P$。在这种情况下,两国物价水平的差异会影响两国进出口商的行为,并导致美元贬值和比索升值。

四、购买力平价与实际汇率的实证检验

(一) 购买力平价与实际汇率

实际汇率是一国从事国际经济活动时最主要的价格指标,它反映了该国的相对国际竞争力水平,并对其国际收支状况与国内宏观经济活动产生重要影响。购买力平价与实际汇率既有联系又有区别。清楚地认识两者的关系,对我们正确判别实际汇率高低、提高政策实践效果有着重要意义。

实际汇率是反映两国货币购买力的汇率,即名义汇率基础上剔除了通货膨胀因素后的汇率(参见第十章　第三节)。它的定义可用公式表示为 $E_R = S \cdot P^*/P$。式中,E_R 表示实际汇率,S 为名义汇率(直接标价法,下同),P^* 和 P 分别是外国和本国的价格指数。显然,实际汇率反映的是两国商品的比价关系或交换比率而不是货币的兑换关系。由于价格指数是一国一

篮子商品的价格水平，因此实际汇率实际上是用本国一篮子商品的价格来衡量外国一篮子商品的价格。本币对外币实际汇率 E_R 的上升意味着本币对外币的实际贬值；反之亦然。

从实际汇率的定义及计算公式不难看出，购买力平价就是实际汇率的特殊情形，即 E_R 等于 1（即购买力平价）时的汇率公式。这意味着，如果购买力平价成立，此时的交换比率（即实际汇率）是 1∶1；如果购买力平价不成立，即实际汇率不等于 1。其原因可能是名义汇率的变化，或者商品价格的变化，或者二者共同变化造成的。

（二）购买力平价的实证检验

检验购买力平价理论最简单的方法是计算实际汇率。计算实际汇率的关键在于价格指数的选取，不同的选取往往有着不同的含义。经济学研究中，最常用的价格指数包括四类：消费者价格指数（CPI）、批发价格指数（WPI）、国内生产总值平减指数（GDP Deflator）和生产者价格指数（PPI）。其中，在实际汇率的计算中以 CPI 最常被使用。一方面，CPI 与人们的消费生活息息相关，由此计算的实际汇率，体现了人们日常生活中所消费产品的实际价值与竞争力；另一方面，各国普遍公布 CPI 月度数据，数据可得性强。由于 CPI 中既包含可贸易品，也包含不可贸易品，因此用 CPI 计算的实际汇率，其所蕴含的价格信息比较全面。但是，若研究关注的是一国的经济活动总量，则 GDP 平减指数是更为适用的变量，因为它的覆盖面更广泛。遗憾的是，绝大多数国家只公布 GDP 平减指数的季度数据，不便于随时跟踪。WPI 和 PPI 的内容以可贸易品为主，所以在内涵上只衡量了本国可贸易品与外国可贸易品的相对竞争力。显然，选择不同的价格指数，会导致不同的实际汇率计算结果。

检验购买力平价理论的另一种方法是计量经济学方法，其检验方程为：

$$s_t = \alpha + \beta(p_t - p_t^*) + u_t \qquad (12-14)$$

（12－14）式中，α、β 为系数，u_t 为随机误差项，t 为时间标识。当 $\alpha=0$、$\beta=1$ 时，购买力平价成立。

实证研究的一般结论：①20 世纪 70 年代实行浮动汇率制以来，实际汇率与名义汇率保持着高度的相关性，实际汇率变动幅度很大；②一般只有在高通货膨胀时期，购买力平价才能较好地成立；③在短期，高于或低于正常的购买力平价的偏差经常发生，并且偏离的幅度很大；④在长期，尽管缺乏一致显著的证据，但部分证据表明购买力平价成立；⑤现实中，汇率变动的幅度远远超过价格变动的幅度。购买力平价理论的检验结果的矛盾引起了广泛的争议，主要围绕两个方面：一是购买力平价理论本身的缺陷；二是检验的技术问题。一般认为，短期来看，汇率会因为各种因素暂时偏离购买力平价，如价格黏性、资本和金融账户交易等；长期来看，实际经济因素的变动也会使名义汇率与购买力平价产生分离，如生产率的变动、消费偏好的变动、自然资源的发现、贸易管制等。

检验购买力平价理论还有一种更简单、直观的方法，即英国《经济学人》杂志每年发布的巨无霸指数，见（专栏 12－1）。

专栏 12－1

购买力平价与巨无霸指数

巨无霸指数（Big Mac Index）是一个非正式的经济指数，用以测量两种货币的汇率在理论上是否合理。该指数由英国《经济学人》杂志于 1986 年 9 月推出，此后每年发布一次新的指数。《经济学人》创立的巨无霸指数，用以计算货币相对美元的汇率是否合理。

该指数假设全世界的麦当劳巨无霸汉堡包的价格都是一样的,然后将各地的巨无霸当地价格,通过汇率换算成美元售价,就可以比较出各个国家的购买力水平差异。根据购买力平价理论,1 美元在全球各地的购买力都应相同,若某地的巨无霸售价比美国低,就表示其货币相对美元的汇率被低估,相反则是高估。

例如,假设1 个巨无霸在美国的售价为2.50 美元,在英国的售价为2.00 英镑;购买力平价汇率就是 1.25(2.50/2.00)。如果外汇市场上1 美元能买入 0.55 英镑(或£ 1 =$1.82),则表示以两国巨无霸的售价而言,英镑对美元的汇价被高估了45.6%((1.82 - 1.25)/1.25 ×100%)。

再如,智利《金融日报》2014 年 1 月 24 日报道,根据最新一期巨无霸指数,智利比索被低估 20.2%。智利本地麦当劳巨无霸的售价为2000 比索,按美元对比索 1:541.95 计算为 3.69 美元。巨无霸在美国的售价为 4.64 美元,据此,美元对智利比索的汇率应为 1:432.03,智利比索价值被低估。

然而,用巨无霸来测量购买力平价是有缺陷的:

一是巨无霸的代表性有限。比方说,当地税收、商业竞争力及巨无霸材料的进口税可能无法代表该国的整体经济状况。在许多国家,在像麦当劳这样的国际快餐店进餐要比在当地餐馆贵,而且不同国家对巨无霸的需求也不一样。例如,在美国这样的发达国家,低收入家庭可能会一周几次在麦当劳进餐;但在中国和一些亚洲国家,低收入者可能从来就不会去吃巨无霸。

二是即使是在同一国家也有地区价格差。例如,在日本东京繁华街道"六本木"的麦当劳出售的"巨无霸套餐"的价格是640 日元;而在日本鸟取县的麦当劳出售的"巨无霸套餐"的价格却是560 日元。相同商品在富裕的地方售价高,在不富裕的地方售价较低,"地域价格差"现象正在扩大。

对此日本麦当劳的负责人说,"即便是相同商品,也会由于地区差异而价格不同"。由于价格上涨,出于居民收入、人工费、租金等的考虑,麦当劳把价格按地区分成五个层次。因此,东京附近的千叶县的"巨无霸套餐"是620 日元,群马县的是590 日元,九州熊本县的是580 日元,而在鸟取、岛根、山形县等五个地方价格下调。可以说,在全世界食材价格都上涨的情况下,这些地区的价格下调可以说是一个例外。

实际上,看一下日本政府发布的各地区收入(2004 年为基准),东京(人均456 万日元)居全国第1 位,鸟取县(237 万日元)位于低收入的第37 位。另外,人工费也如此,东京的工时费每小时是1100 日元,鸟取县是700 日元。这样,如果由于商品相同就卖相同的价格,会使低收入地区为租金和人工费较高的大都市负担费用,由此产生"收入逆流"的现象。如果说20 世纪90 年代的日本的"价格破坏"现象反映了当时经济的不景气,那现在的情况则反映出"地区经济差异产生地域价格差"的经济理论。"地域价格差"作为继90 年代的"价格破坏"后的日本新价格秩序,急速扩散。

三是用巨无霸来判定汇率,有失偏颇。因为巨无霸是贸易产品,比起非贸易产品(如房子之类)而言,贸易产品在发展中国家的发展要快得多,所以用巨无霸来衡量发展中国家与发达国家之间的汇率水平,显然失之偏颇。举例来说,2013 年发布的巨无霸指数显示(见图 12 -3),大部分的新兴市场国家的货币都在一定程度上被低估,货币被高估的则大多是欧盟的边缘国家,如冰岛、挪威和瑞士。其实用这个指数来对比经济发展阶段相同的国家时,更能说明问题。

2013 年7 月,一个巨无霸在美国的平均价格为4.56 美元,在中国的价格仅为16 元人民币

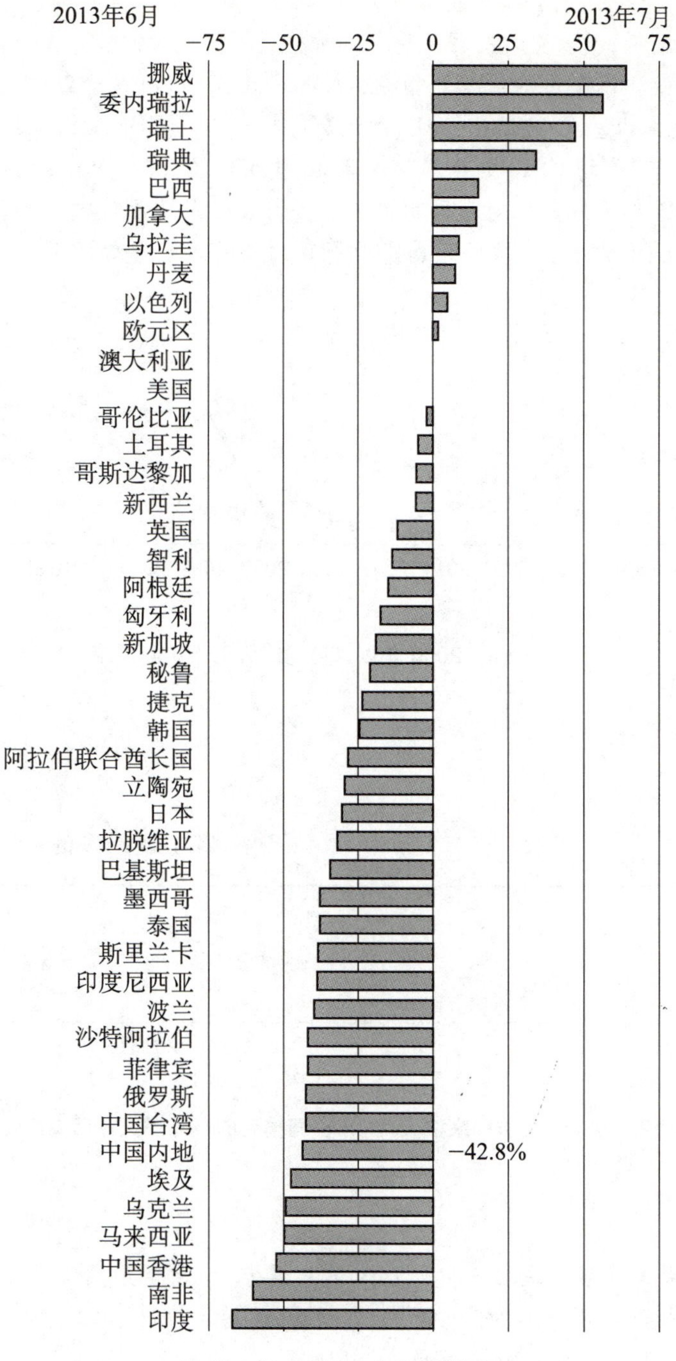

图 12－3 2013 年巨无霸指数

注:按当地价格折算为美元。

资料来源:英国《经济学人》杂志。

(2.61 美元)。所以,按照巨无霸指数的“原始”算法,人民币被低估了 42.8%,具体算法为 (2.61－4.56)/4.56＝－42.8%。当期,美元对人民币汇率为 6.13,而“合理汇率”应该为 3.51(1 美元＝3.51 元人民币,即 16 元人民币＝4.56 美元)。

英国《经济学人》按巨无霸指数折算的人民币汇率如图 12 - 4 所示。有批评者认为,因为穷国的劳动力成本较低,所以当地的巨无霸平均价格较富国更为便宜。因此,《经济学人》提供了经调整的巨无霸指数。调整后的巨无霸指数,以 48 个国家和地区(含欧元区)的"巨无霸价格"与"人均 GDP"的比率为基准,描绘出一条"巨无霸价格与人均 GDP 的最佳组合线"。然后,通过各国"巨无霸价格"与"人均 GDP"的比率和这条"最佳组合线"进行对比,考量其汇率是否合理。按照这一标准,2013 年 7 月美元对人民币的汇率为 6.13,人民币仅被低估了 5.9%。英国《经济学人》根据人均 GDP 调整后,按巨无霸指数折算的人民币汇率如图 12 - 5 所示。

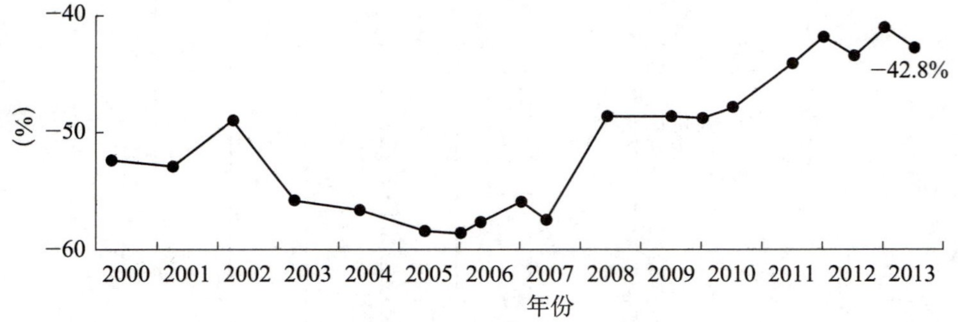

图 12 - 4　2000 年以来巨无霸人民币实际汇率

注:" - "代表低估。

资料来源:英国《经济学人》杂志。

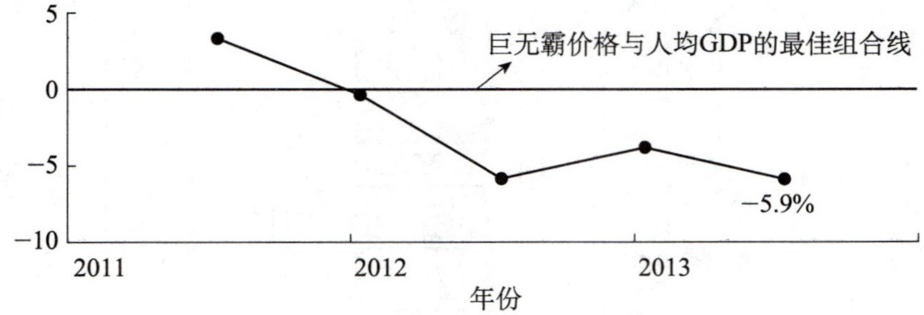

图 12 - 5　2011 年以来按人均 GDP 调整后的巨无霸人民币实际汇率

注:" - "代表低估。

资料来源:英国《经济学人》杂志。

另外,即使不考虑发展中国家与发达国家的发展差异,由于不同国家之间消费者对商品的偏好是不一致的,也会导致价格的"虚假"。对于非完全浮动汇率的国家,巨无霸指数也是偏离实际均衡的。

不过,尽管存在若干的局限与争议,巨无霸指数仍广为经济学家所引述。事实上,巨无霸指数目前已经成为一个全球性的指标,被收录进经济学教科书,并成为学术研究的主题。

资料来源:根据英国《经济学人》杂志巨无霸指数公开信息整理。

第三节　对购买力平价理论的评价

一、购买力平价理论的重要意义

购买力平价在汇率决定理论上占有十分重要的位置,具有广泛的政策影响力。购买力平价从货币购买力的角度分析汇率问题、符合逻辑、易于理解、表达形式最为简单,对于汇率决定这样一个复杂的问题,给出了最简洁的描述;购买力平价把物价水平和汇率决定联系在一起,这实际上是从商品交易出发来讨论货币交易,这对讨论一国的汇率政策与发展进出口贸易的关系具有非常重要的参考价值。特别是在信用货币的条件下,通货膨胀或通货紧缩成为各国经济的普遍常态,在此情形下,购买力平价可以作为确定中长期均衡汇率的主要依据。

购买力平价理论指出,两国货币购买力之比就是汇率决定的基础,而汇率的变化也是由两国购买力之比的变化引起的。因此,购买力平价体现为一定时点上两国货币的均衡汇率,是两国物价水平之比。根据绝对购买力平价,在各国实行自由贸易的条件下,当国际价格(即不同货币的相对购买力)保持稳定时,国际收支将趋于平衡,因此可以从两国的物价水平求得均衡汇率。而根据相对购买力平价,汇率的升降取决于物价水平或货币购买力的变动,汇率的变动要与两国物价水平的相对变动成比例。因为它是从价格指数求得均衡汇率,以平价为轴心,汇率随物价的涨落而变动。理论上,在物价发生剧烈波动之后,以购买力平价作为建立新汇率的基础,基本上是正确的。

从统计验证来看,虽然经验证据与绝对购买力平价不相吻合,但相对购买力平价却非常接近均衡汇率,特别是在通货膨胀严重的时期。因此,这个学说今天仍为很多国际经济理论界所接受,并被普遍作为汇率的长期均衡标准而应用于其他汇率理论和政策分析中。

目前,购买力平价被广泛用于各种类型的国际经济比较。概括起来,购买力平价法有如下作用:

(1) 评定各国经济实力。在国际收入比较上,购买力平价被作为换算工具,用来比较各国的主要国民经济指标,这样能够避免按照市场汇率转换而产生的偏差,因为市场汇率一般倾向于低估发展中国家的实际收入水平。除了比较各国的 GDP,按购买力平价法计算的人均 GDP 也已经成为国际上许多有关综合国力比较方案中不可缺少的重要指标。如联合国每年公布的人类发展指数所据以计算的三大项指标之一,就是按购买力平价法计算的人均 GDP。

(2) 把货币的实际购买力与汇率进行对比,可以判断一国货币币值是否被高估或低估,为制定正确的汇率政策提供依据。一个国家的货币币值的高估或低估,都会对这个国家的经济运行产生显著的影响。货币定值过高,会使净出口减少,影响经济增长;反之,货币定值过低,将刺激出口,外汇流入增加,导致输入型通货膨胀。因此,借助购买力平价可以合理判断本国货币的汇率水平,这对于制定适当的汇率政策具有十分重要的意义。

(3) 比较不同国家的价格水平、居民的实际收入水平和消费水平。通过计算人均实际 GDP 指数、人均实际收入指数、人均实际支出指数等人均数量指数,可以较为科学、合理地评判不同国家价格水平的差异,从而为确定不同国家居民的生活水平提供依据;为正确核算国际收支和资产,核算国外投资的实际价值,以及进行国际投资提供决策服务。

二、购买力平价理论的局限

购买力平价向来被视为计算均衡汇率的基础,然而购买力平价的成立必须有一定的条件。

例如,它所依据的一价定律要求国际市场处于完全理想的自由贸易状态,价格能随供求的变化而灵活地进行调整,不存在任何价格上的黏性。但这些条件在现实的经济生活中难以完全满足。同时,购买力平价理论也忽视了其他一些因素(如国际资本流动等)对汇率决定的影响。上述这些问题使得购买力平价理论的适用性受到影响。

首先,它从货币数量说明物价水平。假定货币数量是影响物价的唯一因素,这不符合实际情形,许多经济因素如生产成本、投资储蓄、资本流动、贸易条件,以及汇率本身的变动也会影响物价水平。

其次,它的各种限制条件是比较严格的。它要求两国的生产结构和消费结构大体相同,价格体系相当接近,否则两国的货币购买力就失去可比性。它还要求两国价格指数只限于贸易产品,忽视了非贸易产品。由于非贸易产品的价格不能通过国际贸易而趋于一致,而且各个国家的贸易产品和非贸易产品的相对价格经常变动,因而两国贸易购买力很难达到平价水平。因为需求模式可能发生变化,运输、推销、关税、限额、补贴也会影响价格机制,所以对各国的物价水平不易确定一个比较合理的基础,在计算相对购买力平价时,也很难决定一个可比的价格指数基期,在平价计算上存在一系列的技术困难。

再次,它假定外汇市场上只存在经常账户的交易,忽略了金融账户交易对外汇供求的影响。这样,按购买力平价计算的均衡汇率仅仅意味着贸易平衡,并非贸易与金融账户的全面平衡。于是一国资本流出就将发生国际收支赤字,资本流入就将获得国际收支盈余。这样,一国政府可能把稳定状态的汇率当做失调来处理,反而造成汇率体系的不稳定。

另外,由于购买力平价仅仅决定长期汇率,没有将通货膨胀预期、贸易管制、贸易成本及其他的各类短期影响因素计入,因此对于即期汇率来说,购买力平价的参考意义不是太大。

在实践上,购买力平价的应用也带来若干问题:

第一,计算购买力平价商品的代表性难以保证。由于各国的经济发展水平、消费水平和消费习惯存在较大的差别,不同国家间的产品质量差异很大,因此要在各国选取绝对相同的货物和服务几乎是不可能的;并且产品的代表性也很难保证,对于一国来说具有代表性的产品,对于其他国家则不一定具有代表性。不同国家很难在商品分类上做到一致和可操作,商品分类上的主观性扭曲了购买力平价。

第二,该理论在计算具体汇率时,存在许多困难。主要表现在价格指数的选择上,是以参加国际交换的贸易产品的价格为指标,还是以国内全部商品的价格(即一般物价)为指标,很难确定。物价指数的选择不同,可以导致不同的购买力平价。并且,由于购买力平价的计算很麻烦,要把 GDP 细分类,每个细目包括的商品品种又有多种,这就需要耗费很大的人力、物力。

第三,价格资料的收集和处理具有相当的灵活性。对于价格资料的收集,不可能对各国制定严格统一的规定。由于各国缺乏统一的原则,这就使各国在平均价格的计算上具有很大的灵活性,如样本城市和平均方法的选择都有很大的调整余地。一个国家可以从某种目的出发,人为地拉高或调低本国的平均价格,如果将比较结果用于政策目的,各国将产生"修正"数据的倾向。

第四,按购买力平价计算 GDP,会高估发展中国家的货币购买力。一方面,发展中国家正处于经济转型阶段,对外开放程度相对较低,以建筑产品、服务项目为主要内容的非贸易品占相当大的比重;而且,这些非贸易品质量较差,其价格也相应地低于国际价格,如果将这部分非贸易品与国际市场上质优价高的商品和服务相比较,必然会高估发展中国家的货币购买力。另一方面,发展中国家市场经济的发展水平较低,政府对教育、医疗、房租、工资等项目给予不同程度的补贴,价格机制不甚完善,价格扭曲较为严重,有相当一部分的商品和服务的价格偏低,这样也会造成发展中国家的货币购买力被高估。

综上所述,尽管购买力平价理论有不少缺点,但它目前仍是估计均衡汇率的最简便的方法。随着世界经济的高度发展与发展的差异性,汇率决定也受到愈来愈复杂因素的影响,单一变量越来越难以完整地解释汇率行为方式。购买力平价作为一种经典的汇率理论也必然要收纳新的方法和分析工具,向前发展,取得新的解释力。

本章小结

1. 购买力平价理论主张,两种货币间的汇率取决于两国货币各自所具有的购买力之比。
2. 一价定律揭示了国内商品价格和汇率之间的内在联系,是购买力平价的基础。
3. 购买力平价具有两种表现形式:绝对购买力平价和相对购买力平价。
4. 购买力平价下,一篮子商品套利行为影响的是两国货币的汇率,而不是商品的市场价格。商品市场均衡条件为购买力平价方程。
5. 购买力平价为实际汇率等于 1 的特殊情形。计算实际汇率的关键在于价格指数的选取。
6. 用巨无霸指数来衡量发展中国家与发达国家之间的汇率水平,有失公允。
7. 购买力平价今天仍为国际经济理论界所接受,并被普遍作为汇率的长期均衡标准而应用于政策分析及各种类型的国际经济比较。
8. 购买力平价理论的假定条件在现实的经济生活中难以完全成立,该理论忽视了国际资本流动等因素对汇率决定的影响。这些局限使得购买力平价理论的适用性受到影响。

关键概念

商品市场套利	一价定律
购买力	购买力平价
绝对购买力平价	消费者价格指数
相对购买力平价	购买力平价方程
贸易品	非贸易品
实际汇率	巨无霸指数

复习思考题

1. 何谓一价定律? 一价定律成立的限制条件有哪些?
2. 为何相对购买力平价成立,而绝对购买力平价不一定成立?
3. 购买力平价理论本身的缺陷是什么? 为什么?
4. 用购买力平价法估计 GDP 为何会高估发展中经济体的经济总量?
5. 巨无霸指数为何会高估发展中国家的汇率水平?
6. 计算购买力平价的物价指数有哪些? 各自有哪些优缺点?

课后习题

登录中国国家外汇管理局、国家统计局与美国商务部网站,收集2005年汇改以来人民币对美元的汇率以及中美两国的消费者价格指数的变动资料,试计算历年人民币对美元的相对购买力平价汇率,并简要说明您的结论。

资料链接

1. 世界银行国际比较项目:http://web.worldbank.org/WBSITE/EXTERNAL/DATASTATISTICS/ICPEXT/0,pagePK:62002243~theSitePK:270065,00.html

2. 英国《经济学人》杂志巨无霸指数:http://www.economist.com/economics-a-to-z/b#node-21529455

3. https://pwt.sas.upenn.edu/cic_main.html

4. http://en.wikipedia.org/wiki/Purchasing_power_parity

5. http://www.oecd.org/std/purchasingpowerparitiespppsdata.htm

延伸阅读

1. 陈彪如. 国际金融概论. 上海:上海华东师范大学出版社,1988.

2. 郑超愚,朱南松,张瑶. 动态购买力平价理论:概念、证据与运用[J]. 经济研究. 2007(6).

3. 张迎春. 世界银行的购买力平价体系[J]. 统计教育. 2008(7).

4. 〔美〕保罗·R. 克鲁格曼,茅瑞斯·奥伯斯法尔德著,黄卫平等译. 国际经济学(下册)(第8版). 北京:中国人民大学出版社,2011.

5. Gustav Cassel. Abnormal Deviations in International Exchanges[J]. *The Economic Journal*. 1981,28(112):413—441.

6. Taylor, Alan M. A Century of Purchasing-Power Parity[J]. *Review of Economics and Statistics*. 2002,84(1):139—150.

下节提示

汇率与资产市场均衡:利率平价理论

第十三章

汇率与资产市场均衡：利率平价理论

前面一章，我们讨论了汇率的商品和服务市场决定的汇率理论。其中，进出口水平的变化通过经常账户的货物和服务贸易影响外汇市场的美元供求。在本章，我们将讨论汇率的资本和金融账户决定理论——利率平价理论。利率及其预期的变动通过资本和金融账户交易如何影响外汇市场的美元供求量，进而引起均衡汇率的调整。

主要内容

本章首先讨论利率平价的基本概念；其次讨论国际投资收益率的计算；再次讨论利率平价条件、利率平价与外汇市场均衡、汇率决定的资产市场方法及均衡汇率变动的图形分析；最后是对利率平价理论的简要评价。

知识与技能目标

通过本章的学习，掌握利率平价的基本概念及其计算公式；能够运用利率平价理论分析外汇市场的均衡；理解利率平价理论的重要意义与作用，明晰利率平价理论的局限与应用条件。

引导案例

高盛:2017 年年底欧元将与美元平价

案例导读:根据利率平价理论，不同货币利率的高低变化决定着汇率水平及其变动，这是因为：不同货币资产回报率或利率的高低引起国际资本的流动，直接影响外汇市场的供求，利率倾向于走低的货币将导致投资者减持；反之则会引起国际资本的追捧，从而引起汇率走势的变化。本案例中，国际投行高盛缘何调低欧元未来汇率的估值水平？其基本依据就是欧洲中央银行货币政策态势的取向将倾向于继续减息。那么利率水平是否就是决定汇率高低的全部依据呢？本章的内容将对此进行更深入的、全面的分析。

环球外汇 9 月 5 日讯:2013 年对美元走势做出预测的华尔街投行之中，高盛是唯一一家准确预测美元下跌的投行。在彭博通讯社对 60 多位分析师的调查中，高盛首席外汇策略师 Robin Brooks

对美元汇率的预测排在最高之列。他认为,从长期来看,到2017年年底欧元将与美元平价。

Robin Brooks此前在接受采访时表示,在反映美国经济复苏方面,外汇市场一直比债券市场表现得更为反复无常,尽管美联储在加息问题上不会操之过急,但多年来实施非常规的货币宽松措施后,美联储也不是许多人担心的那么鸽派。

Robin Brooks随后将欧元/美元6个月预估值由1.34下调至1.25,并称欧洲中央银行必须进一步放宽货币政策,以对抗下滑的通货膨胀预期;且欧元到2017年年底将跌到与美元同价,欧元/美元6个月内将贬值1.25%—5%。

Robin Brooks进一步表示,欧元将与美元平价的更长期预测,纯粹是基于美国经济增长将优于欧元区这个看法。相比对欧元的预估,美国经济增长明显地表现得更佳。在贸易加权的基础上,预计未来12个月美元对十国集团货币将上涨6%。

最新数据显示,高盛将欧元/美元3个月预估值由1.35调降至1.29,1年预估值由1.30下调至1.20。但彭博通讯社调查的各银行中,这属于最悲观的看法,各银行的预估中值是2014年年底会在1.31,2015年第一季度末会跌至1.30。

隔夜欧洲央行(ECB)意外降息,欧洲中央银行将指标再融资利率从0.15%降至0.05%,隔夜存款利率则进一步调降至-0.2%,并宣布将推出资产购买计划以对抗通货紧缩风险,欧元/美元创下近3年最大单日跌幅,美元对一篮子主要货币创下2013年8月来的最大单日涨幅。

欧洲中央银行行长德拉基(Mario Draghi)在意外降息后不久的记者会上表示,将从下月开始购买证券化贷款和担保债券。欧元/美元跌穿1.3000,为14个月首见,纽约尾盘欧元/美元跌1.55%,报1.2946,略高于稍早触及的1.2921的14个月低点,跌幅创2011年11月以来最大。

美元汇率正在获得强劲支撑。美联储7月份的会议纪要显示,决策官员讨论到就业增长可能使他们比原先预期更早加息的可能性。该联储自2008年12月以来就维持基准利率在0—0.25%的纪录低点。彭博通讯社汇编的数据显示,期货交易员预估美联储2015年7月前开始加息的概率为56%,而美联储加息将提升美元计价资产的吸引力。

资料来源:环球外汇网2014年9月5日。

第一节　利率平价理论概述

上一章讨论购买力平价的局限时指出,购买力平价虽然可以作为计算均衡汇率的基础,然而它假定外汇市场上只存在经常账户的交易,忽略了资本和金融账户交易对外汇供求的影响。而市场的现实是,由资本和金融账户交易引起的国际资本流动对汇率的形成与变动有着更直接、更广泛的影响,这使得购买力平价理论的适用性受到限制。显然,购买力平价的缺陷需要弥补,而汇率决定的现实也需要用不同的理论来加以概括。

利率平价理论(Theory of Interest-Rate Parity)就是基于资产交易的视角提出的汇率决定理论。它不同于购买力平价从商品贸易角度来研究汇率决定,而是从资本和金融账户角度来研究国际资本流动对汇率的形成和影响。利率平价理论的核心理念是:在开放经济条件下,在有效率的金融市场上,理性的投资者要不断地在本币与外币资产的投资之间进行选择,选择依据就是不同资产的收益率。本币与外币资产之间的转换会带来外汇市场供求关系的变化,从而对汇率产生影响。由于不同资产收益率的差异直接表现在两种货币的利率差异上,因此汇率的预期变化与两种货币的短期利率紧密相关。换言之,汇率不是由贸易账户交易决定,而是由资本账户交易直接决定的。不同货币资产回报率或利率的高低是国际资本流动的直接驱动力,而汇率决定及其变化取决于利率变化引起的国际资本流动。在资本具有充分流动性的条件下,投资者的套利行为使得国际金融市场上以不同货币计价的相似资产的收益率趋于一致。也就是说,套利资本的跨国流动保证了一价定律适用于国际金融市场。

利率平价理论的思想可追溯到19世纪下半叶。1923年,凯恩斯在其著作《货币改革论》中,系统地阐述了利率与汇率之间的关系,指出两国间的利差导致套利性资本的国际间流动,这种资本流动对汇率尤其是短期汇率具有决定性的作用。凯恩斯的汇率理论称为古典利率平价理论。20世纪50年代后,英国经济学家保罗·艾因齐格提出了动态的利率平价理论。20世纪50年代到70年代,欧洲美元市场及离岸金融市场的兴起,使得国际金融格局和资本流动出现了不同的特点,并对汇率决定产生了深远的影响,由此产生了无抛补利率平价(Uncovered Interest Rate Parity,UIRP)和抛补利率平价(Covered Interest Parity,CIP)等现代利率平价理论。

利率平价理论通过利率与即期汇率及远期汇率之间的关系,说明汇率的决定与变动的原因。它认为两个国家利率的差额等于远期汇率和即期汇率之间的差额。均衡汇率是通过国际抛补套利[①](Covered Interest Arbitrage)引起的外汇交易所形成的。在两国利率存在差异的情况下,资金将从低利率国流向高利率国以谋取利润。但套利者在比较金融资产的收益率时,不仅要考虑两种资产的利率所提供的收益率,还要考虑两种资产由于汇率变动所产生的收益变动(即外汇风险)。套利者往往将套利与掉期业务相结合,以避免汇率风险损失。大量掉期外汇交易的结果是,低利率货币的即期汇率下降,期汇汇率上浮;高利率货币的即期汇率上浮,期汇汇率下降。远期差价为期汇汇率与现汇汇率的差额,由此低利率货币就会出现远期升水(Forward Premium,即远期汇率高于即期汇率),高利率货币则会出现远期贴水(Forward Discount,即远期汇率低于即期汇率)。随着抛补套利的不断进行,远期差价就会不断加大,直到两种资产所提供的收益率完全相等,抛补套利活动才会停止,这时远期差价正好等于两国利差,即利率平价成立。

简言之,利率平价理论认为,远期差价由两国的利率差异决定(远期汇率的升水率、贴水率约等于两国间的利率差异),并且高利率货币在期汇市场上必定贴水,低利率货币在期汇市场上必定升水。在没有交易成本的情况下,远期差价等于两国的利率差异。

实证研究发现,虽然受各种风险、费用、税收和资本流动性差异的影响,实际与理论预测结果有所偏离,但通常情况下抛补利率平价成立。如果抛补利率平价与无抛补利率平价同时成立,则意味着未来的即期汇率为远期汇率的无偏预测值。这种关系可以用来测试无抛补利率平价是否成立,检验结果有的支持有的不支持。若抛补利率平价与购买力平价同时成立,则表明了一种实际利率的平价关系:预期实际利率代表实际汇率的预期调整关系。这种关系一般在更长的期限以及新兴市场国家显著成立。

---

① 抛补套利是指将套利和掉期交易结合起来进行的外汇交易,套利者在把资金从甲国调往乙国以获取较高利息的同时,还在外汇市场上卖出远期的乙国货币以防止风险。

专栏 13－1

利率平价理论的实证检验

由于中国还未建立起远期外汇市场，因此难以获取远期汇率的数据，我们就直接检验中国利率、美国利率和人民币即期汇率的线性关系。如果中国利率和人民币即期汇率呈负相关关系且美国利率和人民币即期汇率呈正相关关系同时成立，则利率平价理论能够很好地解释人民币的汇率走势，否则不能。

我们选择表 13－1 所示的数据，R 代表人民币汇率，INRATEC 和 INRATEU 分别代表中国和美国的 1 年期定期存款利率，FR 代表中国的外汇储备。

表 13－1　人民币汇率、中美 1 年期存款利率及中国外汇储备

年份	R	INRATEC(%)	INRATEU(%)	FR(亿美元)
1996	8.3142	7.47	5.29	10.50
1997	8.2898	5.67	5.50	13.99
1998	8.2791	4.59	4.68	14.50
1999	8.2783	2.25	5.30	15.47
2000	8.2784	2.25	6.73	16.56
2001	8.2770	2.25	3.86	21.22
2002	8.2770	1.98	2.21	28.64
2003	8.2770	1.87	1.36	40.33
2004	8.2768	2.25	2.13	60.99
2005	8.1917	2.25	4.04	70.89

资料来源：中国人民银行，《中国金融统计年鉴 1995—2005》。

用 Eviews 5.0 分析以上数据，并通过建立模型进行对比，我们从中选取了两个拟合优度较高、统计较为显著的模型（因为人民币汇率与中国的外汇储备量有很大的联系，所以我们将外汇储备也纳入模型当中），如表 13－2 和表 13－3 所示。从中可以看出，人民币汇率与美元利率及外汇储备都呈负相关关系，且它们对应的系数都统计显著。表 13－3 是增加人民币利率变量之后的回归结果。显然，人民币利率的加入对整个模型的影响并不是很大，其他变量原来的系数还是统计显著，而新增的人民币利率变量的系数却是统计不显著的。由此可见，人民币利率对汇率的解释力度较弱，两者之间没有显著的因果联动关系。

表 13－2　汇率与美国利率及外汇储备的回归结果

被解释变量：LOG(R)				
变量	系数	标准误	t 统计值	概率
C	2.1412	0.0060	355.6044	0.0000
LOG(INRATEU)	－0.0051	0.0017	－2.9758	0.0206
LOG(FR)	－0.0068	0.0013	－5.0343	0.0015
R^2（判定系数）	0.7852		被解释变量均值	2.1131
调整后的 R^2（判定系数）	0.7239		被解释变量均值	0.0038

表 13-3　汇率与美国利率及外汇储备的回归结果

被解释变量: LOG(R)				
变量	系数	标准误	t 统计值	概率
C	2.1395	0.0077	278.72900	0.0000
LOG(INRATEC)	0.0008	0.0019	0.41170	0.6949
LOG(INRATEU)	-0.0052	0.0018	-2.82380	0.0302
LOG(FR)	-0.0064	0.0016	-3.91844	0.0078
R^2(判定系数)	0.7852	被解释变量均值		2.1131
调整后的 R^2(判定系数)	0.7239	被解释变量均值		0.0038

综上所述,从表 13-2 和表 13-3 都可以看出,人民币汇率与美元利率呈负相关关系,即使不考虑表 13-3 的统计不显著问题,得出人民币汇率与人民币利率呈正相关的结论,我们还是可以推翻利率平价论对人民币汇率的解释。因为根据利率平价论得出的结论是,美国利率应该与即期汇率呈同向变动,而人民币利率应该与即期汇率呈反向变动。显然,我们的回归结果与此完全相反。

结论:利率平价理论对人民币汇率走势不适用。

由于中国目前在汇率和利率市场尤其是在资本市场上的缺陷,使得利率平价理论难以对人民币汇率做出很好的解释。

资料来源:网易博客 Je suis une 路痴。

第二节　利率平价的基本内容

一、利率平价的假设条件

利率平价的成立取决于两个基本假设:其一,资本可以自由流动,即资本账户开放,投资者可以随时用本国资产兑换外国资产;其二,本国资产与外国资产的风险和流动性具有相似的性质,两种资产具有完全的可替代性。由于资本自由流动和资产完全可替代,不论是本国资产还是外国资产,投资者将倾向于持有能够提供较高收益的资产。倘若投资者既持有国内资产也持有国外资产,则国内资产收益率与国外资产收益率之间必定是无差异的。当然,这并不是说国内投资者和国外投资者将获得等额收益,但任何给定一国的单个投资者都希望其国内、国外的投资决策都可赚取相同的收益。

二、国际投资收益率的计算

既然资本账户资金流动的目的是寻求更有利的投资收益,那么理解资本流动的关键是首先需要确定资本的跨境投资收益率。以下我们将以美元代表本国货币,以英镑代表外国货币进行说明。①

① 在本章的分析中,我们以美元代表本国货币,以英镑代表外国货币,这并不失一般性,因为两种货币都是可自由兑换货币且本土资本市场完全开放,而其他货币往往具有特殊局限。

（一）国际投资收益率的计算公式推导

假设投资者必须在具有同等风险和流动性的两个投资项目之间做出投资决定。其中,第一个潜在投资是由一家美国商业银行发行的1年期定期存款单(CD),而第二个潜在投资是由一家英国商业银行发行的1年期定期存款单(CD)。令:

$E_{\$/£}$ 代表英镑对美元的即期汇率;$E^e_{\$/£}$ 代表英镑对美元1年后的预期汇率;$i_\$$ 代表美国商业银行CD的年利率;$i_£$ 代表英国商业银行CD的年利率。

(1) 确定美国CD收益率。美国CD收益率即美元存款利率:$RoR_\$ = i_\$$

(2) 确定英国CD收益率。英国CD收益率的确定较为复杂。如果持有美元的美国投资者打算投资英国CD,则须在即期市场上先用美元兑换成英镑,再用英镑购买英国CD;1年后,投资者须按当时的汇率把英镑兑换回美元。该项投资的收益率等于年内美元的百分比变化,其计算步骤如下:

步骤1:将美元兑换为英镑。$\frac{P}{E_{\$/£}}$为投资者在年初拥有的英镑金额。其中,$P$ 为投资者拥有的美元本金;$E_{\$/£}$ 为英镑对美元的汇率。

步骤2:购买英国存单赚取英镑年利息。$\frac{P}{E_{\$/£}}(1+i£)$为投资者在年底将获得的英镑金额。其中,括号中的第一项为本金,第二项为所获利息 $i_£$ 。

步骤3:1年后把本金及利息兑换成美元。$\frac{P}{E_{\$/£}}(1+i£)E^e_{\$/£}$ 为投资者可以期望在年底拥有的美元金额。其中,$E^e_{\$/£}$ 为英镑对美元的预期汇率。

通过计算投资者美元资产1年期价值的预期百分比变化,可以求得以美元计价的该项英国投资收益率 $RoR_£$,如(13-1)式所示。

$$RoR_£ = \frac{\frac{P}{E_{\$/£}}(1+i_£)E^e_{\$/£} - P}{P} \tag{13-1}$$

约分得:

$$RoR_£ = \frac{E^e_{\$/£}}{E_{\$/£}}(1+i_£) - 1 \tag{13-2}$$

（二）对投资收益率公式的解释

为直观起见,可对(13-2)式进行调整。

步骤1:公式右端去括号,同时加减 $i_£$,得:

$$RoR_£ = \frac{E^e_{\$/£}}{E_{\$/£}} + i_£\frac{E^e_{\$/£}}{E_{\$/£}} - 1 + i_£ - i_£ \tag{13-3}$$

步骤2:因 $\frac{E_{\$/£}}{E_{\$/£}}=1$,故可令 -1 为 $-\frac{E_{\$/£}}{E_{\$/£}}$,$-i_£$ 为 $-i_£\frac{E_{\$/£}}{E_{\$/£}}$,不会改变收益率公式的值。

$$RoR_£ = \frac{E^e_{\$/£}}{E_{\$/£}} + i_£\frac{E^e_{\$/£}}{E_{\$/£}} - \frac{E_{\$/£}}{E_{\$/£}} + i_£ - i_£\frac{E_{\$/£}}{E_{\$/£}} \tag{13-4}$$

步骤3:整理得:

$$RoR_£ = i_£ + \frac{E^e_{\$/£}}{E_{\$/£}} - \frac{E_{\$/£}}{E_{\$/£}} + i_£\frac{E^e_{\$/£}}{E_{\$/£}} - i_£\frac{E_{\$/£}}{E_{\$/£}} \tag{13-5}$$

步骤4：合并同分母项简化整理得：

$$\mathrm{RoR}_{£}=i_{£}+\frac{E^{e}_{\$/£}-E_{\$/£}}{E_{\$/£}}+i_{£}\frac{E^{e}_{\$/£}-E_{\$/£}}{E_{\$/£}} \tag{13-6}$$

步骤5：提取公因式整理得：

$$\mathrm{RoR}_{£}=i_{£}+(1+i_{£})\frac{E^{e}_{\$/£}-E_{\$/£}}{E_{\$/£}} \tag{13-7}$$

(13－7)式表明，英国资产的期望收益率取决于两项因素，即英国利率和英镑的预期变化率。如果$\frac{E^{e}_{\$/£}-E_{\$/£}}{E_{\$/£}}$为正，则期望英镑远期汇率高于当前即期汇率，这意味着市场预期未来英镑会升值。也就是说，$\frac{E^{e}_{\$/£}-E_{\$/£}}{E_{\$/£}}$代表了来年英镑的预期升值率。类似地，如果$\frac{E^{e}_{\$/£}-E_{\$/£}}{E_{\$/£}}$为负，则代表来年英镑的预期贬值率。英镑价值的预期变化率乘以$(1+i_{£})$，即投资收益率计算公式中的本金和利息部分。

要分析汇率的影响，须假设英国资产无利息收入。这样，收益率公式就可简化为(13－8)式：

$$\mathrm{RoR}_{£}=0.0+(1+i_{£})\frac{E^{e}_{\$/£}-E_{\$/£}}{E_{\$/£}}=(1+i_{£})\frac{E^{e}_{\$/£}-E_{\$/£}}{E_{\$/£}} \tag{13-8}$$

这意味着收益率的增加全部来自英镑升值。在此情形下，投资获利的实际来源为货币套利，即在年初英镑汇率较低时买进英镑，然后在年底英镑汇率较高时卖出。

类似地，如汇率不变，投资收益率的计算公式可简化为资产的利率。

$$\mathrm{RoR}_{£}=i_{£}+(1+i_{£})\frac{E^{e}_{\$/£}-E_{\$/£}}{E_{\$/£}}=i_{£}+(1+i_{£})\times 0=i_{£} \tag{13-9}$$

最后，再回到投资收益率公式。(13－7)式的第一项代表外国资产利率对总收益率的贡献；第二项为汇率变化率乘以本金和利息之和，对应汇率变动对总收益率的贡献。$(1+i_{£})$意味着汇率收益可分解为本金和利息两部分。假设汇率变化为正，本金和利息将随汇率变化而增加。因此，公式的第二项代表单纯由汇率变动产生的投资者本金和利息的增长率。

三、利率平价条件

基本定义：若本国货币(例如美元)存款的收益率等于外国货币(例如英镑)存款的预期收益率，则利率平价条件成立。

$$\mathrm{RoR}_{\$}=\mathrm{RoR}_{£} \tag{13-10}$$

将利率平价条件代入上述收益率公式可得：

$$\mathrm{RoR}_{\$}=\mathrm{RoR}_{£}=i_{£}+(1+i_{£})\frac{E^{e}_{\$/£}-E_{\$/£}}{E_{\$/£}} \tag{13-11}$$

由于$\frac{E^{e}_{\$/£}-E_{\$/£}}{E_{\$/£}}$和$i_{£}$的数值都很小，所以乘积$\frac{E^{e}_{\$/£}-E_{\$/£}}{E_{\$/£}}\cdot i_{£}$可以忽略不计，则有：

$$i_{\$}-i_{£}=\frac{E^{e}_{\$/£}-E_{\$/£}}{E_{\$/£}} \tag{13-12}$$

(13－12)式即为抛补利率平价的近似表达式，其经济含义是，预期的未来即期汇率变动率等于两国利率之差。在抛补利率平价成立时，如果本国的利率高于外国利率，则意味着市场预期本币在远期将贬值;反之,预期本币远期升值。

但应注意,如果利率水平很高,近似公式取得的结果会产生较大的差距。例如,1997 年俄罗斯和土耳其两国的年利率曾分别高达 60% 和 75%。显然,如此高的利率,运用近似公式无法计算正确的收益率。

四、实际利率平价

实际利率平价是指在金融市场主体可以进行理性预期及自由套利的前提下,不同国家之间的实际利率应当相等。

当无抛补利率平价与购买力平价均成立时,两个平价条件揭示了预期实际利率之间的一种关系,其中预期实际利率的变化反映了实际汇率的预期变化。这个条件称为实际利率平价(Real Interest Rate Parity ,RIRP),且与国际费雪效应有关。因此,实际利率平价可以根据费雪方程式、购买力平价和无抛补利率平价推导。

我们将利率平价与购买力平价结合起来考察。投资者在作投资选择时,考虑的是实际收益而不是名义收益,这表明名义利率须包括通货膨胀预期。通货膨胀对名义利率的预期效应称为费雪效应,它由美国经济学家欧文·费雪提出,因此通货膨胀率与利率之间的关系式又称费雪方程。

$$r = i - \pi \tag{13-13}$$

(13-13)式中,r 为实际利率,i 为名义利率,π 为预期通货膨胀率。对外国来说,费雪方程同样成立。

$$r^* = i^* - \pi \tag{13-14}$$

当各国不存在资本管制时,国际资本的完全自由流动必然导致两国的实际利率相等。

$$r = r^* \tag{13-15}$$

将(13-13)、(13-14)两式代入(13-15)式后得:

$$i - \pi = i^* - \pi^* \tag{13-16}$$

根据利率平价的近似表达式,预期未来即期汇率变动率等于两国利率之差,即 $\Delta E^e = i - i^*$,故有:

$$\Delta E^e = i - i^* = \pi - \pi^* \tag{13-17}$$

(13-17)式即表述国际费雪效应的费雪方程式,它将汇率升水、两国名义利率之差和两国预期通货膨胀率之差联系起来。

真实利率平价取决于几个假定,包括有效市场、没有国家风险溢价和预期实际汇率变化为零。实际利率平价条件表明,套利行为会拉平两国之间的实际利率,资本流动将导致消除套利机会的结果。

第三节 利率平价与资产市场均衡

一、汇率决定的资产市场方法(Asset Approach to Exchange Rate Determination)

利率平价可用于构建汇率决定的资产市场①模型。亦即,以资产市场上的投资者行为来

① 金融资产买卖或交易的场所,这可以是有形市场(如股票市场),也可以是无形市场(如外汇市场)。

解释汇率相应于市场的变动。

首先，需要以更一般的条件来重新解释收益率公式。这里，两国利率水平为 1 年期定期存款利率，代表两国当前市场的平均利率水平；同样，预期汇率已不再限于单个投资者的预期汇率，而是所有投资者的平均预期汇率。这样，资产收益率便成为两国各类资产的平均预期收益率。

其次，假设外汇市场上每个交易日投资者的外汇供给始终对应着其他投资者的外汇需求。考虑纽约外汇市场的英镑市场如图 13－1 所示。

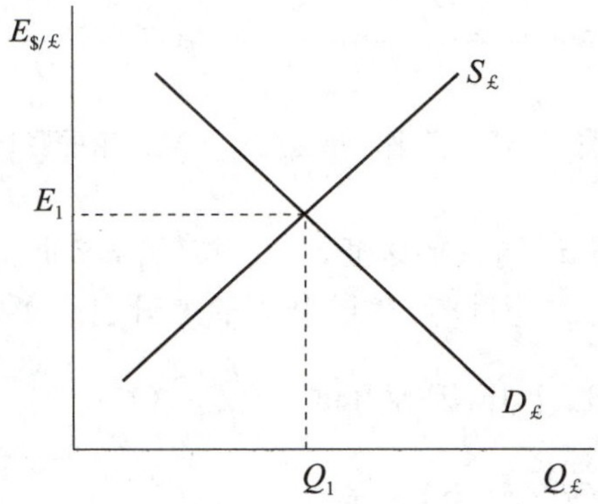

图 13－1 汇率决定的资产市场方法

图 13－1 中，横坐标标记英镑的供求量，纵坐标标记英镑的价格（即英镑汇率），令 $S_£$ 代表不同汇率水平上兑换美元的英镑供给，$D_£$ 代表任意可能汇率水平上用于美元兑换的英镑需求。英镑供给主要由需要美元来购买美元资产的英国投资者提供；不过，英镑供给也可能来自兑换从前获得的英镑的美国投资者。英镑需求通常由提供美元购买英镑资产的美国投资者提供；当然，也可能来自决定把此前获得的美元兑换为英镑的英国投资者。

根据英镑收益率的计算公式：

$$\mathrm{RoR}_£ = i_£ + (1 + i_£)\frac{E^e_{\$/£} - E_{\$/£}}{E_{\$/£}}$$

可以看出，随着 $E_{\$/£}$ 上升，$\mathrm{RoR}_£$ 下降。这意味着，在较高的英镑价位上，英国投资者乐意供给更多的英镑；但美国投资者对英镑的需求量则会减少。这就解释了为什么英镑供给曲线向上倾斜（正斜率），而英镑需求曲线向下倾斜（负斜率）。英镑供给曲线与需求曲线的交点决定了外汇市场上英镑交易的均衡汇率 E_1，以及英镑交易的均衡数量 Q_1。

二、利率变动对即期汇率的影响

（一）本国（美国）利率变化对即期汇率的影响

如图 13－2 所示，假设外汇市场初始时处于均衡状态，即在均衡汇率 E_1 处，英镑供给等于英镑需求（$S_£ = D_£$）。美国利率上升提高了美元资产的收益率 $\mathrm{RoR}_\$$，这在原有汇率水平上将引起美元资产收益率上升并超过英镑资产收益率，即 $\mathrm{RoR}_\$ > \mathrm{RoR}_£$。这会增加外汇市场上英镑的供给，因为英国投资者将寻求较高的美元资产平均收益率。与此同时，较高的美元资产收益率，使得美国投资者决定投资于美国而不是英国，这也会降低美国投资者对英镑的需求。

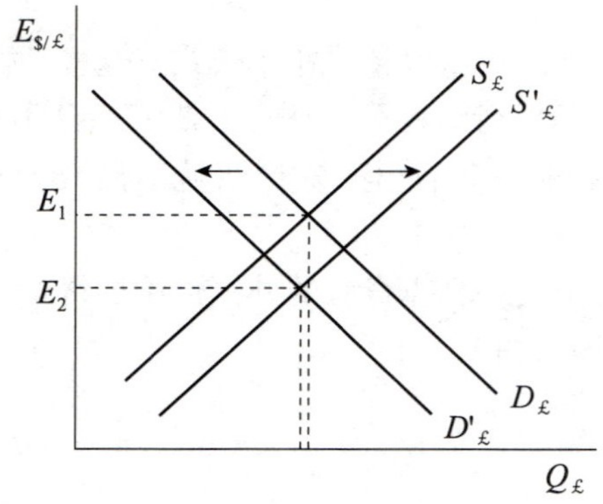

图 13-2　美国利率变化对即期汇率的影响

在图形上,英镑供给曲线 $S_£$ 向右平移至 $S'_£$ 处,英镑需求曲线 $D_£$ 则向左平移至 $D'_£$ 处,而均衡汇率则从 E_1 下降到 E_2。这意味着,美国利率的上升引起英镑贬值和美元升值。随着汇率下跌,英镑资产收益率 $RoR_£$ 上升,因为 $RoR_£ = \frac{E^e_{\$/£}}{E_{\$/£}}(1+i_£)-1$。$RoR_£$ 继续上升,直到利率平价条件 $RoR_\$ = RoR_£$ 再次成立。

(二)外国(英国)利率变化对即期汇率的影响

如图 13-3 所示,假设外汇市场初始时处于均衡状态,即在均衡汇率 E_1 处,英镑供给等于对英镑需求($S_£ = D_£$)。英国利率提高了英国资产的收益率 $RoR_£$,这在原有汇率水平上将引起英镑资产收益率上升并超过美元资产收益率,即 $RoR_£ > RoR_\$$。随着美国投资者寻求更高平均收益率的英国资产,这将引发外汇市场上对英镑的需求;同时,较高的英镑资产收益率使得英国投资者决定投资于本国而不是美国,这也会降低英国投资者对英镑的供给。

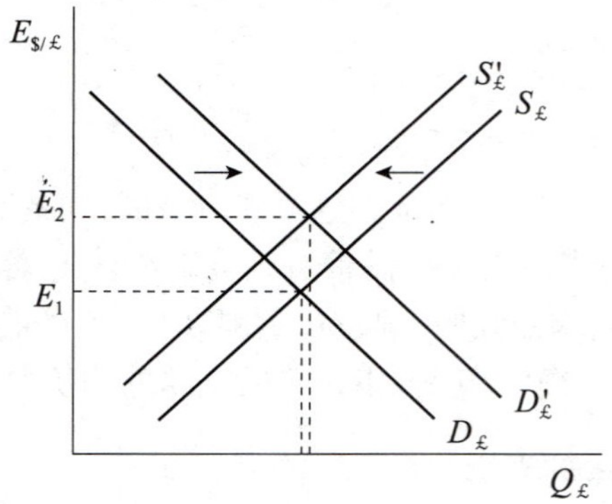

图 13-3　英国利率变化对即期汇率的影响

在图形上,英镑需求曲线 $D_£$ 向右平移至 $D'_£$ 处,英镑供给曲线 $S_£$ 则向左平移至 $S'_£$ 处,而均衡汇率则从 E_1 上升到 E_2。这意味着,英镑利率的上升引起英镑升值和美元贬值。随着汇率上升,英镑收益率 $RoR_£$ 下降,因为 $RoR_£ = \frac{E^e_{\$/£}}{E_{\$/£}}(1+i_£)-1$。$RoR_£$ 继续下降,直到利率平价条件 $RoR_\$ = RoR_£$ 再次成立。

三、预期汇率变化对即期汇率的影响

图 13－4 描述了英国预期汇率变化对即期汇率的影响。假设外汇市场初始时处于均衡状态,即在均衡汇率 E_1 处,英镑供给等于对英镑需求($S_£ = D_£$)。现在假设投资者突然提高未来的预期汇率 $E^e_{\$/£}$。这意味着,如果投资者已经预期英镑升值,现在期望英镑升值得更多;同样的,如果投资者预期美元贬值,现在期望美元贬值得更多。并且,如果投资者预期英镑贬值,现在期望英镑贬值得较少;同样的,如果投资者预期美元升值,现在则期望美元升值得较少。

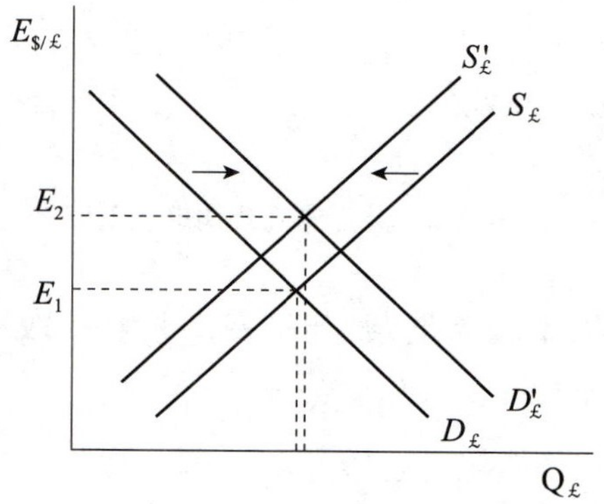

图 13－4 英镑预期变化对即期汇率的影响

由于出现了新的信息,可能会引起上述变化。例如,英国央行可能释放信息,暗示将增加英镑未来升值的机会。预期汇率的升值引发英国资产收益率 $RoR_£$ 向上调整,使之在原有汇率的水平上超过美国资产收益率,即 $RoR_£ > RoR_\$$。这会造成外汇市场上对英镑的需求伴随美国投资者追求更高平均收益的英国资产而增加。由于英国投资者决定投资本国而不是投资美国,还会降低英国投资者的英镑供给。因此,在图形上,英镑需求曲线 $D_£$ 向右平移至 $D'_£$ 处,而英镑供给曲线 $S_£$ 则向左平移至 $S'_£$ 处,均衡汇率则从 E_1 上升到 E_2。这意味着,预期汇率 $E^e_{\$/£}$ 的上升引起英镑升值和美元贬值。

这是预期自我实现的例子。如果投资者突然认为未来英镑会升值得更多,那么据此预期行为,英镑现在将开始升值,因而实现自我预期。[①] 随着汇率上升,英镑收益率 $RoR_£$ 下降,因为 $RoR_£ = \frac{E^e_{\$/£}}{E_{\$/£}}(1 + i_£) - 1$。$RoR_£$ 继续下降,直到利率平价条件 $RoR_\$ = RoR_£$ 再次成立。

四、外汇市场均衡的收益率图形分析

(一)外汇市场均衡的收益率基本图形

外汇市场均衡汇率行为也可以借助图形方法予以解释。收益率图形描述的是以两个不同国家的资产作为汇率的函数的收益率,图形描述的均衡条件是利率平价条件。

从两个不同国家的存款收益率公式出发,考虑一个持有美元的投资者,比较购买一家美国

① 此处指外汇市场上,市场参与者基于对未来利率、汇率的预期进行买卖。他们的买卖操作会使市场实际汇率朝其所希望的方向变化,直到达到预期。

银行发行的1年期存单与一家英国银行发行的1年期存单。美国存单收益率计算出的仅是美元利率 $RoR_\$ = i_\$$,如图13-5所示。

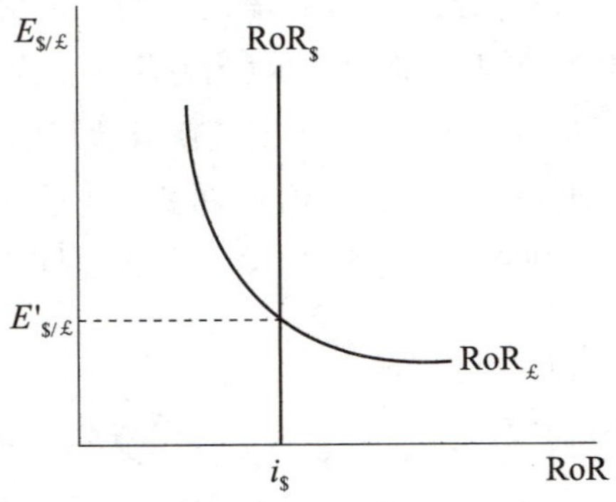

图13-5　外汇市场均衡的收益率

英国资产收益率的影响因素较为复杂,英国资产收益率取决于英国利率 $i_£$、即期汇率 $E_{\$/£}$ 以及预期汇率 $E^e_{\$/£}$。简单计算公式如下:

$$RoR_£ = \frac{E^e_{\$/£}}{E_{\$/£}}(1 + i_£) - 1$$

在图13-5中,我们绘制了关于美元对英镑汇率 $E_{\$/£}$,美元资产与英镑资产的两个收益率方程——$RoR_\$$ 与 $RoR_£$。因为美元资产收益率 $RoR_\$$ 不是汇率的函数,所以表现为在美元利率 $i_\$$ 处的一条垂线(美元利率外生给定)。这意味着,无论汇率如何变动,美元资产收益率 $RoR_\$$ 始终固定在美元利率水平不变。

然而,英镑收益率 $RoR_£$ 是汇率的函数,两者呈负相关关系,因为汇率 $E_{\$/£}$ 是方程的分母。这意味着,随着汇率 $E_{\$/£}$ 上升,英镑收益率 $RoR_£$ 将下降;反之亦然。通过审视英镑收益率 $RoR_£$ 的替代公式(13-7),有助于理解这种负相关关系:

$$RoR_£ = i_£ + \frac{E^e_{\$/£} - E_{\$/£}}{E_{\$/£}}(1 + i_£)$$

前面我们对收益率公式的解释中曾经指出,汇率表达式表示的是英镑的预期百分变化率。因而根据(13-7)式,汇率的预期变化将直接影响收益率的变化。例如,假设汇率的变化率为正,意味着投资者相信英镑在投资期内会升值;而且,英镑的预期升值将提高英国投资者的总收益率。再如,假设即期汇率 $E_{\$/£}$ 上升,预期汇率不变,意味着汇率会下降。这反过来会降低整体收益率,即汇率 $E_{\$/£}$ 与收益率 $RoR_£$ 呈负相关关系。

$RoR_\$$ 与 $RoR_£$ 两条曲线的交点 $E'_{\$/£}$ 为均衡汇率,因为 $E'_{\$/£}$ 是使利率平价条件成立(即 $RoR_\$$ 与 $RoR_£$ 相等)的英镑对美元汇率。对均衡汇率 $E'_{\$/£}$ 的任何偏离都会激发投资者行为的改变,从而迫使汇率回到利率平价所必需的水平。

(二) 均衡汇率调整的收益率图形分析

对于经济学中的任何均衡,必须解释是何种力量驱使内生变量达于均衡值。外汇模型中的内生变量是汇率,外生变量是美元对英镑的预期汇率 $E^e_{\$/£}$、美元名义利率 $i_\$$ 与英镑名义利率 $i_£$。外生变量的变化引起均衡汇率的调整。在阐明均衡过程时,通常是假定出于某种原因内生变量不在均衡位置,然后解释如何及为什么该变量将调整到均衡值。

1. 汇率太高

如图 13－6 所示,假设出于某种原因,市场汇率目前位于 $E''_{\$/£}$ 处,而 $E'_{\$/£}$ 为均衡汇率。因为在 $E'_{\$/£}$ 处,英镑资产收益率与美元资产收益率相等($RoR_£ = RoR_\$$),利率平价条件满足,所以在 $E''_{\$/£}$ 处,英镑对美元的汇率太高。由于英镑汇率以美元表示,因此也可以说英镑的汇价过高,不满足利率平价条件。

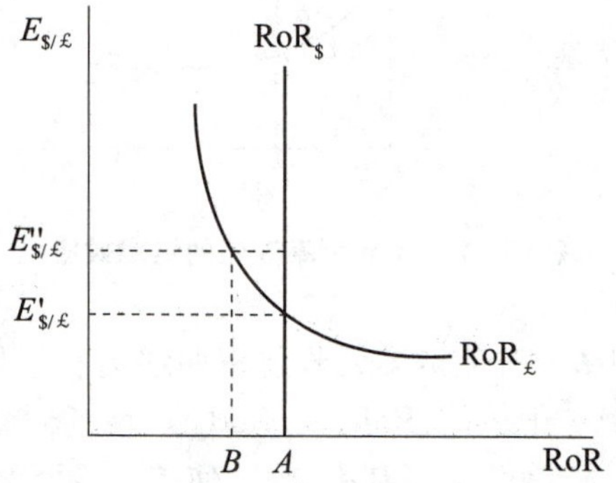

图 13－6　外汇市场非均衡的调整

在市场汇率 $E''_{\$/£}$ 处,美元收益率 $RoR_\$$ 由横坐标上的 A 值给出,即美元利率;但英镑收益率 $RoR_£$ 则由 B 值给定。

这意味着,英镑收益率小于美元收益率,即 $RoR_£ < RoR_\$$,利率平价条件不成立。在这种情况下,美元存款的较高收益会激励投资者投资美元资产而不是英镑资产。由于英国投资者追求更高平均收益的美元资产,这将增加外汇市场上的英镑供给;同时,美国投资者决定投资于本国而不是英国,也会降低外汇市场上的英镑需求。外汇市场上英镑供求的变化将会拉低英镑,推升美元,反映为英镑对美元汇率 $E_{\$/£}$ 下降。更直接地,当美元存款收益率高于英镑存款收益率时,投资者对较高收益率货币的需求增加,而对较低收益率货币的需求减少。这种外汇需求的变化将使得最初收益率较高的货币的价值(美元)上升,同时另一种货币(英镑)的价值下降。

随着汇率从 $E''_{\$/£}$ 下跌至 $E'_{\$/£}$,英镑收益率 $RoR_£$ 开始上升,从 B 值到 A 值。这是因为,$RoR_£$ 与汇率变动负相关。一旦汇率下跌到 $E'_{\$/£}$,英镑资产收益率 $RoR_£$ 将与美元资产收益率 $RoR_\$$ 相等(A 值),利率平价将成立。此时,市场不再存在使汇率变化的进一步压力,因而在 $E'_{\$/£}$ 处,外汇市场达于均衡。

2. 汇率太低

如果出于某种原因,市场汇率低于均衡汇率,汇率则会往相反的方向调整。如图 13－6 所示,在任何汇率低于均衡汇率 $E'_{\$/£}$ 处,即 $RoR_£ > RoR_\$$。这种情况将会激励投资者将资金转向具有高收益率的英国资产。随后,对英镑需求的增加将拉升外汇市场上英镑的价格,从而使英镑对美元汇率 $E_{\$/£}$ 上升,美元价值下降。英镑对美元汇率将继续上升,使英镑收益率不断下降,直到英镑收益率与美元收益率在均衡汇率 $E'_{\$/£}$ 处相等($RoR_£ = RoR_\$$),利率平价再次成立。

(三)美元利率变化的汇率效应

假设外汇市场初始时处于均衡状态(见图 13－7),故在由 $E'_{\$/£}$ 给定的初始均衡汇率处,$RoR_£ = RoR_\$$(利率平价成立)。现假设其他条件不变,美国利率上升,而英镑利率 $i_£$ 及预期汇率 $E^e_{\$/£}$ 均保持不变。

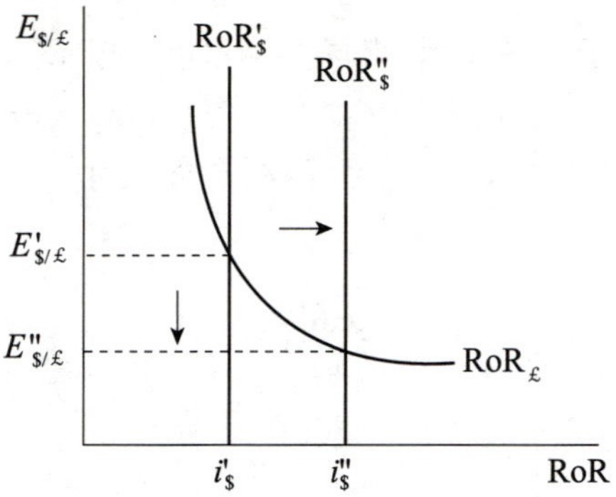

图 13 -7 美元利率变化的汇率效应

如图 13 -7 所示,美元利率上升使得美元收益率曲线向右平移,从初始位置 $RoR'_\$$ 移动到 $RoR''_\$$。在美元刚刚升息、汇率变化之前,$RoR_\$ > RoR_£$。市场向新的均衡汇率的调整将依照前述“汇率太高”的方式进行。因此,美国利率走高,使美元投资对投资者更具吸引力,导致外汇市场对美元的需求增加,美元升值而英镑贬值,英镑对美元汇率从 $E'_{\$/£}$ 处下降到新的均衡汇率 $E''_{\$/£}$ 处。简言之,美国加息将使美元资产收益率上升并超过英镑资产收益率,结果导致投资者转而投资美元资产,使英镑对美元汇率 $E_{\$/£}$ 下降。

反之,美国降息将使美元资产收益率下降并低于英镑资产收益率,导致投资者转而投资英国资产,导致英镑对美元汇率 $E_{\$/£}$ 上升(即美元贬值而英镑升值)。

(四) 外国利率变化对汇率的影响

假设外汇市场初始时处于均衡状态(见图 13 -8),故在由 $E'_{\$/£}$ 给定的初始均衡汇率处,$RoR_£ = RoR_\$$(利率平价成立)。现假设其他条件不变,英国利率上升,而美元利率 $i_\$$ 及预期汇率 $E^e_{\$/£}$ 均保持不变。

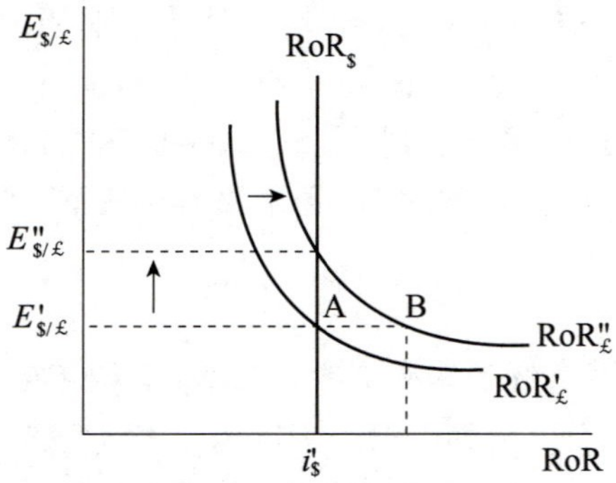

图 13 -8 外国利率变化的汇率效应

如图 13 -8 所示,英国利率 $i_£$ 上升,将使得英镑资产的收益率曲线 RoR 向右平移,从 $RoR'_£$ 移动到 $RoR''_£$。英镑资产收益率曲线平移可通过单利率收益公式(13 -2)给予解释:

$$RoR_£ = \frac{E^e_{\$/£}}{E_{\$/£}}(1 + i_£) - 1$$

假设在汇率 $E'_{\$/£}$ 处,市场为初始均衡。由(13 -2)式可知,对于任何给定的预期汇率

$E^e_{\$/£}$,英国利率 $i_£$ 上升显然会提升英镑收益率 $RoR_£$。在图形上,体现为英镑收益率曲线 $RoR_£$ 从 A 到 B 的向右平移。利用 B 处的新利率与预期汇率,可绘制出向下倾斜的 RoR 曲线,结果同样是一条曲线,但整条曲线向右平移。

在英镑刚刚升息、汇率变化之前,$RoR_£ > RoR_\$$。故市场向新均衡汇率的调整将依前述“汇率太低”的方式进行。因此,英国利率走高将使英镑投资对投资者更具吸引力,导致外汇市场对英镑的需求增加,英镑升值而美元贬值,英镑对美元汇率从 $E_{\$/£}$ 处上升到新的均衡汇率 $E''_{\$/£}$ 处。简言之,英国加息将使英镑资产收益率上升并超过美元资产收益率,导致投资者转而投资英国资产,使英镑对美元汇率 $E_{\$/£}$ 上升。

反之,英国降息将使英镑资产收益率下降并低于美元资产收益率,导致投资者转而投资美国资产,使英镑对美元汇率 $E_{\$/£}$ 下降(即英镑贬值而美元升值)。

(五) 预期汇率变化对汇率的影响

假设外汇市场初始时处于均衡状态(见图 13-9),故在由 $E'_{\$/£}$ 给定的初始均衡汇率处,$RoR_£ = RoR_\$$(利率平价成立)。现假设其他条件不变,投资者预期英镑对美元的汇率 $E^e_{\$/£}$ 上升,而美元利率 $i_\$$ 及英镑利率 $i_£$ 均保持不变。

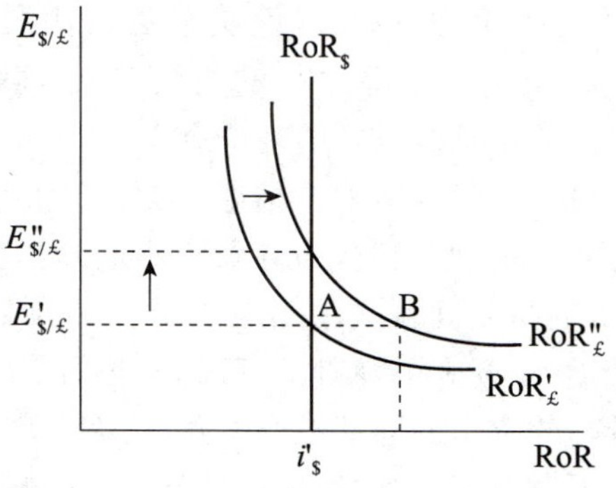

图 13-9　预期汇率变化对汇率的影响

预期汇率上升意味着投资者原本预期英镑升值,现在期望英镑进一步升值;同样的,如果投资者预期美元贬值,则现在期望美元继续贬值。或者,如果市场预期英镑贬值,现在则期望英镑贬值较少;同样的,如果投资者预期美元升值,现在则期望美元升值较少。

发布的新信息,可能引起这类市场预期的变化。例如,英国央行可能会释放信息,暗示增加英镑未来升值的机会。如图 13-9 所示,预期汇率 $E^e_{\$/£}$ 上升,将使得英镑资产收益率曲线 RoR 向右平移,从 $RoR'_£$ 移动到 $RoR''_£$。英镑资产收益率曲线平移同样可通过单利率收益公式给予解释:

$$RoR_£ = \frac{E^e_{\$/£}}{E_{\$/£}}(1 + i_£) - 1$$

假设在汇率 $E'_{\$/£}$ 处,市场为初始均衡。由(13-2)式可知,对于任何给定的英镑利率水平 $i_£$,预期汇率 $E^e_{\$/£}$ 上升显然会提升英镑资产收益率 $RoR_£$。在图形上,体现为英镑资产收益率曲线 $RoR_£$ 从 A 到 B 向右平移。利用 B 处与新的预期汇率,可绘制出向下倾斜的 RoR 曲线,结果与原来图形相似,同样是一条曲线,但整条曲线向右平移。

在汇率变化之前,$RoR_£ > RoR_\$$。此时若市场预期变化,即预期汇率上升,市场向新均衡汇率的调整将依照“汇率太低”的方式进行。因此,预期英镑走高将使英镑对投资者更具吸引力,导致外汇市场对英镑的需求增加,英镑升值而美元贬值,英镑对美元汇率从 $E'_{\$/£}$ 处上升到新的均衡汇率 $E''_{\$/£}$ 处。简言之,预期英镑升值将使英镑资产收益率上升并超过美元资产收益率,导致投资者转而投资英国资产,英镑对美元汇率 $E_{\$/£}$ 上升。

反之,预期英镑走低将使英镑资产收益率下降并低于美元资产收益率,导致投资者转而投资美国资产,使英镑对美元汇率 $E_{\$/£}$ 下降(即英镑贬值而美元升值)。

第四节 对利率平价理论的简要评价

一、利率平价理论的重要意义

利率平价理论指出了汇率和利率之间的内在联系,说明了外汇市场上即期汇率、远期汇率之间的关系。它认为汇率取决于两国货币资产的相对收益,以利差作为汇率变动的主要原因,这不仅对金融市场的微观参与主体具有实际的指导意义,对政府预测远期汇率趋势,调整汇率政策也有较大的参考价值。

(1)利率平价理论与购买力平价理论相比较,更接近当代汇率行为的现实和市场实际。它从国际资本流动的角度揭示了汇率与利率之间的关系,对于理解与分析远期汇率的决定及其与即期汇率、即期利率之间的关系具有重要的理论意义。

通过对利率平价理论的分析,可以得出如下结论:①当各国利率存在差异时,投资者通常希望将资本投向利率较高的国家,这种套利行为导致资本的跨国界、跨市场流动;②投资收益能否实现不但取决于利率水平的高低,而且取决于汇率水平的预期变动率,如果汇兑损失超过了利差收益,投资者就会蒙受损失;③为了规避汇率风险,投资者通常在远期外汇市场上卖出高利率国家的货币;④利率较高的货币的即期汇率上浮、远期汇率下降,出现远期贴水,而利率较低的货币的即期汇率下降、远期汇率上浮,出现远期升水;⑤抛补套利活动的不断进行,使得远期差价发生变化,直到资本在两国之间获得的收益率完全相等为止。

利率平价理论的这些主要结论,对于当今世界均衡汇率的形成与变动都具有比较强的解释力。

(2)利率平价理论可以较好地解释当代国际资本流动的成因。从利率平价方程可以看出,导致资本跨国界流动的因素主要有三个:①利差的相对变化,即资本通常由利率低的国家和地区流向利率高的国家和地区;②汇率状况导致的本币预期贬值率的变化,即本币面临的贬值压力的上升(下降)会导致资本从本币(外币)向外币(本币)的转移,发生资本流出(流入);③利率和汇率之间的联动关系,即资本流动的方向不仅取决于利率差异和汇率水平,还取决于利率和汇率之间的相互影响。

(3)利率平价理论具有较高的实践价值。由于利率的变动是政府货币当局主要的货币政策工具之一,而利率对汇率又具有突出的影响作用,从而为中央银行对外汇市场进行灵活的调节提供了有效的途径。另外,根据利率平价的理论公式计算的远期汇率,也为外汇银行确定远期汇率的报价提供了重要的参照依据。

(4)利率平价理论对新兴市场防范货币危机具有重要的政策意义。新兴市场货币危机的导火索是短期国际游资的投机性炒作,而投机商决定资本投向的依据实际上是利率、汇率以及利率平价之间的联动关系。利率平价的分析结论有助于新兴市场采取适当的利率、汇率与资本管制政策,防范或减少货币危机的发生或冲击。

二、利率平价理论的主要缺陷

实践上,利率平价理论并非总是成立,其本身存在一些缺陷,主要表现在:

(1)没有考虑交易成本。交易成本是很重要的因素。事实上,在有交易成本的情况下,国际间的抛补套利活动在达到利率平价之前就会停止。

(2) 利率平价理论假定金融市场完全有效,并且在国际间不存在资本流动的障碍,这个条件在现实生活中是不存在的。

(3)利率平价理论假定套利资金规模是无限的,故套利者能不断进行抛补套利,直到利率平价成立。但事实上,从事抛补套利的资金并不是无限的。随着套利资金的递增,其风险也会递增。此外,套利也有机会成本,而且随套利资金的增加而递增。

(4)利率平价理论仅分析了汇率与利率间的相互关系,只是一种短期的市场汇率分析。

除了上述缺陷外,利率平价理论在对货币危机的解释力方面也存在局限。例如,利率平价通常考虑两个国家的利差及汇率的预期变动,对于多国汇率变动的关联性的解释能力不足,因此无力解释货币危机的大面积传染。此外,在资本完全流动的前提下,无法区分外部冲击的长期反应与短期反应的本质差异。

因此,在现实生活中,出于各种原因,利率平价并不总是成立。然而,也正是因为利率平价理论的不完善以及国际金融市场的不断变革和高速发展,新的现代汇率理论(如弹性价格货币理论、黏性价格货币理论及资产组合平衡理论等)相继出现。不同于传统理论从国际收支流量的角度来解释汇率的决定与变动,这些理论主要从资产市场存量供给均衡的角度来解释汇率问题。而其共同的理论渊源无疑与利率平价这一理论的核心思想相关。

本章小结

1. 利率平价理论认为,若本国货币存款的收益率等于外国货币存款的预期收益率,则称利率平价条件成立;预期的未来即期汇率变动率等于两国利率之差。

2. 利率平价有两种表现形式,即无抛补利率平价与抛补利率平价。

3. 利率平价可用于构建资产市场汇率决定模型。

4. 实际利率平价是指,在金融市场主体可以进行理性预期及自由套利的前提下,不同国家之间的实际利率应当相等。

5. 利率平价的假定条件严格,在现实生活中,出于各种原因,利率平价并不总是成立。

关键概念

抛补套利　　无抛补利率平价
抛补利率平价　　国际资产收益率
本币资产收益率　　外币资产收益率
利率平价条件　　收益率曲线
实际利率平价　　资产市场
均衡汇率

复习思考题

1. 什么是利率平价？利率平价成立的基本假设条件有哪些？
2. 抛补利率平价的近似表达式有何经济含义？
3. 汇率决定的资产市场方法的实质是什么？
4. 收益率图形分析法如何确定均衡汇率？
5. 资产市场上,均衡汇率的调整受哪些因素的影响？
6. 利率平价理论本身的缺陷是什么？为什么？
7. 何谓实际利率平价？

课后习题

1. 试解释下列收益率公式左右两端各项的含义：

$$\mathrm{RoR}_{£}=i_{£}+(1+i_{£})\frac{E^{e}_{\$/£}-E_{\$/£}}{E_{\$/£}}$$

2. 试用利率平价条件推导利率平价的近似计算公式。

3. 根据所给信息,计算 $\mathrm{RoR}_{£}$,给出您的投资建议;分别假定英镑利率为零与汇率不变,计算英镑资产的收益率。

(1) 英镑年利率 $i_{£}=5\%$；

(2) 英镑对美元的预期汇率 $E^{e}_{\$/£}=1.1_{\$/£}$；

(3) 英镑对美元的即期汇率 $E_{\$/£}=1.0_{\$/£}$。

4. 使用以下数据①计算,购买哪国的1年期有息资产为最优。

(1) 美元年利率 $i_{\$}=2.37\%$；

(2) 英镑年利率 $i_{£}=4.83\%$；

(3) 英镑对美元2014年的即期汇率 $E^{04}_{\$/£}=1.96_{\$/£}$；

(4) 英镑对美元2015年的即期汇率 $E^{05}_{\$/£}=1.75_{\$/£}$。

假定投资决策在2014年做出,投资期为2015年。现在,已知2015年的汇率,计算2015年的投资收益率。

5. 给出美日两国的利率与汇率数据：

(1) 美元年利率 $i_{\$}=2.37\%$；

(2) 日元年利率 $i_{¥}=0.02\%$；

(3) 美元对日元2014年的即期汇率 $E^{04}_{¥/\$}=104_{¥/\$}$；

(4) 美元对日元2015年的即期汇率 $E^{05}_{¥/\$}=120_{¥/\$}$。

假设投资决策时间为2014年,投资期为2015年。现在,已知2015年的汇率,计算2015年的投资收益率。提示:计算收益率之前,须用汇率将单位日元折算为美元。

6. 考虑美国和韩国的利率和汇率数据(W代表韩国货币韩元)。

(1) 美元年利率 $i_{\$}=2.37\%$；

(2) 韩元年利率 $i_{w}=0.02\%$；

(3) 美元对韩元2014年的即期汇率 $E^{96}_{w/\$}=1059_{w/\$}$；

---

① 英国《经济学人》2005年12月17日。

(4) 美元对韩元 2015 年的即期汇率 $E^{97}_{w/\$}=1026_{w/\$}$。

类似地,假设投资决策时间为 2014 年,投资期为 2015 年。用所给利率计算 2015 年的投资收益率。提示:计算收益率之前,还须用汇率将单位美元折算为韩元。

7. 试借助图形分析预期汇率变化对即期汇率的影响。假设初始外汇市场为均衡状态,即在均衡汇率 E_1 处,英镑供给等于英镑需求:$S_£ = D_£$。现在投资者突然提高未来的预期汇率 $E^e_{\$/£}$(例如,英格兰银行暗示英镑未来有升值的可能)。

资料链接

1. http://www.investopedia.com/terms/i/interestrateparity.asp
2. http://en.wikipedia.org/wiki/Interest_rate_parity
3. http://financialexamhelp123.com/covered-interest-rate-parity-irp-pricing-currency-forwards/

延伸阅读

1. 姜波克. 国际金融新编. 上海:复旦大学出版社,2008.

2. 〔美〕保罗·R. 克鲁格曼,茅瑞斯·奥伯斯法尔德著,黄卫平等译. 国际经济学(下册)(第 8 版). 北京:中国人民大学出版社,2011.

3. 张萍. 利率平价理论及其在中国的表现[J]. 经济研究. 1996(10).

下节提示

国际收支失衡的调节

第五部分

国际收支失衡的调节

该部分从国际收支经由汇率再回归国际收支的调节目标和政策选择，由此贯彻了教材所设计的、始终如一地围绕国际收支为主线的完整的分析思路，实现了从国际收支——一国资源外部配置的初始状态出发，探讨经由汇率及其相关因素的变化，达到新的国际收支状态——一国资源外部配置的终点状态的前后一贯的、内在逻辑联系统一的经济分析过程。内容包括：国际收支失衡的性质、成因及其主要调节方式的进一步讨论；全球发达经济体与发展中国家的国际收支状况概述；金融危机、国际资本流动与发展中国家的国际收支失衡，储备货币国货币政策的调整对发展中经济体造成的冲击；中国国际收支调节问题。

第十四章

国际收支失衡的调节：机制、理论与方法

在第五章中，我们讨论了国际收支失衡的概念，并依次讨论了国际收支失衡的成因类型、测度指标及其经济影响，以及国际收支失衡的国际收支平衡表分析法、国际账户分析方法和国民经济账户综合分析方法。本章将在这些讨论的基础上对国际收支失衡的调节方式进行探讨，包括国际收支的调节机制、调节理论和调节方法等内容。

主要内容

本章首先讨论国际收支的调节机制，包括汇率调节、市场调节与政府调节等内容；然后介绍国际收支调节的基本理论与方法，包括国际收支调节的古典方法、弹性分析法、吸收分析法与货币分析法。

知识与技能目标

通过本章的学习，理解汇率对国际收支的调节机制，掌握国际收支失衡的市场调节与政府调节的区别和联系；认识国际收支调节的基本理论与方法；能够运用国际收支的调节理论和方法对国际收支失衡的调节过程进行初步分析，并对调节结果进行评价。

引导案例

日本泡沫经济：从日元升值开始

案例导读：国际收支失衡需要进行调节，国际收支调节的方式是多样性的，国际收支失衡的成因不同，相应的调节方式也不同。本案例讲述了一个国际收支失衡的调节经历，案例是一个市场调节——汇率调节与其他调节方式配合失败的典型：日元的升值导致日本泡沫经济。日元升值及其调节政策配合失当的教训是深刻的。通过该案例的阅读有助于我们了解国际收支调节的复杂性，更好地理解本章的内容。

1985 年，美国、日本、联邦德国、法国及英国（简称“G5”）的财长与央行行长签署了《广场协议》，此后日元开始升值，日本出口一蹶不振。

20世纪80年代的日本,出口相当强劲,这导致其贸易盈余越来越多。旅日华人记者徐静波向《东方早报》描述他所目睹的日本产品的强大竞争力时说:"那时候,中国的808双卡收录机全是从日本走私的,在中国非常时髦,在南京路上大家就拿着收录机边听边逛街。"日本的家电产品倾销到世界各地。

贸易盈余导致日元升值的压力越来越大,然而在20世纪80年代上半期,由于非常担心日元的急速升值所带来的负面影响,日本政府一直尽力地控制日元升值。"当时市场上日元的汇率水平比应该有的汇率水平低得多。日本政府的控制反而使得日元的升值压力进一步加大。"原日本银行北京事务所所长濑口清之在接受记者采访时表示。

1985年,在《广场协议》的压力下,日元最终开始快速升值并一发而不可收。同年9月22日,G5的财长和央行行长在美国纽约广场饭店秘密会晤并签署了著名的《广场协议》,联合干预外汇市场,使美元对日元、马克等主要货币有秩序地下调,以解决美国的巨额贸易赤字,从而导致日元大幅升值。

剧烈的日元升值很快影响到日本的出口企业,日本出口受到重挫。为了应对这一局面,日本政府不得不开始放宽货币政策,以支持投资、支持消费来弥补出口下降带来的损失。在1986年、1987年、1988年,日本政府连续3年降低利率。

"如今回过头来看,1986年降低利率的选择是非常准确的;但是,1987年和1988年的刺激政策则完全不需要。相反,那时候应该开始提高利率。"濑口清之说。濑口清之表示,实际上,日本经济在1986年10月到12月,即第四季度的时候,已经开始恢复。"日元升值对出口企业不好,但是对进口企业却是有益的。所以在1986年、1987年、1988年时,日本国内的百货公司、超市等和消费有关的企业的利润越来越大。从总体来讲,进出口的损失和盈利大致持平;而一部分拥有强大竞争力的出口企业也已经恢复过来。"濑口清之说,"然而,当时出口企业的怨言充斥媒体,引导了整个国家的舆论,使得一般的老百姓也认为日本经济受到很大的打击,最终导致了政府的误判。"

因此濑口清之认为,在1986年年底之后便不应该再降低利率,而应该保持当时的水平;1988年的时候,就更不应该,因为那时经济已经明显恢复了。"恢复了一段时间后,一定得提高利率,但是那时日本银行的判断晚了2年。"濑口清之说。正因如此,过剩的刺激政策,最终导致了泡沫经济的形成和膨胀。

而另一位要求匿名的日本银行人士则对记者表示,除此之外,实际上当时世界上很多先进国家的经济还没有回升,它们不希望日本提高利率,以防止资金流入日本。"所以日本为了维护世界经济水平的稳定,依然维持了低利率水平。"她说。

这位匿名人士在总结《广场协议》前后的历史时说道:"到20世纪80年代,日本的经济已经实现了比较成熟的发展,那时的日本应该着手改革经济结构,因为在资金最充裕时进行经济结构改革是最佳的选择。如果日本及时改革经济结构,就不会面临后来巨大的日元升值压力并导致不得不进行一系列的经济刺激政策了。"

注:濑口清之系日本银行原北京事务所所长,目前担任佳能全球战略研究所研究主干,研究中日美经济。

资料来源:《东方早报》2010年3月16日。

第一节　国际收支失衡的调节机制

从第五章的讨论中我们已经知道，国际收支失衡是指一国经常账户、资本和金融账户的余额出现问题，即对外经济出现了需要调整的情况。一国国际收支失衡，对外会造成汇率、资源配置、福利提高等困难；对内则会造成经济增长与经济发展的困难，即对外的失衡影响到国内经济的均衡发展。因此，需要对国际收支失衡进行调整。

国际收支失衡的调节主要有两种方式：一是自动调节，二是人为调节。自动调节亦称市场调节；人为调节亦称政府调节。但无论市场调节或政府调节都离不开汇率的作用，都要与特定的汇率制度相联系，而汇率的作用又是通过影响国际收支的不同账户而发生的。

一、汇率调节机制

汇率调节机制是指通过汇率水平的改变来纠正国际收支失衡。汇率作为国际经济活动——国际贸易与投资活动中的价格，汇率水平的高低不同对国际经济活动的交易结果——国际收支有着直接的影响。汇率变动对一国国际收支的影响，可以分为四个方面，即贸易收支、非贸易收支、资本流动和外汇储备。其作用机制是，汇率变动对贸易与非贸易收支发生影响，进而使经常贸易差额发生变动并恢复均衡。一国货币对外升值，会减弱该国商品与服务的国际竞争力，使进口相对便宜，进而压缩出口、增加进口，减少经常账户盈余；反之，一国货币对外贬值，则会增强该国商品与服务的国际竞争力，从而鼓励出口、抑制进口，减少经常账户逆差。汇率变动也可以对国际资本流动产生影响，纠正资本和金融账户失衡。

(1)汇率水平变动影响贸易收支。汇率变动会使进出口商品价格发生变化，从而引起贸易收支的变化。如果一国下调货币汇率，即本币贬值、外币升值，则有利于该国增加出口、抑制进口，其原因有三。①国外对该国商品需求增加。如果一国货币汇率下调，以外国货币表示的出口商品价格就会下降，当出口商品具有较大的价格需求弹性时，就会诱使国外居民增加对该国出口商品的需求，使出口大幅度增加。②出口商积极性提高。由于该国货币汇率下调，出口同样数量的商品可以换回数量更多的本国货币，增加了出口商的利润，从而刺激出口商的积极性。③进口受到抑制。如果一国货币汇率下调，就会使以本国货币表示的进口商品的价格上涨，使该国商品与进口商品的性能价格比发生变化，购买进口商品变得不经济，从而使该国居民减少对进口商品的需求，达到抑制进口的效果。相反，如果一国货币汇率上调，即本币升值、外币贬值，则有利于该国减少出口而扩大进口。

(2)汇率水平变动影响非贸易收支。一国货币汇率下调或上调，对该国国际收支经常项目中的旅游和其他服务的收支状况也会产生影响。如果一国货币汇率下调，外国货币的购买力相对提高，该国的服务价格相对降低，这对外国游客或客户无疑增加了吸引力，扩大了非贸易收入的来源。如果一国货币汇率上调，外国货币的购买力相对下降，该国的服务价格相对提高，就会减少非贸易收入的来源；同时，由于本国货币的购买力相对提高，使外国的服务价格相对降低，还会刺激非贸易支出的增加。

(3)汇率水平变动影响国际资本流动。汇率的变动驱使资本为了追求收益(或避免损失)而流进(或流出)，通过资本流动和进出口贸易额的增减直接影响本国外汇储备的增加或减少。

在通货膨胀、利率等因素不变或者相对缓慢变动的情况下，国外投资者会通过对未来汇率上升或下降的预期来选择资本的输入或者逃离。一国货币汇率上升,将刺激该国对境外投资扩大,外国对本国投资减少;反之,将刺激外资流入,对外投资下降。

汇率变化会通过贸易收支与资本和金融项目收支影响一国外汇储备的增减。一般地,本币升值会在刺激进口增长的同时抑制出口的增长,这可能恶化经常账户,进而使外汇储备减少;但本币升值的预期又会刺激短期套利资本流入的增长,这可能在短期内使资本和金融账户出现顺差,进而使外汇储备增加。因此,本币升值对外汇储备的影响结果是不确定的。

二、市场调节机制

国际收支市场调节机制是指市场经济的各种因素与国际收支相互制约和相互作用的过程。国际收支失衡必然会直接或间接地引起其他经济变量的变化,后者又反过来引起国际收支失衡缩小的趋势。

(一)不同汇率制度下的国际收支调节机制

1. 固定汇率制下的国际收支调节机制

在金本位制下,国际收支差额会引起黄金的输出入,导致一国货币供应量相应变动;还会改变各国的物价水平和商品的国际竞争力,并最终使国际收支趋于平衡。

在布雷顿森林体系下,国际收支市场调节机制主要反映在两个方面:第一,国际收支收入调节机制,即国际收支差额会影响国民收入,并通过进口的变化促使国际收支恢复平衡;第二,国际收支货币调节机制,即国际收支差额会影响货币供应量,引起利率和价格的变化,从而促使国际收支恢复平衡。

2. 浮动汇率制下的国际收支调节机制

在浮动汇率制下,国际收支市场调节机制主要表现为汇率调节机制,即国际收支差额会引起汇率的变化,并通过后者调节国际收支。浮动汇率制下的自动调节机制如图 14-1 所示:

$$\mathrm{CA}<0 \rightarrow S_{HC}\downarrow \,\&\, D_{FC}\uparrow \rightarrow E_{HC/FC}\downarrow \rightarrow X\uparrow \,\&\, M\downarrow \rightarrow \mathrm{CA}\rightarrow 0$$

图 14-1 浮动汇率制下的调节机制

图 14-1 中,CA 代表国际收支逆差;S_{HC}代表本币供给,D_{FC}代表外币需求;$E_{HC/FC}$代表本币汇率;X 和 M 分别代表出口和进口。表达式的意义为:若一国经常项目为逆差,则外汇市场上的本币供给增加、外币需求增加,导致本币汇率下降,进而引起出口增加、进口减少,贸易逆差改善并归于平衡。

(二)市场调节机制的局限性

理论上,国际收支的市场调节机制可以实现投资与贸易流量的最优配置,但实际上,市场机制也存在若干局限,主要包括:

(1)在现实生活中,市场存在不完全性,影响其国际收支调节作用的发挥;

(2)国际收支市场调节机制的收效缓慢;

(3)市场调节机制解决不了社会经济制度和生产力国际差异等因素造成的国际收支失衡;

(4)在市场调节机制发生作用的过程中,国民收入、价格、利率、汇率、货币供应量等变量的变化可能给一国经济带来消极的影响;

(5)各国政府都在不同程度上对经济进行干预,这使得国际收支的市场调节机制发生变形和扭曲,其作用的发挥受到限制。

三、政府调节机制

在信用货币本位下,因为要受到许多因素的影响和制约,所以自动调节机制的正常运作具有很大的局限性,其效应往往难以正常体现。尽管政府调节所以具有一定的负向作用,但各国都在不同程度上加以运用。政府常用的政策措施如下:

(1)支出变更政策。支出变更政策是指通过改变社会总需求或经济支出的总水平,进而改变对外国商品和服务及金融资产的需求,以此来调节国际收支失衡的一种政策,主要包括财政政策和货币政策。

(2)汇率政策。汇率政策是指政府通过影响汇率来调节国际收支。在固定汇率制下,政府可以对本国货币进行法定贬值或法定升值,即通过改变本币平价来调整汇率。在浮动汇率制下,政府可以通过干预外汇市场,增加或减少外汇储备,使汇率达到自己的期望值。汇率政策的运用受到一些条件的约束,比如进出口商品供给和需求的弹性等。

(3)外汇缓冲政策。外汇缓冲政策是指一国政府动用外汇储备或临时性向外借款来改变外汇市场供求关系和调节国际收支的政策措施。

(4)直接管制政策。直接管制政策是指一国对国际经济交易直接采用严格的行政管制,主要包括外汇管制和贸易管制。但是,直接管制阻碍了市场机制,容易受到国际社会的指责,是暂时性的政策管制;它使受庇护者产生依赖性,会阻挠将来政策的改变。

(5)国际经济金融合作政策。总之,调节国际收支失衡的政策是多样化的,每一种政策都有各自的特色与调节功效,一国可根据具体情况予以取舍,政策选择的基本原则如下:第一,应根据国际收支失衡的具体原因来选择适当的调节方式和政策;第二,尽量避免国际收支调节措施给国内经济带来过大的消极影响;第三,选择国际收支失衡的调节政策,应尽量减少来自他国的压力,以免影响国际间正常的经贸关系。

第二节　国际收支调节的基本理论与方法

由于国际收支失衡产生的时代背景不一样,所要解决问题的重点不同,由此形成国际收支调节的不同理论、方法和相应的政策主张。国际收支调节的基本理论与方法主要包括:强调价格与利率作用的古典方法;强调汇率作用的弹性分析法;强调收入变化调节作用的吸收分析法;强调货币作用的货币主义方法,以及强调结构调整的结构主义方法。

一、国际收支调节的古典方法

国际收支调节的古典方法以金本位制为背景,盛行于19世纪中后期至20世纪初期,该方法的特点是强调价格与利率的作用。在金本位制下,货币的发行以黄金储备为基础,单位货币兑换黄金的数量法定不变,货物的进出口用黄金结算。无论黄金是流出还是流入,一国的货币供给直接与国际收支相联系。

价格调节机制是指一国国际收支的状态将引起黄金的流出、流入,使国内货币供应量发生变化,进而使得国内物价水平产生变动,最后使国际收支恢复平衡。

但价格调节机制的问题在于,黄金输出入并不直接与国内的货币供给相联系。一方面,各国往往处于非充分就业水平,如果一国的经济生产能力有闲置,货币供给增加带来物价上涨的可能性较小;另一方面,物价与工资水平往往不会在短期内下调,但货币供应量的下调将减少产出和就业而不是引起物价下跌。

利率调节机制是指黄金的流入扩张货币供给，引起短期利率下调；反之，黄金的流出引起短期利率上升。盈余国家的投资者会把黄金输出国外，以寻求较高的回报；赤字国家会因国外投资的需求，而以较高利率吸引黄金流入，直至恢复均衡。

显然，利率调节机制突出了资本流动对汇率的影响，强调的是利率对国际短期资本流动的调节作用。但是，利率调节要以黄金的自由输出入为前提，在金本位制下，顺差国家往往可以通过吸收市场多余黄金的做法囤积黄金储备，使市场利率保持在原有水平，从而使利率杠杆失去调节效用。

二、国际收支弹性分析法

弹性分析法是通过对商品进出口供求弹性的分析，研究汇率变动对贸易差额的影响的国际收支理论。它的基本结论是，汇率变动对一国国际收支的作用取决于一国进出口商品的供求弹性。

（一）马歇尔—勒纳条件

弹性分析法认为，在其他条件不变，只考虑汇率变动对商品进出口数量和总额产生的影响的前提下，贬值能否成功地改善贸易收支，取决于商品进出口的供给和需求弹性。一国采取降低汇率的政策，固然可以使出口增加、进口下降，但这不等于贸易逆差一定会缩小，因为贸易收支状况是直接与出口值而不是与出口量相联系的。如果出口量的增长比率大于商品出口价格的下降比率，即出口品的国外需求弹性大于1，出口值就能增加；反之，如果出口量的增长比率小于商品出口价格的下降比率，即出口品的国外需求弹性小于1，出口值就会减少，反而扩大了贸易收支逆差。在这种情况下，只有通过减少进口才能改善贸易收支。上述内容可用如下公式表示：

$$\varepsilon m + \varepsilon x > 1 \tag{14-1}$$

（14－1）式中，εm 代表贬值国的进口需求弹性，εx 代表贬值国的出口需求弹性。

（14－1）式就是所谓的马歇尔—勒纳条件，其含义是，当贬值国的进口需求弹性与出口需求弹性之和大于1时，贬值才能改善该国的贸易收支。

（二）J曲线效应

即使满足（14－1）式（$\varepsilon m + \varepsilon x > 1$），汇率贬值也不能马上导致贸易差额的改善。事实上，货币贬值在多数情况下带来的不是贸易赤字的预期下降，反而会造成贸易赤字的临时上升，即发生所谓的J曲线效应。

J曲线效应可以借助图形来说明。在图14－2中，$E_{\$/*}$代表美元对所有其他贸易伙伴国货币的平均价值，即美元指数，以左轴标示；美国经常账户余额为 CA = EX － IM，以右轴标示。通过选择适当的比例，我们把美元指数 $E_{\$/*}$ 与经常账户余额 CA 并列在图14－2中以便比较，据此可以观察美元汇率变化与经常账户余额变化两者间的关系。

如前所述，传统贸易理论认为，汇率与经常账户余额负相关。也就是说，假设其他条件不变，贬值将导致经常账户余额增加。

然而，如图14－2所示，假设美国在时间 t_1 实行本币贬值，但贬值并没有引起美国贸易收支状况的改善，反而是恶化；只有在经过时间 t_2 之后，贸易收支状况才会逐步得到改善，并进而转为顺差。由于该过程从图形上看与大写字母J相似，因此称为J曲线效应。

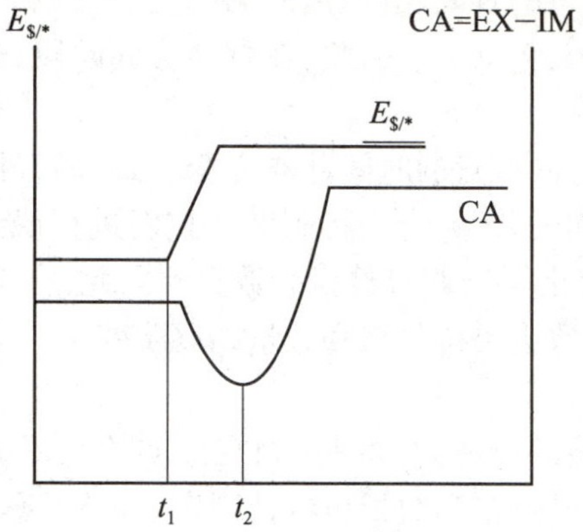

图 14－2　J 曲线效应

J 曲线效应的产生主要是因为时滞作用。本币贬值并对贸易收支状况产生影响的时间可划分为三个阶段，即贸易合同阶段、传导阶段和数量调整阶段。在贸易合同阶段，由于进出口合同都是事先签订好的，因此进出口商品的价格和数量不会因贬值而发生改变。在传导阶段，进出口商品的价格在签订合同时已开始改变，但数量还没有发生变化，这里存在种种可能的时滞。具体来说，第一，由于新价格的信息不能立即为买卖双方所掌握，存在认识上的时滞；第二，由于贸易商需要时间来判断价格变化的重要性，以便做出决定来改变经营规模，从而存在决策上的时滞；第三，由于某些部门订购新的商品之前要先用尽库存品和已在生产过程中的机器设备，从而存在商品替代上的时滞；第四，由于增加商品与服务的供给量需要时间，从而存在生产上的时滞，等等。上述种种时滞的存在，导致短期内的进出口量不变。即使可能发生变化，其变化幅度也远远小于价格变化的幅度，从而使一国国际收支状况恶化。在数量调整阶段，进出口数量不仅能够变动，而且其变动的幅度将逐渐增大并超过价格变化的幅度，此时本币贬值对改善一国贸易收支的效应开始得到发挥。

上述过程可以通过分解经常账户余额来进一步加以说明。经常账户余额可以简化为出口商品与服务的价值及进口商品与服务价值两者之差，即 CA = EX − IM。自然，除了商品与服务的进出口外，经常账户还包括收入和单边转移。不过由于收入和单边转移数额一般很小，故可忽略不计，而以进出口差额近似代替，并不影响讨论。

另外，经常账户余额是货币计值，等于进出口商品数量乘以商品单价之积。这意味着，经常账户余额可以用求和公式表示为：

$$CA = \sum P_{EX}Q_{EX} - \sum P_{IM}Q_{IM} \tag{14-2}$$

(14－2) 式中，$\sum P_{EX}Q_{EX}$ 代表该国出口的所有货物的价格与数量的乘积之和；$\sum P_{IM}Q_{IM}$ 代表该国进口的所有货物的价格与数量的乘积之和。

因为进口货物以外币计价，故需乘以汇率转换为美元。引进汇率后经常账户余额公式定义为：

$$CA = \sum P_{EX}Q_{EX} - \sum E_{\$/*}P^*_{IM}Q_{IM} \tag{14-3}$$

(14－3)式中，$E_{\$/*}$ 代表进口商品时的美元即期汇率；P^*_{IM} 代表以外币计价的进口商品的价格。也就是，进口商品的价值等于进口时的即期汇率与进口单价与进口数量的乘积之和。

在国际贸易中，进出口商品的数量和价格均须签订贸易合同。例如，本国进口商须与外国出口商签订贸易合约,规定进口的日期、进口商品的种类、数量和价格。合同期限因行业和公司而不同,但许多合同期限在1年以上。因此,在贸易合同阶段,进出口商品的价格和数量不会因贬值而发生改变。

然而,在传导阶段,由于合同执行的时间并非完全一致,即合同不是在过去的同一日期谈判签署的。这意味着在任何期间,部分合同将到期并重新进行谈判。重新谈判的合同可以根据市场条件的变化(如汇率变化等),调整价格和数量。因此,在美元贬值的数月内,重新签订的合同就会逐渐增加,最终导致进出口价格和数量的逐步变化。这标志着贬值效应开始显现,并进入数量调整阶段。

基于上述来考虑美元贬值的情境:在短期(如在最初的几周中),大多数合同的条款将维持不变,这意味着进出口商品的价格和数量也保持固定。那么,影响经常账户余额公式的唯一的变化是美元指数 $E_{\$/*}$ 下降。假设所有进口商都未通过远期合约对冲交易,那么美元指数 $E_{\$/*}$ 的下降将立即增加以美元计算的进口商品的价值。由于价格和数量未立即改变,因此经常账户差额将下降。这就解释了从 t_1 到 t_2 之间的初始阶段的J曲线效应。

随着美元的继续贬值以及合同开始重新谈判,进口商将调整需求量。一方面,美元贬值使得进口货物对美国居民变得相对昂贵,对进口货物的需求和购买的数量都将下降;另一方面,出口货物对外国居民变得相对便宜,重新谈判的合同将开始增加对美国的出口需求。如此一来,进出口量的变化将导致经常账户差额的增加(即贸易逆差减少)。因此,经过一段时间,数量变化的影响将超过美元贬值所带来的价格效应,如图14-2所示,在时间 t_2 后,经常账户差额将上升。

一般地,假定数量效应(即贬值对进出口需求的影响)为主导效应,美元贬值将使经常账户余额增加,贸易收支得到改善。不过,根据J曲线效应,虽然数量效应占主导地位,货币贬值对经常账户差额的改善效应仍需要相当长的时间才会显现。根据经验法则,经常账户余额跨越J模式所需的时间约为1—2年。

另外,从弹性分析的角度来看,J曲线效应的产生是因为在短期内一国商品的进出口需求价格弹性较低,致使 $\varepsilon x+\varepsilon m<1$,本币贬值会恶化其国际收支。在经过一段时间之后,弹性逐渐变大,以至于满足 $\varepsilon x+\varepsilon m>1$,从而使一国的贸易收支状况得到改善。因此,J曲线效应并没有否定马歇尔—勒纳条件。不过,经常账户余额变动的实际路径还会受到同一时期内其他变量的影响。

三、国际收支调节的吸收分析法

吸收分析法又称支出分析法,它是从国民收入和总需求的角度,系统研究货币贬值政策的效应的宏观均衡分析。它从凯恩斯的国民收入恒等式入手,着重考察总收入与总支出对国际收支的影响,并在此基础上提出国际收支调节的相应政策主张。

根据吸收分析法的解释,所谓吸收是指国民收入中被国内消耗的部分,故一国贸易差额等于收入减去吸收之差。假定不考虑资本流动,国际收支等于贸易收支。据此,可以建立国内收入与国际收支差额的关系。

根据开放经济条件下的宏观经济恒等式 $Y=C+I+G+(X-M)$ 可得:

$$Y-A=X-M \tag{14-4}$$

(14-4)式中,$X-M$ 为贸易收支差额,以此作为国际收支差额的代表;$A=C+I+G$,即国内吸收,也就是国内支出。这样,国际收支差额便可用国民收入 Y 与国内吸收 A 的差额来表示。

如果 $Y=A$，则 $X-M=0$，即当国民收入等于国内吸收时，国际收支平衡；如果 $Y>A$，则有 $X-M>0$，即当国民收入大于国内吸收时，国际收支顺差；如果 $Y<A$，则有 $X-M<0$，即当国民收入小于国内吸收时，国际收支逆差。由此可见，国际收支逆差时，要改善国际收支就要增加国民收入 Y 或减少国内吸收 A。

如果仅考虑货币贬值对贸易差额的影响，其贬值效应将取决于国内资源的利用状况。贬值要起到改善国际收支的作用，必须有闲置资源的存在。只有当存在闲置资源时，货币贬值后，闲置资源流入出口商品生产部门，才能扩大出口。设 Y^* 代表充分就业水平的产出，则货币贬值对贸易逆差的改善状况有以下三种情况：

(1) 如果 $Y=Y^*$，则所有的资源都已得到充分运用，因而要改善贸易逆差（$X-M\uparrow$），必须减少国内吸收（$A\downarrow$）。

(2) 如果 $Y<Y^*$，则要改善贸易逆差（$X-M\uparrow$），唯有增加国内产出 Y 而 A 不变，即须要提高产出、增加出口。

(3) 如果 $Y<Y^*$，货币贬值有利于改善贸易逆差状况；但若 $Y>Y^*$，货币贬值可以增加 $X-M$，但会带来通货膨胀。

如果考虑整个宏观经济的调节，根据上述理论公式，吸收论所主张的国际收支调节政策，无非就是改变总收入与总吸收（支出）的政策，即支出转换政策与支出增减政策。当国际收支逆差时，表明一国的总需求超过总供给，即总吸收大于总收入，这时就应当运用紧缩性的财政货币政策来减少对贸易产品（进口）的过度需求，以纠正国际收支逆差。但紧缩性的财政货币政策在减少进口需求的同时，也会减少对非贸易产品的需求和降低总收入，因此还必须运用支出转换政策来消除紧缩性财政货币政策的不利影响，使进口需求减少的同时能增加收入。这样，才可以使贸易产品的供求相等，非贸易产品的供求也相等；需求减少的同时收入增加；就整个经济而言，总吸收等于总收入，从而达到内部平衡和外部平衡。

四、国际收支的货币分析法

国际收支的货币分析法强调国际收支本质上是一种货币现象，决定国际收支的关键是货币需求和供给之间的关系。货币分析法假定国际收支与汇率的变化是货币供求变化的结果。

货币分析法可采用简单的模型来加以说明。首先，从长期看，可以假定货币供给与货币需求相等。如果用 Ms 表示名义货币供给量，Md 表示名义货币需求量，则有：

$$\mathrm{Ms}=\mathrm{Md} \tag{14-5}$$

其次，中央银行通过基础货币（流通中的现金加上商业银行在中央银行的存款准备金）的变动来控制货币供给量。基础货币可分为国内部分和国外部分，国内部分称为国内信贷，国外部分即国际储备，则货币供给量可改写为：

$$\mathrm{Ms}=m\times \mathrm{MB}=m(\mathrm{DC}+\mathrm{RA}) \tag{14-6}$$

（14-6）式中，MB 代表基础货币；DC 指中央银行的国内信贷或支持货币供给的国内资产；RA 代表国际储备；m 为货币乘数，是银行体系通过辗转存贷使货币多倍扩大的乘数。为了分析的便利，假定基础货币等于货币供给（取 $m=1$），则货币供给关系可以简化成：

$$\mathrm{Ms}=\mathrm{RA}+\mathrm{DC} \tag{14-7}$$

货币市场均衡时，则有：

$$\mathrm{Ms}=\mathrm{RA}+\mathrm{DC}=\mathrm{Md}$$

即:

$$RA = Md - DC \tag{14-8}$$

(14-8)式是货币分析法的基本方程式。根据这一基本方程式,货币论简洁地表达了货币供求对国际收支状况的决定性影响。方程式右边的第一项代表名义货币需求,假设国内资产DC不变,货币需求的增加会导致国际收支顺差;方程式右边第二项代表国内信贷,假定国内货币需求不变,国内信贷增加将引致国际收支逆差。因此,调节国际收支,就是要调节国内货币需求和国内信贷。

货币分析法的基本方程式的政策含义如下:

(1)国际收支不平衡本质上是一种货币现象,只要一国不过度依赖通货膨胀性的货币供给增加来为政府支出融资,它就不会经历长期的(或称结构性的)国际收支赤字。

(2)只有能影响一国货币供求的经济政策,才能影响该国的国际收支。为了平衡国际收支而采取的进口限额、关税、外汇管制等措施都是无效的。

(3)国际收支失衡不能仅仅依靠汇率调整来解决。货币贬值可以替代国内信贷增长率的降低;反之,货币升值可以替代国内信贷增长率的上升。如果造成贬值的基本原因没有得到纠正,货币只能不断地贬值以抵消一国持续不断的超额货币供给。

五、国际收支调节方法的比较

国际收支调节的古典方法以金本位制为背景,该方法的特点是强调价格与利率的作用。其他三种方法是国际收支调节的现代理论。总的来说,这些不同的分析方法都试图解释国际收支的不同侧面,它们在很大程度上是相互补充,而不是相互替代的。这种互补性表现在以下几方面:

(1)在分析方法上,古典方法、弹性分析法和吸收分析法侧重的都是流量分析,而货币分析法是存量和流量相结合的分析法。

(2)古典方法、弹性分析法和吸收分析法注重短期收支均衡条件的分析,而货币分析法则重视长期收支均衡条件的分析。

(3)在分析对象上,古典方法、弹性分析法和吸收分析法都是国际收支中的贸易差额,而货币分析法则是国际收支的综合差额。

(4)古典方法以价格和利率的变动为基础解释国际收支失衡的调节;弹性分析法强调的是相对价格汇率的作用;吸收分析法以国民收入为基础,解释经常账户差额;而货币分析法以货币数量论为基础,解释整体国际收支。

(5)古典方法强调了利率工具的重要性。弹性理论偏向采用汇率政策作为纠正国际收支失衡的最直接、最有效的政策,所以它在决定贬值能否使国际收支恢复均衡方面有指导意义。吸收理论在政策上倾向于总需求管理,也就是用支出转换政策和支出减少政策来提高产量和控制国内吸收量。货币理论认为国际收支是货币现象,可以通过实行国内货币政策来对付国际收支不平衡。

由于从不同的理论观点出发,因此关于纠正国际收支失衡对策的争论也就难以避免。总之,上述方法各有长短。有的相互补充,有的相互冲突,任何一种理论都不能提供完全满意的答案。

本章小结

1. 国际收支的调节机制主要包括汇率调节、市场调节与政府调节等内容。

2. 国际收支调节的古典方法的特点是强调价格与利率的作用。

3. 弹性分析法认为，汇率变动对一国国际收支的作用取决于一国进出口商品的供求弹性。

4. 马歇尔—勒纳条件的含义是：当贬值国的进口需求弹性加上出口需求弹性大于1时，贬值才能改善贸易收支。

5. 吸收法又称支出分析法，该理论从国民收入恒等式着手，着重考察总收入与总支出对国际收支的影响。

6. 货币分析法认为国际收支与汇率的变化是货币供求变化的结果。

关键概念

汇率调节机制　　市场调节机制

政府调节机制　　国际收支调节的古典方法

弹性分析法　　货币分析法

吸收分析法

复习思考题

1. 什么是国际收支失衡的汇率调节机制？
2. 历史上固定汇率制下的国际收支调节机制有哪些？
3. 浮动汇率制下的国际收支调节机制是什么？
4. 国际收支失衡政府调节的主要方法有哪些？
5. 什么是国际收支调节的古典方法？
6. 什么是弹性分析法？
7. 什么是吸收分析法？
8. 什么是货币分析法？

课后习题

1. 2005年人民币汇率体制改革以来，人民币汇率出现了较大幅度的升值，但直至目前，中美贸易失衡问题仍未得到根本解决。2014年前10个月，人民币对国际主要货币多呈升值状态，人民币实际有效汇率累计升值2.37%；6月份以来，美元汇率进入上升周期，美元指数累计上升超过10%。即便如此，同期人民币对美元也已经升值了0.9%；然而，2014年美国对中国贸易逆差仍有所扩大。

这是否意味着汇率对国际收支失衡的调节机制失效？并说明为什么。

2. 试用吸收分析法分析美国的贸易逆差问题。

资料链接

1. 中国国家外汇管理局:http://www. safe. gov. cn/
2. IMF:http://www. elibrary. imf. org/
3. Robert Mundell's homepage:http://www. columbia. edu/ ~ ram15/
4. The Official Paul Krugman Web Page:www. wws. princeton. edu/ ~ pkrugman/

延伸阅读

1. 陈雨露等. 国际金融学(第4版). 北京:中国人民大学出版社,2011.

2. 于春海. 失衡危机与再平衡——对美国贸易赤字的再思. 北京:中国青年出版社,2014.

3. 施建淮. 怎样正确分析美国经常项目逆差[J]. 国际经济评论. 2005(7).

4. Gottfried Haberler. The Monetary Approach to the Balance of Payments[J]. *Journal of Economic Literature*. 1976,14(4): 1324—1328.

5. Mohsen Bahmani-Oskooee and Artatrana Ratha. The J-Curve: A Literature Review[J]. *Applied Economics*. 2004,36(13):1377.

下节提示

全球国际收支失衡的新发展

第十五章

全球国际收支失衡的新发展

前面一章，我们讨论了国际收支失衡的调节机制、理论与方法。本章将在这些一般性理论探讨的基础上，描述当今世界的国际收支失衡状况，重点讨论发展中国家国际收支失衡与中国国际收支失衡的调节问题。

主要内容

本章首先讨论全球国际收支失衡的新发展，包括经常项目差额的变化与国际资本流动对不同经济体资本账户的影响，国际资本流动对发展中经济体国际收支的影响，发达经济体量化宽松货币政策对发展中经济体造成的新一轮冲击；然后讨论中国国际收支失衡的现状、成因及其调节对策。

知识与技能目标

通过本章的学习，了解全球国际收支失衡的最新发展状况和未来可能的演变趋势；理解国际资本流动对不同经济体国际收支的作用机制和影响渠道；探讨中国国际收支失衡现状、成因及可能的政策调节措施。

引导案例

美元一枝独秀 新兴市场货币大幅贬值

案例导读：作为当代国际货币体系的储备货币主角——美元，其升值或贬值都将导致其他货币相对贬值或升值，使得全球资本流动的潮流逆转。国际金融危机发生后，全球金融市场的动荡始终关乎美元的涨跌。本案例显示，目前，随着美联储量化宽松政策的退出，美元指数近期创下2010年以来的新高，美元继续走强，具有内在脆弱性的新兴市场货币面临新一轮的冲击：股市大幅下挫，汇率大幅贬值，资本外逃加剧。所有这些都加剧了新兴经济体的国际收支失衡，使其承受更多的国际经济失衡的调整痛苦。

日本央行近日投下一枚“重磅炸弹”，是非成败姑且不论，其在全球外汇市场上已经激起千层浪。美元牛市来势汹汹，欧元和日元大幅贬值，这势必对全球经济造成冲击。

日元和欧元一片颓势,加之持续了6年的美联储量化宽松政策正式落下帷幕,美元的新一轮牛市已经初见雏形。在昨日欧洲股市交易的时段,美元指数一度突破87.5的水平,刷新2010年以来的新高。近半年来,美元累计升值近10%。

按照目前的趋势来看,美元仍处于上升周期的初级阶段。瑞士信贷驻伦敦全球股市策略师加斯维特及其团队近日也在研究报告中表示,未来5年美元仍将维持强势,美元指数还有相当大的上升空间,升幅有可能在35%—55%。

强势美元来势汹汹,对多数新兴经济体来说并不是利好。回想2013年年中,美元的升值伴随着新兴市场股市的大幅下挫、汇率的大幅贬值。而在当前,许多新兴市场国家发行的美元计价债券的规模创下新高,数据公司Dealogic此前公布的数据显示,2014年前8个月,中国企业和银行发行的美元计价债券规模达到570亿美元,创下历史纪录。美元债也因此成为一把"锋利的刀",美元的借债成本将由于美元的快速升值而变得极其昂贵。

而在近期,多个新兴市场国家货币更是惨不忍睹。内忧外患之下,俄罗斯央行似乎已经无力阻挡卢布的暴跌,再次违约后的阿根廷也只能眼睁睁地看着比索贬值,印度卢比、巴西雷亚尔等新兴市场国家货币也未能幸免。随着美元牛市来势汹汹,中国似乎已然受到一些影响。数据显示,2014年第三季度末,中国外汇储备余额为3.89万亿美元,较2014年第二季度末的3.99万亿美元下降了约1.004亿美元。不过,加拿大丰业银行外汇策略师泰汉伊认为,维持人民币汇率稳定而不是引导人民币大幅贬值,这对于当前中国经济来说更为重要。

资料来源:http://www.chinairn.com/news/20141106/112316754.shtml

第一节　经常项目失衡的发展

一、危机前后全球经贸格局的变化

全球金融危机的发生,极大地影响了世界经济贸易的发展格局。危机至今已经过去6年,但全球经济仍然受到危机后果的影响和拖累。图15-1描述了2005—2013年全球实际GDP增速的变化与分布状况。图形显示,全球经济增长从2007年的高峰跌落近8年,但主要类型经济体以及各地区的增长仍未恢复到危机前的水平;曾经为全球增长最快的亚洲发展中经济体从2010年以来的下行趋势仍未完全稳定,整个西半球刚刚下行企稳,欧洲地区经济还存在下行趋势。

受全球经济调整的影响,世界货物贸易的增长缓慢。最近10年世界经济增长与出口增速的变化见图15-2。图形显示,全球出口增速于2007年领先GDP增速,然后开始下滑,2008年两者增速降至平均增速以下,2009年则大幅下跌至-12%左右;2010年在中国4万亿投资的拉动下,全球出口增速出现非常规增长,此后与GDP同时大幅跌落,至今仍在近20年的平均增速水平以下。

图15-3刻画了1990—2013年世界货物贸易平均增速、GDP平均增速以及世界货物贸易与GDP增速比率的变化情况。图形显示,世界货物贸易增速于2006年危机前6.3%左右的高峰下跌到2009年的近2%,其与GDP增速的比率则从2000年2.4%的高峰一路下滑至危机高

峰期的 1.6%，时至 2013 年年底也仅仅上升了 0.1 个百分点。

图 15－4 是 1990—2013 年世界货物出口的变化趋势与预测增长趋势的比较。从 1990 年至 2007 年第三季度，商品出口的变化趋势与预测增长趋势基本吻合，2008 年商品出口的变化趋势大幅下跌，此后与预测增长趋势形成十多个百分点的差距。

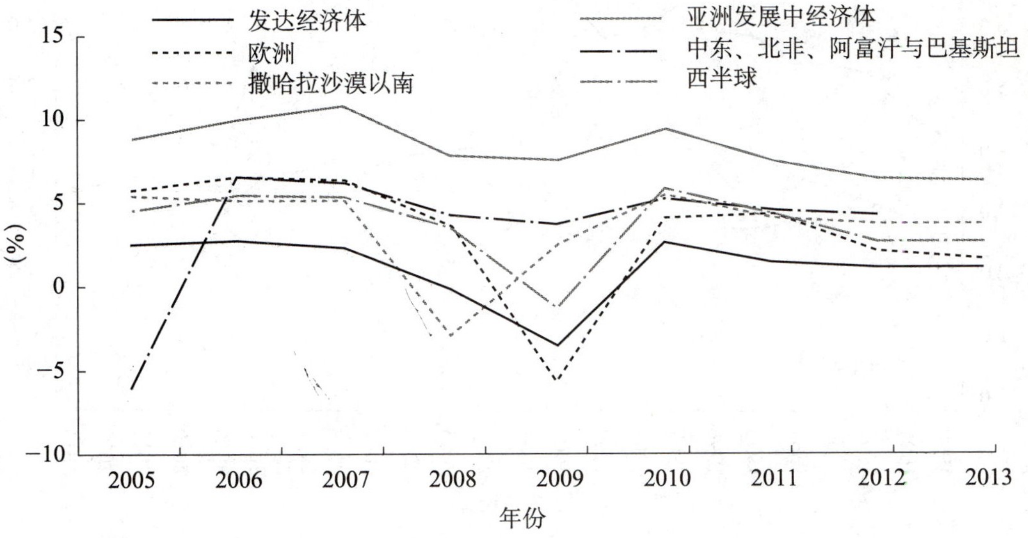

图 15－1　2005—2013 年全球实际 GDP 增速分布

资料来源：WTO secretariat。

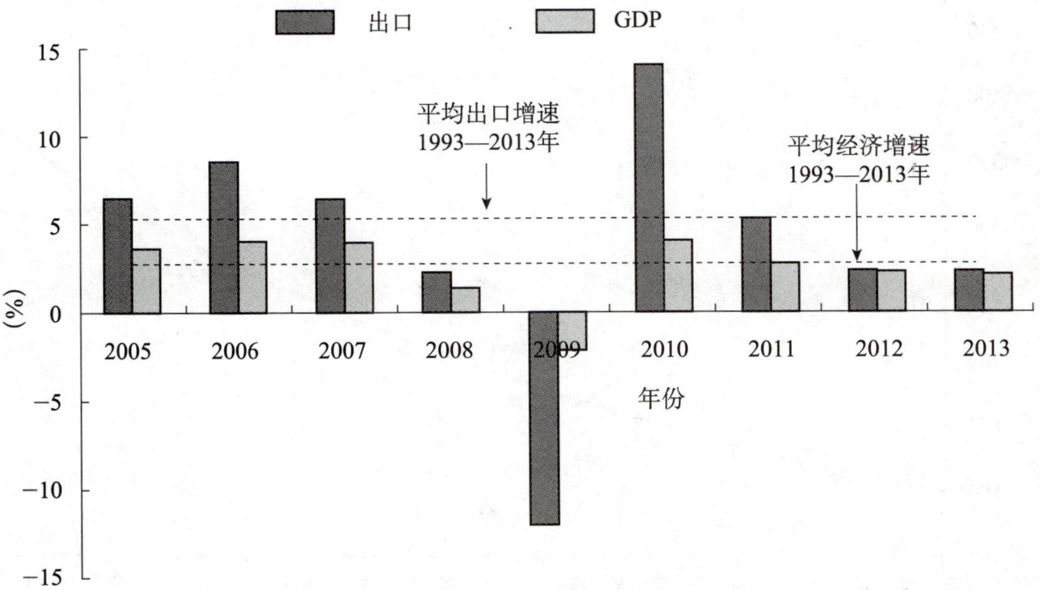

图 15－2　2005—2013 年世界经济增长与出口增速的变化

数据来源：WTO secretariat。

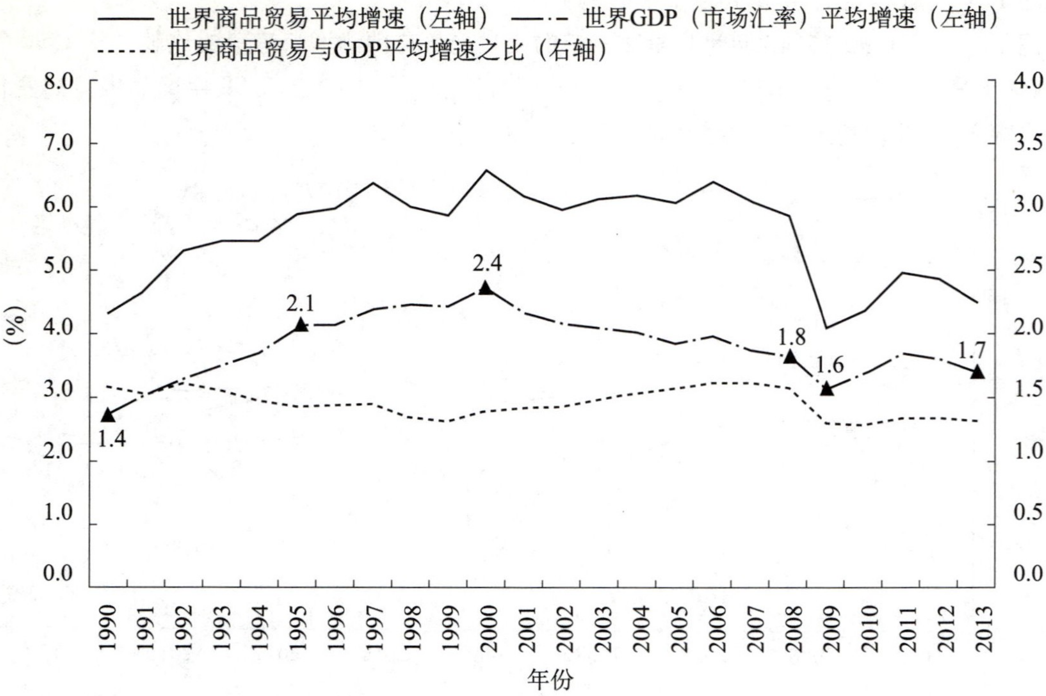

图 15-3　1990—2013 年世界货物贸易与 GDP 的增速

注:按 10 年移动平均值计算。

资料来源:WTO Secretariat。

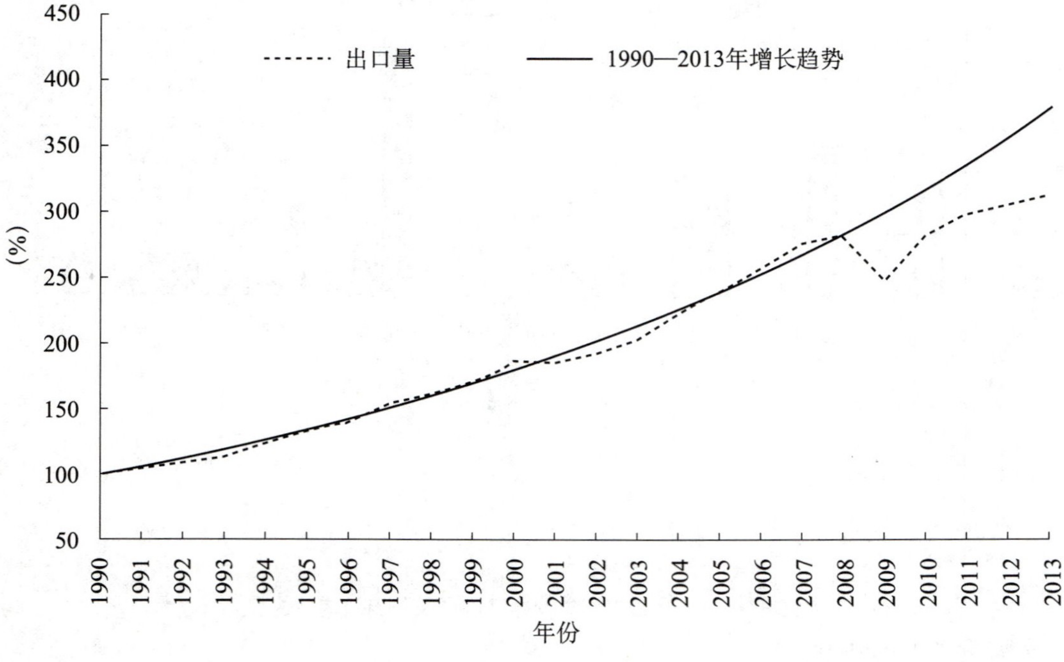

图 15-4　1990—2013 年世界货物出口的变化趋势(1990=100)

资料来源:WTO Secretariat。

图 15－5 给出了 2005—2013 年出口增长量与危机前趋势的比较。2007 年全球出口量的增长达到 3% 的高点，2008 年跌为负增长，2009 年跌至－18%，2013 年仍在－17% 的水平，不仅远离危机前的增长水平，甚至还远未恢复正增长。

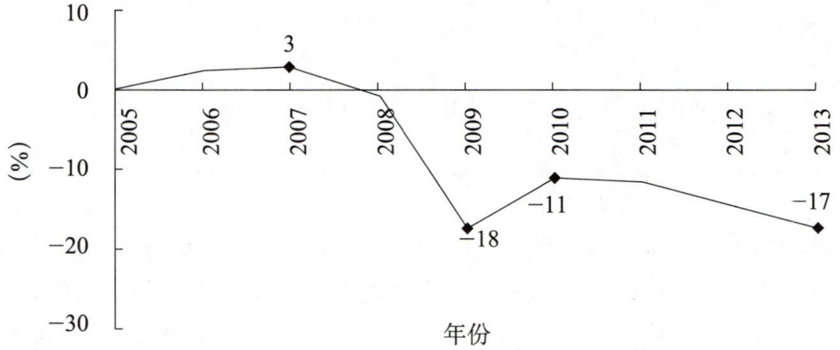

图 15－5　出口增长与危机前趋势的比较

资料来源：WTO Secretariat。

就目前趋势来观察，2012 年与 2013 年，全球贸易增长低于 2.5%，远低于危机前 6% 以上的平均水平。根据 WTO 专家组的分析，两大因素助推贸易流量的下降。第一，全球价值链在危机前 10 年期间迅速扩大，这极大地推动了贸易流量的增长。现在，全球价值链趋于成熟，生产过程各环节的分工已经稳定，全球价值链上中间产品的进出口对全球贸易的贡献已放缓。第二，全球需求的构成已从贸易密集型产品转移。事实上，在全球总需求的构成中，投资复苏是第二次世界大战以来最慢的，从而进一步弱化贸易对经济增长的敏感性，因为投资品是贸易型产品中密集程度最高的部分。受结构性因素的影响，世界贸易已经进入一个较长时间的中低速增长期。

二、危机后全球经常项目失衡的变化

全球经常账户失衡是指某些或某个经济体拥有大量的贸易赤字，而与这些经济体或某个经济体贸易赤字相对应的贸易盈余则集中在其他一些经济体的这样一种现象。危机前全球经济失衡的主要表现为：美国、西班牙、英国、澳大利亚和法国经常账户赤字庞大、债务增长迅速，而制造业出口优势较强的日本、中国和亚洲其他主要新兴市场国家对美国持有大量的贸易盈余，包括俄罗斯和中东国家在内的石油输出国也有大量的贸易盈余。全球金融危机后，发达经济体的进口（尤其是高度依赖借贷的进口）明显下降，经常账户逆差减少；与此同时，传统出口大国的出口增速放缓，经常账户顺差相应减少。

从经常账户差额占 GDP 的比重来看，当前全球经常账户失衡已由 2006 年的峰值下降了 30% 以上，美国的大额逆差和中国与日本的大额顺差等主要失衡均缩小了 50% 以上（见表 15－1）。2014 年 11 月，美国贸易逆差从 10 月份的 423 亿美元下降至 390 亿美元，为 2013 年 12 月以来的最低。

表 15－1　美国、中国及日本经常账户差额的变动状况

国家	项目	最新	时间	前期	与历史高点比较
美国	经常账户差额(亿美元)	－1 002.55	2014 年第三季度	－98 417.0	－2 160.63:99.57
	经常账户差额 GDP 占比(%)	－2.3	2013 年	－2.7	－6:0.2
中国	经常账户差额(亿美元)	722.0	2014 年第三季度	734.0	－8.96:1 331
	经常账户差额 GDP 占比(%)	2.0	2013 年	2.6	－3.7:10.1
日本	经常账户差额(十亿日元)	433.0	2014 年第三季度	833.4	－1 586:3 360
	经常账户差额 GDP 占比(%)	0.7	2013 年	1.1	－1:4.8

数据来源:http://www.tradingeconomics.com

随着美国的逆差和中国与日本的顺差缩小,全球经常账户失衡的集中度以及与此相关的系统性风险也出现缓解。然而,欧洲核心国家(如德国)的经常账户顺差依然较大,一些新兴市场国家的经常账户差额则出现恶化。表 15－2 列示了部分国际重要经济体 2007—2013 年经常项目差额 GDP 占比的变化情况。

表 15－2　部分经济体经常账户差额 GDP 占比　　单位:%

经济体＼年份	2007	2008	2009	2010	2011	2012	2013
澳大利亚	－6.8	－5.0	－5.0	－3.5	－2.8	－4.1	－2.9
巴西	0.1	－1.7	－1.5	－2.2	－2.1	－2.4	－3.6
加拿大	0.8	0.2	－3.0	－3.6	－2.8	－3.4	－3.2
中国	10.1	9.2	4.8	4.0	1.9	2.6	1.9
欧元区	0.2	－1.5	－0.1	0.1	0.1	1.4	2.4
德国	7.5	6.3	6.0	6.4	6.8	7.4	7.5
印度	－0.7	－2.4	－2.0	－3.2	－3.2	－4.8	－2.5
日本	4.9	3.3	2.9	3.7	2.0	1.0	0.7
韩国	1.1	0.3	3.7	2.6	1.6	4.2	6.1
墨西哥	－1.4	－1.8	－0.9	－0.4	－1.1	－1.3	－2.1
俄罗斯	5.6	6.2	4.0	4.4	5.1	3.5	—
沙特阿拉伯	22.4	25.5	4.9	12.7	23.7	22.4	18.0
南非	－7.0	－7.3	－4.0	－1.9	－2.3	－5.2	－5.8
英国	－2.5	－1.5	－1.7	－3.3	－1.3	－3.8	－4.5
美国	－4.9	－4.6	－2.6	－3.0	－2.9	－2.7	－2.3

数据来源:Eurostat。

表 15－2 主要包括了两类经济体,即发达经济体与发展中经济体。发达经济体以美国、欧元区、德国、日本、加拿大、英国、澳大利亚和韩国为代表;发展中经济体主要以巴西、中国、俄罗斯、印度、墨西哥、南非、沙特阿拉伯为代表。

两类经济体相比较,2013 年,发达经济体经常账户差额 GDP 占比在欧元区、德国、日本、韩国为顺差,其他如美国、加拿大、英国、澳大利亚均为逆差。发生逆差的发达经济体中,除英国外,澳大利亚、加拿大、美国的逆差 GDP 占比与 2012 年相比都是下降的,其中澳大利亚、美国从 2007 年以来呈现连续的下降趋势。发生顺差的发达经济体中,欧元区的差额 GDP 占比呈

现震荡上行趋势，从 2007 年的 0.2% 上升到 2013 年的 2.4%；德国的经常项目连续 6 年保持了较高的比重，平均值高达 6.9%，不仅在发生顺差的发达经济体中占比最高，在两类经济体中（除石油输出国沙特阿拉伯外）也是占比最高；传统贸易顺差大国日本的经常项目顺差 GDP 占比却在一路下滑，从 2007 年的 4.9% 下降到 2013 年的 0.7%；而韩国则从 2007 年的 1.1% 上升到 2013 年的 6.1%。

2013 年，发展中经济体中国、俄罗斯、沙特阿拉伯的经常账户差额 GDP 占比为顺差，其他如巴西、印度、墨西哥、南非均为逆差；发展中经济体（排除能源输出国家俄罗斯和沙特阿拉伯）中，顺差经济体仅仅余下中国一家。这反映发展中经济体整体商品与服务的国际竞争力仍远不及发达经济体。值得特别注意的是，中国的经常项目顺差从 2007 年 10.1% 的高位一路大幅下滑到 2013 年的 1.9%，下降了近 5 倍；而中国贸易顺差的下降趋势正好吻合了美国与澳大利亚逆差 GDP 占比的下降趋势。这意味着，就制造品而言，全球制造业中心的经常项目顺差大幅度下降，澳大利亚特别是 GDP 全球占比最大的美国的逆差显著收窄，表明目前国际经济失衡程度已经得到进一步改善。

与顺差经济体相比，中国贸易差额收窄的速度和幅度值得引起关注，特别值得注意的是同属制造业大国的德国和韩国。德国在国际金融危机以来，经常项目顺差 GDP 占比十分平稳，显示了欧元区内部及世界其他经济体对“德国制造”需求的稳定性；而韩国的经常项目顺差 GDP 占比在 2008 年下跌 0.8% 之后，于 2009 年即大幅反弹到 3.7%，并于 2013 年达到 6.1% 的高位。德韩两国经常项目顺差 GDP 占比的稳定变化与中国的持续大幅下滑形成鲜明对照，意味着“中国制造”（中国服务业目前总体尚无竞争性可言，且多年均为逆差）的国际需求缺乏稳定性，需要大力培育。

受全球经济贸易活动下降的影响，在总量增长下滑或低迷的通道内，发展中经济体的贸易增长吃力。就近期趋势来看，WTO 预计，2014 年全球贸易量增长 3.1%，增速比 2013 年有所提高，但仍远低于过去 20 年 5.3% 的平均增速。即使未来 2 年全球贸易恢复到危机前 20 年的平均增速水平，发展中经济体经常项目失衡状况要恢复平衡也相当困难。

第二节　国际资本流动与资本账户失衡

一、国际资本流动的概念及其与国际收支平衡表的关系

国际资本流动是指不同经济体之间的资本流出与流入。一个经济体的资本流动反映在该经济体国际收支平衡表的资本和金融账户中，引起该经济体对外资产和负债的增加与减少，进而引起与之相关的政策调整。国际资本流动与国际收支平衡表的关系如图 15－6 所示。国际资本流动与发展中经济体国际收支的关系密切。20 世纪 80 年代以来，国际资本流动的变向触发了多次新兴经济体的货币与经济危机；后危机时代，美国量化宽松货币政策的实施和退出对新兴经济体的资本和金融项目都有着重大影响。

国际资本流动是不同经济体之间以及与国际金融组织之间的资本流出与流入。资本流动的载体可以是商品、技术和货币资金，表现形式包括商业资本、产业资本和金融资本，其中以货币金融资本为主。

国际资本流动不同于资本输出、输入。资本输出、输入常指与投资和借贷等金融活动相联系，以谋取利润为目的的资本流动，但这不能概括资本流动的全部内容，资本流动还包括一国

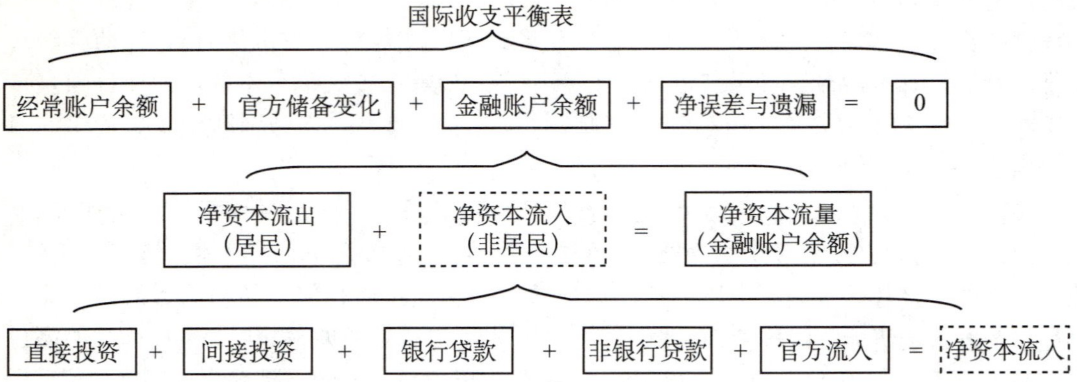

图 15-6　国际资本流动与国际收支平衡表项目的关系

用外汇储备调节国际收支。

一个经济体的资本流动总是与其对外资产和负债的变动相联系,并反映在该经济体国际收支平衡表的资本和金融账户中。投资或借贷资本的流出伴随着利润、利息的回流以及投资资本或借贷资本的返还,结果引致该经济体对外资产和负债的增加与减少。

资本和金融账户项下的资本流动均伴随外币请求权(即申请保留外币形式的一种权利)。例如,以实物形态、无形资产发生的借贷与投资均附有外币请求权,而同样以实物、产业资本或金融资本形态出现的跨国界流动(如战争赔款、政府间援助及私人遗产继承等)收付则不附有外币请求权。

从债权债务关系主体来划分,国际资本流动可分为官方资本流动与私人资本流动。其中,因私人资本流动的占比最大,且波动性也远较官方资本强,故为一国资本流动的监测重点。

从期限上来划分,国际资本流动包括长期资本流动与短期资本流动。国际长期资本流动是指期限在 1 年以上的国际资本流动,其形式包括:

(1)直接投资。直接投资以取得企业管理与控制权为标志,一般不构成东道国的对外负债,只承担定期支付或汇出利润的义务。

(2)证券投资或间接投资。证券投资指通过在国际债券市场上购买中长期债券;间接投资指国际贷款,主要包括政府贷款、国际金融机构贷款。

国际短期资本流动是指期限在 1 年以下(包括 1 年)的国际资本流动,其形式为各种短期金融资产,包括现金、活期存款,以及大多数货币市场的金融工具。短期资本流动可能出自保值需要,即金融资产的持有者为了资金安全或保持其价值不致遭受损失而进行资金的调拨和转移;也可能出自投机性需要,即资本流动旨在不同资本市场转移投资以获利;还可能出自贸易资金融通需要,即由于商品与服务交易的短期资金融通需求而引起短期国际资本流动。

国际资本流动与经常账户余额及资本流动类别的关系如图 15-7 所示。①

国际资本流动是经济全球化下生产力与国际分工发展深化的必然现象。随着经济的日益开放和交融,各国的相对优势、经济增长、资本供求和汇率,以及市场发展潜力与投资环境、经济政策与行政效率差异的客观存在,促成了当代资本在全球范围的大规模流动。

---

① 图中虚线方框内为私人资本流动,国际金融协会(IIF)监测的重点。

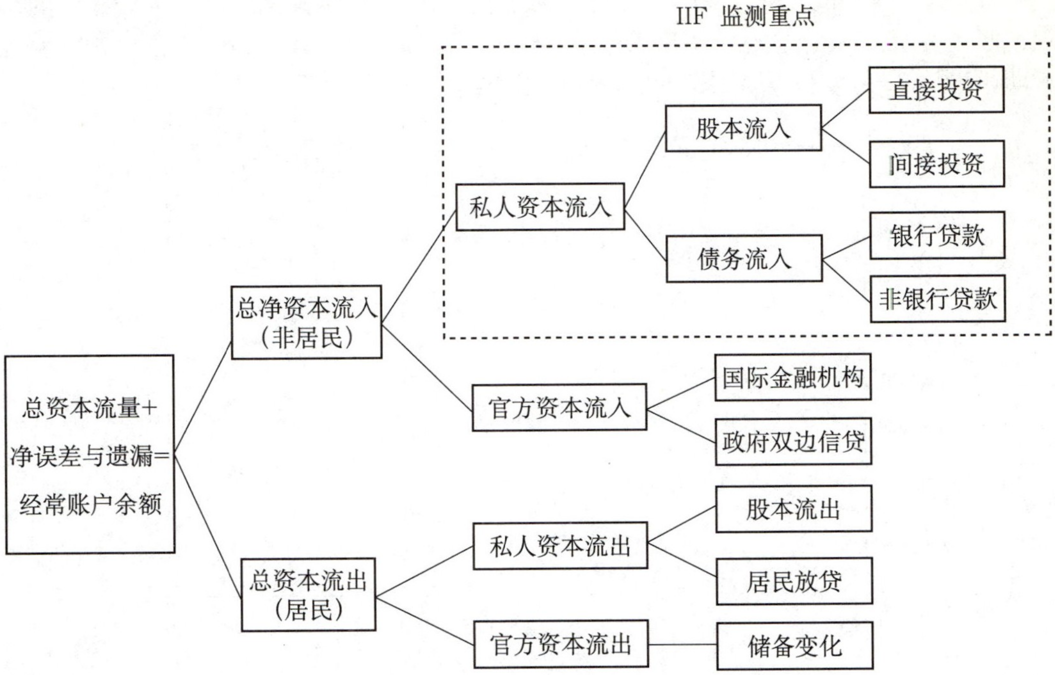

图 15-7 国际资本流动与经常账户余额及资本流动类别关系

国际资本流动有利也有弊。一方面,国际资本流动可以促进生产水平的提高与经济效率的改进,也有利于各国国际收支的调节;另一方面,长期的、过度的资本输出,一定条件下会引起资本输出国经济发展的停滞,而资本输入国如无正确的产业政策与投资政策就不能正确地引导并发展在国际上具有竞争性的优势产业,或由于外国直接投资规模过大而易于成为外国资本的附庸。此外,过于频繁的短期国际资本流动,还会引起货币市场的混乱与外汇市场的动荡,给经济脆弱国家带来巨大的外部冲击压力,导致这些国家的外汇储备大幅度增加或流失,引发债务或货币危机。

二、国际资本流动基本格局的变化

国际资本流动格局主要经历了下述阶段:

(1) 19 世纪 70 年代至第一次世界大战爆发期间。资本主义由自由竞争走向垄断,帝国主义国家为了开拓市场,输出资本,而殖民地和半殖民地国家则输入资本。

(2) 两次世界大战期间。美国由债务国变为债权国,这期间国际资本流动的突出特点是政府借贷增长迅速。

(3) 第二次世界大战结束到 20 世纪 80 年代。美国由债权国变为净债务国;资本流动形式由直接投资与银行贷款份额的上升,转变为证券投资的加速增长;投资流向由传统上的发达国家对发展中国家的单向流动,演变成发达国家对发展中国家和发展中国家对发达国家的双向流动。与此同时,衍生金融工具短期投资在国际资本流动中的占比上升。

(4) 20 世纪 90 年代后至全球金融危机前国际资本流动的主要特征如下:

① 国际资本流动的规模不断扩大。1995—2005 年,包括债务资本、证券投资、直接投资在内的国际资本流量增长近 4 倍,从 1995 年的 1.5 万亿美元左右增长到 2005 年的 6 万亿美元

(见图 15-8)。这期间,除受 1997 年亚洲金融危机与 2001 年美国网络经济泡沫破灭的影响出现了两次负增长以外,全球资本流动的总体规模一直保持稳步增长;不过,危机前的跨境资本流动,有很大一部分与不断加剧的经济失衡相关。

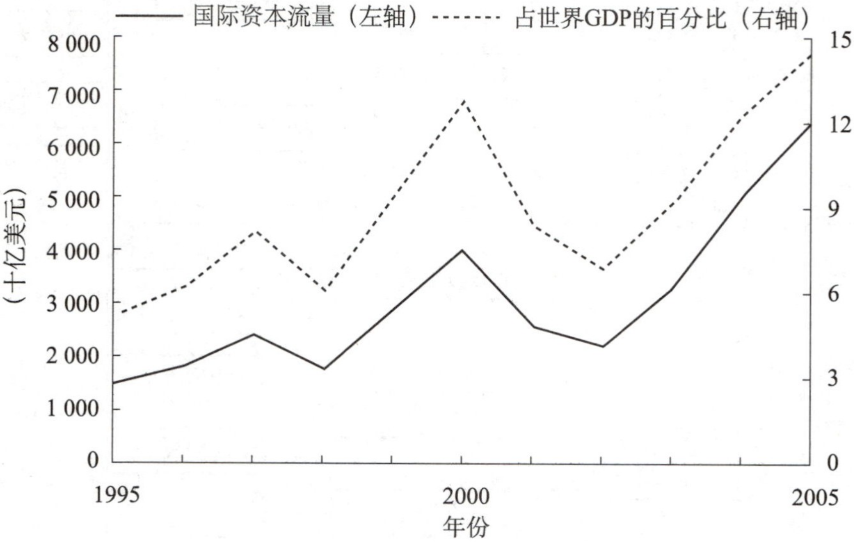

图 15-8 1995—2005 年国际资本流动规模的增长

资料来源:IMF,《国际金融统计》。

② 脱离国际贸易与实业投资的短期资本的流动加快。据统计,目前在纽约、东京和伦敦外汇市场的全部交易中,仅有 20% 左右用于支付国际贸易和投资,另外 80% 左右则用于从事国际金融投机活动。

③ 国际投资流向发达国家的比重继续加大,资本流动首次主要从新兴市场经济体(亚洲和石油出口经济体)流向发达经济体。新兴市场成为国际资本流动的重要力量(见图 15-9 和图 15-10)。

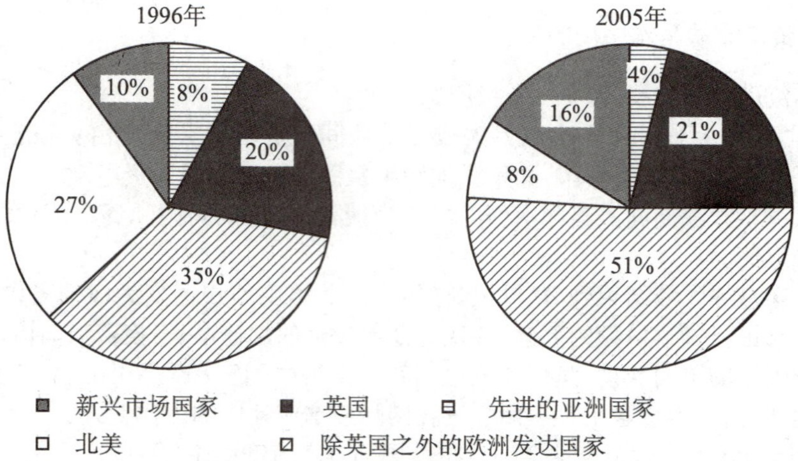

图 15-9 不同国家与地区全球资本输出的占比

资料来源:IMF,《国际金融统计》。

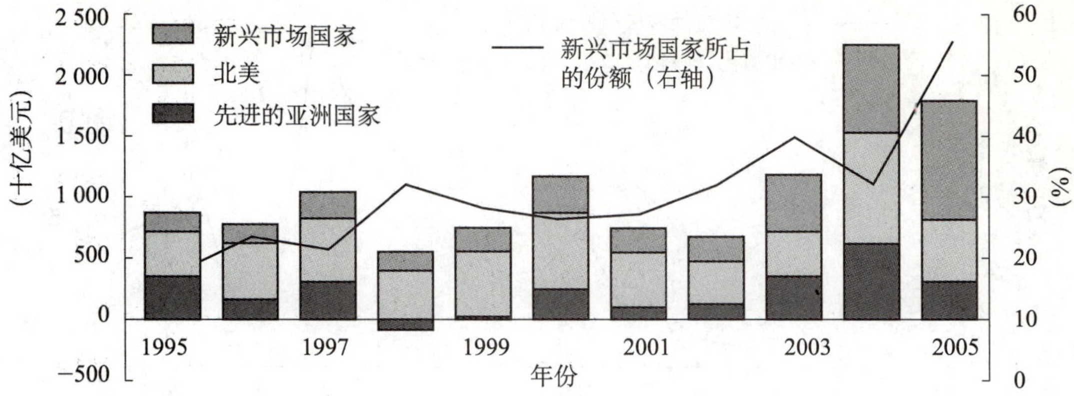

图 15－10　新兴市场国家在全球资本流量中份额的变化

资料来源：IMF,《国际金融统计》。

④ 资本流向从穷国流向富国。图 15－11 显示，新兴市场盈余国家成为赤字发达国家的主要资本供给者。1980—2005 年，盈余国家的人均相对 GDP 均值出现明显的下降趋势，而赤字资本输入国的人均相对 GDP 均值呈显著的上升态势。与此同时，直接投资的部门结构也发生较大变化，对第三产业部门投资成为国际投资的主要形式；收购兼并成为直接投资的主要形式。

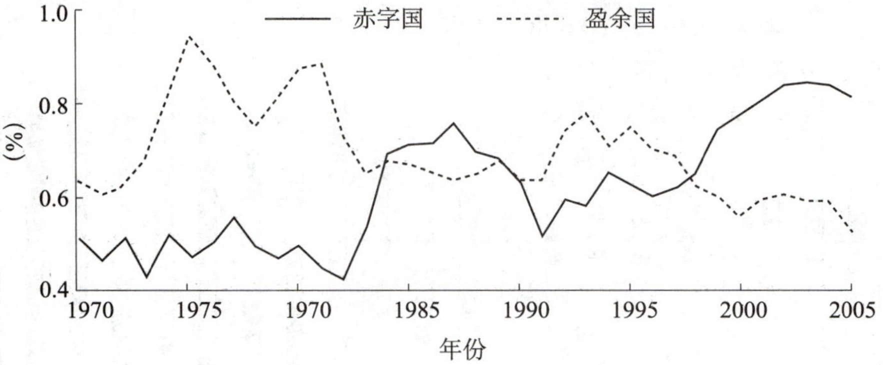

图 15－11　1970—2005 年资本输出国和资本输入国的相对收入变化

注：样本国家分为逆差国家与盈余国家两组，相对收入指以经常账户衡量的人均 GDP，计算按购买力平价调整。

资料来源：IMF,《国际金融统计》。

⑤ 国际金融危机至今。2008 年国际金融危机发生后，全球资本流动规模从危机前的峰值大幅下降逾 60%（见图 15－12）。在国际金融危机爆发 6 年后，全球金融体系中的资本流量仍然维持在 10 年前的水平，至 2014 年年末，全球跨境资本流动仍在低位徘徊。

不仅资本流动规模大幅下降，其构成也发生了显著变化。与 2007 年相比，银行放贷在跨境资本总量中的占比大幅度下降；而海外直接投资所占比重则大幅度上升。2013 年全球外商直接投资同比增长 11%，达到 1.46 万亿美元，接近危机前 3 年的平均水平。

与此同时，与 2008 年之前相比，新兴市场在资本流动总量中所占份额显著上升，发达国家整体上持续呈现资本净输入。例如，美国自 20 世纪 90 年代以来（除 1991 年外）都是最大的资本净输入国，其资本净输入占全球资本净输出的比重一直保持在 70% 左右。美国经济分析局的数据显示，2006—2014 年，美国外债平均余额高达 3.47 万亿美元，2007 年第三季度创下 1.2 万亿美元流入的最高单季纪录。截至 2014 年第三季度，美国对外债务余额约 6.16 万亿美元。

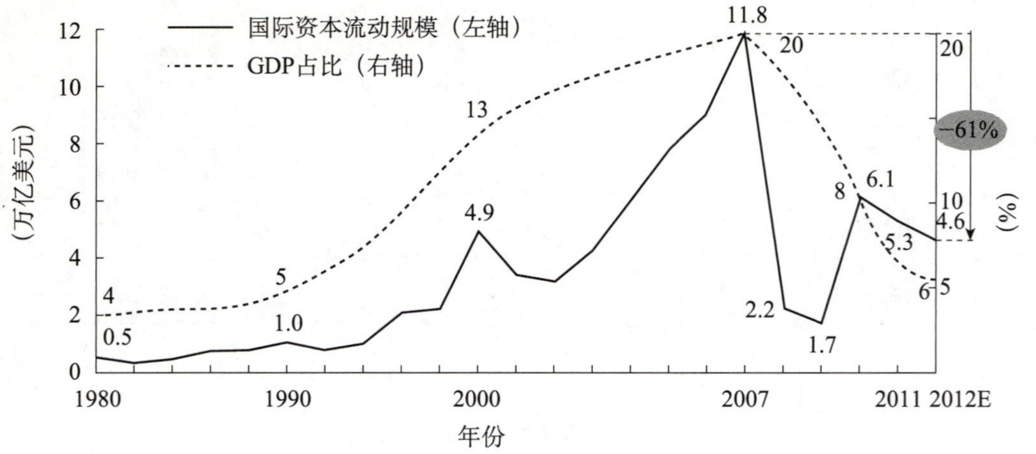

图 15-12 国际资本流动规模的变化趋势

注:2012E 为估计值。

资料来源:McKinsey,Haver Analytics ,IMF。

图 15-13 给出了 1995 年至今新兴经济体私人资本流出入的变化。如图所示,新兴市场在 2001 年以前都是资本净输入;2001—2008 年都是资本净输出且输出数额不断扩大;2008 年以后,资本净输出呈波动收缩态势。

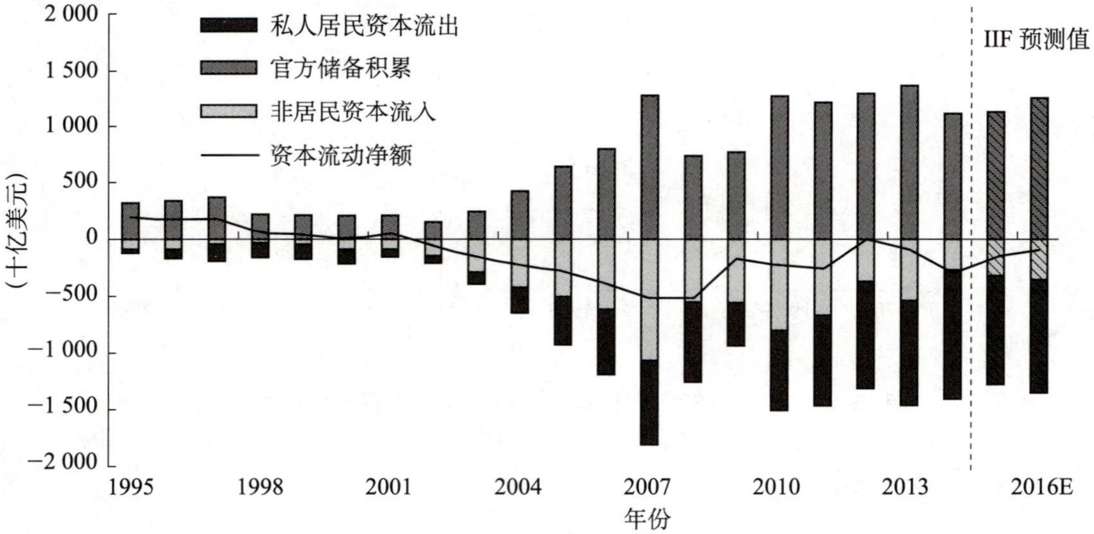

图 15-13 1995 年以来新兴经济体私人资本流出入的变化

资料来源:IIF。

综上所述,2008 年金融危机爆发前,国际资本净流动呈现出由经常项目盈余经济体流向以美国为首的逆差发达经济体的新趋势,加剧了全球经济失衡。主流宏观经济理论认为,国际资本应该从资本充足的发达经济体流向资本稀缺的欠发达经济体。然而,现实中资本流动的方向与理论相反,以中国为代表的新兴市场向美国净输出资本。国际金融危机促成的再平衡压力及各国采取的政策响应,使全球经济失衡得到缓解。但危机引发的国际资本流动不断变向和大幅震荡,导致新的全球经济失衡——全球资本账户失衡。当代国际资本流动对不同经济体国际收支的影响已经超越了经常账户,不仅使得国际收支失衡的复杂性空前上升,还增加了全球国际收支失衡未来发展的不确定性。

第三节 国际资本流动对发展中经济体国际收支的影响

一、国际资本流动对发展中经济体的冲击

由于资本和金融项目反映一国对外金融资产和负债的全部交易结果,因此国际资本流动直接影响一国的国际收支状况。在当代不对称的国际金融格局中,包含新兴市场在内的广大发展中经济体,与发达经济体相比,总体上处于国际资本流动的弱势地位,主要储备货币国货币政策的变化不仅影响甚至决定发展中经济体国际收支失衡的程度及其对调节措施的选择。在国际经济失衡日益严重的今天,众多发展中经济体不仅是国际经济失衡调节的主要承担者,而且是国际收支失衡调节的主要受害者。

伴随国际资本流动格局的演变,发展中经济体经历了资本大量地流进和流出,为国际收支失衡的严峻考验付出了重大的成本。20 世纪 80 年代至全球金融危机前,国际资本流动对发展中经济体形成了多次冲击,并分别引发了 80 年代的拉美债务危机①、80 年代的中国台湾地区资产泡沫②的破灭、1994 年的墨西哥比索危机③、1997 年的亚洲金融危机④、1998 年的俄罗斯国家主权债务违约⑤,以及 2001 年的阿根廷货币危机⑥。

事实证明,新兴经济体的货币金融危机与美联储货币政策的态势具有很强的相关性。一般地,美联储货币政策扩张,导致资本流向世界,压低全球利率,使美元走弱而其他货币走强,资产价格上升,新兴经济体经济增速;反之,美联储货币政策收缩,导致资本回流美国,推高全球利率,使美元走强而其他货币走弱,资产价格下降,新兴经济体经济减速。1973 年以来,新兴市场危机与联邦基金利率的关系及其时间和地域的分布如图 15－14a、图 15－14b、图 15－15 所示。

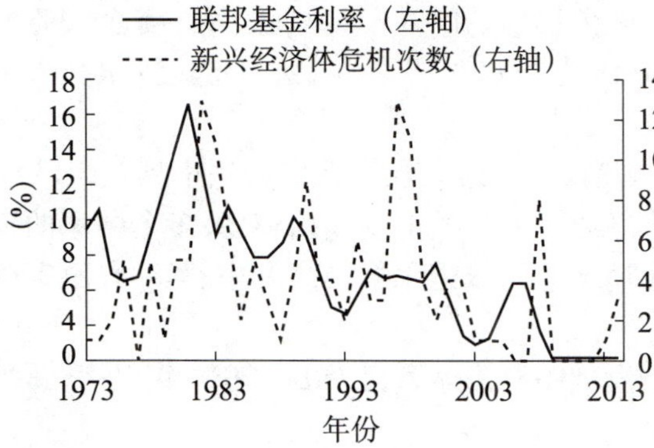

图 15－14a 联邦基金利率与新兴经济体危机

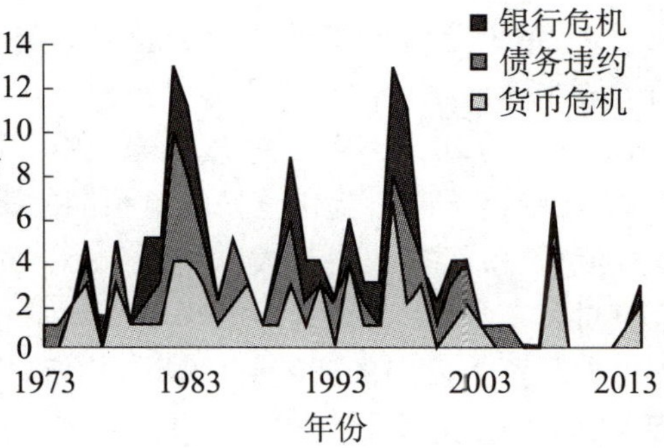

图 15－14b 1973 年以来新兴经济体危机次数

资料来源:IIF。

---

① 以 1982 年墨西哥宣布无力偿还外债为标志,拉美国家相继爆发严重的债务危机。

② 20 世纪 80 年代中后期,中国台湾地区因经常账户顺差累积、台币升值、海外资金流入,以及境内货币增发所引起的房地产、股市等资产泡沫膨胀而后塌陷的危机。

③ 1994 年 12 月至 1995 年 3 月,墨西哥发生比索汇率狂跌、股票价格暴泻的金融危机。

④ 1997 年 7 月至 10 月东南亚国家和地区发生的金融危机。1997 年 7 月 2 日由泰国开始,泰铢贬值;之后影响到邻近亚洲国家马来西亚、新加坡、日本和韩国等的货币、股票市场和其他的资产价值,打破了亚洲经济急速发展的景象。

⑤ 1998 年,俄罗斯发生国家主权债务违约危机。

⑥ 2001 年年末,阿根廷发生货币危机,被迫放弃其实行了 11 年之久的货币局制度,阿根廷比索大幅贬值,债务违约,金融系统陷入动荡,经济遭到重创。最终,在 IMF80 亿美元的援助性贷款下,货币危机才得以缓解。

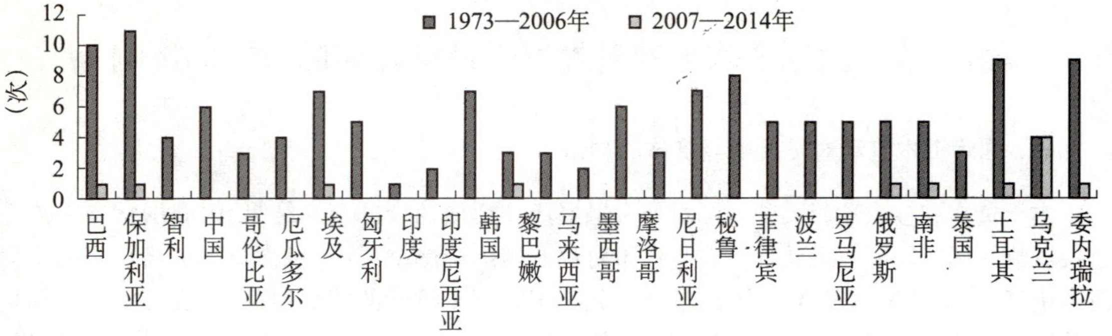

图 15-15　1973 年以来新兴经济体危机的地域分布

资料来源:IIF。

二、量化宽松货币政策对发展中经济体国际收支的影响

后危机时代,影响全球资本进出的主要因素有美国超宽松货币政策退出的预期与进程,全球经济不景气以及新兴经济体自身经济增长放缓等。

实践上,为应对 2008 年的国际金融危机,刺激经济增长,以美国为首的发达经济体先后推出多轮量化宽松货币政策(参见第八章专栏 8-1)。其中,美国货币政策的溢出效应非常明显,其实施和退出都对全球金融体系产生重要影响,并对发展中经济体特别是新兴经济体的资本和金融账户产生巨大冲击。

危机后前 2 年,量化宽松政策导致美元汇率走低,美联储长期保持接近零利率的政策,使美元成为套利货币,经济成长较优的新兴市场国家一度成为国际资本的聚集地。根据 IMF 的研究,金融危机后流向新兴市场的资金占比,从金融危机前的略高于 10% 上升到接近 50% 的水平,大量资金流向东亚和拉美新兴经济体。IIF 估计,2009—2012 年,新兴市场国家私人部门的资本净流入量高达 4.2 万亿美元。

然而,自 2013 年第二季度以来,国际资本流向逆转,开始大规模流出新兴市场。2013 年下半年,受美国退出量化宽松政策预期的影响,新兴经济体金融市场大幅震荡,多个国家的资本外流,货币汇率和股市大跌(见图 15-16 和图 15-17),被迫采取提高利率、紧缩财政等措施应对。

国际资本流向的逆转导致资本从新兴市场和发展中经济体大量流出。2011 年以来,新兴市场资本流出入情况如表 15-3 所示。

总之,美国宽松货币周期结束,新兴经济体增长放缓及其投资回报率降低等因素,使资本流动的局面发生重大改变,并对新兴经济体货币产生较大的贬值压力,新兴国家央行采取干预本币贬值的政策操作空间越来越小。过分依赖资本流入的新兴市场经济体,近期内可能经历国际收支恶化、外汇储备减少、财政和债务偿付发生困难的局面。

就未来趋势来看,美国货币政策正常化导致国际金融环境收紧,美元资产市场利率和债券收益率的上升以及美元指数的走强将使资本回流美国;新兴市场因结构性放缓比预期更甚,可能遭遇持续的金融压力。

失衡问题的解决,需要本币的大幅贬值或实际利率的上升。脆弱的新兴经济体面临放大的溢出效应和政策制约,国际收支失衡将因此而加重。未来一个时期,新兴市场和发展中经济体国际收支平衡需要管理的重点是,潜在资本流动逆转所带来的货币贬值使国内政策主动调节受制的风险。

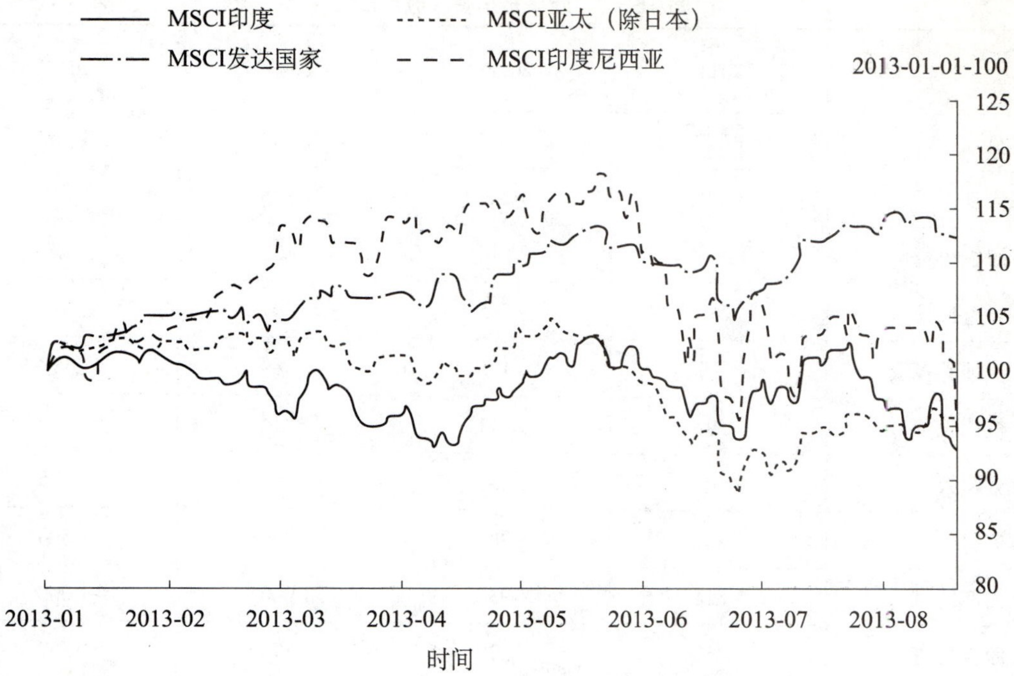

图 15－16　新兴市场股市大幅跑输发达国家市场

资料来源：Bloomberg，中金公司研究部。

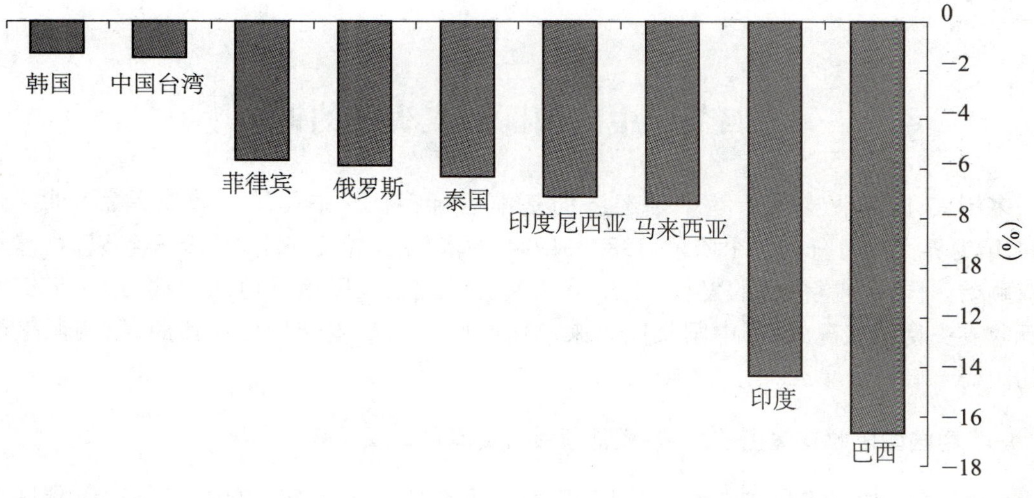

图 15－17　新兴经济体货币贬值

资料来源：Bloomberg，中金公司研究部。

表 15-3 新兴市场资本流动情况 单位:十亿美元

项目 \ 年份	2011	2012e	2013f	2014f
资本流入	1 027	1 212	1 187	1 167
私人部门	1 146	1 181	1 145	1 112
股权投资	598	670	631	633
直接投资	593	545	541	523
证券投资	5	125	89	110
机构投资	548	511	514	479
官方流入	61	31	43	65
资本流出	-1 481	-1 289	-1 396	-1 396
私人部门	-811	-932	-1 000	-1 000
股权投资	-262	-320	-375	-357
对外借款	-549	-612	-624	-643
外汇储备	-670	-357	-397	-396

注:e 为 IIF 估算值,f 为 IIF 预测值。
资料来源:IIF。

第四节 中国国际收支失衡的调节

多年来,国际收支失衡是中国经济的基本运行特征。中国国际收支差额的情况,以1994 年为界大致可分为两个阶段:1982—1994 年,顺差逆差交替出现;1994 年以后,基本保持双顺差。国际金融危机的发生、本外币利差的变化和人民币升值的预期,进一步扩大了国际收支失衡的状况,使得中国长期以来的国际收支双顺差结构更加扭曲,结构调整面临新的阻碍。

一、中国国际收支失衡的发展:经常项目与资本项目双顺差

中国国际收支失衡是近 20 年全球国际收支失衡的一个侧面。1994—2013 年,伴随经济的高速成长,中国国际收支规模不断扩大;与此同时,中国国际收支失衡状况也不断发展,世界上独一无二的经常项目、资本和金融项目双顺差现象愈来愈突出。

(一) 国际收支交易规模增长的状况

1982 年至 2013 年上半年,中国国际收支交易规模总体保持了持续快速增长(见表 15-4)。1982—2004 年,中国国际收支交易总规模年均增长 31.6%,由 540 亿美元升至 1.91 万亿美元,占 GDP 的比重由 19% 升至 99%。2005—2007 年,3 年间,中国国际收支交易总规模由 2.42 万亿美元升至 4.30 万亿美元,平均增速 31.7%,占 GDP 的比重由 109% 升至 132%。

表 15-4　1982 年至 2013 年上半年中国国际收支交易规模

项目 \ 年份	1982—2004	2005	2006	2007	2008	2009	2010	2011	2012	2013（上半年）
国际收支交易规模（万亿美元）	0.054—1.91	2.42	3.33	4.30	4.50	4.00	5.60	6.95	7.50	3.70
同比增速（%）	31.6（年均增速）	27	38	30	5	-12	36	22	6	5
占 GDP 的比重（%）	19—99	109	127	132	105	82	95	95	91	93

资料来源：国家外汇管理局。

2008 年，受国际金融危机的影响，中国国际收支交易总规模为 4.50 万亿美元，较上年增长 5%，增幅较 2007 年回落 25 个百分点；与同期 GDP 之比为 105%，同比下降 27 个百分点。2009 年，国际金融危机的影响仍然存在，中国国际收支交易活动总体上放缓，国际收支交易总规模为 4.00 万亿美元，较上年下降 12%；与同期 GDP 之比为 82%，较上年下降 23 个百分点。2010 年，中国国际收支交易呈现恢复性增长，全年国际收支交易总规模为 5.60 万亿美元，创历史新高，较上年增长 36%；与同期 GDP 之比为 95%，较上年增长 13 个百分点。2011 年，中国国际收支交易总规模为 6.95 万亿美元，同比增长 22%；GDP 占比与上年持平。2012 年，中国国际收支交易总规模为 7.50 万亿美元，同比增速显著下降到 6%；GDP 占比下降至 91%，同比下降 4 个百分点。2013 年上半年，中国国际收支交易总规模为 3.70 万亿美元，同比增长 5%；GDP 占比上升至 93%。1990 年至 2013 年上半年，中国国际收支交易规模及其 GDP 占比如图 15-18 所示。

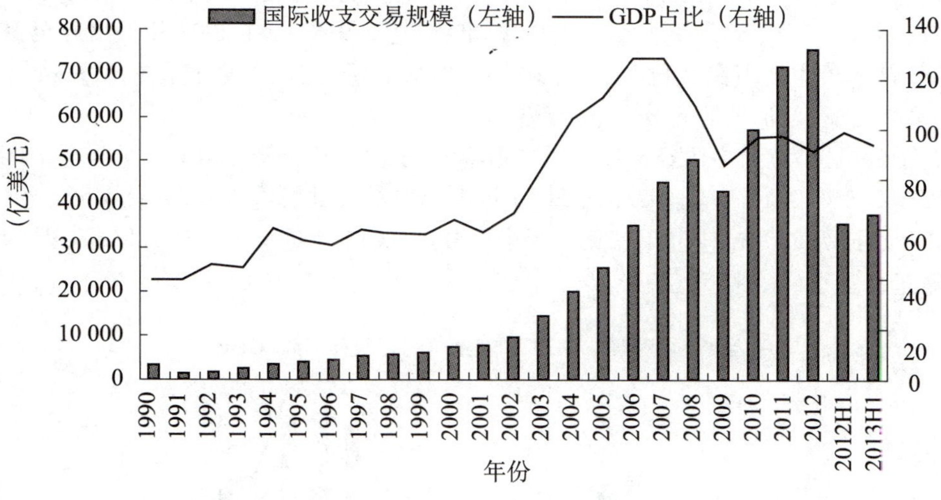

图 15-18　1990—2013 年上半年国际收支交易规模

资料来源：国家外汇管理局；国家统计局。

（二）国际收支总差额及经常项目、资本和金融项目双顺差的发展

伴随国际收支交易规模的快速增长，中国国际收支失衡不断加大，表现为国际收支总顺差的规模增长过快、过大；经常项目、资本和金融项目双顺差现象突出。

1. 国际收支总差额的增长变化

2001—2013 年，除去 2009 年、2011 年、2012 年分别比上年有所下降外，中国国际收支总差额均保持了持续大幅攀升,国际收支总顺差从2001年的522亿美元上升到2013年的5 090亿美元,顺差年规模增长近10倍(见表15－5)。

表15－5 2001年至2014年上半年中国国际收支顺差结构

项目 \ 年份	2001	2002	2003	2004	2005	2006	2007
国际收支总差额(亿美元)	522	677	986	1 794	2 238	2 599	4 474
经常项目差额(亿美元)	174	354	459	687	1 608	2 532	3 532
占国际收支总差额比重(%)	33	52	47	38	72	97	79
资本和金融项目差额(亿美元)	348	323	527	1 107	630	67	942
占国际收支总差额比重(%)	67	48	53	62	28	3	21
国际收支总差额(亿美元)	4 607	4 417	5 247	4 016	1 836	5 090	1 583
经常项目差额(亿美元)	4 206	2 433	2 378	1 361	2 154	1 828	805
占国际收支总差额比重(%)	91	55	45	34	117	36	51
资本和金融项目差额(亿美元)	401	1 985	2 869	2 655	－318	3 262	778
占国际收支总差额比重(%)	9	45	55	66	－17	64	49

资料来源:国家外汇管理局。

2. 经常项目顺差的增长情况

表15－5显示,经常项目大额顺差是中国自2005年以来才有的现象。2005—2008年,中国贸易顺差大幅上升。2005年经常项目差额为1 608亿美元,首次突破千亿美元大关;与此同时,经常项目顺差占GDP比重一举跃过4%的标准线,达5.9%,并在2007年一度升至10%以上。与德国、日本等主要贸易大国相比,中国经常项目顺差占GDP的比重高出3—4个百分点,仅低于马来西亚、新加坡等新兴市场经济体。

国际金融危机爆发后,中国经常项目顺差占GDP之比逐年下降,2010年回落至4%,2011年进一步降至2.8%,2012年降至2.6%;2013年中国经常项目顺差为1 828亿美元,同比下降15%,与GDP之比为2.0%,较上年下降0.6个百分点;2014年进一步降至1.8%,经常项目差额已经降至正常水平(见图15－19)。

图15－19 1990年至2014年上半年中国经常项目差额、货物和服务贸易差额与GDP之比

注:2013Hl、2014Hl分别代表该年度上半年的数据。

资料来源:国家外汇管理局;国家统计局。

3. 资本和金融项目差额的增长变化状况

表 15－5 显示，在经常项目连续顺差的同时，除 2012 年资本和金融项目出现 318 亿美元逆差外，其余年份均保持了净流入。资本和金融项目的顺差规模从 2001 年的 348 亿美元上升到 2013 年的 3 262 亿美元，年均规模达 1 138. 30 亿美元。

经常项目持续顺差及资本和金融项目的净流入，导致国际收支总顺差增大、外汇储备超常规增长（见图 15－20）。截至 2014 年 3 月底，中国外汇储备余额为 3. 95 万亿美元，居世界第一位，占全世界外汇储备总量的 1/3。

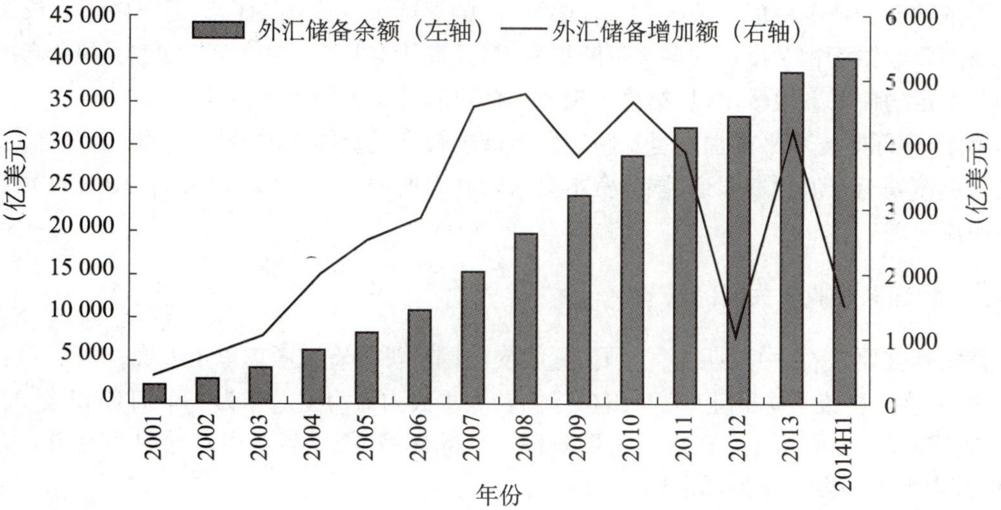

图 15－20　2001 年至 2014 年上半年中国外汇储备余额与外汇储备增加额

注：外汇储备增加额为交易引起的变化，剔除了估值效应的影响。

资料来源：国家外汇管理局。

二、中国国际收支失衡的主要成因

改革开放以来，中国国际收支状况发生了根本性变化，主要矛盾由外汇短缺转为国际收支顺差过大和外汇储备增长过快，形成了现在的国际收支失衡格局。中国国际收支失衡是由多方面原因造成的，既有一般性原因，还有属于中国转型经济的特殊原因，需要具体问题具体分析。

结合中国近十多年来国际收支的实际进行考察，一般性原因显然无法充分解释中国国际收支失衡的动态发展进程。事实上，中国国际收支失衡是经济全球化背景下，一个落后的发展中大国参与国际经济大循环的必然结果，它反映当代世界经济不平衡发展的客观规律，受到国内外经济发展的长期性和结构性因素的影响。

第一，国际收支不平衡是在经济全球化背景下，中国参与国际分工的必然结果。在冷战后的经济全球化进程中，世界分成了发达经济体和发展中经济体两个不同的世界。一方面，发达经济体的产业结构加快了从以传统农业、制造业为主向服务业的转型；另一方面，发展中经济体急需推进工业化与城镇化进程，以摆脱贫困。这就构成了发达经济体传统制造业向开放的新兴经济体转移，而新兴经济体乐于接受制造业产业资本的国际循环格局。中国近三十多年的改革开放与外向型经济的发展，正体现着当代产业资本循环的典型特征，这决定了中国的经济发展模式必然是出口导向型的。这种出口导向型的发展方式,决定了中国持续多年的国际收支贸易顺差、高额外汇储备积累以及随之而来的人民币升值预期与资本和金融项目的高顺差。

第二,国际收支不平衡是中国经济处于工业化、城镇化和国际化进程中的阶段性特征。现阶段,工业化步伐较快,投资需求较高,制造业产能迅速扩大。在城镇化进程中,农村大量的劳动力向城市转移,增加了劳动力市场的供给,形成了一定的国际比较优势。

第三,国际收支不平衡是中国储蓄持续大于投资,国内需求相对不足的外在表现。根据开放经济条件下宏观经济恒等式 $S-I=\text{CAB}$,中国的国际收支失衡的根源仍在内部。长期的体制性原因导致储蓄相对投资的剩余不断累积,高投资使得制造业产能迅速扩大,剩余产出在内需相对不足的情况下大量出口,结果出现贸易账户的持续大幅度顺差。

第四,国际收支不平衡加剧也是跨境资本追求较高投资回报的结果。国际金融危机以来,人民币总体处于升值预期通道,国际资本流入的动力增加,因此除 2012 年外,中国的资本账户都是净流入。

三、中国国际收支失衡的调节

就实际需要来看,中近期内,中国国际收支的调节可以着重考虑以下方面:

第一,在经济发展方式上,要从出口导向转为扩大内需为主。作为一个拥有 13 亿人口、即将成为全球第一的经济体,在新的发展阶段与国际环境下,应当从出口导向型转向内需导向型,培育内需市场要优于外部市场。

第二,采用适当的财政政策。就当前国际收支的实际来看,中国应当实行收入调节政策,降低税收,增加社会公共服务的供给和加快社会保障体系的建设,增加中低阶层的收入,鼓励消费,适当增加进口以平衡出口。

第三,灵活运用金融政策,包括采取利率、汇率调整和外汇管制等政策措施来调节国际收支失衡。就当前和未来的趋势来看,以上三项供中国选择的空间不大,随着利率市场化、汇率自由化以及外汇管制的全面取消,能够灵活运用的工具只有利率调整和非常态化的外汇市场干预。这意味着,中国的国际收支平衡最终还得交由市场决定。

第四,贸易与投资政策。在贸易与投资政策上,中国应坚持和加快推进贸易和投资自由化的方针及政策,促进国际收支的自主平衡。

第五,对利用外资,要实行择优引进的原则。要从传统的制造业资本转向引进研发创意资本,以及服务、IT、新能源、新产业等创新资本。

同时,对于国际收支失衡规模的调节,要坚持有理、有利、有节的总原则,循序渐进,根据实际需要和可能而不断地调适政策,实现金融、贸易和外汇管理改革配套的有序推进,取得内外部均衡的同步协调发展。

目前,中国国际收支在经常项目上已经趋于合理,重点要加强资本和金融项目的平衡。总的来看,未来一段时间,需要密切关注国内外经济金融形势的变化,及时分析各种因素对国际资本流动的影响,积极完善和落实宏观调控政策,逐步改善国际收支状况。

总之,中国国际收支从失衡到逐步实现自主平衡,不仅是国际收支平衡本身的需要,也是中国经济全面市场化、国际化发展的必然要求,需要站在新常态高度的视角来全面权衡利弊、正确决策、适时推进,最终达成让市场在中国外汇资源配置中起决定性作用的改革目标。

本章小结

1. 国际金融危机爆发后，关键储备货币国家的政策调整，给新兴和发展中经济体的国际收支带来巨大的平衡负担。

2. 国际资本流动是不同经济体之间资本的流出与流入，其对发展中经济体国际收支有着重大影响。

3. 中国国际收支目前的调节重点是，加强资本和金融项目的平衡。

4. 中国应主动平衡国际收支失衡，最终达成让市场在中国外汇资源配置中起决定性作用的改革目标。

关键概念

国际资本流动	长期资本流动
短期资本流动	官方资本流动
私人资本流动	资本输出、输入
双顺差	国际收支调节的财政政策
国际收支调节的金融政策	国际收支调节的贸易与投资政策

复习思考题

1. 国际金融危机后，世界经济贸易出现了什么样的新发展格局？

2. 在新的发展格局下，发达经济体和发展中经济体经常项目失衡的状况发生了什么样的变化？

3. 什么叫国际资本流动？

4. 国际资本流动如何影响一国的国际收支？

5. 历史上，美国货币政策的变化与发展中经济体的哪些危机相关？

6. 美国量化宽松的货币政策对发展中经济体造成了什么样的影响？

7. 中国国际收支失衡的主要成因有哪些？

课后习题

1. 简述中国国际收支失衡的现状及其主要影响。

2. 为什么说国际收支不平衡是在经济全球化的背景下，中国参与国际分工的必然结果？

资料链接

1. http://www.wto.org/tratop_e/tpr_e/trade_monitoring_e.htm
2. IMF World Economic Outlook (WEO) database
3. https://www.iif.com/
4. http://www.safe.gov.cn/wps/portal/sy/tjsj

延伸阅读

1. IMF. 世界经济展望最新预测. 2014.

2. IMF. 全球金融稳定报告 . 2014.
3. 国家外汇管理局 . 2013 年中国国际收支报告;2014 年上半年中国国际收支报告 .
4. IIF. Capital Markets Monitor. 2015.

下节提示

宏观经济政策的国际协调

第六部分

开放经济条件下的宏观经济政策及其国际协调

本部分把传统国际收支调节的内容拓展到开放经济体的内外部均衡的全面政策安排。这是因为,当今世界任意一个开放经济体,其内外部门的经济活动都不可以人为地截然分割。一个经济体的国际收支活动必然通过国民经济账户影响其国内经济活动的各个方面;同时,一个经济体的国内经济活动也必然制约和影响其国际收支状况。这意味着,开放经济条件下的国际收支调节具有比传统的侧重于对外部门政策的调节更广泛的内容和更多的纬度,需要进行更综合的研究。本部分的主要内容包括开放经济体的宏观经济政策以及开放经济体宏观经济政策的国际协调。

第十六章

开放经济条件下的宏观经济政策

开放经济体的内外部均衡问题是当代国际金融的热点和难点，在金融全球化的背景下，这一问题变得尤为复杂。迄今为止，各国的实践尚未有过比较成功的先例，理论上也还是一个开放性的课题。本章扼要介绍开放经济体内外部均衡的政策目标、理论模型与政策选择，旨在为进一步学习有关内容提供一个初步的理论框架。

主要内容

本章首先讨论开放经济体的政策目标——内外部均衡；继而介绍内外部均衡的理论模型与政策工具选择。

知识与技能目标

通过本章的学习，理解内外部均衡的概念及其相互关系；初步掌握内外部均衡的基本理论模型及其适用条件和理论局限。

引导案例

IMF：二十国集团内外部失衡已改善

案例导读：开放经济条件下，各国的宏观经济政策必须兼顾内外部同时均衡，否则经济增长不可持续。但一国内外部均衡的同时实现并非易事，本案例显示，国际金融危机后，二十国集团国家的内外部失衡的改善情况和依然存在的问题，这些问题的解决不仅需要各当事国采取适当的宏观经济政策进行主动调整，并且需要国际社会共同努力方能奏效。

IMF 发表报告指出，现时二十国集团各国正致力降低来自内部及外部的失衡，但是二十国集团成员国必须再做出更多努力，以促进全球经济的平衡发展。

一方面，IMF 的报告指出，各国经济发展中面临的内外部失衡情况，已经有所改善，当中既涉及周期性因素，亦有结构性因素的影响。拥有长期外部赤字的国家会导致投资者对当地经济失去信心，资金从本国流出，亦有机会引发全球性震荡。

IMF 将中国、法国、德国、印度、日本、英国及美国列为具有长期经济不平衡的国家。因此，

IMF 要求德国及中国等录得外部盈余的国家,大力刺激内需;同时亦要求英国及欧元区内的经济体,解决贸易赤字以提升外部竞争力。

除了内部及外部失衡外,报告亦提及,发达国家尚未就解决财政赤字问题而努力;并指出,有关情况或会导致相关国家遭到狙击,而有关国家在面对人口老龄化等问题上所拥有的空间较少。

另一方面,IMF 的报告亦将欧元区及西班牙纳入具有较大经济不平衡问题、可能对全球增长产生威胁的国家。报告指出,西班牙为欧元区内公共预算赤字最高的国家之一,纵使该国政府已通过增加税收及削减财政预算,在财政赤字问题上已有所进展,可是当地经济仍属低迷,公共债务仍在增加。报告又指出,希腊与爱尔兰同样为公共债务高企的国家。由于欧元区部分成员国已着手对经济做出调整,同时欧元区对外已录得盈余,因此部分成员国所面临的问题被掩盖了。

资料来源:香港《成报》2013 年 9 月 15 日。

第一节　开放经济条件下的政策目标:内外部均衡

开放经济条件下的宏观经济均衡包含内部均衡和外部均衡两个部分,两者既相互依存又存在一定的冲突和矛盾。内部均衡是指经济增长、充分就业和价格稳定;外部均衡是指国际收支均衡。

一、内部均衡

内部均衡是指一个经济体内部,支出与产出大致相等的情景,其标志是充分就业和物价稳定。最早提出内部均衡这一概念的是英国经济学家詹姆斯·爱德华·米德(James Edward Meade)。米德认为,在开放经济条件下,如果一国经济被划分为生产贸易品的贸易部门与生产非贸易品的非贸易部门,那么内部均衡是指对国内商品和服务的需求足以保证非通货膨胀下的充分就业,即非贸易品市场处于供求均衡状态。简言之,内部均衡就是指国内经济处于无通货膨胀的充分就业状态。20 世纪 50 年代末,新提出的菲利普斯曲线给出了失业率和通货膨胀率的不同组合,内部均衡概念就进一步被解释为菲利普斯曲线上的某一个最优点,即失业率与通货膨胀率的最优组合点。60 年代以后,又出现了埃德蒙·费尔普斯(Edmund Phelps)与米尔顿·弗里德曼(Mitlon Friedman)的自然失业率假说,自然失业率假说背景下的内部均衡是指国内的失业率水平处于自然失业率水平的状况。现在,一般将政府的宏观经济政策目标——充分就业、物价稳定和经济增长归为内部均衡目标。

内部均衡是总支出的函数,均衡条件可以用数学形式表示为:

$$Y = C(Y-T) + I + G + \mathrm{CA}(E \cdot P^*/P, Y-T, Y^*-T^*) \qquad (16-1)$$

其中,Y 代表内部均衡时的收入(即产出);$C(Y-T)$ 代表消费,由本国国内可支配收入即国内总收入减去税收$(Y-T)$决定;I 代表投资;G 代表政府支出;$\mathrm{CA}(E \cdot P^*/P, Y-T;\ Y^*-T^*)$ 代表经常账户余额,由实际汇率$(E \cdot P^*/P)$、本国可支配收入$(Y-T)$与外国可支配收入(Y^*-T^*)决定。

经验证据显示,内部均衡在一定条件下不仅是可以实现的,也是可持续的。

二、外部均衡

外部均衡是指一国对外部门的经济活动结果——国际收支余额保持基本平衡的状况。这里所指的国际收支均衡不是简单的国际收支平衡，它是指一国国际收支状况要与一国经济特点和发展阶段相适应的、合理的国际收支结构，经常账户余额要符合经济理性与可持续性。

（一）合理的国际收支结构

国际收支结构是指国际收支各项目差额的结构，最主要的是经常项目差额及资本和金融项目差额（不包括官方储备）的结构。国际收支结构一般有如下四种情况：

1. 国际收支双盈余

国际收支双盈余是指经常项目及资本和金融项目都出现顺差。这是一种失衡的结构，需要进行调整。

2. 国际收支双赤字

国际收支双赤字是指经常项目及资本和金融项目都出现逆差。这是最坏的一种情况，这种结构需要经历巨大的调整痛苦。

3. 经常项目顺差和资本项目逆差

经常项目出现顺差，资本和金融项目出现逆差。此时不管最终的国际收支是顺差还是逆差，都不失为一种好的国际收支状况，属于较优的结构。经常项目顺差表明该国商品和服务的国际竞争能力很强，出口多于进口，国家外汇储备增加；资本项目出现逆差，表明对外投资大于资本流入。最终，经常项目顺差通过资本项目逆差得到平衡。

4. 经常项目逆差和资本项目顺差

经常项目出现逆差，资本和金融项目出现顺差。此时即使最终的国际收支能够达到平衡或顺差，都不是一种好的状态，属于比较脆弱的结构。

（二）经济理性

经济理性是指经常账户余额要与本国的储蓄投资相适应，即 $S-I=\text{CAB}$。各国储蓄与投资的差异是由各国不同的消费时间偏好与资本边际生产率决定的。

1. 消费时间偏好

消费时间偏好的差异——偏好即期消费或偏好未来消费。各国消费的时间偏好存在差异时，偏好即期消费的国家在当期应追求的经常账户余额为赤字，而偏好未来消费的国家在当期应追求的经常账户余额为盈余。

2. 资本边际生产率的差异

当各国的资本边际生产率存在差异时，资本边际生产率较高的国家应追求的经常账户余额为赤字，而资本边际生产率较低的国家应追求的经常账户余额为盈余。

（三）可持续性

可持续性是指经常账户赤字或盈余的规模要合理，无论赤字或盈余的规模都不可过大。

1. 经常账户赤字要合理

在利用国外资本弥补本国储蓄不足时，必须考虑到今后能否实现相应的经常账户盈余来偿还债务；否则一国的经常账户赤字就是不可持续的，因为资本流入形成的债务必须在将来的某一时间偿还，经济面临跨期预算约束。这就要求各期的经常账户差额之和为零，即 $\text{CAB}_1+\text{CAB}_2+\cdots+\text{CAB}_n=0$。

2. 经常账户盈余要合理

经常账户盈余是国内储蓄大于投资的结果,其实质是国内资源的输出。追求过多的经常账户盈余,会牺牲国内消费者的福利;同时,经常项目带来的外汇储备累积可能面临巨大的汇率风险损失。

因此,无论是经常账户持续的大幅度逆差或顺差都是不可取的,两者都不可长期持续,须主动进行调整。

长期来看,经常账户余额是与一国内部经济部门的消费、就业和产出水平相一致的。其关系可用公式表示如下:

$$XX = CA(E \cdot P^{*}/P, Y-T, Y^{*}-T^{*}) \quad (16-2)$$

其中,XX 代表外部均衡,均衡时既无太多的盈余也无太大的逆差,进出口金额大致相等;$CA(E \cdot P^{*}/P, Y-T, Y^{*}-T^{*})$代表经常账户余额,由购买力平价、本国可支配收入与外国可支配收入决定。

第二节　内外部均衡的政策工具选择

内外部均衡既存在一致性,也会相互冲突。外部不均衡会影响国内宏观经济的运行;而内部不均衡也会影响外部均衡的实现。一般而言,内部均衡决定外部均衡,而外部失衡也会反作用于内部均衡。也就是说,一国经济增长的高低和物价的稳定状况,会对国际收支特别是经常账户余额起决定作用;而国际收支的不平衡尤其是经常账户的较大盈余或赤字,则影响一个国家的经济增长和物价稳定。内外均衡之间关系的最终表现,正是影响与被影响关系相互作用的共同结果。在某些条件下,内部均衡状况对外部均衡状况作用程度可能更大;而如果条件发生变化,外部均衡状况对内部均衡状况的作用很可能被加强。所以在实践上,经济增长、物价稳定和国际收支之间的关系是复杂的。以下着重讨论内外部均衡的冲突与协调及其政策选择。

一、米德冲突

内外部均衡的冲突在经济学上称为米德冲突。① 所谓米德冲突,是指在特定情况下,如果一国政府单纯使用支出调整政策(如财政、货币政策等)或支出转换政策(指能够影响贸易产品的国际竞争力,通过改变支出构成而使本国收入相对于支出增加的政策,如汇率调整、关税、出口补贴、进口配额限制等)来同时追求内外均衡,则该国可能面临内部均衡与外部均衡的冲突。例如,当一国处于通货紧缩与经常账户逆差的状态,同时汇率机制缺乏弹性时,该国政府就会面临如下冲突:如果该国运用扩张性财政货币政策去刺激经济增长,则由于进口需求上升,该国的经常账户逆差会扩大;而如果该国运用紧缩性财政货币政策缩减经常账户逆差,则通货紧缩会加剧。在这种情况下,宏观调控面临两难选择,内部均衡政策目标与外部均衡政策目标互不兼容,存在明显的冲突。

为避免米德冲突,决策当局需要为不同的目标制定不同的政策,即满足"丁伯根法则"(Tinbergen's Rule)。丁伯根法则是由荷兰经济学家丁伯根提出的关于国家经济调节政策和经济调节目标之间关系的法则。丁伯根将宏观经济变量分为两类:一类为目标变量,另一类为工具变量。目标变量是指政府部门希望影响的宏观经济变量,而工具变量则为政府部门能够直

---

① 米德于 1951 年在其《国际收支》一书中对开放经济条件下的内外均衡问题进行了分析,提出了著名的米德冲突。

接控制的变量。他进而指出，政策工具的数量或控制变量数至少要等于目标变量的数量；而且这些政策工具必须是相互独立（线性无关）的。这就是后来著称于世的丁伯根法则。丁伯根法则指出，应运用N种独立的政策工具配合来实现N个独立的政策目标，这一结论对于经济政策理论的研究和运用具有深远的指导性意义。

而米德冲突则给出了丁伯根法则的一个特例，从而将丁伯根法则运用到处理内部均衡和外部均衡冲突的实际中。根据米德冲突的分析，实现开放经济条件下的宏观经济均衡，不宜使用单一政策工具。一国如果要同时实现内部均衡和外部均衡，必须配合使用不同的政策工具。

二、斯旺模型

在米德分析的基础上，斯旺在1955年进一步研究了内外均衡冲突，并提出了用支出增减政策和支出转换政策解决内外均衡冲突的思想，这一思想称为"斯旺模型"。斯旺模型是在假定经济体在总支出水平超过充分就业产出之前，一国价格水平保持不变，不存在国际资本流动的前提下研究内外均衡冲突并提出政策搭配建议的。

图16-1刻画了斯旺模型的政策配合图解。在图形中，横坐标表示国内支出A（国内吸收），纵坐标表示实际汇率R（直接标价法）。IB线是内部均衡线，表示内部均衡时R与A的各种组合；IB线向右下倾斜。IB线左边是高失业点，右边是过度需求或通货膨胀点。EB线是外部均衡线，表示外部均衡时R与A的各种组合；EB线向右上倾斜。EB线左边是存在顺差的点，右边是存在逆差的点。在EB线和IB线上，经济将达到各自的均衡点，且当经济达到EB线和IB线的交点E时，内外均衡同时实现。一旦偏离这两条线，经济将处于失衡状态。EB线与IB线将整个经济状况分为四个区域：区域Ⅰ是存在过度需求和逆差的点；区域Ⅱ则包含所有失业和逆差的组合；区域Ⅲ是失业和顺差的组合；区域Ⅳ是存在过度需求和顺差的点。

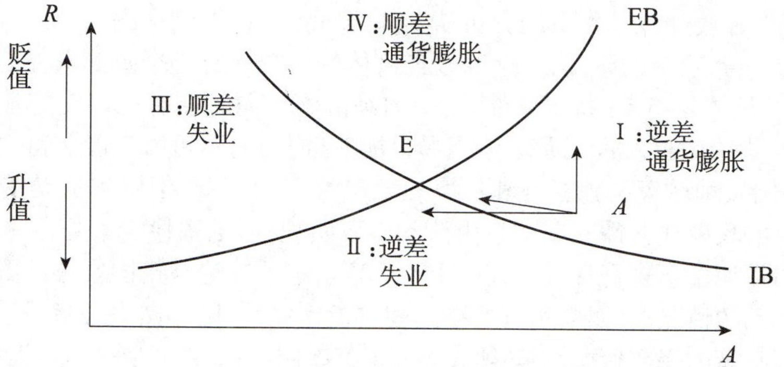

图16-1　斯旺模型的政策配合图解

对于斯旺模型图解中不同区域内的非均衡点，如果只采用单一的政策工具，即以支出变更政策工具来同时解决经济发展的内外失衡问题，则会面临米德冲突，陷入政策力度难以协调或政策调节方向不一致的困境。

因此，根据该模型，在内部通货膨胀和外部国际收支顺差的内外均衡冲突下，应该搭配实行紧缩性的支出增减政策和本币升值的政策；而在内部通货紧缩和外部国际收支逆差的内外均衡冲突下，应该搭配实行扩张性的支出增减政策和本币贬值的政策。

斯旺模型以图解形式发展了米德冲突的分析，它表明为同时实现内外部均衡，就必须由一项政策影响总支出水平，另一项政策影响总支出构成，其中任何一项政策的缺失都会使宏观经济调控在内部均衡或外部均衡两大目标之间难以取舍。

斯旺模型的缺点是对所涉及的基本经济难题之间的相互关系没有给予深入的分析,甚至没有区分货币政策和财政政策对总需求调节的不同方式。另外,对第二次世界大战后越来越重要的国际资本流动对各国经济内外部均衡的冲击也没有给予必要的关注。

三、蒙代尔—弗莱明模型

随着经济开放的范围不但扩大,如何在不同汇率制度下进行政策配合以实现宏观经济均衡,越来越受到各国经济学界和政府部门的关注。但由于模型假设的缺失,面对20世纪60年代后国际资本流动规模越来越大的现实,斯旺模型的缺陷愈来愈无法满足现实的经济政策决策的需要。正是在此背景下,以容纳资本流动的开放经济对策为研究目标的理论——蒙代尔—弗莱明模型应运而生。

(一) 模型概述

蒙代尔—弗莱明模型(亦称IS－LM－BP模型)是一种开放经济条件下的宏观经济分析模型,由罗伯特·蒙代尔(R. Mundel)和马库斯·弗莱明(J. M. Flemingel)分别独立提出。两人以凯恩斯主义的IS－LM模型(详见本章附录)为基础,通过分析决定经常账户平衡和资本净流入的不同条件,建立起开放经济条件下一国商品市场、货币市场和国际收支的一般均衡模型。该模型分析了一个开放经济体在不同汇率制度与不同资本流动的条件下,为实现内外部均衡,汇率政策与财政、货币政策的配合效应。

与传统的IS－LM模型仅着眼于封闭经济条件下商品与货币两个市场均衡不同,蒙代尔—弗莱明模型包括一个经济体的对外部门均衡——外汇市场均衡。这里的外汇市场均衡不仅限于经常项目,还加入了资本项目的分析。在均衡状态下,经常项目盈余(或赤字)由资本项目赤字(或盈余)抵消,即模型不仅重视商品流动的作用,而且特别重视资本流动对政策配合的影响,从而把开放经济条件下的分析从实体经济领域扩展到金融领域。

根据蒙代尔和弗莱明的研究,一个开放经济体始终会面对一个政策选择的“三元悖论”或“不可能三角”。具体是指,在特定条件下,一国经济不能同时拥有维持固定汇率制度、资本自由流动和独立的货币政策。也就是政策当局只能三选其二,不可能三者兼得。例如,在布雷顿森林体系下,各国货币政策的独立性和汇率的稳定性得到实现,但资本流动受到严格限制;而1973年以后,货币政策独立性和资本自由流动得以实现,但汇率稳定不复存在。

三元悖论可以用图形来直观表示(见图16－2)。三元悖论是指图中心位置的灰色三角形,即在资本完全流动的情况下,如果实行严格的固定汇率制度,则必然失去货币政策的完全独立;如果要维护货币政策的完全独立,则必须放弃固定汇率制度;如果要使得固定汇率制度和货币政策独立性同时兼得,则必须实行资本管制。也就是在灰色三角形中,三个角点只能三选二。

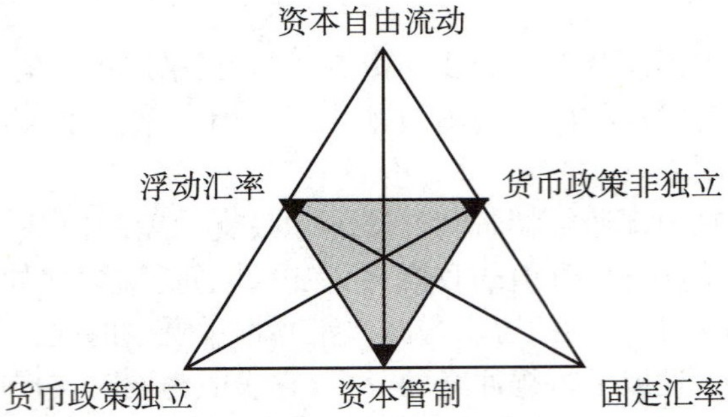

图16－2　三元悖论与政策取舍

（二）模型构建

蒙代尔—弗莱明模型基于以下方程：

1. IS 曲线

$$Y = C + I + G + \mathrm{NX} \tag{16-3}$$

其中，Y 代表 GDP，C 代表消费，I 代表投资，NX 代表净出口。

2. LM 曲线

$$\frac{M}{P} = L(i, Y) \tag{16-4}$$

其中，M 代表名义货币供给，P 代表价格水平，i 代表名义利率，L 代表流动性偏好（实际货币需求）。LM 曲线的含义是，提高利率或降低收入（GDP）水平将导致货币需求下降。

3. 国际收支

$$\mathrm{BP} = \mathrm{CA} + \mathrm{KA} \tag{16-5}$$

其中，BP 代表国际收支顺差，CA 代表经常账户顺差，KA 代表资本账户顺差。

4. IS 构成

（1）消费函数

$$C = C(Y - T, i - E(\pi)) \tag{16-6}$$

其中，$E(\pi)$代表预期通货膨胀率。消费函数的含义是，增加可支配收入或降低实际利率（名义利率 - 通货膨胀率）将导致较高的消费支出。

（2）投资函数

$$I = I(i - E(\pi), Y_{-1}) \tag{16-7}$$

其中，Y_{-1}代表上一期 GDP。投资函数的含义是，提高滞后收入或降低实际利率导致较高的投资支出。

（3）净出口

$$\mathrm{NX} = \mathrm{NX}(e, Y, Y^*) \tag{16-8}$$

其中，NX 代表净出口，e 代表名义汇率（间接标价法），Y 代表 GDP，Y^* 代表全部贸易伙伴国的 GDP。净出口公式的含义是，增加国内收入将导致更多的进口支出，从而降低净出口；外国收入增加将导致外国对本国出口支出的增加，从而增加本国的净出口；汇率升值将导致净出口下降。

5. 国际收支构成

（1）经常账户差额

$$\mathrm{CA} = \mathrm{NX} \tag{16-9}$$

其中，CA 代表经常账户，NX 代表净出口。（16 - 9）式表示经常账户仅由进出口构成。

（2）资本账户差额

$$\mathrm{KA} = z(i - i^*) + k \tag{16-10}$$

其中，i^* 代表外国利率，k 代表金融资本流量的外生构成，z 代表资本流量的利率敏感构成，z 的导数为资本流动性程度（即国内外利差的资本流动效应）。

6. 模型决定变量

将（16 - 6）、（16 - 7）和（16 - 8）式分别代入（16 - 3）式，（16 - 4）式保持不变，把（16 - 9）式等价于（16 - 8）式及（16 - 10）式并代入（16 - 5）式，可以得到一个含三个变量的方程组，三个变量分别是 GDP、国内利率与汇率。在浮动汇率制度下，汇率 e 为内生变量，BP 设定为零；

在固定汇率制度下,e 为外生变量,BP 由模型决定。

无论浮动汇率还是固定汇率,国内名义货币供应量 M 均为外生变量。不过,在浮动汇率制度下,名义货币供给完全由中央银行控制;而在固定汇率制度下,货币供给初始时由外汇储备存量决定而固定不变,但随着时间的推移,国际资本流动会引起货币供应量的变化。

(三) 模型的作用机制

蒙代尔—弗莱明模型的作用机制可以借助 IS-LM-BP 图形来描述。在图 16-3 上,纵坐标表示国内利率 i,横坐标表示国民收入 Y。与封闭经济 IS-LM 分析相同,IS 曲线向下倾斜,LM 曲线向上倾斜;除非资本完全自由流动,BP 曲线向上倾斜;在资本完全自由流动情况下,BP 在世界利率水平上是一条水平直线。

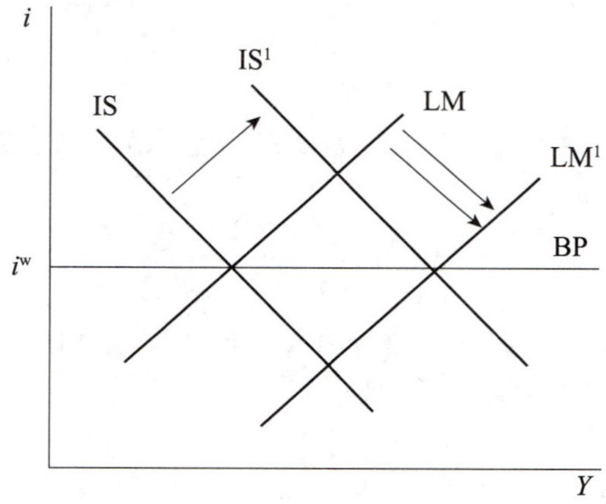

图 16-3 蒙代尔—弗莱明模型的作用机制

在图 16-3 中,在资本不完全流动的条件下,IS 曲线与 BP 曲线的位置取决于汇率,因为 IS-LM 图形实际上是一个涉及收入、利率、汇率三维空间的二维截面;然而,在资本完全自由流动的条件下,BP 曲线在国内利率等于世界利率水平时是一条水平直线。

1. 浮动汇率制度下的作用机制

在浮动汇率制度下,各国央行允许汇率完全由市场力量决定。

(1) 货币供应量的变化。增加货币供应量将使 LM 曲线右移,直接降低相对于世界利率水平的本国利率水平;减少货币供应量将导致完全相反的过程。

(2) 政府开支的变化。政府开支增加将使 IS 曲线右移,导致本国利率水平与收入(GDP)上升;反之,政府开支减少将使 IS 曲线左移,导致本国利率水平与收入(GDP)下降。

如图 16-3 所示,增加政府开支迫使货币当局增加外汇市场的本币供给,以保持汇率不变。此处展示的是资本完全流动,其中 BP 曲线是一条水平直线。

(3) 世界利率水平变化。世界利率水平上升使 BP 曲线向上移动,导致资本流出,本币贬值,净出口增加,使 IS 曲线右移。在资本不完全流动的条件下,汇率贬值使 BP 曲线向左下方移动。在资本完全流动的条件下,BP 曲线在世界利率水平上始终是一条水平直线。若世界利率水平上升,BP 曲线向上移动,上升幅度与利率上升水平相同。汇率的变化足以使 IS 曲线移动并与移动后的 BP 曲线相交,BP 曲线位置同时与未发生改变的 LM 曲线相交;此时,国内利率与新的世界利率水平相等。世界利率水平下降会导致发生反转,即反之则反是。

2. 固定汇率制度下的作用机制

在固定汇率体系中，中央银行在公布的官方汇率水平上买入或卖出任何数量的本国货币。因此，进出一国的净收支流动不必为零；汇率 e 外生给定，而 BP 为内生变量。

在固定汇率制度下，中央银行在外汇市场进行操作，以保持特定的汇率水平。如果因本币供给量超过了外汇市场需求，本币汇率面临贬值压力，本国央行将用外币购买本币，减少外汇市场的本币供给，从而将本币汇率维持在目标水平。如果因外汇市场对本币的需求远远大于供给，本币汇率面临升值压力，本国央行将用本币购买外币以增加外汇市场的本币供给，使得汇率维持在目标水平。

(1) 货币供给量变化。初始时，货币供给一般由国际收支流量的过去状况预先决定。如果中央银行设定的目标汇率水平低于均衡汇率以维持国际收支顺差，资本会逐步流入本国，货币供给量会上升；反之，若为国际收支赤字，则会有资本流出，国内货币供给量下降。如果中央银行在国内债券市场进行公开市场操作，抵消国际收支余额引起的货币供给量变化，即所谓外汇对冲操作(Sterilization)，中央银行通过减少其持有的国内债券来吸收新流入的资本；反之，如果资本流出，中央银行将增持国内债券，提供外汇。但若资本完全自由流动，外汇对冲操作效应将被新的国际资本流入抵消。

(2) 政府支出变化。①政府开支增加。政府开支增加将使 IS 曲线右移，促使利率上升，引致国际资本流入，汇率(以外币表示的本币价格)面临升值压力。然而，在固定汇率制度下，汇率被本国中央银行控制。为了维持汇率目标水平，消除汇率升值压力，货币当局动用本币购买外币，结果使 LM 曲线向右移动。最后，利率保持不变，本国国民收入增加。在 IS－LM－BP 图中，IS 曲线由财政当局外生移动，IS 与 BP 曲线确定系统的最后位置；LM 曲线只是被动反应。②政府开支减少。政府开支减少将使 IS 曲线左移，其后续传导过程正好与政府开支增加的情形相反。

(3) 全球利率变化。为维持固定汇率，中央银行必须容纳世界利率水平变化导致的资本流动，以抵消汇率升值或贬值的压力。

如果世界利率水平上升，将使 BP 曲线向上移动，引起资本流出，本币贬值压力上升；因此，中央银行必须买进本币卖出外币，容纳资本外流。而资本外流引起货币供给量下降，使得 LM 曲线向左移动，直到在 IS 和 BP 曲线交点处与之相交。此时，LM 曲线再次扮演被动的角色，结果仍是由 IS－BP 曲线相互作用所决定。在资本完全流动的条件下，因为新的 BP 曲线在新的世界利率水平上处于水平位置，所以国内均衡利率将等于世界利率水平。

如果世界利率水平降至低于国内利率，情况则相反。BP 曲线向下移动，外国资本流入，本币面临升值压力，故中央银行必须通过卖出本币买进外币，抵消本币升值压力。资金流入引起货币供给量上升，导致 LM 曲线向右移动，国内利率下降。如果资本完全自由流动，利率将下降到与世界利率水平持平为止。

(四) 与 IS－LM 模型的区别

蒙代尔—弗莱明模型是对传统凯恩斯主义 IS－LM 模型的扩展。传统的 IS－LM 模型的研究对象为自给自足经济体或封闭经济体，仅侧重于利率与产出两个变量间关系的分析；而蒙代尔—弗莱明模型的研究对象为小型开放经济体，分析了名义汇率、利率和产出三个变量间的短期关系。

由于开放经济的假定，蒙代尔—弗莱明模型分析的结果不同于 IS－LM 模型；但是，若分析对象为大型开放经济体,蒙代尔—弗莱明模型分析的结果可以与 IS－LM 模型的预测相一致。这是因为,大型开放经济体同时具有自给自足经济体与小型开放经济体的特点。尤其是,它不会面临资本完全自由流动,故内部政策措施可影响本国利率水平,也能有效对冲国际收支差额所引起的货币供给量的变化。

在 IS－LM 模型中,国内利率水平是保持货币市场与商品市场均衡的关键要素。而在蒙代尔—弗莱明资本完全流动的小型开放经济体框架下,国内利率为固定,货币市场与商品市场的均衡只有通过名义汇率或由国际资本流动所决定的货币供给量来调整和维系。

蒙代尔—弗莱明模型适用于面临资本完全流动的小型开放经济体,模型假定国内利率由世界利率外生决定,这与封闭经济模型利率的内生假定完全不同。

两者的区别还可以示例分析如下:

考虑政府开支外生增加的情形。根据 IS－LM 模型,政府开支增加使 IS 曲线向上移动,而 LM 曲线位置不受影响,其结果导致利率与出口上升。但对于资本完全流动、汇率富于弹性的小型开放经济体,国内利率是由水平的 BP 曲线所预先决定的,因而事前给定的 LM 方程正好有一个产出水平可以使货币市场在该利率水平上处于均衡状态。任何影响 IS 曲线的外生变化(比如政府支出)都将完全被由此产生的汇率变动抵消。最终,IS 曲线保持原位不变,仍然在 LM 与 BP 曲线的交点处与之相交。

固定汇率制度下的蒙代尔—弗莱明模型与封闭经济下的 IS－LM 模型具有完全不同的含义。在封闭经济的 IS－LM 模型中,如果中央银行扩大货币供给量,LM 曲线将向右移动,结果导致收入上升,国内利率下降。但在资本完全自由流动、开放经济条件下的蒙代尔—弗莱明模型中,货币政策是无效的。扩张性货币政策使 LM 曲线初始向右移动,导致资本流出。在固定汇率制度下,中央银行不得不立即对外汇市场进行干预,即通过出售外币买进本币来维持汇率稳定。资本外流将完全抵消预期的国内货币供给量的增加,并完全抵消 LM 曲线向右移动的趋势,国内利率仍然等于世界利率水平。

(五)模型的局限

1. 假设与现实不符

蒙代尔—弗莱明模型的一个假设是,本国证券资产与外国证券资产可以完全替代,并假定世界利率 i^* 给定,模型预测国内利率将经由货币市场的套利行为与世界利率保持一致;然而,在现实世界里,国内利率与世界利率水平并不相等。

根据三元悖论原则,资本自由流动、固定汇率制和货币政策非独立性三者的组合是一个可行的选择;但是这一组合在现实中有效的前提是,假设一国外汇储备无上限。现实中显然难以做到,一国外汇储备总量再大,与庞大的国际游资规模相比还是远远不够,一旦中央银行耗尽外汇储备仍无力扭转国际投资者的贬值预期,那么在外汇市场上就无法继续干预,固定汇率制便被击溃。因此,一国即使放弃货币政策的独立性,在巨大的国际资本流动的冲击下,往往很难保证固定汇率制度能够继续。

2. 忽略汇率预期

蒙代尔—弗莱明模型忽略了汇率预期。纳入汇率预期后,在短期内,货币扩张不一定能改善贸易差额。这一结果与蒙代尔—弗莱明模型的预测并不相符。

此外,模型只考虑了极端情形,即完全的货币政策独立、完全的固定汇率和完全的资本自由流动,缺失对中间情况的讨论,也削弱了理论的实际意义。

四、多恩布什的汇率超调理论

美国麻省理工学院教授鲁迪格·多恩布什(Rüdiger Dornbusch)在蒙代尔—弗莱明模型中纳入预期因素,建立了汇率决定的黏性价格货币模型。1976年多恩布什在他的著名论文"预期和汇率动态"中提出了汇率超调理论,亦称超调模型。

布雷顿森林体系解体后,国际外汇市场波动加剧,汇率的波动往往超乎预期。为什么汇率波动会超乎预期?一般的分析都把它归结为纯粹投机与市场有效性不足。然而,超调模型的解释截然不同。它认为,汇率波动超乎预期不是投机或市场有效性不足,而是对货币政策调整的合理反应。

超调模型假定商品市场的价格变化是缓慢的,滞后于资产市场的调整。多恩布什指出,在弹性价格的货币模型分析中,假定利率平价和购买力平价都是成立的,也就是说商品市场和资产市场的调整都是瞬时的,不存在时滞;但实际上,短期内不同市场对外部冲击的反应的调整速度差异甚大。不同的调整速度导致商品市场和资产市场并非同时达到均衡,资产市场的调整速度通常要快于商品市场的调整速度,这就是说,短期内商品价格的调整是滞后的。因此,在短期内,利率平价成立,但是购买力平价不成立。

不过,超调模型仍然假定长期内购买力平价成立,即在长期内,模型又与弹性价格货币模型的特征相符。

超调模型基于两个核心方程:

(1)无抛补利率平价条件,即本国债券利率 i 等于外国利率 i^* 与汇率的预期贬值率 $E_t(e_{t+1}-e_t)$之和。

$$i_{t+1}=i^*+E_t(e_{t+1}-e_t) \tag{16-11}$$

(16-11)式中,e 为汇率(直接标价法)的对数;E_t为时间 t 的市场预期汇率。假设本外币债券可以完全替代,资本自由流动,如果市场预期汇率变化具有补偿效应,则两种债券只能支付不同的利率。模型假设本国为小型开放经济体,故外国利率 i^* 外生给定;并假设"完全预期",模型中没有不确定性,故汇率可完全预期。

(2)货币需求方程。

$$m_t-p_t=-\eta i_{t+1}+\phi y_t \tag{16-12}$$

其中,m 代表货币供给量,p 代表国内物价水平,y 代表国内产出,三个变量均取对数。η、φ 为参数,其值为正。(16-12)式的含义是,高利率会增加持有货币的机会成本,从而降低对货币的需求;反之,产出上升将提高货币交易需求。因此,货币需求与物价水平成正比。

结合方程(16-11)和(16-12)并假设:第一,国内物价水平 p 对意料之外的货币干扰不立即变动,只是随着时间的推移缓慢调整;第二,产出 y 外生给定;第三,货币长期中性,即长期中 m 的增加,将有 e 和 p 的成比例上升。

显然,若 m 增加,因假设价格 p 不变,则必有真实货币余额$(m-p)$上升。要取得系统平衡,对实际余额的需求必须提高。由于假设产出 y 在短期固定,实际余额需求上升的唯一途径只能是降低本币债券利率。根据方程(16-11),这只有在债券合约期限内本币预期升值才有可能。但货币供给冲击的长远影响是汇率相应贬值,那么,本币何以实现升值?多恩布什的答案是,冲击发生时,本币的初始贬值幅度必须大于长期贬值。这个初始超额贬值幅度为随后的同时结清债券与货币市场的本币升值留下空间。金融市场的调整较快,意味着在反应较慢的物价开始调整之前,汇率调整会超过其长期价值。在产出对短期货币扩张的反应范围内,汇率超调起着抑制汇率贬值的作用,事实上,可能导致利率上升。

多恩布什的超调分析可借助图形来解释。图 16 - 4 中的 MM 曲线代表货币市场均衡,表示汇率与价格水平的变化方向相反;Δp 曲线表示商品市场的均衡,当超额需求不存在时,汇率和价格水平同方向变动,它的斜率为正;45 度线表示价格水平和汇率水平的长期均衡,即购买力平价曲线。

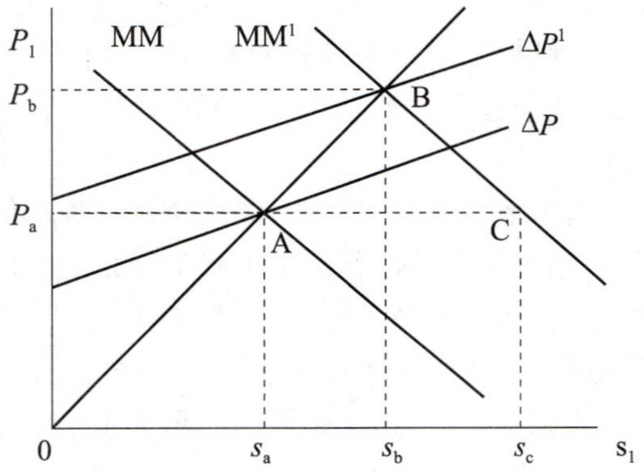

图 16 - 4　多恩布什的汇率超调模型

如果货币供给量增加,MM 曲线右移到 MM^1,在短期内,由于价格黏性,商品市场不能立即出清;而实际货币存量增加,为了实现货币市场均衡则实际货币需求必须增加。这样,在短期产出水平一定的条件下,货币市场出清的唯一方式是利率下降;利率下降后,资本外流,汇率由 S_a 上升至 S_c,即由 A 点移到 C 点。从长期来看,商品市场缓慢调整,价格将相应上升,这将逐步消化增加的部分货币存量,实际货币余额将下降,利率上升,汇率下降,达到新的均衡点 B,经济体系又恢复到长期均衡状态,其中 S_b 和 S_c 为短期内汇率超调部分。

多恩布什的汇率超调模型是针对布雷顿森林体系固定汇率制度解体后,汇率为何剧烈波动所提出的最早的系统解释。模型把理性预期引进金融市场急剧波动以及商品与服务市场的价格调整滞后的现实,解释汇率超调这一重要的经济现象,充实了对汇率变动的短期分析内容。尽管模型在解释汇率行为方面并不完美,它的完全理性预期、资本自由流动、汇率任意浮动等假设也不符合实际,现实中很难满足;但模型本身构建的简洁性与分析范式的另辟蹊径,却有助于启发新的思维,今天超调理论的应用已经远远超越了外汇市场本身。

本章小结

1. 开放经济条件下的宏观经济均衡包含内部均衡和外部均衡两个部分,两者既相互依存又存在一定的冲突和矛盾。内部均衡是指经济增长、充分就业和价格稳定;外部均衡是指国际收支均衡。

2. 米德冲突是指在特定情况下,如果一国政府单纯使用支出调整政策或支出转换政策来同时追求内外均衡,则会面临两难困境。

3. 斯旺模型的结论是,一项政策不可能同时达到内部均衡和外部均衡两大目标。

4. 丁伯根法则指出,应运用 N 种独立的政策工具配合来实现 N 个独立的政策目标。

5. 蒙代尔—弗莱明模型分析了一个开放经济体在不同汇率制度下和不同资本流动条件下,为实现内外部均衡,汇率政策与财政、货币政策的配合效应。它适用于小型开放经济体。

6. 三元悖论是指一个开放经济体不能同时拥有维持固定汇率制度、资本自由流动和独立的货币政策。也就是政策当局只能三选其二,不可能三者兼得。

7. 多恩布什的汇率超调模型解释了汇率超调这一重要的经济现象,充实了对汇率变动的短期分析内容。

关键概念

内部均衡	外部均衡
经济理性	可持续性
米德冲突	丁伯根法则
斯旺模型	蒙代尔—弗莱明模型
三元悖论	汇率的超调理论

复习思考题

1. 什么是米德冲突？米德冲突的政策含义是什么？
2. 什么是丁伯根法则？为什么说米德冲突仅仅是丁伯根法则的一个特例？
3. 斯旺模型的政策含义是什么？
4. 什么是三元悖论？蒙代尔—弗莱明模型的政策含义是什么？

课后习题

1. 开放经济条件下各国的宏观经济政策为什么必须同时兼顾内外部均衡？
2. 兼顾内外部均衡的政策难点是什么？
3. 认真阅读引导案例,试解释 IMF 为何要求盈余与赤字经济体进行主动调整。

资料链接

1. Time. dufe. edu. cn
2. http://www. econlib. org/library/Enc/bios/Tinbergen. html
3. http://wiki. mbalib. com/zh-tw/% E6% 96% AF% E6% 97% BA% E6% 9B% B2% E7% BA% BF
4. Robert Mundell's homepage:http://www. columbia. edu/ ~ ram15/
5. Dornbusch page on MIT website.
6. The Official Paul Krugman Web Page:www. wws. princeton. edu/ ~ pkrugman/
7. http://macroeconomicanalysis. com/macroeconomics-wikipedia/IS – lm-model/

延伸阅读

1. 杨长江,姜波克. 国际金融学(第 4 版). 北京:高等教育出版社,2014.

2. [美]保罗 · R. 克鲁格曼,茅瑞斯 · 奥伯斯法尔德著,黄卫平等译. 国际经济学(下册)(第 8 版). 北京:中国人民大学出版社,2011.

3. Klein,Lawrence. The Contribution of Jan Tinbergen to Economic Science[J]. *De Economist*. 2004,

152(2):155.

4. Mundell, Robert A. Capital Mobility and Stabilization Policy under Fixed and Flexible Exchange Rates[J]. *Canadian Journal of Economic and Political Science*. 1963, 29(4):475—485.

5. Rudiger Dornbusch, F. Leslie and C. H. Helmers. *The Open Economy: Tools for Policymakers in Developing Countries*. Oxford University Press, 1988.

下节提示

开放经济体宏观经济政策的国际协调

附录 IS－LM 模型

IS－LM 模型是凯恩斯学派封闭经济条件的宏观经济分析模型，由英国经济学家希克斯(John Richard Hicks)和美国经济学家汉森(Alvin Hansen)共同构建，用以解释政府干预的宏观经济理论。模型假定价格黏性，即短期内价格水平不变，物价对经济条件或政策变化不能立即反应，政策可以影响实际利率和短期产出。

模型由代表产品市场均衡的IS 曲线与描述货币市场均衡的LM 曲线构成。在图16－5中，横坐标代表产出，用 Y 表示；纵坐标代表利率，用 r 表示。IS 曲线代表产品市场均衡，LM 曲线代表货币市场均衡；两曲线的交点代表产品市场与货币市场的同时均衡，即经济的最佳产出点。政府支出 G 的增加提高产出水平 Y 与利率水平 r；货币供给 M 的增加提高产出水平 Y 并降低利率水平 r。

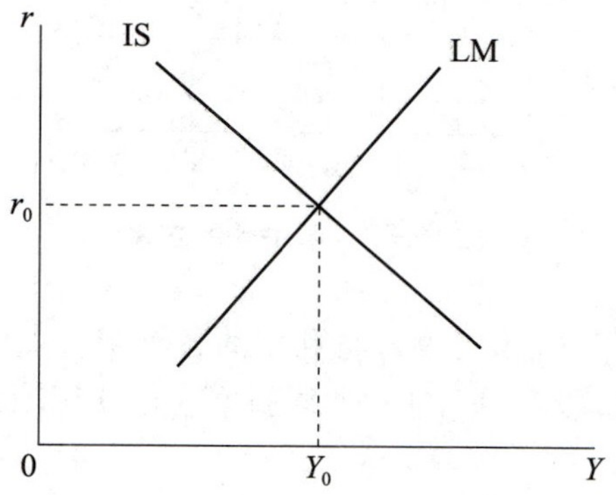

图 16－5 IS－LM 模型

IS 曲线是描述产品市场均衡时，收入和利率的各种组合的点的轨迹(见图 16－6)。I 表示投资，S 表示储蓄。由于在两部门经济中产品市场均衡时投资 I 等于储蓄 S，即 $I(r)=S(Y)$，因此该曲线称为 IS 曲线。IS 曲线斜率为负，向右下方倾斜。

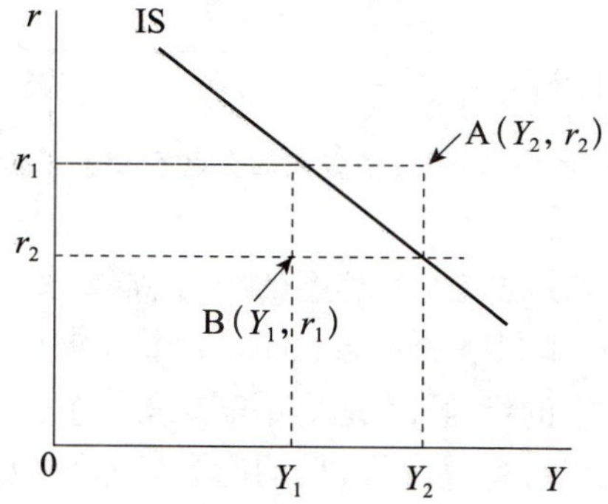

图 16－6 IS 曲线与收入和利率的组合

在图形上，位于 IS 曲线右方的收入和利率的组合，都是投资小于储蓄的非均衡组合；位于 IS 曲线左方的收入和利率的组合；都是投资大于储蓄的非均衡组合；只有位于 IS 曲线上的收入和利率的组合,才是投资等于储蓄的均衡组合。

如图 16 - 6 所示,图形中的 A 点及 B 点都是非均衡点,在 A(Y_2,r_2)点处,$I<S$;在 B(Y_1,r_1)点处,$I>S$;唯有在 IS 曲线上的任意一点,才满足 $I=S$ 的均衡条件。

IS 曲线的移动。两部门经济中,投资增加或者储蓄减少,IS 曲线向右上方移动;投资减少或者储蓄增加,IS 曲线向左下方移动。三部门经济中,政府增加购买或者减少税收,IS 曲线向右上方移动;政府减少购买或者增加税收,IS 曲线向左下方移动。IS 曲线的右移如图 16 - 7 所示。

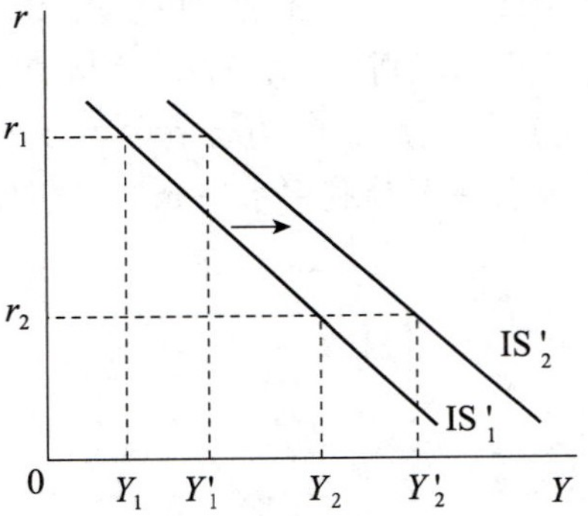

图 16 - 7 IS 曲线的右移

LM 曲线是描述货币市场均衡时,收入与利率的各种组合点的轨迹。曲线上的任意一点代表货币需求等于货币供给,即 $L=M$。LM 曲线斜率为正,向右上方倾斜(见图 16 - 8)。

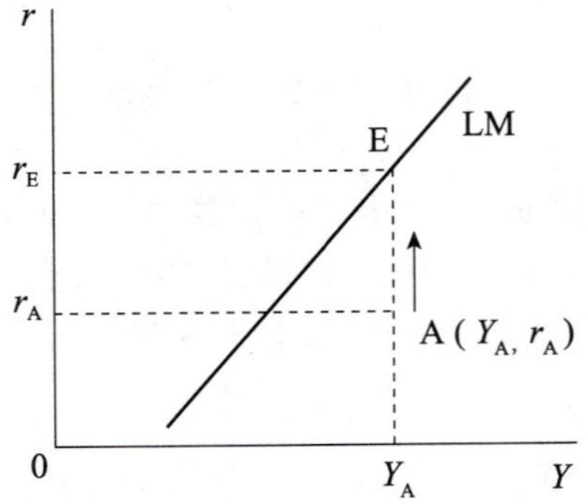

图 16 - 8 LM 曲线与收入和利率的组合

在图形上,位于 LM 曲线右方的收入和利率的组合,都是货币需求大于货币供给的非均衡组合;位于 LM 曲线左方的收入和利率的组合,都是货币需求小于货币供给的非均衡组合;只有位于 LM 曲线上的收入和利率的组合,才是货币需求等于货币供给的均衡组合。

如图 16 - 8 所示,当收入为 Y_A时,货币市场均衡利率水平应为 E 点所对应的利率 r_E;而在 A 点处,货币总需求大于 E 点的货币总需求,因此 A(Y_A,r_A)点为非均衡点。

LM 曲线的移动。当货币供给增加时,要使货币需求等于货币供给,货币需求也要增加;而货币需求增加的前提是收入增加或者利率下降。如果利率不变,则收入增加;如果收入不变,则利率下降。这都意味着 LM 曲线向右移动;反之货币供给量减少则向左移动。价格水平的变动也会引起 LM 曲线移动,因为价格水平变化导致真实货币存量的变化。价格水平上升,

LM 曲线将会向左移动;反之则向右移动。LM 曲线的移动如图 16 - 9 所示。

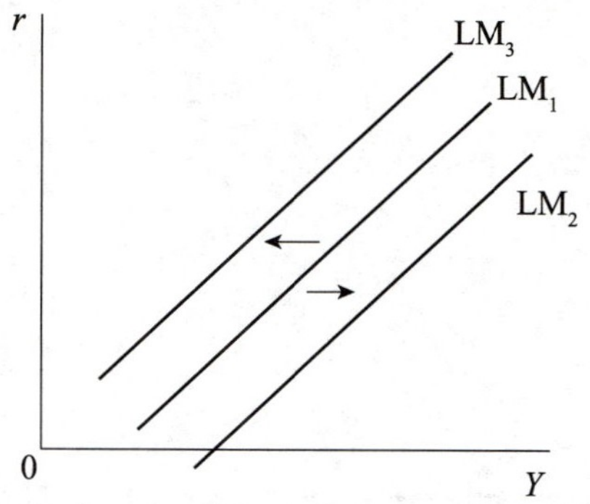

图 16 - 9　LM 曲线的移动

IS - LM 模型具有丰富的政策含义。其政策主张是,政府可以通过国家财政政策与货币政策的变化,影响收入和利率水平来主动地调节经济,使之达到充分就业的目标。

如图 16 - 10 所示,其他条件不变,在政府采用扩张性财政政策时,国民收入水平 Y 的增加导致 IS 曲线向右移动,这会带来经济增长,同时也会拉高利率;反之则反是。

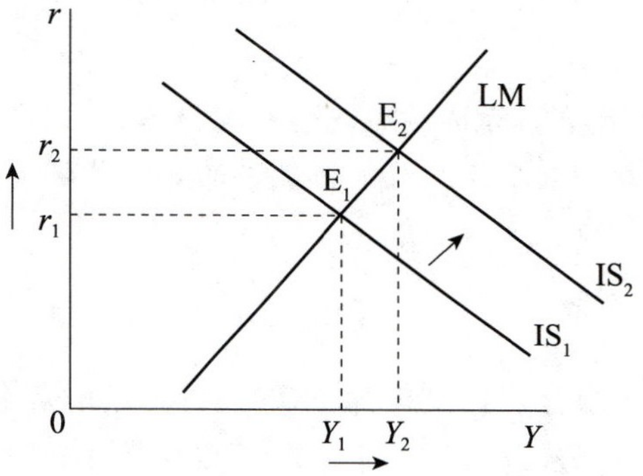

图 16 - 10　扩张性财政政策对产出 Y 与利率 r 的影响

类似地,其他条件不变,扩张性货币政策将使 LM 曲线向右移动,使国民收入水平 Y 增加,利率下降;反之则反是。

第十七章

宏观经济政策的国际合作与协调

宏观经济政策的国际合作与协调是当代国际金融领域的重要主题，在一个相互依存的全球化的国际分工体系中，各国需要对宏观经济政策进行国际协调。然而迄今为止，国际经济的宏观经济政策协调的实践效果不尽如人意，需要进一步寻求对策。

主要内容

本章首先讨论宏观经济政策国际协调的概念及其沿革；然后讨论后危机时代的国际宏观经济政策的协调；最后讨论国际宏观经济政策协调中的非对称调节。

知识与技能目标

通过本章的学习，掌握宏观经济政策国际协调的概念，了解后危机时代全球经济治理的主要问题和困难，理解国际宏观经济政策协调中的非对称调节；能够用非对称性概念来初步分析当代国际宏观经济政策的协调问题。

引导案例

朱光耀：中国成为2015年二十国集团“三驾马车”成员

案例导读：在经济金融全球化与区域自由贸易合作共同发展的背景下，寻求合理的国际经济的全球治理框架和机制，协调不同经济体的宏观经济政策就变得尤为必要，二十国集团是继八国集团之后的一个全球治理的对话协商平台，新兴经济体和中国将在其中发挥重要作用，推进全球经济贸易及其他领域合作的健康发展。本案例介绍了二十国集团峰会的新进展，以及中国在其中将要承担的职责和使命。

中国财政部副部长朱光耀12日说，中国作为2016年二十国集团峰会的主办国，从现在起与土耳其、澳大利亚组成二十国集团“三驾马车”的新机制，大力推进全球经济治理机制的改革，发挥中国作为一个负责任大国对全球经济更大、更积极的影响。

朱光耀当天在土耳其的伊斯坦布尔参加为期两天的二十国集团财政和央行副手会议后接受新华社等中方记者的采访时说，“澳大利亚是2014年二十国集团主席国，土耳其是2015年二十国集团主席国，中国是2016年二十国集团主席国，从现在起将作为‘三驾马车’成员参加二十国集团整个政策的协调，肩负推进全球经济强劲、可持续、平衡增长的重任”。

他表示，习近平主席不久前在二十国集团布里斯班峰会闭幕式上向参会的所有国家领导人庄重地承诺，“中国有信心当好2016年主席国及2015年、2017年‘三驾马车’成员，同各方一起把二十国集团机制维护好、建设好、发展好”。二十国集团“三驾马车”将引导二十国集团在宏观经济政策、金融监管和推进全球治理方面发挥更大作用。

朱光耀说，“新兴市场国家和发展中国家要在全球经济治理机制中发挥更大作用，体现更大影响”。中国作为2016年二十国集团主席国，全世界都期待中国在二十国集团进程中发挥更大作用。

在为期两天的会议上，代表们对中国经济表现出巨大的兴趣。朱光耀说，“中国经济进入了中高速增长阶段，就全球而言，中国仍然是主要经济体中发展速度最快的”。2014年，中国对全球经济增长的贡献是27.8%，美国是15.3%，中美两国已成为全球经济的重要引擎。

资料来源：新华网2014年12月15日。

第一节 宏观经济政策国际协调概述

一、宏观经济政策国际协调的概念

宏观经济政策的国际协调，是指各个国家、地区政府或国际经济组织，在世界经济相互依存、一体化程度不断加深的条件下，就财政、货币、汇率、贸易等宏观经济政策共同展开磋商、协调，或适当修改现行的经济政策，或联合采取干预市场的政策行动，以减缓各种突发事件和经济危机带来的冲击，平衡参与协调国家的整体经济利益，改善贸易投资的国际环境，维持和促进世界经济的公平、稳定和可持续增长。

经济政策国际协调的基础是各国经济的相互依存和经济政策效应的传导机制，其本质是各国经济利益的协调。

开放经济条件下，一方面，各个经济体之间的贸易与投资流量越来越广泛地影响经济体内部的经济政策；另一方面，一个经济体内部的经济政策也不可避免地会对外部世界产生溢出效应。特别是在今天紧密相联的世界中，任何一个经济体都可能遭受外部冲击，外部需求的减弱可以抑制一国的出口，使得出口导向型经济体的经济发展目标受阻；被迫改弦更张；另外，不可预见的风险情绪变化可能导致资本流动发生逆转。这种外部冲击不可避免地影响到世界上的任何一个国家和地区，随时可能引致风险在某一个国家或地区的集中爆发。因此，开放经济条件下各国宏观经济政策需要进行国际协调，国际分工参与主体尤其是主导经济体必须积极主动地进行宏观经济政策的国际协调，在进行政策调整时兼顾其外部效应，减少和避免对全球经济体系造成重大冲击。

由于经济发展阶段、经济周期同步性，以及各国对经济形势的判断不一等主客观条件的差异，各国经济政策不可能完全一致，相互之间必然存在不同的利益诉求。因此，国际经济政策协调的核心任务是协调经济全球化过程中的国际共同利益和各自利益的矛盾。其作用在于：各国政府通过一定方式寻求各国经济利益的共同点，以相互依存关系和经济传导机制为纽带，建立有效的协商对话机制和政策监督执行机制，以各国经济、社会的共同发展为出发点，求同存异、减少冲突、化解矛盾,最大限度地实现各国整体利益的最大化,以及各国内外经济平衡基础上的世界经济的和谐发展。

国际经济政策协调的内容主要包括宏观经济政策和对外经济政策的协调。协调目标为各国经济的总量目标,在第二次世界大战以后西方国家主导的国际经济政策的协调中,主要包括经济增长率、通货膨胀率、贸易差额、经常收支、政府财政赤字、货币目标和汇率等七项指标。协调手段则主要是调整贴现率和干预外汇市场以及财政政策的协商同步性。2008 年国际金融危机发生后,主要经济体在货币政策与国际金融安全网①建设方面的合作,纠正国际经济失衡以促进国际经济的平衡增长成为主要焦点。

二、宏观经济政策国际协调的框架

经济政策的国际协调需要借助一定的框架进行。历史上,国际经济协调有三种框架:一是在多边协议框架下的机构性协调,如以布雷顿森林体系为代表的国际货币体系,以关税和贸易总协定为内容的国际贸易体系和以协调能源政策为目的的国际能源机构;二是在区域经济一体化过程中的地区协调,如从欧共体起步并发展到今天的欧盟;三是在领导人会晤机制下的定期协调,如每年一次的七国集团②首脑会议以及每年两次的财政部长和央行行长会议。以国际组织为载体、多边、以发达国家对发达国家为主,是上述三种国际经济协调的共同特点。

20 世纪 90 年代初,随着东西方冷战的结束,包括中国在内的众多新兴经济体加入国际分工体系,国际经济一体化加速发展,原来的关税与贸易总协定也由 WTO 替代,与之相适应,逐步形成了当前宏观经济政策国际协调的新框架,一个标志着南北极对等对话的二十国集团③全球协调机制初步形成。

二十国集团框架更多地强调各国对世界经济可持续发展的共同责任,体现了全球治理从八国集团主导向发达国家和发展中国家共同主导的转变。该框架的主要特点是双边、多边、发展中国家对发达国家的合作框架,协调内容也超越了传统经济协调的范畴。新框架的建立不仅反映了世界经济发展的新格局,而且也体现了以中国为代表的新兴经济体对新的国际经济秩序与国际政策协调的诉求。2009 年 9 月,匹兹堡二十国集团峰会确定新兴市场和发展中国家在 IMF 中的份额至少增加 5%,在世界银行中的投票权至少增加 3%。这些改革措施开始打破长期由七国集团为代表的发达国家控制全球治理的不合理格局。

在后危机时代,二十国集团将担负起七国集团(或八国集团)所未曾担负的新的历史使命,在全球问题治理、宏观经济政策的国际协调、国际货币金融合作与稳定等方面充分发挥主导作用。

---

① 金融安全网是指无法履行对外债务的国家可利用的任何一种形式的货币支持。这种支持的范围很广,从自我保险(一国积累国际储备以备困难时期之需)到双边协议(例如两国央行之间的货币互换协议),再到地区贷款机制,以及多边安排。

② 七国集团(G7):八国集团(G8)的前身,成立于 20 世纪 70 年代初,系主要工业国家的政策论坛,成员国包括加拿大、法国、德国、意大利、日本、英国和美国。1998 年俄罗斯被正式接纳为成员,七国集团更名为八国集团。2014 年 6 月,由欧盟主持的比利时布鲁塞尔集团峰会,俄罗斯被排除在外;同年 10 月,七国集团决定不参加俄罗斯举行的八国集团峰会。

③ 二十国集团(G20):成立于 1999 年 9 月 25 日,由原八国集团以及其他 12 个重要经济体组成,集团 GDP 占全球经济 90%,贸易额占全球 80%,是继八国集团之后最重要的全球经济合作论坛。除原八国集团成员国外,二十国集团成员包括欧盟、澳大利亚、中国、南非、阿根廷、巴西、印度、印度尼西亚、墨西哥、沙特阿拉伯、韩国和土耳其。

三、宏观经济政策国际协调的主要内容

后危机时代，全球治理与政策协调面临着经济增长乏力、失业率居高不下、贫困人口增加、社会分化加剧、金融风险与贸易保护主义上升、地缘政治摩擦等问题和困难。然而，必须看到，尽管存在诸多的矛盾、困难、摩擦，甚至冲突，和平与发展仍然是当今世界的主流，这个世界历史进步的总趋势绝不会为任何力量所逆转，面对困难、问题和矛盾，国际社会需要的是树立信心，尤其大国之间应当建立“不对抗，不冲突”的新型关系，管控分歧，化解矛盾，加强合作。①

后危机时代，各国应当在国际经济金融领域保持密切沟通和协调，完善多边对话机制，加快金融安全网的建设，推动各国加强宏观经济政策的协调，维护国际金融的稳定，反对贸易保护主义，促进世界经济健康发展。

1. 进一步完善二十国集团的多边对话机制

二十国集团作为大国互动的重要多边国际机制，在 2008 年全球金融危机之后，取代八国集团成为全球经济治理的重要平台。面对后危机时代复杂的经济协调局面，必须要大力加强和完善二十国集团的多边对话机制，大国要主动承担相应的义务和责任，加强平等对话，在协商处理全球经济事务上更好地发挥国际集体领导作用。国际政策协调的难点在于如何使本国政策及利益与全球政策及利益相对接。在政策协调的过程中，虽然要放弃一些自身利益，但在总体效益上，各国都会获得更大的回报。

在运行方式上，二十国集团应提升当前的非正式对话形式，建立明确规范的运行机制，增加决策过程的透明度并采取更加专一和简洁的操作议程，在部分议题上应积极参考国际金融机构及其他非成员国的意见，以此增强二十国集团的正规性。全球治理机制和体系要适应形势的发展，完善顶层设计并做出相应调整，给予中国等发展中国家平等的发言权、平等的机会和平等的规则。

2. 二十国集团多边对话机制的主要任务

概括危机以来历次二十国集团峰会的主要内容和全球经济合作协调的现实，二十国集团多边对话机制在后危机时代的主要任务包括：

第一，构建一个更有利于兼顾公平与效率的全球治理体系。新的机制应当促进各国加强政策协调，建设更加紧密的经济伙伴关系，促进世界经济的可持续发展。主要发达经济体应承担责任，通过结构改革解决其自身在增长、就业和贸易失衡方面的问题；与此同时，新兴经济体也应该勇于承担责任，发挥更大作用。

第二，在二十国集团框架内，国际社会应当从全局和长远考虑，加强南南、南北合作，完善促进平衡发展的国际机制。

第三，加快金融安全网的建设，维护国际金融的稳定，推动二十国集团框架下的国际货币体系的改革。

第四，反对贸易保护主义，促进国际投资自由化和便利化。完善多边贸易体制，增强 WTO 的凝聚力和吸引力是未来全球贸易治理改革的重要目标。区域贸易协定是多边贸易体系的补充，应完善区域贸易协定的审查标准，提高审查效率，完善区域贸易协定与多边贸易体制的规则衔接机制，促进两者的协调发展。

---

① 习近平．中美应不冲突不对抗 合作共赢．新京报 2014-11-13.

第二节 国际宏观经济政策协调:非对称调节

前面一节我们讨论了宏观经济政策国际协调的必要性、原则理念和协调内容的主要方面,本节将针对当代货币体系非对称调节的现实,对国际宏观经济政策协调作进一步的分析,并讨论后危机时代中国宏观经济政策的国际协调问题。

一、宏观经济政策的溢出效应

溢出效应是开放经济条件下,一国国内经济与世界其他国家之间进行经济联系的必然结果。这种联系包括两个方面:

(1)一国与其他国家通过贸易流量发生联系,即一国的出口是另一国的进口,一国贸易流量的变化会影响有关国家的收入和就业水平,出口导向型的国家更是如此。

(2)国际资本流动使国别利率差异和预期汇率变化紧密相连、相互作用,影响国内利率的政策会通过实际汇率的变化对贸易伙伴国产生影响。特别是在金融一体化的条件下,金融风险是系统性的。一国宏观经济政策可以通过金融机构之间的资产负债关系产生巨大的溢出效应,并对实体经济造成严重冲击。溢出效应不仅可以产生金融机构成批倒闭的多米诺骨牌效应,还可以引起整个金融市场定价机制的失灵甚至崩溃。美国次贷危机的发生、演变与蔓延进程清楚地表明,一国货币政策失当所导致的风险积聚的爆发,可以通过金融市场迅速影响到全球金融市场,产生高量级的溢出效应。

因此,无论是为了实现共同的经济目标,还是保证金融的稳定和安全,各国都必须加强协调。在这种前提下,如果各国采取非协调的经济政策,其结果往往会背离政府或有关当局通过系列经济政策发展或调节经济的初衷,进而偏离各国所共同期盼的经济发展和金融稳定的目标。

二、宏观经济政策的非对称性

在开放经济条件下的宏观经济政策的一般理论分析中,国际经济均衡的必要条件是对称调节。也就是说,国际收支失衡的调节是由失衡双方共同均等承担,顺逆差双方都要主动地进行政策调节以缩小差额;但是,这种国际经济均衡所需要的对称性调节在真实世界中并不存在。这是因为,不同国家在资源禀赋、经济规模和经济发展水平等方面客观上存在重大差异,所以各国的宏观经济政策调节往往都是不对称的。当今世界上的200多个国家和地区,根据生产力发展水平和贫富程度,大致可分为发达国家和发展中国家两类。两相比较,在金融市场发展程度、外部依赖性、制度质量,以及宏观经济波动性等方面,前者都具有明显的优势,后者则处于相对弱势的地位。

第一,金融市场发展程度。发达国家金融发展程度高,金融市场发育比较成熟,经济政策调整对金融市场的负面影响并不明显;而新兴市场与发展中国家不仅在反映金融创新、金融技术含量和金融集约化经营等方面内容的金融结构高度化程度不足,并且多数国家存在二元金融结构,银行直接融资占据金融体系的绝对地位。在经济转型过程中,这些国家的金融增长主要依靠金融资产总量在原有金融结构和金融制度框架上的数量扩张,普遍存在经济增长对信贷的长期依赖以及银行资本补充约束。因此,宏观经济政策的调整往往带来银行业整体信贷供给能力的不适当膨胀或收缩。

第二,外部依赖性。发达经济体对外部冲击的承受力较高,储备能力充足,回旋余地较大;而新兴经济体特别是外向型经济体更容易受到国际商品供求关系变动的影响,表现为产出、消费剧烈波动。

第三,制度质量。发达经济体制度成熟,汇率稳定、通货膨胀率低、治理经验丰富、规则制度透明,宏观经济政策调整预期不易引起市场的震荡;而新兴市场与发展中国家市场经济制度建立的时间较短,各种制度需要不断改进和规范,汇率稳定性、物价水平、社会综合治理、规则公开性等制度质量都有待提升,政策调整难以形成平稳预期。

第四,宏观经济波动程度。发达经济体宏观经济波动的程度相对较低,而宏观经济波动程度高是发展中国家的典型特征。宏观经济波动往往扭曲价格信号和投资者预期收益率,导致私人投资下降,经济增长下滑;资本市场不完善产生的非线性问题也可能导致显著的投资波动。因此,政策调整往往伴随经济的大起大落。

显然,由这些差异所决定,在当代国际经济关系中政策调节的非对称性,始终是存在的。

三、国际货币体系的非对称性

当今国际货币体系是典型非对称的。所谓非对称性,是指在特定货币体系下,储备货币国与非储备货币国出现基础性国际收支失衡时,可以采取不同的调节措施。布雷顿森林体系解体以后,国际货币体系仍然是围绕美元运行的,实际形成了一个以美元为中心的三环结构。迄今为止,体系运行的结果非但未能解决布雷顿森林体系的“特里芬两难”和“$n-1$ 问题”[①]的不对称解,反而加重了国际收支调节的非对称性。

由于美元作为国际本位货币的地位,美国由此在一定程度上扮演全球央行的角色,其货币政策具有国际主导权,拥有向世界输出货币的特权,并可以把汇率和经济调整的责任转移到别的国家。自 1944 年布雷顿森林体系建立至今的 70 年中,美国作为关键储备货币国,贸易账户差额变化呈现一定的规律性和周期性,其过程如下:通过贸易逆差输出国际本位货币美元;贸易逆差积累到一定程度后,美元不得不对其他货币贬值;贬值以后的一段时间,贸易账户走向平衡;再次通过贸易逆差输出美元,如此周而复始。从 20 世纪 60 年代至今,美元出现 4 次周期变化。第一次周期发生于 60 年代中后期;第二次周期发生于 80 年代;第三次周期则从 90 年代中期开始,特别是亚洲金融危机以后,美国的经常性账户余额的 GDP 占比再次下降;第四次周期是从 2002 年开始到国际金融危机发生。美元与世界主要货币汇率自 2002 年达到最高位之后至 2007 年年中,美元对世界主要货币连续 5 年贬值 24%。2008 年国际金融危机开始至量化宽松货币政策退出期间,美元进一步贬值;同时,贸易账户逆差呈现收窄的倾向。

近几十年,美国作为中心货币国家对非对称调节机制的过度利用,反过来极大地助推了美国国内储蓄与投资失衡的发展。美国始于 20 世纪 90 年代中后期的高消费、低储蓄所形成的需求,促使各国商品竞相进入美国;而美元作为支付手段被各国持有,再通过购买美元资产回到美国。这种商品流入美国—美元流向世界—资本流回华尔街的循环,使世界经济在动态中维持了脆弱的平衡;但这种平衡是以美国巨大的财政赤字和贸易赤字为前提的。在这一过程中,美国高额负债的累积和与之相匹配的长期宽松货币政策成为引发国际金融危机爆发的最深刻的宏观政策根源。

---

① 指在由 n 个国家组成的固定汇率区中,由于其中只有 $n-1$ 个独立汇率,会有一个自由度的剩余。也就是说,理论上有一个货币可以自由决定其对内、对外价值,如何分配使用这个自由度的问题称为 $n-1$ 问题。

国际金融危机爆发后,中心货币国家的主要应对措施是非常规量化宽松政策,量化宽松的政策效果导致全球流动性扩张。一段时间以来,新兴市场经济体相继出现了资本流量再次上升的情况。对于这些"流动性接收经济体"国家而言,由于资本流入急剧增加,通货膨胀压力和资产价格泡沫迅速增大,其在金融危机后付出巨大代价换取的货币金融相对稳定的局面,不得不再次面对全球非对称调节的严峻挑战;而伴随美国经济恢复正常增长,量化宽松货币政策的退出,新兴市场和发展中经济体又遭受资本外流、货币财政政策收紧之苦。

可以预见,在为期不短的将来,现行国际货币体系的根本改革难以实现,以个别国家货币为中心货币的格局还将继续存在。因此,任何有真正全球意义上的宏观经济政策协调,不能不考虑国际货币非对称调节所包含的潜在风险,并针对国际货币体系的调整机制,完善相应的政策、措施和建议。

四、国际经济的再平衡:调整政策的双向协调

面对后危机时代国际经济失衡新格局与非对称调节的现实,国际经济的再平衡,需要发达经济体特别是储备货币国家的宏观经济政策调节摆脱传统的损人不利己的囚徒困境思维模式,适度妥协退让,与盈余经济体双向协调,促进世界经济从稳定转向持续有力的包容性增长。为此目标,无论发达经济体还是新兴经济体都需要加大内部改革和政策实施协调的力度。二十国集团、IMF 要在协调中发挥更积极的作用;并且,应建立双边和多边监督框架,推进 IMF 的改革,提高 WTO 的威信和效率。

发达经济体须重点考虑支持经济恢复应采取的、适当的宏观经济政策组合,包括有利于增长的财政整顿,加强财政政策框架,解决债务不可持续风险;进行社会经济的结构性改革,支持经济增长,增加就业机会。妥善安排非常规货币政策退出的顺序、步骤,尽量减少溢出效应给新兴经济体带来的冲击。就国际收支的调整而言,美国的经常账户赤字根源上属于国内经济的结构性问题,贸易伙伴国的汇率调整对美国贸易失衡的作用不大。因此,美国要真正减少贸易差额,重点还是要进行国内改革,压低政府和私人部门的债务率,逐步增加居民储蓄率;同时,应减小对高新技术产品的出口限制,扩大开放外来投资领域,平衡贸易投资结构。

国际金融危机以来,美联储货币政策已经造成全球流动性或松或紧,引发全球资源价格和各国货币大起大落。因此,二十国集团应要求美国与国际社会保持沟通、协商,保证政策调整过程的透明、公开,不过度引发国际金融市场的动荡,冲击新兴市场经济金融的稳定。

IMF 应当加大对主要经济体的政策监督力度,促进在政策溢出效应和全球失衡等问题上采取协调行动和国际合作,包括更好地监督多边政策的协调和跨境溢出效应。政策分析中应当包含改进国际货币体系现存非对称机制的内容,对货币主导国的财政货币政策进行谨慎性的风险评估,研究并提出对中心货币国切实履行中心货币义务的约束监督规则。对金融风险的评估应置于全球背景下进行考察,预防资本流动引起的新兴经济体逆冲击效应的风险。

首先,新兴市场与发展中经济体要继续寻找支持其未来强劲增长所需的改革。后危机时代,新兴经济体能否实现持续的稳定的发展,取决于能否有效转变发展方式。新兴经济体要从宏观的角度进行思考,认识到社会、政治、经济、法律和文化秩序之间都是相互联系的,因此要制订出一套集经济、社会、政治等问题的综合改革方案,着力改进制度,通过社会经济改革来增强增长动力。

其次,面对未来全球金融风险的不确定环境,新兴市场经济体需要增强自身应对冲击的能力。新兴市场货币危机的经验表明,一国货币危机往往由本币的大幅贬值引起,原因在于该国

对外部门的企业与金融机构的资产负债表可能存在货币错配，即资产大多以本币计价，而负债大多以外币计价。一旦本币大幅贬值，上述主体的资产负债表将出现大规模损失，以至于触发危机。因此，新兴经济体平时应加强对涉外系统性企业与金融机构资产负债表的监管，及时预警，避免国内主体出现显著的货币错配与期限错配；在货币政策盯着物价指数的同时，要加强对金融资产价格的监测，防止资产价格过度膨胀，在金融改革深化的过程中不断增强金融结构发展的稳定性。

最后，加强资本管控，更好地应对全球向正常的金融状况过渡过程中产生的溢出效应的影响。对新兴市场经济体而言，资本账户开放显著地提高了国内宏观经济的波动，美联储利率周期的改变将使全球面临新一轮的金融和国际资本动荡，面临美国结束量化宽松政策后利率上升的长期影响，新兴市场经济体需要加强对资本跨境流出入的监管。可供选择的政策工具包括货币政策、财政税收政策与资本管制等。

第一，利率政策。通过加息来提高本国金融体系对短期资本的吸引力，降低短期资本流出的动力；同时，加息也有助于提振本币汇率，以避免本币贬值预期驱动新一轮的资本外流。不过，尽管加息有助于提高对短期资本的吸引力，但加息会抑制经济增长，这在经济不景气阶段尤为明显。一旦市场主体意识到加息可能危害经济增长的前景，那么加息甚至可能导致更大规模的资本外流。因此，利用加息来抑制资本外流，需要掌握好加息的时机，正确引导市场预期。

第二，外汇市场干预。通过央行在外汇市场卖出外汇，抑制由于资本外流造成的本币汇率贬值；然而，本国央行在外汇市场上的干预行为会造成外汇储备的不断下降。对储备有限的新兴市场经济体而言，通过央行干预来缓解资本外流造成的本币贬值压力，会出现持续性的困难。

第三，资本账户管制。资本项目未完全开放的经济体可以考虑对短期资本流动、本国金融机构的超额外汇头寸征税，也可以考虑动用无报酬准备金、最低停留期限、额度管理等手段来抑制短期资本流动；资本项目完全开放的新兴市场经济体，还可以考虑临时采纳特定的资本流动管制措施，重新采纳特定的资本账户管制措施。

第四，货币贬值。如果本币贬值不会加剧本国金融体系的系统性风险，那么本币适度贬值有助于抑制短期资本的持续外流，并且有助于出口创汇，改善贸易收支与储备状况。但货币贬值需要慎重，如果贬值风险损失无法预估，而外需市场又存在结构性偏软，应当尽量避免。

总之，面临短期资本外流的冲击，新兴市场经济体可以根据自身实际，选择一种或多种策略来应对短期资本外流。事实上，IMF 近年来也改变了对资本账户管制的看法，认为资本流动管理措施应该与国内经济政策、宏观审慎监管等一起，进入新兴市场国家应对国际资本流动的工具箱。

此外，受资本外流冲击严重的国家还可以采取一些非常规措施进行应对。由于资本冲击具有短期化、投机性的特点，因此外汇储备要保证必要的短期对外支付。优先保证经常项目兑付；区别对外正常投资和资本外逃，对资本外逃实行必要管制。货币当局可依照经常项目和资本项目的入境情况，对居民用汇进行登记，按次序、分期依外汇流入情况进行兑换，量入为出。

五、中国宏观经济政策的国际协调

后危机时代，中国面临未来发展模式的调整，加强与不同经济体之间的相互投资、相互贸易以及在扩大内需、稳定外需方面政策的相互协调。

首先,要根据国家经济发展的长远战略规划,构建开放型经济新体制。“适应经济全球化新形势,必须推动对内对外开放相互促进、引进来和走出去更好结合,促进国际国内要素有序自由流动、资源高效配置、市场深度融合,加快培育参与和引领国际经济合作竞争新优势,以开放促改革”。①

其次,要进一步调整出口导向的发展战略,调整外资外贸政策,实现主要依靠内需来解决就业和推动经济增长。但是,拉动内需的发展战略不能一步到位,必须考虑国内扩大消费对经济增长的贡献能否抵消外需萎缩和贸易保护主义抬头所产生的影响,中国企业在开拓新兴市场上所做的努力在未来能不能弥补美日欧经济减速所带来的需求下降。

危机发生后,中国对全球经济的再平衡已经做出了积极的努力,外贸盈余已降至均衡水平。随着中国在旅游和服务方面发生更多的海外支出以及国内进口能力的增强,未来中国的经常账户盈余还可能进一步收窄。然而现在中国所遭受的反倾销、反补贴、特殊保障、技术贸易壁垒等贸易保护主义的措施占全球贸易保护措施的比例远远高于中国出口占全球出口的比例。因此,下一步如何应对贸易保护主义显得尤为关键。

再次,进一步扩大对外开放,推动全球经济合作。既要在复杂的国际经济博弈中切实保护自身利益,又要继续扩大金融对外开放。后危机时代,应更好地利用中国的外汇储备,支持国内经济以及中国高端设备和商品向海外市场发展,投资于全球开发项目,实施诸如开发基础设施、重建穿越亚洲的“丝绸之路”等投资计划。

最后,在全球治理中更多地发挥作用,与国际社会一道共同推进国际货币体系改革。从长期来看,要真正解决国际经济失衡的问题,必须触及国际货币体系的深层次改革。尽管形成比较均衡的国际收支调节的责任承担机制具有长期性,改革不合理的现存国际货币体系更充满摩擦和矛盾,但改革势在必行。中国作为一个新兴的市场经济大国,有责任也有义务积极参与其中,利用二十国集团平台推动国际货币体系的改革。

其他方面还包括:推进亚洲区域性货币合作;在能力、责任与义务对称条件下,积极参与国际货币和金融方面的协调和合作;进一步推动创建致力于开发性金融的国际组织等。

此外,在资本项目开放加速的过程中,应加强国际资本流动监管的国际合作和风险防范。尽管加快推进资本项目开放完全必要,但应准备好相关预案,以有效应对在资本账户管制逐渐放松的条件下短期资本大进大出对中国宏观经济与金融市场造成的负面冲击。

本章小结

1. 国际经济政策协调的内容主要包括宏观经济政策和对外经济政策的协调,协调目标为各国经济的总量目标。

2. 国际经济协调新框架反映了世界经济发展格局的变化,也体现了新兴经济体对新的国际经济秩序与国际政策协调的诉求。

3. 国际经济政策协调须要完善多边对话机制,加快金融安全网的建设,维护国际金融的稳定,反对贸易保护主义。

4. 宏观经济政策的溢出效应,是指开放经济条件下,一国国内经济政策通过宏观经济账户的渠道影响到他国的调控目标和政策。

---

① 参见《中共中央关于全面深化改革若干重大问题的决定》。

5. 当今国际货币体系是典型非对称的,储备货币国与非储备货币国出现基础性国际收支失衡时,可以采取不同的调节措施。

6. 国际经济的再平衡需要赤字经济体与盈余经济体进行双向协调,建立双边和多边监督框架,推进国际经济组织的改革。

7. 中国需要对未来发展模式进行重大调整,加强与不同经济体之间的相互投资、相互贸易,以及在扩大内需、稳定外需方面政策的相互协调。

关键概念

宏观经济政策的国际协调	宏观经济政策国际协调框架
宏观经济政策协调目标	七国集团
二十国集团	多边对话机制
溢出效应	非对称调节
国际经济再平衡	双向协调

复习思考题

1. 什么是宏观经济政策的国际协调?
2. 宏观经济政策国际协调的作用何在?
3. 宏观经济政策的国际协调包括哪些基本内容?
4. 什么是宏观经济政策国际协调框架?
5. 宏观经济政策国际协调经历了哪几个基本阶段?
6. 什么是七国集团?
7. 什么是二十国集团? 二十国集团峰会在协调各国宏观经济政策中可以发挥哪些重要的作用?
8. 什么是溢出效应?
9. 什么是非对称调节? 包括哪些基本内容?
10. 后危机时代,国际宏观经济政策协调面临什么样的主要问题和困难?
11. 什么是国际经济的再平衡?
12. 国际宏观经济政策双向协调的基本含义是什么?
13. 为什么无论发达经济体还是新兴经济体都需要加大内部改革和政策实施协调的力度?
14. 新兴经济体和发展中国家防范国际资本流动冲击的政策工具有哪些?
15. 后危机时代,中国的国际宏观经济政策协调为什么需要进一步扩大对外投资和经济合作?

课后习题

1. 简述后危机时代国际宏观经济政策的协调目标。
2. 为什么后危机时代的国际宏观经济政策协调必须坚决反对各种形式的贸易保护主义?
3. 为什么说当代国际货币体系的非对称性是国际经济失衡的主要原因?
4. 为什么说国际经济的再平衡需要美国主动承担相应的调节义务?
5. 为什么说发展区域金融合作组织是中国国际宏观经济政策协调的重要组成部分?

资料链接

1. http://www. sn. xinhuanet. com/2013 -11/16/c_118166672. htm
2. http://www. imf. org
3. http://baike. sogou. com/v70187. htm?syn = G20
4. www. wws. princeton. edu/~ pkrugman/

延伸阅读

1. 中共中央关于全面深化改革若干重大问题的决定. 北京:人民出版社,2013.
2. 焦军,常爱艳. 国际经济学. 北京:机械工业出版社,2010.
3. 万红先,西方国家宏观经济政策的国际协调[J]. 求是. 2006(4).
4. 黄梅波,胡建梅. 国际宏观经济政策协调与G20机制化[J]. 国际论坛,2011(1).
5. 管同伟. 宏观谨慎监管下新兴市场国家的选择[J]. 新金融,2011(4).
6. 〔美〕保罗·P. 克鲁格曼,茅瑞斯·奥伯斯法尔德著,黄卫平等译. 国际经济学(下册)(第8版). 北京:中国人民大学出版社,2011.
7. IMF. *2012 Spillover Report*. July 9,2012.

教师反馈及教辅申请表

北京大学出版社本着“教材优先、学术为本”的出版宗旨，竭诚为广大高等院校师生服务。为更有针对性地提供服务，请您认真填写以下表格并经系主任签字盖章后寄回，我们将按照您填写的联系方式免费向您提供相应教辅资料，以及在本书内容更新后及时与您联系邮寄样书等事宜。

书名		书号	978-7-301-	作者	
您的姓名				职称职务	
校/院/系					
您所讲授的课程名称					
每学期学生人数	______人_____年级			学时	
您准备何时用此书授课					
您的联系地址					
邮政编码			联系电话（必填）		
E-mail（必填）			QQ		
您对本书的建议：				系主任签字 盖章	

我们的联系方式：

北京大学出版社经济与管理图书事业部

北京市海淀区成府路 205 号，100871

联 系 人：徐　冰

电　　话：010-62767312 / 62757146

传　　真：010-62556201

电子邮件：em_pup@126.comem@pup.cn

Q　　Q：5520 63295

新浪微博：@北京大学出版社经管图书

网　　址：http://www.pup.cn